LA EVALUACIÓN DE LAS NORMAS PENALES

SAMUEL RODRÍGUEZ FERRÁNDEZ

LA EVALUACIÓN DE LAS NORMAS PENALES

Dykinson, S.L.

Este libro ha sido sometido a evaluación por parte de nuestro Consejo Editorial
Para mayor información, véase *www.dykinson.com/quienes_somos*

Colección "Monografías de Derecho Penal"

Director: Prof. Dr. Lorenzo Morillas Cueva
Catedrático de la Universidad de Granada

Editorial DYKINSON, S.L. Meléndez Valdés, 61 – 28015 Madrid
Teléfono (+34) 91544 28 46 – (+34) 91544 28 69
e-mail: info@dykinson.com
http://www.dykinson.es
http://www.dykinson.com

ISBN: 978-84-9148-048-8
Depósito Legal: M-42974-2016

Preimpresión por:
Besing Servicios Gráficos S.L.
besingsg@gmail.com

Impresión:
Recco, S.L.
recco@recco-sll.com
www.recco.es

En humilde tributo a la imperecedera memoria
de nuestro queridísimo y añorado
Joachim Vogel

(Gießen, 1963 - Venezia, 2013)

ÍNDICE

INTRODUCCIÓN

Las razones de este estudio sobre las normas penales desde la metódica legislativa probablemente se encuentren en la preocupación por la tendencia legislativa expansiva[1] y populista[2] que se ha instalado en las últimas décadas en las sociedades occidentales, donde lo importante es, sin lugar a dudas, castigar a través del Derecho penal más comportamientos y, a la vez, más duramente, para obtener réditos electorales. Y, en relación con ello, también hemos encontrado justificación a este nuevo enfoque en la constatación de la ausencia de preocupación institucional por los efectos reales de las normas jurídicas, en especial en el ámbito penal, ya que es perfectamente comprobable cómo el legislador[3] tradicionalmente se ha dedicado a crear normas, pero no a verificar posteriormente si de su aplicación se derivaban los efectos pretendidos, otros diferentes, o ninguno en particular.

En este sentido, el carácter simbólico del Derecho penal ha sido denunciado desde hace tiempo[4], es decir, la creación de normas que tienen por objeto llamar la atención sobre el desvalor social que el legislador considera que merece un determinado comportamiento a la hora de ser tipificado, con total independencia de la aptitud de la

---

[1] SILVA SÁNCHEZ, J.Mª.: *La expansión del Derecho penal: aspectos de política criminal en las sociedades postindustriales*, Civitas, Madrid, 2001 (2ª edición), pp. 20-79.

[2] GARLAND, D.: *La cultura del control. Crimen y orden social en la sociedad contemporánea* (traducido por Máximo SOZZO), Gedisa, Barcelona, 2005, p. 282.

[3] Como diría VALLET DE GOYTISOLO, por legislador nos referimos a "la persona individual o colectiva dotada de potestas política para promulgar las leyes", del cual debemos distinguir, pero también son fundamentales en el presente trabajo, "la persona o comisión que las elabora, conforma y redacta su texto" (VALLET DE GOYTISOLO, J.B.: *Metodología de las Leyes*, Edersa, Madrid, 1991, p. 626).

[4] DÍEZ RIPOLLÉS, J.L.: "El Derecho penal simbólico y los efectos de la pena", en CEREZO MIR, J. (COORD.): *Modernas tendencias en la Ciencia del Derecho penal y en la Criminología*, Universidad Nacional de Educación a Distancia, Madrid, 2001, pp. 107 y ss.

norma para evitarlo y de sus posibilidades reales de aplicación. Esto se relaciona con cierto populismo punitivo, esto es, con la adopción de propuestas sancionadoras que incrementan la dureza de la punición, con el objetivo de obtener el apoyo de la opinión pública. También asistimos, como advertíamos, a una expansión del Derecho penal, que se materializa en aspectos tales como la creación de nuevos bienes jurídico-penales, la ampliación de los espacios de riesgos jurídico-penalmente relevantes, la flexibilización de las reglas de imputación y, por último, en la relativización de los principios político-criminales de garantía. Precisamente, frente a ello, la única defensa que se ha opuesto por la doctrina penal, generalmente, ha sido la de clamar por el respeto de tales principios, como el de intervención mínima o "ultima ratio", pero sin mayor contundencia que la que puede predicarse de la redacción de disertaciones teóricas sobre el fundamento y límites del Derecho penal, incapaces de persuadir por sí mismas a un legislador empecinado en la creación normativa "de cara a la galería".

Y es que nuestra doctrina penal apenas se ha ocupado de la legislación como procedimiento para la creación de un producto, procedimiento sobre el que es posible actuar, formulando propuestas concretas, a los efectos de que el producto normativo resultante tenga una mayor calidad. Es cierto que imperan en los últimos años los estudios político-criminales, especialmente desde el antecitado trabajo de SILVA SÁNCHEZ (en lo que se refiere a nuestro país), pero en dichos estudios brillan por su ausencia los análisis de los efectos o de las consecuencias de las normas[5], circunstancia que quizá traiga causa tanto del desconocimiento de las herramientas existentes para emprender ese tipo de análisis, como de las dificultades en su utilización. También hemos asistido en nuestro país a un significativo incremento de los estudios criminológicos, centrados sobre todo en los

[5] Quizás deba destacarse como excepción a la regla los trabajos del "Grupo de Estudios de Política Criminal", que desde hace unas dos décadas viene elaborando "propuestas alternativas de textos legislativos en asuntos de trascendencia social, y que en algunas ocasiones ha visto como sus propuestas han obtenido plasmación legislativa" (TAMARIT SUMALLA, J.Mª.: "Política criminal con bases empíricas en España", en *Política Criminal*, núm. 3, 2007, p. 7). En todo caso lo importante es analizar cómo deben imbricarse estos estudios en un proceso de evaluación de las leyes que tenga en cuenta las consecuencias o efectos de la ley penal vigente, y en qué medida y de qué modo puede ser ésta mejorada en orden al cumplimiento real (eficaz, efectiva y eficiente) de los principios de los que deriva la legitimidad material del Derecho penal.

aspectos empíricos de los diferentes tipos de delincuencia, en lo cual ha tenido que ver, sin duda, la consolidación de las titulaciones de Criminología como Ciencia[6] en nuestras Universidades, primero con los títulos propios, luego con la Licenciatura como titulación oficial reglada de segundo ciclo y, finalmente, con la aprobación del Grado (aunque cuestión aparte y de crucial importancia sea la consolidación definitiva del criminólogo como perfil profesional demandado, en especial, por parte de las instituciones públicas). Sin embargo lo que tampoco se había analizado en profundidad, salvo puntuales aproximaciones[7], era en qué medida se pueden unir Criminología y decisión legislativa y, en particular, Criminología y evaluación legislativa. En concreto, BARBERET HAVICAN[8] ha apuntado las ventajas de esta unión, reseñando que con ella se podrían llevar a cabo procesos de evaluación rigurosos (porque, como es bien sabido, la evaluación de programas y de políticas es un "campo tradicional de trabajo"[9] para la Criminología), a raíz de los cuales se podría saber si lo que se legisla sirve realmente para algo, o, en otras palabras, si realmente acontece el resultado que el legislador tenía en mente cuando creó la norma. Y ello porque, como han denunciado acertadamente REDONDO ILLESCAS y GARRIDO GENOVÉS, en la actualidad "las políticas criminales funcionan de modo acientífico, es decir, con total ignorancia de los conocimientos disponibles, o, peor aún, contracientífico, o sea haciendo justo lo contrario de lo que el conocimiento criminológico prescribe"[10].

---

[6] MORILLAS FERNÁNDEZ, D.L.: "Origen y delimitación conceptual y científica de la Criminología", en *Cuadernos de Política Criminal*, núm. 101, 2010, pp. 43-72.

[7] A comienzos del presente siglo encontramos un pionero estudio de BARBERET HAVICAN al respecto, en el que puso de relieve la oportunidad histórica que suponía la incipiente por entonces investigación criminológica aplicada de nuestro país para "evitar errores" como los cometidos en Estados Unidos y Reino y, así, poder "contribuir a una política criminal con concoimiento de causa" (BARBERET HAVICAN, R.: "La investigación criminológica y la política criminal", en *Revista de Derecho Penal y Criminología*, núm. 5, 2000, pp. 62-63).

[8] BARBERET HAVICAN, R.: "Evaluación de reformas penales y planes de prevención", en DÍEZ RIPOLLÉS, J.L./CEREZO DOMÍNGUEZ, A.I. (EDS.): *Los problemas de la investigación empírica en criminología: la situación española*, Tirant lo Blanch, Valencia, 2001, p. 108.

[9] BECERRA MUÑOZ, J.: "Propuestas de rediseño institucional para la elaboración y evaluación de la política criminal por parte del Gobierno", en NIETO MARTÍN, A./MUÑOZ DE MORALES ROMERO, M./BECERRA MUÑOZ, J. (DIRS.): *Hacia una evaluación racional de las leyes penales*, Marcial Pons, Madrid, 2016, p. 159.

[10] REDONDO ILLESCAS, S./GARRIDO GENOVÉS, V.: *Principios de Criminología*, Tirant lo Blanch, Valencia, 2013 (4ª edición), p. 126.

Resultaba necesario realizar un estudio monográfico aportando modestas orientaciones sobre cómo podría evaluarse la legislación penal en general (contando ya con otros muy recientes precedentes, como el de una obra colectiva en la que este mismo autor participa) y a nivel estatal, para todos los preceptos que componen el Texto punitivo, a los efectos de poder valorar la incriminación de conductas conforme a argumentos empíricos, reales, pero basados a su vez en el fundamento material (teórico) del Derecho penal. En otras palabras: lo que pretendemos es centrarnos en un objetivo muy ambicioso y, a estos efectos, esencial en esta investigación, cual es cómo se adoptan en la actualidad las decisiones legislativas en materia penal, y cómo se deberían adoptar (en concreto, se trataría de analizar qué conductas de entre todas las que pueden afectar a un interés social digno de protección pueden sancionarse por vía penal y, en ese caso, cómo debe realizarse la valoración político-criminal sobre este tipo de decisión, además de estudiar, finalmente, qué papel juegan en ella los efectos o consecuencias de las normas).

Así, nuestro objetivo esencial es determinar en qué modo, o siguiendo qué concretas actuaciones, debería llevarse a cabo una posible reforma penal para solventar una hipotética necesidad de punición o de incremento de intensidad punitiva, actuaciones encaminadas, sobre todo, a asegurar precisamente que existe, o no, una carencia en esos sentidos.

Por tanto, hemos estimado necesario, para alcanzar el mencionado objetivo esencial en la estructura de este trabajo, analizar **cómo se adoptan en la actualidad** las decisiones en materia legislativa penal en nuestro Ordenamiento jurídico, y **cómo se deberían adoptar**, prestando especial atención al papel que la **evaluación de las consecuencias** de la ley penal debería jugar en ese proceso (inexistente hasta la fecha), tanto en retrospectiva (es decir, respecto a la ley penal vigente), como en prospectiva (es decir, respecto a la ley penal en formación, enfoque más dificultoso técnica y económicamente).

En definitiva, nos venimos a preguntar ¿qué es lo que debería hacer el legislador si decidiera afrontar una reforma penal? O, planteando la hipótesis en toda su extensión: ¿qué hace actualmente el legislador en estos casos, y qué debería hacer para ser respetuoso con el fundamento material del Derecho penal en el marco de un Estado social y democrático de Derecho? Así veremos que, sin ir más lejos, el concepto de bien jurídico-penal[11] tendrá un papel protagonista cuando abordemos la descripción de la legitimidad material de las normas penales que debería sustentar la correspondiente evaluación de los efectos o de las consecuencias de las mismas. Se pretende así aportar luz sobre cómo debiera hacerse una valoración político-criminal de las normas penales tomando en consideración los efectos de las mismas. Se trata, en última instancia, de buscar un nuevo proceder en la argumentación político-criminal que relacione las normas jurídicas, su racionalidad, e incluso su legitimidad material, con los fines pretendidos y los objetivos que ellas logran.

Dicha búsqueda nos exigirá describir previamente en qué contexto sociopolítico se desarrolla la labor legislativa en este momento, en el cual se adoptan decisiones incriminadoras que son resultado de un análisis superficial, en la medida en que se crean delitos o se aumentan penas como consecuencia de un proceso legislativo en ocasiones irracional que atenta claramente contra la legitimidad material del Derecho penal. Analizadas y descritas las causas de ese constante proceso irracional de creación de leyes, en la mayor parte de casos, simbólicas, apuntaremos cuál creemos que debe ser la labor del penalista ante esta situación, tarea que no debería quedarse en el mero diagnóstico de la misma, sino en la participación activa, mediante la formulación de modelos político-criminales distintos al vigente, para encauzarla.

Así, expondremos a continuación con qué posible y útil instrumento, desconocido para la mayoría de la academia penalista, podríamos contar en esta labor (la evaluación legislativa), profundizando en sus orígenes disciplinares (Ciencia de la legislación –metódica legislativa– y Ciencia de la Administración –análisis de políticas públicas–), en su conceptuación, en sus fases ("ex ante" y "ex post", principalmente), en sus principales técnicas y métodos y, finalmente, en sus criterios rectores (eficacia, efectividad y eficiencia). Desgraciadamente, resulta que la evaluación de las leyes, y de sus consecuencias o efectos en particular, no es un instrumento del que se haya hecho excesivo uso en nuestro Ordenamiento en general, por no decir que brilla por su ausencia. Sin embargo, se trata de

---

[11] Compartimos aquí la concepción de bien jurídico-penal formulada por MIR PUIG, S.: "Bien jurídico y bien jurídico-penal como límites del *Ius puniendi*", en *Estudios Penales y Criminológicos*, núm. XIV, 1989/90, pp. 203-215.

un instrumento que sí se encuentra muy desarrollado especialmente tanto en el ámbito anglosajón (Estados Unidos y Reino Unido), como en los países de habla germana (Suiza, Austria y Alemania) y en Escandinavia (Suecia y Finlandia), aunque con caracteres y técnicas diferentes en ambos casos. Por ello, dedicaremos en este punto del trabajo un Capítulo completo a la exposición de cómo ha sido puesta en funcionamiento hasta la fecha institucionalmente la evaluación de las normas en perspectiva comparada, y uno subsiguiente a constatar esa mencionada ausencia de la evaluación de las normas en nuestro Ordenamiento jurídico, tanto "ex ante" como "ex post", ausencia ante la cual se han formulado diversas propuestas, por la doctrina más especializada, para subsanarla. En particular, quedará especialmente a la vista dicha laguna, en lo que a la legislación penal se refiere, a la luz del ejemplo de las dos grandes reformas penales que se han llevado a cabo en los años 2010 y 2015.

Detectado el problema, e identificado el posible remedio (procedente, como decimos, de otras disciplinas o ramas de conocimiento), trataremos a partir de ese momento, en el Capítulo que tal vez sea el más importante del trabajo por su contenido, de adaptar la posible utilización del mismo al ámbito de la legislación penal, donde rigen unos determinados principios que deben ser cumplidos para que la actividad legislativa, en este ámbito normativo, pueda ser considerada legítima. Para ello, estudiaremos los modelos existentes en la actualidad para la creación racional de la ley (penal), dotando de contenido a los conceptos de "racionalidad" y de "legitimidad (material)" a los efectos de que puedan guiar, como criterios rectores, un proceso de evaluación de las consecuencias o efectos de las leyes que garantice la creación de una norma penal de acuerdo con las exigencias de un Estado social y democrático de Derecho.

Así, pues, sentadas las bases teóricas del modelo mediante el que, a nuestro juicio, se deberían evaluar las leyes penales "ex ante" y "ex post", con el objetivo mencionado de asegurar una utilización del Derecho penal respetuosa con el Estado social y democrático de Derecho, tan sólo restará, y para ello se elaborará el Capítulo siguiente, esbozar algunos de los aspectos prácticos de la implementación en la realidad legislativa de tal modelo, donde probablemente tendría algo que decir al respecto el Tribunal Constitucional.

No pretendemos sustituir con nuestra propuesta de modelo teórico de racionalidad y legitimidad legislativa el proceso de decisión política sino, más bien, proponer la construcción de un sistema de principios o reglas que impida a los políticos adoptar decisiones legislativas irracionales y, a la vez, les induzca a adoptar decisiones racionales en este ámbito, al tomar en consideración los efectos o consecuencias de las mismas. Dado que el proceso legislativo es el ámbito en el que se adoptan las decisiones sobre la intervención penal, nuestra labor va a ser la de defender que la evaluación de las leyes penales y de sus consecuencias, tanto "ex ante" como "ex post" (o viceversa) ha de tener un peso específico en ese proceso de toma de decisiones, dotando a dicho proceso legislativo de criterios técnicos mensurables, pero no teniendo por objetivo sustituir el proceso de decisión política. Así, pues, como dice Schäffer, la evaluación legislativa no puede dar lugar a la "ley perfecta", pero sí puede contribuir, aunque solamente sea para ello, a mejorar la calidad (relativa) de las leyes. Es decir, hemos tenido (y tenemos) presente a la hora de intentar elaborar siquiera el boceto de un modelo que comenzamos a exponer a partir de ahora, que el consejo científico, reiteramos, nunca puede sustituir a la decisión política. Simplemente nos planteamos utilizar la evaluación, como método empírico-social impregnado en criterios de racional y legitimidad material jurídico-penal, para mejorar la calidad de nuestra legislación punitiva, en tanto no hay que olvidar que nos encontramos en un nuevo milenio en el que todo, absolutamente todo, necesita ser evaluado[12].

---

[12] Pawson, R./Tilley, N.: *Realistic Evaluation*, Sage, London, 1997, p. 2.

Capítulo I
CONTEXTO LEGISLATIVO ACTUAL: LOS TÓPICOS DEL DERECHO PENAL DE LA POSTMODERNIDAD

SUMARIO:

1. LA CRISIS LEGISLATIVA Y EL DERECHO PENAL DE LA POSTMODERNIDAD

Se dice que en la época contemporánea se ha producido una transformación de las leyes que, unida a otros factores, ha dado lugar a una auténtica "'crisis' de la legislación"[13]. En realidad hace ya muchas décadas que se acuñó el término **"crisis de la ley"**[14], si bien cuando nos referimos a ella en la actualidad lo hacemos no tanto en el sentido clásico en el que se pretende expresar "que la ley ha perdido la centralidad que venía ocupando en el sistema jurídico desde la instauración del Estado de Derecho liberal"[15], sino más bien en el sentido de "la constatación de la falta de racionalidad o calidad de las leyes"[16]. La crisis de la ley es, conforme a ello, la pérdida de credibilidad de las normas y, también, la toma de consciencia de la importancia de la racionalidad en las mismas; pero, además, es la constatación de un proceso de perversión de las normas como instrumento para la consecución de objetivos públicos.

Sin entrar en un análisis exhaustivo del fenómeno de la crisis de la legislación (que puede serlo en sentidos y por causas muy diferentes entre sí[17]), lo que es cierto es que la constatación del fenómeno de

---

[13] FIGUEROA, A.: "La evaluación del Derecho", en FIGUEROA, A. (COORD.): *Los procesos de implementación de las normas jurídicas*", Instituto Vasco de Administración Pública, Bilbao, 1995, p. 13.

[14] Suelen citarse como referentes históricos básicos de este concepto los trabajos de CARNELUTTI, F.: "La crisi della legge", en *Rivista di Diritto pubblico,* 1930, pp. 424 y ss., y CARNELUTTI, F.: "La crisi del Diritto", en *Giurisprudenza Italiana,* t. IV, 1946, pp. 65 y ss. Véase al respecto de esta evolución el trabajo de MARCILLA CÓRDOBA, G.: "Sobre la necesidad de una nueva Ciencia de la legislación", en CARBONELL, M./PEDROZA DE LA LLAVE, S.T.: *Elementos de técnica legislativa,* Universidad Nacional Autónoma de México, México D.F., 2000, pp. 93 y ss, especialmente pp. 95 y ss.

[15] DÍEZ RIPOLLÉS, J.L.: "Presupuestos de un modelo racional de legislación penal", en *Doxa. Cuadernos de Filosofía del Derecho,* núm. 24, 2001, p. 6. En realidad hay múltiples sentidos de esta crisis legislativa. El general sería éste, pero de él también hay derivaciones como el que se le da en MARCILLA CÓRDOBA, G.: "Desregulación, Estado social y proceso de globalización", en *Doxa. Cuadernos de Filosofía del Derecho,* núm. 28, 2005, pp. 239 y ss., cuando se refiere a la crisis legislativa estatalista, poniendo de manifiesto que la ley ya no es monopolio del Estado.

[16] MARCILLA CÓRDOBA, G.: "Sobre la necesidad…", *ob. cit.,* p. 94.

[17] En este punto habría que tomar en consideración, cuanto menos, el análisis sobre la crisis de la ley realizado por LAPORTA SAN MIGUEL, F.J.: "Materiales para una reflexión sobre racionalidad y crisis de la ley", en *Doxa. Cuadernos de Filosofía del Derecho,* núm. 22, 1999, pp. 321 y ss., que diferencia entre tres sentidos de ley: la ley

falta de racionalidad de la legislación al que nos referimos, se manifiesta tanto en lo cuantitativo como en lo cualitativo en las últimas décadas.

Desde el punto de vista cuantitativo, se puede señalar la existencia de una plausible **inflación legislativa**. En efecto, en los últimos años ha aumentado exponencialmente el número de normas existentes en nuestro Ordenamiento jurídico, lo cual es particularmente evidente en el caso del Derecho penal, como ahora mismo veremos pormenorizadamente. Sin embargo es aún más relevante, en nuestra opinión, la crisis legislativa desde el punto de vista cualitativo. En este ámbito se aprecian en la ley **defectos formales** (en, por ejemplo, la redacción o sistemática de las leyes), pero son mayores y más importantes las carencias de la legislación halladas en su calidad material, en la medida que las normas jurídicas muestran **insuficiencias** de fondo en el nivel de su **aplicación y efectos**[18].

La legislación penal, como hemos advertido, tampoco ha estado exenta de ese proceso de crisis, aunque tradicionalmente haya sido un ámbito legislativo teóricamente menos propenso a la reforma, al afectar a los aspectos más esenciales y menos influenciados políticamente de la vida en sociedad. Sin embargo, el carácter sensible del Derecho penal ha acabado por llevarle también a esa fase de crisis legislativa que, según parecer unánime de la doctrina, ha tenido su principal impacto en nuestro país en los últimos veinte años, precisa-

---

como norma jurídica vinculante por excelencia, la ley como expresión de la voluntad general, y la ley como ley general y abstracta. En el primero de los sentidos la crisis de la ley se refiere a que el control de constitucionalidad de las leyes se ha tornado omnipresente, desplazándolas a un segundo plano, y su validez misma "ha sido desplazada a un terreno cercano a la incertidumbre" (LAPORTA SAN MIGUEL, F.J.: "Materiales para...", *ob. cit.*, p. 322). En el segundo sentido la crisis de la ley se refiere a la pérdida de importancia de la misma en su función reguladora, como guía de conducta y de resolución de conflictos (LAPORTA SAN MIGUEL, F.J.: "Materiales para...", *ob. cit.*, p. 324). En el tercer y último sentido la crisis de la ley supone la modificación de los fines de la ley generales y abstractos por un nuevo tipo de ley para la obtención de fines concretos leyes "ad hoc", leyes del caso, que dejan de ser leyes de reconocimiento general para convertirse en normas instrumentales para la consecución de objetivos específicos, con los riesgos que ello comporta (LAPORTA SAN MIGUEL, F.J.: "Materiales para...", *ob. cit.*, p. 326). En el último sentido de pérdida de tendencia a la generalidad, véase el interesante trabajo de HIERRO SÁNCHEZ-PESCADOR, L.L.: "Igualdad, generalidad, razonabilidad y crisis de la ley", en *Doxa. Cuadernos de Filosofía del Derecho,* núm. 2003, pp. 449 y ss.

[18] FIGUEROA, A.: "La evaluación...", *ob. cit.*, p. 14.

mente a raíz de la aprobación del Código penal de 1995. En efecto, se ha pasado de una época donde en veinte años, los que van desde la aprobación del Texto refundido de Código penal 1973[19] (y con la instauración posterior de la democracia[20]) hasta nuestro Código actual, sólo se hicieron efectivas cinco reformas[21], a un período en el que, tras la aprobación del Código penal de 1995, se han producido sobre el mismo una treintena de reformas aproximadamente.

En concreto, entre las más importantes destaca la primera de ellas, que data de 1998 y que tenía el objetivo de regular la violencia callejera, mediante la Ley Orgánica 2/1998, de 15 de junio, por la que se modificaron tanto el Código penal como la Ley de Enjuiciamiento Criminal. La segunda reforma significativa se llevó a cabo por la Ley Orgánica 11/1999, de 30 de abril, de modificación del Título VIII del Libro II del Código penal, que introdujo cambios en los delitos contra la libertad e indemnidad sexual.

El "gran caballo de batalla" del legislador en los últimos años ha sido la modificación de los delitos de violencia de género cuya reforma ha abordado fundamentalmente en la Ley Orgánica 14/1999, de

---

19 Aprobado tras las diversas reformas que incidieron sobre el texto del Código penal de 1944.

20 Fecha desde la que se fueron elaborando sucesivamente hasta tres proyectos de reforma de Código penal que no salieron de sede parlamentaria: Proyecto de Ley Orgánica de Código penal de 1980, el Anteproyecto de de nuevo Código penal de 1983 y el Anteproyecto de Código penal de 1992.

21 La primera mediante **Ley Orgánica 8/1983, de 25 de junio, de reforma urgente y parcial del Código penal**, que proclama el principio de culpabilidad frente al de la responsabilidad objetiva, se actualiza la Parte general en materias como el error o el delito continuado y se modifica sustancialmente la Parte especial, incorporando numerosas mejoras técnicas ya previstas en el proyecto de 1980.

La segunda tanda de reformas viene en **1985** y se produce en materia de delitos contra la Hacienda Pública, o contra la Seguridad Social, contemplando también la despenalización de algunos supuestos de aborto, combinando el sistema de plazos y el de indicaciones.

En tercer lugar en **1988** se modifican los delitos relativos al tráfico de drogas y se sustituye el delito de escándalo público por los de exhibicionismo y provocación sexual.

En cuarto lugar, mediante la **Ley Orgánica 3/1989 de actualización del Código penal** se reformó el Libro III, modificándose además el delito de lesiones, los delitos contra la libertad sexual, delitos de tráfico, e introduciéndose nuevos tipos como el delito de malos tratos habituales, impago de pensiones o explotación de menores en la mendicidad.

Y, finalmente, en quinto lugar, la **Ley Orgánica 17/1994, de 23 de diciembre**, llevó a cabo la modificación de diversos artículos del Código penal y aumentó el ámbito típico de algunos delitos.

9 de junio, si bien se ha perfilado en reformas posteriores, incluida la aprobación de la Ley Orgánica 1/2004, de 28 de diciembre, de medidas de protección integral contra la violencia de género[22]. También debe reseñarse la aprobación de la Ley Orgánica 7/2000, de 22 de diciembre, de modificación del Código penal, y de la Ley Orgánica reguladora de la Responsabilidad Penal de los Menores, en relación con los delitos de terrorismo y la Ley Orgánica 9/2002, de 10 de diciembre, sobre sustracción de menores.

No obstante, fue en el año 2003 cuando se produjo quizá la más intensa reforma del Código penal, que se materializó, por una parte, en la Ley Orgánica 11/2003, de 29 de septiembre, de medidas concretas en materia de seguridad ciudadana, violencia doméstica e integración social de los extranjeros y, por otra parte, en la amplia Ley Orgánica 15/2003, de 25 de noviembre, que modificó tanto la Parte general como la Parte especial del Código penal. En cuanto a la reforma del Libro I, se centró en introducir cambios en el sistema de penas, modificando la pena de prisión, haciendo desaparecer la pena de arresto de fin de semana e instaurando nuevas penas[23] y, por lo que respecta al Libro II, se produjo una amplia reforma que afectó a muchas figuras delictivas: la adecuación de los delitos contra la libertad e indemnidad sexual, los delitos de injurias y calumnias, los delitos de incumplimiento de obligaciones derivadas de los convenios de separación, divorcio, nulidad del matrimonio, filiación o proceso de alimentos a favor de los hijos. Esa Ley modificó, así mismo, los delitos contra la propiedad intelectual e industrial e incorporó las figuras delictivas relacionadas con el acceso a los servicios de radiodifusión prestados a distancia por vía electrónica. También, se realizaron determinadas modificaciones en los tipos delictivos que afectan al medio ambiente, y se definieron y regularon los delitos que permi-

---

[22] Sobre las reformas legislativas en esta materia, véase DEL ROSAL BLASCO, B.: "La Política criminal contra la violencia doméstica: ¿Alguien da más?", en CARBONELL MATEU, J.C./DEL ROSAL BLASCO, B./MORILLAS CUEVA, L./ORTS BERENGUER, E./ QUINTANAR DÍEZ, M. (COORDS.): *Estudios penales en Homenaje al Profesor Cobo del Rosal*, Dykinson, Madrid, 2005, pp. 327 y ss.

[23] También se creó una norma adicional que indició en esta materia, que fue la Ley Orgánica 7/2003, de 30 de junio, de medidas de reforma para el cumplimiento íntegro y efectivo de las penas, norma que, en opinión de MORILLAS CUEVA, introdujo negativos criterios retribucionistas y constituyó una clara muestra de descoordinación y de oportunismo legislativo (MORILLAS CUEVA, L.: "Valoración político-criminal sobre el sistema de penas en el Código penal español", en *Cuadernos de Derecho Judicial*, núm. XVII, 2003, pp. 44 y ss.).

ten coordinar nuestra legislación interna con las competencias de la "Corte Penal Internacional".

En el año 2007, en virtud de la Ley Orgánica 15/2007, de 30 de noviembre, se reforma el Código penal en materia de seguridad vial, norma que contenía, como novedades más destacadas, la reincorporación al ámbito de lo penalmente sancionado de la conducción sin permiso, la introducción de nuevas formas de tipificación de la conducción bajo los efectos del alcohol o la conducción temeraria, la reforma del delito de negativa al sometimiento de la prueba de alcoholemia, o, en general, una mayor severidad penológica para todos los comportamientos delictivos relacionados con la seguridad vial[24].

Mediante Ley Orgánica 5/2010, de 22 de junio se introduce una reforma equiparable en importancia a la reforma del año 2003, que afecta a muy diversos aspectos, siendo los más destacables, la introducción de la responsabilidad penal de las personas jurídicas, la regulación de la libertad vigilada o la tipificación de conductas como el tráfico de órganos o el "mobbing" inmobiliario.

Finalmente, la última gran reforma punitiva data del año 2015 cuando, mediante Ley Orgánica 1/2015, de 30 de marzo, se suprime el Libro III del Código Penal relativo a las faltas, la mayoría de las cuales pasan no obstante al Libro II como delitos leves; además, se aborda en esta Parte especial la reforma de diversos delitos como, por ejemplo, el de apropiación indebida[25] y el de incitación al odio[26], entre otros. El Libro I también se vio afectado significativamente con la reforma del muy reciente sistema de responsabilidad penal de las personas jurídicas así como, entre otros aspectos, con la introducción de la institución de la prisión permanente revisable.

En lo cuantitativo, pues, es indudable que ha habido un fenómeno más que evidente de proliferación o incremento de las reformas

---

[24] Sobre esta reforma, véase, por ejemplo, MIRÓ LLINARES, F.: "El 'moderno' Derecho penal vial y la penalización de la conducción sin permiso", en *Indret. Revista para el análisis del Derecho*, núm. 3, 2009.

[25] RODRÍGUEZ FERRÁNDEZ, S.: "Defraudaciones patrimoniales", en MORILLAS CUEVA, L. (DIR.): *Estudios sobre el Código Penal reformado (Leyes Orgánicas 1/2015 y 2/2015)*, Dykinson, Madrid, 2015, pp. 553 y ss.

[26] RODRÍGUEZ FERRÁNDEZ, S.: "El ámbito de aplicación del actual art. 510 CP en retrospectiva y en prospectiva tras la reforma penal de 2015", en *Revista de Derecho Penal y Criminología*, núm. 12, 2014, pp. 165 y ss.

penales llevadas a cabo en nuestro Ordenamiento jurídico. En lo cualitativo también el sistema penal español está afectado, a nuestro parecer y el de la inmensa mayoría de la doctrina penal, por una situación de crisis en el sentido que le hemos dado de "falta de racionalidad o calidad de las leyes". Aunque una valoración de este tipo debería realizarse a partir de un análisis individualizado de cada una de las leyes y normas que han sido aprobadas, la propia tendencia cuantitativa de aumento, en comparación con el escaso tiempo de vigencia de las propias normas o preceptos reformados, y otros datos, como la ausencia de, o más recientemente, incorrecta o insuficiente evaluación de las normas jurídico-penales[27], que serán analizados en el Capítulo IV del presente trabajo, ya muestran que el legislador español postmoderno no está en absoluto preocupado por la racionalidad de la ley penal.

Sin duda ello no puede abstraerse de la situación social en la que se enmarca el Derecho penal de hoy, el Derecho penal de la postmodernidad que está caracterizado por unos tópicos que vamos a analizar a continuación, no sin antes contextualizar el entorno social en el que tal fenómeno se produce.

1.1. La sociedad del riesgo (global y mundial)

El concepto **"sociedad del riesgo", "sociedad de riesgo" o "sociedad de riesgos"**, fue enunciado por el sociólogo alemán Ulrich Beck en 1986 (en su obra "Risikogesellschaft. Auf dem Weg in eine andere Moderne", traducida seis años más tarde al inglés y otros seis años más después al castellano), entendiendo tales como "situaciones globales de amenaza"[28] procedentes, fundamentalmente, de la propia acción humana. Según este autor, esos riesgos dieron lugar,

---

[27] Y es que es especialmente importante, a nuestro parecer, y al de gran parte de la doctrina que se ha ocupado de esta cuestión, la tendencia del legislador a preocuparse de la ley únicamente durante el proceso legislativo y a olvidarla a posteriori, una vez que ya ha sido aprobada. En efecto, una de las que se ha considerado como principales causas de esta crisis de la ley, y de los propios parlamentos, está relacionada con la "despreocupación o falta de adecuada atención del control del resultado de su labor" (Bichachi, D.S.: "El uso de las listas de chequeo (chek-list) como herramienta para controlar la calidad de las Leyes", en *http://www.salvador.edu.ar/vrid/iiefgs/trchecklist.pdf*, p. 2).

[28] Beck, U.: *La sociedad de riesgo. Hacia una nueva modernidad* (traducido por Jorge Navarro, Daniel Jiménez y María Rosa Borrás), Paidós, Barcelona, 2001, p. 27.

en relación con el papel del Estado respecto a los mismos, a que éste deba comprometerse a ofrecer seguridad a los ciudadanos, debiendo reiterar tal compromiso una y otra vez "mediante intervenciones cosméticas o reales en el desarrollo técnico–económico", ante "una opinión pública alerta y crítica"[29].

Esto es, la opinión pública en las sociedades occidentales comenzó a exigir durante el último cuarto del siglo pasado a los poderes públicos la adopción de diferentes estrategias de prevención (políticas, científicas y jurídicas) con el fin de evitar los riesgos sociales (y no meramente los individuales) surgidos de las nuevas formas de producción, relacionados esencialmente con la contaminación del aire, de la vegetación, del agua, etc.[30], riesgos que tienen la característica fundamental de no agotarse "en consecuencias y daños que ya han tenido lugar, sino que contienen esencialmente un componente *futuro*", de modo que "los riesgos se refieren a un futuro que hay que evitar"[31]. Así, no es extraño que la sociedad del riesgo haya provocado en el ámbito del Derecho penal un "desplazamiento hacia delante de las barreras de protección" y un "crecimiento 'desasosegado' de los delitos de peligro"[32].

En este sentido, como apunta ALCÁCER GUIRAO, la sociedad del riesgo también "ha generado un fundamental cambio de la representación social sobre el progreso tecnológico: mientras que en sus comienzos la tecnología iba dirigida a disminuir, evitar o reparar riesgos emanados de la naturaleza, en la actualidad se ha convertido en la mayor fuente de riesgos, riesgos que adquieren una potencialidad de destrucción masiva, tanto espacial como temporalmente, capaz de afectar a poblaciones enteras, presentes o futuras". De esta manera la conducta humana ha adquirido a los ojos de la opinión pública "un alcance causal sin precedentes" que dibuja "un futuro todavía incier-

---

[29] BECK, U.: *La sociedad de riesgo…, ob. cit.*, p. 26.

[30] En este sentido BECK señala lo siguiente: "En la globalidad de la contaminación y de las cadenas mundiales de alimentos y productos, las amenazas de la vida en la cultura industrial recorren *metamorfosis sociales del peligro*: reglas cotidianas de la vida son puestas del revés. […] Los sistemas jurídicos no captan los hechos […] Los votantes indecisos huyen" (BECK, U.: *La sociedad de riesgo…, ob. cit.*, p. 13).

[31] BECK, U.: *La sociedad de riesgo…, ob. cit.*, pp. 39 y ss.

[32] PERIS RIERA, J.M.: "Delitos de peligro y sociedad de riesgo: una constante discusión en la Dogmática penal de la última década", en CARBONELL MATEU, J.C./DEL ROSAL BLASCO, B./MORILLAS CUEVA, L./ORTS BERENGUER, E./QUINTANAR DÍEZ, M. (COORDS.): *Estudios penales…, ob. cit.*, p. 694.

to, pero de tintes catastróficos". Precisamente, de aquí se deduce, en opinión de este autor, otra característica central de la sociedad del riesgo: "la tendencia expansiva de la atribución de responsabilidad", de tal forma que "el reino del azar o el infortunio cede espacios a la culpabilidad, como una necesidad para la estabilidad social", reduciéndose a la máxima "a mayor sensación de inseguridad, mayor exigencia de individualizar responsables". Así, pues, no es extraño que se acabe produciendo, como de hecho ha ocurrido, "una nueva orientación en las estructuras de atribución de la responsabilidad", prestando ahora prioritaria atención "al poder causal de destrucción sobre la capacidad de previsión del agente en su obra"[33].

Hecho este inciso sobre dos de los aspectos que demuestran la incidencia directa que la sociedad del riesgo ha tenido sobre el Derecho penal, retomamos las aportaciones de BECK para señalar que este autor ha considerado unos años después[34], que "la sociedad del riesgo, pensada hasta sus últimas consecuencias, quiere decir sociedad del riesgo global", en la medida que "su principio axial, sus retos, son los peligros producidos por la civilización que no pueden delimitarse socialmente ni en el espacio ni en el tiempo"[35]. En definitiva, habla en este posterior trabajo BECK de que las amenazas, los riesgos, se han convertido en globales y eso implica que la gestión de los mismos ha de ser mundial. Precisamente, a sociedad de riesgo "mundial" se refiere en su último trabajo[36], en la que lo novedoso

---

[33] ALCÁCER GUIRAO, R.: "La protección...", *ob. cit.*, pp. 7-8. Así, hay autores como JONAS, citado por el propio ALCÁCER GUIRAO, que consideran que se hace "preciso desarrollar una conciencia de solidaridad hacia las generaciones futuras, para lo que sólo esa ampliación de la responsabilidad puede venir a modificar nuestra indiferencia moral hacia las mismas" (JONAS, H.: *El principio de responsabilidad: ensayo de una ética para la civilización tecnológica* (traducido por Javier Mª. FERNÁNDEZ RETANA), Herder, Barcelona, 1995, p. 42). Sin embargo, ALCÁCER GUIRAO niega, con razón, que esa conciencia de solidaridad hacia las generaciones futuras pueda materializarse a través del Derecho penal, el cual "no está legitimado para proteger directamente el futuro: los intereses potenciales de las generaciones venideras, sino que esa labor sólo puede llevarla a cabo a través de la protección de las generaciones presentes: de las condiciones de libertad de los ciudadanos" (ALCÁCER GUIRAO, R.: "La protección...", *ob. cit.*, p. 29).

[34] En una obra en la que no se puede decir que exista una sucesión argumental, sino en realidad una reiteración de argumentos, estructurados en ensayos yuxtapuestos, centrados en torno a la discusión de las características de la sociedad global actual.

[35] BECK, U.: *La sociedad del riesgo global* (traducido por Jesús ALBORES REY), Siglo XXI, Madrid, 2002, p. 29.

[36] BECK, U.: *La sociedad de riesgo mundial. En busca de la seguridad perdida* (traducido por Roc FILELLA MONFORT), Paidós, Barcelona, 2008.

respecto a sus trabajos anteriores es la escenificación de los riesgos y la utilización de los mismos con fines políticos.

Otro concepto que está "haciendo fortuna" para describir el período social de la postmodernidad es el de "modernidad líquida", aportado por Bauman. Para este autor, en la época actual "surfeamos en las olas de una sociedad líquida siempre cambiante –incierta– y cada vez más imprevisible, en la decadencia del Estado del bienestar". Para él, la modernidad líquida es "un tiempo sin certezas, donde los hombres que lucharon durante la Ilustración por poder obtener libertades civiles y deshacerse de la tradición, se encuentran ahora con la obligación de ser libres asumiendo los miedos y angustias existenciales que tal libertad comporta"[37]. Además, según apunta Bauman, en la sociedad actual el tiempo adquiere tanta importancia como el espacio o, incluso, más, pues "fluye con rapidez y no hay tiempo para pararse a reflexionar con detenimiento"[38]. De la referencia a la modernidad líquida ha extraído acertadamente Serrano Gómez un reflejo para nuestras actuales política criminal, legislación y proceso legislativo, definiéndolos como "inseguros, cambiantes, irreflexivos, vertiginosos", esto es, como integrantes de lo que podría calificarse como una auténtica "legislación penal líquida"[39].

En todo caso, lo que es indudable es que este contexto social descrito por los autores citados, ha tenido claro reflejo en la política criminal (y en la política legislativa penal) de los Estados occidentales a partir del tramo final del siglo XX[40]. Vamos a analizar, pues, a lo largo de las siguientes líneas, cuál ha sido tal reflejo a partir del estudio de

---

37 Vásquez Rocca, A.: "Zygmunt Bauman: modernidad líquida y fragilidad humana", en *Revista Crítica de Ciencias Sociales y Jurídicas*, núm. 19, 2008, p. 1.

38 Serrano Gómez, A.: "Legislación líquida. Una nota sobre el Proyecto de Ley de 2009 de Reforma del Código penal", en *Revista Electrónica de Ciencia Penal y Criminología*, núm. 12, 2010, p. 3.

39 Serrano Gómez, A.: "Legislación líquida...", *ob. cit.*, p. 7.

40 Sobre ello, las monografías de Prittwitz, C.: *Strafrecht und Risiko. Untersuchungen zur Krise von Strafrecht und Kriminalpolitik in der Risikogesellschaft*, Vittorio Klostermann. Frankfurt am Main, 1993, y de Herzog, F.: *Gesellschaftliche Unsicherheit und strafrechtliche Daseinsvorsorge*, v. Decker, Heidelberg, 1991, con, en ambos casos, diversos artículos de revista posteriores. En nuestro país, por ejemplo, véanse López Barja de Quiroga, J.: "El moderno Derecho penal para una sociedad del riesgo", en *Poder Judicial*, núm. 48, 1997, así como Pérez del Valle, C.J.: "Sociedad del riesgo y reforma penal", en *Poder Judicial*, núms. 43-44, 1996.

los que pueden ser considerados como "paradigmas"[41] del Derecho penal de hoy.

1.2. Paradigmas del Derecho penal de hoy

1.2.1. La expansión del Derecho penal

a. La expansión y administrativización del Derecho penal en la política criminal a partir de finales del siglo XX

La consecuencia fundamental de la sociedad del riesgo como marco contextual del nuevo Derecho penal fue descrita en nuestro país[42] por SILVA SÁNCHEZ bajo la sugerente y exitosa etiqueta de "expansión" del Derecho penal, dentro de la cual se identificó un perfil relacionado con el plano técnico-legislativo del fenómeno en sí, y que fue denominado por el mismo autor como la "administrativización" del Derecho penal[43].

[41] Entendiendo los paradigmas como "realizaciones científicas universalmente reconocidas que, durante cierto tiempo, proporcionan modelos de problemas y soluciones a una comunidad científica" (KUHN, T.S.: *La estructura de las revoluciones científicas* (traducido por Agustín CONTÍN), Fondo de Cultura Económica, México D.F./ Madrid, 1995 (11ª reimpresión), p. 13.

[42] La explicación político-criminal que conlleva la expansión del Derecho penal ya la habían llevado a cabo antes desde la denominada "Escuela (penal) de Frankfurt", especialmente HASSEMER. Esto no significa que el único mérito de SILVA SÁNCHEZ sea nominal, puesto que su descripción y valoración del fenómeno, así como su intento de ligar la esencia del sistema penal y la legitimidad de su intervención a la pena privativa de libertad, son dignas de alabanza. Es cierto, sin embargo, que el principal mérito estriba en haber creado un término o expresión que, como se ha dicho, ha hecho fortuna como expresión del principal carácter de la política criminal de la postmodernidad.

[43] GARCÍA ALBERO señala que la administrativización del Derecho penal viene dada por la crisis del principio de exclusiva protección de bienes jurídicos, "debida a la extensión del concepto de bien jurídico a los intereses generales y difusos", atribuyendo haberse pronunciado ya en estos términos a BARATTA, A.: "Les fonctions instrumentales et les fonctions symboliques du droit penal", en *Déviance et Société*, 1991, pp. 15 y ss. (GARCÍA ALBERO, R.: "La relación entre ilícito penal e ilícito administrativo: texto y contexto de las teorías sobre la distinción de ilícitos", en QUINTERO OLIVARES, G./MORALES PRATS, F. (COORDS.): *El Nuevo Derecho Penal Español. Estudios Penales en Memoria del Profesor José Manuel Valle Muñiz*, Aranzadi, Elcano, 2001, nota 270, p. 370). También se había pronunciado en similar sentido DENNINGER, E.: "Der Präventions-Staat", en *Kritische Justiz*, vol. XXI, núm.1, 1988, pp. 1-15.

Pues bien, en primer lugar, la denominada **expansión** del Derecho penal es concebida como una tendencia general en la legislación penal contemporánea que tiene como síntomas evidentes la "creación de nuevos 'bienes jurídico-penales', ampliación de los espacios de riesgos jurídico-penalmente relevantes, flexibilización de las reglas de imputación y relativización de los principios político-criminales de garantía"[44]. Es decir, en resumen, se introducen nuevos tipos penales, se agravan las penas anteriormente previstas para los ya existentes y se relajan las garantías procesales (prisión provisional, juicios rápidos, etc.). Sus causas son diversas, a juicio de SILVA SÁNCHEZ[45]:

— la aparición de nuevos intereses y el aumento de valor de los ya existentes;
— una efectiva aparición de nuevos riesgos y la institucionalización de la inseguridad; en este sentido, la sociedad postindustrial es, como hemos visto, una "sociedad de riesgos", una "sociedad compleja" y una sociedad que evidencia una crisis del Estado de bienestar;
— la existencia de una sensación social de inseguridad; esto es, existen nuevos riesgos, pero la percepción subjetiva es superior a la propia existencia de los mismos, lo cual da lugar a una demanda de mayor seguridad[46];
— la configuración de una sociedad de "sujetos pasivos": los pensionistas, destinatarios de subvenciones y prestaciones públicas, son para este autor los ciudadanos electores, sujetos pacientes de los efectos nocivos del desarrollo, que demandan una reducción, casi al absurdo, de los riesgos y la imputación de los daños a un tercero, que los habrá de resarcir;

---

44 SILVA SÁNCHEZ, J.Mª.: *La expansión del Derecho penal: aspectos de política criminal en las sociedades postindustriales*, Civitas, Madrid, 2001 (2ª edición), p. 20.

45 SILVA SÁNCHEZ, J.Mª.: *La expansión..., ob. cit.*, pp. 25-79.

46 En este sentido, apunta BRANDARIZ GARCÍA que "la emergencia de la sensación social de inseguridad deriva de una multiplicidad de factores objetivos de riesgo, con independencia de que lo relevante en este punto no es tanto la existencia de esos factores objetivos, sino la percepción subjetiva de los mismos, que no guarda proporcionalidad con su entidad efectiva" (BRANDARIZ GARCÍA, J.Á.: "Itinerarios de evolución del sistema penal como mecanismo de control social en las sociedades contemporáneas", en FARALDO CABANA, P. (DIR.)/BRANDARIZ GARCÍA, J.Á./PUENTE ABA, L.Mª. (COORDS.): *Nuevos retos del Derecho penal en la era de la globalización*, Tirant lo Blanch, Valencia, 2004, p. 38).

— la identificación de la mayoría social con la víctima: se produce según apunta SILVA SÁNCHEZ un cambio del paradigma del Derecho penal, que pasa de ser un Derecho que protege al delincuente frente al poder del Estado, a un Derecho que protege a la víctima de "la maldad" del delincuente;

— el descrédito de otras instancias de protección, especialmente de la propia sociedad, como instancia informal de control, así como del Derecho civil y del Derecho administrativo;

— la aparición de "nuevos gestores atípicos de la moral": determinadas asociaciones (ecologistas, asociaciones de vecinos, asociaciones feministas, etc.) se han convertido en opinión de este autor en los nuevos gestores de la moral pública, demandando más seguridad, como si de una prestación se tratara;

— la actitud de la izquierda política; en este sentido, SILVA SÁNCHEZ señala que la izquierda ha abanderado las doctrinas de la retórica de la "ley y el orden" ("Law and Order")[47] por réditos electorales[48] y por una determinada contemplación del Derecho penal como instrumento idóneo de transformación social[49];

---

[47] GARLAND, sin hablar de posiciones ideológicas, corrobora que "el Estado despliega castigos crueles –y la vieja retórica de 'la ley y el orden'– como un gesto decidido de dominio y protección popular" (GARLAND, D.: *La cultura del control. Crimen y orden social en la sociedad contemporánea* (traducido por Máximo SOZZO), Gedisa, Barcelona, 2005, p. 239).

[48] "No resulta difícil constatar que las crecientes demandas públicas de seguridad se convierten en un valor público que puede ser fácilmente negociado mediante el siguiente intercambio: consenso electoral a cambio de simbólicas representaciones de seguridad" (BRANDARIZ GARCÍA, J.Á.: "Itinerarios de evolución…", *ob. cit.*, p. 38).

[49] Le da la razón GARCÍA ARÁN, para quien "la obsesión punitivista es compartida por fuerzas políticas de muy diferente signo" (GARCÍA ARÁN, M.: "El Derecho penal simbólico…", *ob. cit.*, p. 205).

También se refiere más ampliamente a ello BOTELLA CORRAL, quien repara en que a la hora de afrontar la prevención de la delincuencia no se han registrado "diferencias significativas entre propuestas políticas de derechas y de izquierdas (o, al menos, de las expresiones políticamente mayoritarias de ambos bandos). Es más: ante la extendida sospecha de que los partidos de izquierda son más bien 'blandos', tolerantes, 'buenistas' ante la criminalidad, no ha sido raro que entonces estos partidos sobreactúen, yéndose al extremo contrario con el celo del converso". El autor intenta encontrar explicación a este fenómeno de aproximación entre las políticas de los

— por último, el "gerencialismo"; es decir, la primacía de las consideraciones de eficacia y de eficiencia, en los temas de seguridad, y la consiguiente desconfianza en que lo público esté en condiciones de satisfacer estas exigencias.

En todo caso y, en segundo lugar, si hay una expresión concreta del desarrollo o desenvolvimiento de este fenómeno de la expansión del Derecho penal que destaca especialmente, es la mencionada **"administrativización"** del Derecho punitivo[50], consistente en "la incorporación de ilícitos administrativos al Código penal, convirtiéndolos en delitos"[51], de modo que quedan indeseablemente difuminadas "las fronteras entre el Derecho penal y el Derecho administrativo sancionador, lanzándose el mensaje de que *sólo* el Derecho penal –esto es, la intervención más dura–, está en condiciones de resolver los problemas"[52]. En efecto, en virtud de esta "administrativización", en opinión de SILVA SÁNCHEZ, el Derecho penal, que anteriormen-

---

principales partidos en la siguiente interpretación de los hechos: "las posibilidades de acción intervencionista de los Estados se han reducido drásticamente, tanto por razones presupuestarias y organizativas (ya que la reducción de la presión fiscal deja a los Estados con posibilidades de acción más limitadas) como políticas e ideológicas (puesto que los discursos dominantes apuntan al retroceso del Estado y a la eficacia de la autorregulación social, deslegitimando el arsenal intervencionista del Estado del bienestar)". Así, pues, "estas tendencias (junto a consideraciones de tipo estratégico-electoral, en las que no entraremos aquí) conducen a la convergencia política y programática entre los grandes partidos. Convencidos de que, para obtener victorias electorales, deben conquistar los votos de los ciudadanos centristas, moderados, los grandes partidos tienden a eliminar los aspectos más 'ideológicos' de sus plataformas políticas, ofreciendo programas de gobierno cada vez más indiferenciados, cada vez más similares [...]. Se produce entonces la paradoja: dada la convergencia en las políticas sustantivas que los diversos partidos ofrecen, se van a acentuar las diferencias en ámbitos simbólicos", como el de la seguridad (BOTELLA CORRAL, J.: "Introducción", en GARCÍA ARÁN, M./BOTELLA CORRAL, J. (DIRS.): *Malas noticias..., ob. cit.*, pp. 18-19).

[50] No obstante, hay quien habla, más ampliamente, de una administrativización de la "dinámica jurídica": "en la situación actual, hay muchas ocasiones en las que surge la necesidad de una acción legislativa rápida y donde no hay tiempo para la formulación de un proyecto legislativo, y entonces es el Ejecutivo el que dicta la Ley [...] En particular se desata una cierta 'administrativización' de la dinámica jurídica" (GALIANA SAURA, Á.: *La Ley..., ob. cit.*, p. 161).

[51] Aunque también se puede producir el proceso inverso, esto es, una "despenalización" de los denominados "delitos de bagatela", el cual consistiría en la conversión de determinadas infracciones penales en infracciones administrativas cuando se considere que el ataque al Ordenamiento jurídico, que presuponen dichas infracciones, no tiene una relevancia tal como para justificar la adopción de una medida penal (PERIS RIERA, J.M.: *El proceso despenalizador*, Universidad de Valencia, Valencia, 1983).

[52] GARCÍA ARÁN, M.: "El Derecho penal simbólico...", *ob. cit.*, p. 193.

te "reaccionaba a posteriori contra un hecho lesivo individualmente delimitado (en cuanto al sujeto activo y al pasivo)", ha pasado a ser "un Derecho de gestión (punitiva) de riesgos generales y, en esa medida se ha 'administrativizado'"[53]. Esto es, el Derecho penal asume en la actualidad funciones propias del Derecho administrativo sancionador como es, en esencia, la finalidad de ordenar, de un modo general, sectores de actividad, función en la que prima el interés "en la globalidad del modelo", es decir, donde "lo determinante es la visión macroeconómica o macrosocial (las 'grandes cifras'; el 'problema estructural' o 'sistémico')"[54]. En definitiva, para SILVA SÁNCHEZ el Derecho penal de las sociedades postindustriales adquiere como característica destacable la asunción de esa forma de razonar "tradicionalmente propia de lo administrativo", convirtiéndose de ese modo "en un Derecho de gestión ordinaria de problemas sociales"[55] y podría decirse, en este sentido, que ha comenzado a proteger, más que bienes jurídicos, decisiones administrativas y políticas.

Participa de esta opinión GARCÍA ARÁN, al constatar "la progresiva incorporación de ilícitos administrativos que arrastran consigo las características" de dicho sector del Ordenamiento jurídico en las últimas reformas penales. En efecto, en tanto los ilícitos administrativos "criminalizados" predominan en la actualidad, el legislador cae en el olvido de que el Derecho penal "tiene sus propias reglas de comprobación de la responsabilidad, más estrictas que las del Derecho administrativo sancionador", de modo que se puede decir que casi se ha llegado al extremo de pretender que "el atestado policial valga ya como sentencia condenatoria". De este modo, acierta GARCÍA ARÁN en señalar que los "efectos colaterales" de esta forma de legislar "son temibles porque conllevan la pérdida de las garantías propias del Derecho penal que progresivamente se acerca a las características de la intervención administrativa"[56].

---

[53] SILVA SÁNCHEZ, J.Mª.: *La expansión…*, *ob. cit.*, p. 123.

[54] SILVA SÁNCHEZ, J.Mª.: *La expansión…*, *ob. cit.*, pp. 126.

[55] SILVA SÁNCHEZ, J.Mª.: *La expansión…*, *ob. cit.*, p. 130.

[56] GARCÍA ARÁN, M.: "El Derecho penal simbólico…", *ob. cit.*, pp. 203-205. La autora alude a dos ejemplos significativos para ilustrar su exposición: "Una vez se opta por pormenorizar, nadie detiene la tendencia, aunque desborde los límites lógicos del Derecho penal, como también ha ocurrido en el delito de acoso sexual laboral que pasó de limitarse a las amenazas de superiores sobre subordinados, para llegar a incluir el producido entre compañeros. O, volviendo a la seguridad en el tráfico, una vez se considera innecesario demostrar el peligro y se desprecia la diferencia entre

Otro significativo ejemplo de administrativización del Derecho penal lo es la categoría de los **"delitos cumulativos"**, es decir, aquellas infracciones penales en las que, siguiendo el ejemplo del Derecho administrativo sancionador (considerado como el "Derecho del daño cumulativo"[57]), se sanciona penalmente la posibilidad cierta de que una conducta –por sí misma no lesiva o inocua– sea realizada hipotéticamente también por otros sujetos, de tal modo que todos esos comportamientos, hipotética y conjuntamente considerados, sí puedan "acabar lesionando el correspondiente bien jurídico"[58]. Evidentemente el surgimiento de estos delitos tiene que ver con los nuevos paradigmas del riesgo. El carácter global de los nuevos intereses de protección, así como la perspectiva colectiva o sistémica desde la que se enfoca el poder de destrucción de la acción humana, obliga al Derecho penal a enfrentarse, como señala ALCÁCER GUIRAO, a un nuevo actor protagonista, distinto al agente individual, y con más

---

el Derecho penal y el Derecho administrativo, no es extraño que se criminalice la conducción sin haber obtenido nunca el correspondiente permiso, aunque sea una mera infracción de un trámite administrativo, en la que, sin el menor fundamento, se *presume* la peligrosidad de la conducción" (GARCÍA ARÁN, M.: "El Derecho penal simbólico...", *ob. cit.*, p. 205). Véase respecto a este último delito mencionado, MIRÓ LLINARES, F./GARCÍA MORENO, E.: "Artículo 384", *ob. cit.*, pp. 815 y ss.

[57] SILVA SÁNCHEZ, J.Mª.: *La expansión..., ob. cit.*, p. 126.

[58] SILVA SÁNCHEZ, J.Mª.: *La expansión..., ob. cit.*, p. 131. Como explica el mismo SILVA SÁNCHEZ, la lógica de la acumulación se halla "bastante más arraigada de lo que a primera vista podría parecer, pues normalmente aparece oculta tras consideraciones formalistas de infracción de deberes" (SILVA SÁNCHEZ, J.Mª.: *La expansión..., ob. cit.*, nota 324, p. 136).

La lógica del daño cumulativo ha sido explicada muy gráficamente por HEFENDEHL para el Derecho penal ambiental y, muy concretamente, en relación con el objeto material agua: dice el autor alemán que si un individuo arroja cinco litros de aceite usado al cauce de un río –probablemente– el agua no sufrirá lesión alguna, lo cual viene a significar que la auténtica razón que da lugar a su criminalización "se basa más bien en la idea de cumulación, y ésta parte del planteamiento de que la sucesión de acciones individuales que no amenacen gravemente el medio ambiente, no merecedoras por tanto de una sanción penal, producidas en un gran número, generan un perjuicio grave para la calidad de las aguas" (HEFENDEHL, R.: "¿Debe ocuparse el Derecho penal de riesgos futuros? Bienes jurídicos colectivos y delitos de peligro abstracto" (traducido por Eduardo SALAZAR ORTUÑO), en *Revista Electrónica de Ciencia Penal y Criminología*, núm. 4, 2002, pp. 10-11). Así, pues "desde ese presupuesto de imputación, no es preciso siquiera un peligro abstracto y actual para los intereses individuales, sino que bastará con que pueda concluirse una prognosis de realización futura de conductas similares por terceras personas, y que la suma de ellas alcance poder destructivo del medio ambiente, para que la conducta realizada, en sí insignificante, sea objeto de reproche penal" (ALCÁCER GUIRAO, R.: "La protección...", *ob. cit.*, p. 9).

potencial destructor que éste: "el 'actor colectivo', o la sociedad en su conjunto"[59]. Pese a algunos loables intentos de justificación, los delitos cumulativos han sido enormemente criticados por gran parte de la doctrina bajo la argumentación de que suponen admitir una responsabilidad penal objetiva o por hecho ajeno. Así lo ha sostenido SILVA SÁNCHEZ, con base en el principio de proporcionalidad[60]. De la misma opinión es FEIJOO SÁNCHEZ, al señalar que los delitos cumulativos o, como el autor prefiere denominar este fenómeno, "la tipificación de daños acumulativos", resulta ser "una técnica de protección de bienes jurídicos colectivos o supraindividuales que debe pertenecer en exclusiva al Derecho administrativo, pero que resulta ilegítima en el Derecho penal en la medida en la que al penado se le imputan personalmente consecuencias de su acción que no son suyas (responsabilidad por hechos ajenos)"[61]. La doctrina favorable a este tipo de tipificación, sin embargo, entiende que es posible la justificación de la incriminación de esta clase de figuras penales[62].

En cualquier caso, la administrativización, como característica general de la legislación penal postmoderna, ha tratado de ser explicada por DÍEZ RIPOLLÉS en el contexto anteriormente analizado de la sociedad del riesgo. Señala el autor que el ansia de la socie-

---

[59] ALCÁCER GUIRAO, R.: "La protección...", *ob. cit.*, pp. 8-9. Ello, como expone este autor, "conlleva la asunción de una responsabilidad colectiva o vicaria, desde la cual la imputación de responsabilidad por esos grandes riesgos globales habrá de reconducirse a acciones mínimas, dado que esos riesgos se originan a partir de una acumulación de actos individuales que, siendo en sí inocuos, podrían llevar, si todos los hiciéramos, a la destrucción futura del planeta o, por poner un ejemplo menos drástico, y más factible a corto plazo, a la destrucción irreparable de los bosques húmedos del trópico".

[60] SILVA SÁNCHEZ, J.Mª.: *La expansión..., ob. cit.*, p. 134.

[61] FEIJOO SÁNCHEZ, B.J.: "Sobre la 'administrativización' del Derecho en la 'sociedad del riesgo'. Un apunte sobre la política criminal a principios del siglo XXI", en DÍAZ-MAROTO Y VILLAREJO, J. (COORD.): *Derecho y justicia penal en el siglo XXI: liber amicorum en homenaje al profesor Antonio González-Cuellar García*, Colex, Madrid, 2006, p. 157 (véase el completo análisis que realiza al respecto en pp. 157-163). Cita el autor, como monografía en la que se realiza el estudio más extenso de esta cuestión, la de ANASTASOPOULOU, I.: *Deliktstypen zum Schutz kollektiver Rechtsgüter*, C.H. Beck, München, 2005.

[62] Véase la postura de su principal defensor: KUHLEN, L.: "Der Handlungserfolg der strafbaren Gewässerverunreinigung (§ 324 StGB)", en *Goltdammer's Archiv für Strafrecht*, 1986, pp. 401 y ss., así como en KUHLEN, L.: "Umweltstrafrecht-auf der Suche nach einer neuen Dogmatik", en en *Zeitschrift für die gesamte Strafrechtswissenschaft*, núm. 105, 1993, pp. 712 y ss.

dad por prevenir peligros vinculados a actividades sociotecnológicas demanda un intervencionismo administrativo superior al del Estado social, lo que parece exigir una legislación imprecisa que permita la discrecionalidad administrativa[63]; y que, además, las exigencias de la sociedad del riesgo obligan a la ley penal a prestar atención a nuevos objetos de tutela colectivos, lo que fomenta sin duda una legislación mucho más imprecisa, con abundancia de tipos de peligro y frecuente uso de la técnica de la ley penal en blanco[64]. Esta explicación es, a nuestro parecer, generalmente acertada, siempre que además se enlace con otros caracteres de la expansión, como el descrédito de otras instancias de protección, no obstante lo cual, de todos modos, sigue situándose en un contexto diferente al de la legitimidad material del Derecho penal.

Y es que la cuestión de la administrativización plantea como interrogante de base, como hemos visto, por qué el Derecho penal no puede adoptar las estructuras punitivas del Derecho administrativo y, como cuestión antecedente para la resolución de la primera, la de si existe una diferencia de naturaleza entre ilícito penal y administrativo. La delimitación entre el ilícito penal y el ilícito administrativo es una cuestión de la que se ha ocupado la doctrina tradicionalmente hasta la fecha[65], basándose tal distinción, según se dice, en que al

---

[63] DÍEZ RIPOLLÉS, J.L.: *La racionalidad de las leyes penales*, Trotta, Madrid, 2003, pp. 68-69. Además recuerda el autor que esto hace que se realce el protagonismo judicial, pues son finalmente los tribunales los que, ante la ausencia de conocimientos científicos seguros sobre las consecuencias de tales actividades tecnológicas, en principio lícitas, tienen la última palabra en cada caso sobre su procedencia; en cualquier caso la legislación pierde racionalidad o queda condicionada por el casuismo judicial".

[64] DÍEZ RIPOLLÉS, J.L.: *La racionalidad..., ob. cit.*, p. 72.

[65] Véase en este sentido, por ejemplo, CEREZO MIR, J.: *Curso de Derecho penal español. Introducción,* I, Tecnos, Madrid, 2002, pp. 43 y ss.; también GÓMEZ TOMILLO, M.: "Consideraciones en torno al campo límite entre el Derecho administrativo sancionador y el Derecho penal", en *Actualidad Penal,* núm. 4, 2000; o, de forma muy exhaustiva y pormenorizadamente, GARCÍA ALBERO, R.: "La relación entre...", *ob. cit.*, pp. 295 y ss.

En este documentado trabajo el autor hace una interesante revisión histórica sobre los orígenes de la distinción doctrinal entre ambos ilícitos, partiendo de las teorías cualitativas de matiz penalista y, en concreto, de principios del siglo XX con la *teoría del "Derecho penal administrativo"* de James GOLDSCHMIDT (para quien el "Verwaltungsstrafrecht" era el encargado de promover el bienestar y la prosperidad y el "Verwaltungsdelikt" suponía la realización de un "lucrum cessans", mediante la omisión en la consecución de un bien; frente a ello, para GOLDSCHMIDT la antiadmiilícito penal se le atribuye "el carácter de lesión éticamente reprochable de un bien jurídico, mientras que el segundo sería un acto de desobediencia ético-valorativamente neutro"[66]. Es decir, el punto de distinción entre ambos ilícitos se centraría, según esta definición, en un aspecto cualitativo.

Hay otros autores para quienes la diferencia fundamental radica meramente en la vertiente cuantitativa. En este sentido se pronuncia POLAINO NAVARRETE, quien considera que nuestro Ordenamiento jurídico "requiere la implantación de un criterio de graduación cuantitativa en las respuestas penal y administrativa de contenido pecuniario, en cuya virtud quede instaurado el principio de que la más grave de las sanciones administrativas pecuniarias, contra infracciones de esta naturaleza jurídica, no deberá rebasar el alcance de las penas de multa asignadas, no ya a los delitos, sino a ninguno de los tipos de falta conminados en el Código penal". De este modo, para este autor, "tanto en el orden sustantivo penal como en el correspondiente orgánico y procesal, todas las infracciones administrativas, merecedoras de sanción cuya intensidad de contenido sea superior a la respuesta penal de las infracciones constitutivas de falta [actual delito leve], han de ser objeto de urgente criminalización"; y, en contraposición, "los tipos de bagatela, por su escasa significación social, no merecen alcanzar relevancia típica, y han de ser degradados a la

---

nistratividad era contraria a la promoción del bien público y estatal –p. 328–) y pasando por la crítica a éste realizada por MATTES unos setenta años después. En efecto, "corresponde a MATTES el mérito de haber puesto de manifiesto la improcedencia, en el estadio actual de la evolución estatal, de los fundamentos ius-políticos a los que se halla estructuralmente ligada la concepción de GOLDSCHMIDT del Derecho penal administrativo" (pp. 331-332), en la medida que la aparición del Estado del bienestar propició el que "los fines de exclusiva prevención de peligros propios del Estado de policía han sido ampliados a todas las esferas de promoción del bien público y del bienestar" (p. 328). Sobre los factores que provocaron la crisis de la distinción de GOLDSCHMIDT en la Dogmática penal, véase GARCÍA ALBERO, R.: "La relación entre...", *ob. cit.*, pp. 333-335.

Posteriormente GARCÍA ALBERO analiza también otra teoría cualitativa de matiz penalista, cual es la teoría de la "indiferencia ética del ilícito administrativo", formulada inicialmente por LANGE a mediados del siglo XX (pp. 336-340), para finalizar con las teorías cualitativas de matiz administrativista: la tesis de la "función administrativa" y la del "ordenamiento interno de la Administración" (pp. 340-342).

El desarrollo subsiguiente del contenido del estudio será referido en el texto principal a continuación.

[66] SILVA SÁNCHEZ, J.Mª.: *La expansión...*, *ob. cit.*, p. 124.

mera condición de contravenciones administrativas"[67]. Se muestra especialmente crítico con este planteamiento GARCÍA ALBERO, para quien sería necesaria "una clarificación del ámbito en el que habrían de adscribirse los ilícitos administrativos y las bagatelas penales" o actuales delitos leves, al resultar ambas categorías "materialmente coincidentes"[68]. En su opinión, "la distinción cuantitativa no sólo no explica por tanto la realidad normativa tal cual hoy se presenta, sino que, desde una perspectiva 'de lege ferenda', tampoco estaría en condiciones de erigirse en el único criterio de discriminación de lo penalmente relevante"[69]. Tampoco es válida, según reconoce el autor, una perspectiva que se centre únicamente en el aspecto cualitativo, pues, también tomando como referencia la realidad normativa actual, a las nuevas teorías cualitativas o cualitativistas se les reprocha, en definitiva, que no expliquen "por qué tutela el Derecho penal aquello que la teoría niega que deba tutelar"[70]. De este modo, como destaca el propio GARCÍA ALBERO, lo que predomina en la actualidad es una aceptación mayoritaria, proveniente en esencia de la doctrina germana, de las teorías mixtas o cuantitativo-cualitativas a la hora de distinguir entre ilícitos administrativos e ilícitos penales[71], conforme a las cuales "si entre ambas clases de ilícitos sólo es posible mantener a lo sumo una diferencia cuantitativa, en el ámbito de las respectivas consecuencias jurídicas la distinción es necesariamente cualitativa". Así, pues, la pena, conforme a esas concepciones mixtas, "no es un 'minus' sino un 'aliud' respecto de la sanción administrativa"[72/73].

---

[67] POLAINO NAVARRETE, M.: "Derecho penal y Derecho sancionador. Cuestiones jurídicas de delimitación constitucional", en MORENO CATENA, V. (COORD.): *Problemas actuales de la Justicia. Homenaje al Prof. Gutiérrez-Alviz y Armario*, Tirant lo Blanch, Valencia, 1988, p. 993.

[68] GARCÍA ALBERO, R.: "La relación entre...", *ob. cit.*, pp. 347-348.

[69] GARCÍA ALBERO, R.: "La relación entre...", *ob. cit.*, p. 348.

[70] GARCÍA ALBERO, R.: "La relación entre...", *ob. cit.*, p. 373. Así culmina la exposición y critica que hace el autor las propuestas de HASSEMER, BRICOLA y PADOVANI bajo el epígrafe "¿Un nuevo renacimiento de las teorías cualitativas? Las tesis de diferencia estructural de ilícitos" (GARCÍA ALBERO, R.: "La relación entre...", *ob. cit.*, pp. 361-368).

[71] GARCÍA ALBERO, R.: "La relación entre...", *ob. cit.*, pp. 356-359.

[72] GARCÍA ALBERO, R.: "La relación entre...", *ob. cit.*, p. 357.

[73] No podemos dejar pasar la oportunidad de reseñar la reciente investigación de RANDO CASERMEIRO, que dirige una crítica tan contundente como bien argumentada frente a esta sistemática clasificatoria de teorías cuantitativas, cualitativas y mixtas, afirmando que la misma dice "muy poco". Para el autor, "este proceder clasificatorio reporta a estas alturas más desventajas que beneficios, lo que se demuestra,

En nuestra opinión debe partirse de que no hay un principio de base que diferencie comportamientos dignos de sanción penal y otros dignos de sanción administrativa, siendo ésta una labor política que debe atender a los diferentes intereses dignos de tutela en cada caso. Ahora bien, es obvio que la esencial distinción entre uno y otro tipo de intervención es la pena, pero, en particular, la pena de prisión. En un momento en que el Derecho penal utiliza como penas sanciones propias del Derecho administrativo como la multa económica, parece lógico que se desnaturalice la diferencia entre ambos sectores del Ordenamiento. En este caso estaríamos ante una diferencia cuantitativa, dado que el acudir al sistema penal o al administrativo sería de "libre elección" por el legislador. Cuestión distinta es, y a nuestro parecer ésta es la enseñanza clave extraída de la caracterización que SILVA SÁNCHEZ hace del fenómeno de "administrativización" del Derecho penal, cuando la sanción a aplicar es la privativa de libertad. En ese caso ya hay una naturaleza diferente en la sanción que obliga al legislador a argumentar el tipo de intervención de forma distinta: ya no estamos ante una intervención en esferas de libertad, sino ante una privación de derechos fundamentales que, por

---

entre otras cosas, por el hecho de que la doctrina no suele ser consecuente con su adscripción a los parámetros cuantitativos, cualitativos o mixtos de distinción. La manera concreta en que cada cual entiende lo cuantitativo o lo cualitativo es tan variada que se cae en la cuenta de que alinearse a favor de una distinción de ese tipo no comporta más que una declaración genérica de intenciones que se agota en caracterizar lo que es obvio [...] Pero aún diría más: el mencionado método clasificatorio no sólo ha dejado de ser ya relevante (porque no nos dicta cuáles son los criterios que deben regir la delimitación), útil (porque se trata de referencias demasiado vagas para comprender con precisión y sin superposiciones conceptuales lo que se quiere decir) y correcto (porque identifica incorrectamente los *alineamientos* de la doctrina): aún su mantenimiento puede resultar perturbador. Ello se aprecia en que dos o más autores podrían estar de acuerdo en los criterios de distinción a manejar para diferenciar los sectores penal y administrativo, y discutir interminablemente sobre si se trata de criterios cuantitativos o cualitativos. La conclusión principal de estas reflexiones es que la determinación de si algo está cualitativa o cuantitativamente diferenciado no constituye a mi juicio más que un entretenimiento especulativo sin nada que aportar a la solución del problema de las relaciones entre Derecho penal y Derecho administrativo, y más bien mucho que perturbar. Por eso en este trabajo va a atenderse a los contenidos materiales de los criterios de distinción, más que a su consideración como cuantitativos o cualitativos, aspecto éste que, como decía, ya no interesa demasiado" (RANDO CASERMEIRO, P.: *La distinción entre el Derecho penal y el Derecho administrativo sancionador. Un análisis de política jurídica*, Tirant lo Blanch, Valencia, 2010, pp. 53-54 y 58-60).

tanto, no puede justificarse únicamente por la presencia de un interés digno de protección social. Como ha señalado SILVA SÁNCHEZ, sólo se puede legitimar la privación de derechos fundamentales que supone el Derecho penal privativo de libertad cuando la conducta sancionada tenga "una significativa repercusión en términos de afectación o lesividad individual"[74]. En los otros casos bastará el Derecho administrativo o ese denominado por el autor "Derecho penal de segunda vía", pero sin contemplar penas privativas de libertad como consecuencias jurídicas, sino únicamente penas privativas de derechos o pecuniarias. En otras palabras, y adelantando en parte nuestra posición, nos limitaremos a señalar que asiste razón, por tanto, a GARCÍA ALBERO cuando concluye que hay que enfocar la cuestión de la distinción entre el ilícito administrativo y el ilícito penal desde el principio de proporcionalidad y desde el principio de intervención mínima o "ultima ratio" (en su doble vertiente de fragmentariedad y subsidiariedad)[75]. No parece, sin embargo que sea ése el camino que ha seguido el legislador.

b. Valoración doctrinal del fenómeno de expansión: crítica, defensa y resignación

La definición del fenómeno de la expansión del Derecho penal por SILVA SÁNCHEZ no es en realidad acrítica o meramente descriptiva, sino que, con ella, el autor critica este nuevo fenómeno político-criminal cuanto menos en lo que supone de abandono de un entendimiento garantista del sistema penal[76] y sólo lo acepta en cuanto el Derecho penal "administrativizado" renuncie a utilizar como sanción la pena privativa de libertad[77]. Son muchos otros los autores que han criticado

---

[74] SILVA SÁNCHEZ, J.Mª.: *La expansión…, ob. cit.*, p. 161.

[75] GARCÍA ALBERO, R.: "La relación entre…", *ob. cit.*, pp. 374-376.

[76] SILVA SÁNCHEZ, J.Mª.: *La expansión…, ob. cit.*, pp. 150 y ss.

[77] Señala SILVA SÁNCHEZ, pues, la posible existencia de dos vías para el Derecho penal: la primera de ellas "representada por el Derecho penal 'de la cárcel', en el que habrían de mantenerse rígidamente los principios político-criminales clásicos, las reglas de imputación y los principios procesales"; y, la segunda, "para los casos en que, por no tratarse ya de la cárcel, sino de penas de privación de derechos o pecuniarias, aquellos principios o reglas podrían experimentar una flexibilización proporcionada a la menor intensidad de la sanción". A ello suma una tercera vía, en la que se plantea la posibilidad de que el "Derecho penal de la cárcel concurra con una amplia relativización de garantías político-criminales, reglas de imputación y criterios procesales" (SILVA SÁNCHEZ, J.Mª.: *La expansión…, ob. cit.*, p. 163). Ésta se correspondería

con el **"Derecho penal del enemigo"**, concepto que se relaciona menos con el objeto de la presente investigación, aunque sí diremos que fue utilizado por primera vez en JAKOBS, G.: "Criminalización en el estadio previo a la lesión de un bien jurídico" (traducido por Enrique PEÑARANDA RAMOS), en JAKOBS, G.: *Estudios de Derecho penal,* Civitas, Madrid, 1997, p. 295, para referirse al autor del delito como "enemigo del bien jurídico".

MIRÓ LLINARES explica sintéticamente la teoría del Profesor alemán: "Desde que en 1985 el Profesor JAKOBS hiciera referencia al Derecho penal del enemigo, el autor alemán ha desarrollado y explicado esa teoría en varios trabajos posteriores, siguiendo siempre las siguientes características o notas definitorias. Junto al Derecho penal como institución que busca 'garantizar la identidad normativa, la constitución y la sociedad' y que se comunica con la persona que niega ocasional o incidentalmente la norma penal desviándose de la orientación marcada por ella, mediante una reacción consistente en la aplicación de una pena que confirme que la dirección comunicativa de la norma sigue siendo la correcta, JAKOBS reconoce un Derecho penal del enemigo. Éste se caracteriza por tratarse de una intervención anticipada –tanto en la definición material del comportamiento desviado como en el procedimiento jurídico establecido para la averiguación de la infracción–, desproporcionada e inocuizadora, frente al sujeto que, negando reiteradamente el Derecho, persiste en su comportamiento asocial y sobre quien, por tanto, ya no existe una expectativa seria, con efectos permanentes de dirección de la conducta, de un comportamiento personal conforme a derechos y deberes. El enemigo deja, así, de ser persona (ciudadano) y pasa a ser un individuo y, para la sociedad, una fuente de peligro. Mientras que en el Derecho penal del ciudadano la pena 'contradice el proyecto del mundo del infractor de la norma: éste afirma la no-vigencia de la norma para el caso en cuestión, pero la sanción confirma que esa afirmación es irrelevante'; en el Derecho penal del enemigo se pretende contrarrestar la inseguridad que produce la falta de seguridad cognitiva de comportamiento conforme a la norma del enemigo, eliminando la fuente de peligro" (MIRÓ LLINARES, F.: "Persona o enemigo; vigencia real o postulada de las normas; Estado de derecho perfecto u óptimo en la práctica. Al hilo de la segunda edición del libro *Derecho penal del enemigo* de Günther Jakobs y Manuel Cancio Meliá", en *Revista Electrónica de la Facultad de Ciencias Sociales y Jurídicas de la UMH,* núm. 1, 2006, pp. 135-136).

Para un estudio más profundo del "Derecho penal del enemigo", véase JAKOBS, G.: "Derecho penal del ciudadano y Derecho penal del enemigo", en JAKOBS, G./CANCIO MELIÁ, M.: *Derecho penal del enemigo,* Civitas, Madrid, 2003 (1ª edición). Trabajo traducido por Manuel CANCIO MELIÁ del original en alemán JAKOBS, G.: "Bürgerstrafrecht und Feindstrafrecht", en HSU, F-H. (ED.): *Foundations and Limits of Criminal Law and Criminal Procedure: an anthology in memory of professor Fu-Tseng Hung,* Taipei, 2003, pp. 41 y ss., publicado también, "coincidiendo en lo esencial" según el mismo traductor, en *HRR-Strafrecht,* núm. 3, 2004, pp. 88-95 (disponible en Internet en *http://www.hrr-strafrecht.de/*). Dicho trabajo fue acompañado del artículo CANCIO MELIÁ, M.: "De nuevo: ¿'Derecho penal' del enemigo?", en JAKOBS, G./CANCIO MELIÁ, M.: *Derecho penal del enemigo,* Civitas, Madrid, 2006 (2ª edición), a la hora de publicarlo en nuestro país.

El concepto de "Derecho penal del enemigo" ha aparecido muy vinculado a los delitos de terrorismo, como se demuestra a la luz de trabajos como JAKOBS, G.: "¿Terroristas como personas en Derecho?", en JAKOBS, G./CANCIO MELIÁ, M.: *Derecho penal del enemigo,* Civitas, Madrid, 2006 (2ª edición); CANCIO MELIÁ, M.: "Derecho esta tendencia de "huida al Derecho penal"[78] que pone en duda la vigencia real de principios claves de la Política criminal como la intervención penal mínima, en lo que se refiere en particular a la subsidiariedad del Derecho penal respecto de otros instrumentos de control social y su carácter de "ultima ratio"[79]. Así lo han entendido, entre otros, autores como HASSEMER[80] o ALBRECHT[81], en Alemania, o, aparte de SILVA SÁNCHEZ, SÁNCHEZ GARCÍA DE PAZ[82], o MENDOZA BUERGO[83] en España.

---

penal del enemigo y delitos de terrorismo. Algunas consideraciones sobre la regulación de las infracciones en materia de terrorismo en el Código Penal español después de la LO 7/2000", en *Jueces para la Democracia*, núm. 44, 2002; o, también, MIRÓ LLINARES, F.: "Democracias en crisis y Derecho penal del enemigo. Política criminal frente al terrorismo en los Estados democráticos antes y después del 11 de septiembre de 2001", en *Cuadernos de Política Criminal*, núm. 87, 2005, pp. 185-228.

Otros autores han trabajado también críticamente sobre el tema, como GRACIA MARTÍN, L.: "El trazado histórico iusfilosófico y teórico-político del Derecho penal del enemigo", en JORGE BARREIRO, A./BAJO FERNÁNDEZ, M./SUÁREZ GONZÁLEZ, C.J. (COORDS.): *Homenaje al Profesor Dr. Gonzalo Rodríguez Mourullo*, Civitas, Cizur Menor, 2005; PORTILLA CONTRERAS, G.: "El Derecho penal y procesal del "enemigo": las viejas y nuevas políticas de seguridad frente a los peligros internos-externos", en LÓPEZ BARJA DE QUIROGA, J./ZUGALDÍA ESPINAR, J.M. (COORDS.): *Dogmática y ley penal: libro homenaje a Enrique Bacigalupo*, vol. I, Marcial Pons, Madrid, 2004; PRITTWITZ, C.: "Derecho penal del enemigo: ¿Análisis crítico o programa del Derecho penal?", en MIR PUIG, S./CORCOY BIDASOLO, M. (DIRS.); GÓMEZ MARTÍN, V. (COORD.): *La política criminal en Europa*, Atelier, Barcelona, 2004.

Las últimas aportaciones bibliográficas más importantes sobre el tema han sido la obra colectiva CANCIO MELIÁ, M./GÓMEZ-JARA DÍEZ, C. (COORDS.): *Derecho penal del enemigo. El discurso penal de la exclusión*, 2 vols., Edisofer/BdeF, Madrid/Montevideo-Buenos Aires, 2006, incluyendo la misma múltiples trabajos; así como, por recientes y monográficas, POLAINO-ORTS, M.: *Derecho penal del enemigo. Desmitificación de un concepto*, Grijley, Lima, 2006 y POLAINO-ORTS, M.: *Derecho penal del enemigo: fundamentos, potencial de sentido y límites de vigencia*, Bosch, Barcelona, 2009.

78 Así denominada por el italiano Sergio MOCCIA, y "en virtud de la cual, el Estado 'resuelve' los problemas recurriendo, en primer término, al Derecho penal y olvidando la política social, económica y de bienestar necesaria" (CARBONELL MATEU, J.C.: *Derecho penal: concepto y principios constitucionales*, Tirant lo Blanch, Valencia, 1999 (3ª edición), p. 203).

79 GARCÍA ARÁN, M.: "El Derecho penal simbólico…", *ob. cit.*, p. 193.

80 HASSEMER, W.: "Crisis y características del moderno Derecho penal", en *Actualidad Penal*, núm. 43, 1993, pp. 635 y ss.

81 ALBRECHT, P.A.: "El Derecho penal en la intervención de la política populista" (traducido por Ricardo ROBLES PLANAS), en INSTITUTO DE CIENCIAS CRIMINALES DE FRANKFURT (ED.)/ÁREA DE DERECHO PENAL DE LA UNIVERSIDAD POMPEU FABRA (ED. española): *La insostenible…, ob. cit.*, p. 476.

82 SÁNCHEZ GARCÍA DE PAZ, Mª.I.: *El moderno Derecho penal y la anticipación de la tutela penal*, Universidad de Valladolid, Valladolid, 1999.

83 MENDOZA BUERGO, B.: *El Derecho penal en la sociedad del riesgo*, Civitas, Madrid, 2001.

Con carácter general lo que se critica de la "expansión" es que supone la huida de un determinado modelo de Derecho penal y la adopción de otro. Lo que ya no es tan pacífico es la caracterización y la valoración del modelo del que se aparta este nuevo Derecho penal.

Así, un sector doctrinal entiende que la expansión supone una huida del "garantismo penal", es decir, del **"Derecho penal mínimo"**, un modelo formulado por FERRAJOLI, al menos en su versión más realista o moderada[84], en el que "no se admite ninguna imposición de pena sin que se produzcan la comisión de un delito, su previsión por la ley como delito, la necesidad de su prohibición y punición, sus efectos lesivos para terceros, el carácter exterior o material de la acción criminosa, la imputabilidad y la culpabilidad de su autor y, además, su prueba empírica llevada por una acusación ante un juez imparcial en un proceso público y contradictorio con la defensa y mediante procedimientos legalmente preestablecidos"[85], lo cual supone, en definitiva, que el cometido del Derecho penal es "intervenir lo mínimo posible para conseguir el máximo de libertad"[86].

Para otros, por el contrario, la expansión del Derecho penal supone una huida del modelo del **"Derecho penal de la Ilustración"**, es decir, del, en ocasiones denominado, Derecho penal liberal o "viejo y buen Derecho penal", a la luz del cambio (no precisamente negativo) de la estructura de la sociedad. Así lo entiende un sector de la doctrina penal española al que no le parece sensato proponer "un regreso al instante del nacimiento del Derecho penal clásico" como se postula por parte de los autores que componen la "Escuela (penal) de Frankfurt"[87]. El ejemplo más representativo dentro de esta línea

---

84 Frente a la más radical propuesta de BARATTA, A.: "Principien des minimalen Strafrechts. Eine Theorie der Menschenrechte als Schutzobjekte und Grenze des Strafrechts", en KAISER, G./KURY, H./ALBRECHT, H.J. (COORDS.): *Kriminologische Forschung in den 80er Jahren. Projektberichte aus der Bundesrepublik Deutschland*, vol. 2, Max-Planck-Institut für ausländisches und internationales Strafrecht, Freiburg, 1988, pp. 513-542.

85 FERRAJOLI, L.: *Derecho y razón…*, *ob. cit.*, pp. 103-104.

86 Como señala, CARBONELL MATEU, ello "no significa que no deba haber Derecho penal", sino que la intervención mínima ha de ir encaminada a la consecución de una tutela del máximo número de bienes jurídicos necesarios para asegurar las libertades de los ciudadanos (CARBONELL MATEU, J.C.: *Derecho penal: concepto y…*, *ob. cit.*, p. 202).

87 MARTÍNEZ-BUJÁN PÉREZ, C.: "Algunas reflexiones sobre la moderna teoría del *Big Crunch* en la selección de bienes jurídico-penales (especial referencia al ámbito económico)", en DÍEZ RIPOLLÉS, J.L./ROMEO CASABONA, C.Mª./GRACIA MARTÍN, L./HIGUERA GUIMERÁ, J.F. (EDS.): *La ciencia del Derecho penal ante el nuevo siglo: libro homenaje al Profesor Doctor Don José Cerezo Mir*, Tecnos, Madrid, 2003, p. 430.

lo constituye GRACIA MARTÍN[88], cuya posición se encuadra entre la de quienes, como SCHÜNEMANN[89], consideran la expansión una tendencia lógica del Derecho penal para la mejor tutela de los intereses sociales en la sociedad actual. En concreto, consideran que el fenómeno de la expansión se explica por un supuesto cambio ideológico en la finalidad del Derecho penal, que pasa, de controlar a los débiles, a intentar controlar a los poderosos.

Nosotros no somos partidarios ni de intentar erradicar la expansión del Derecho penal y buscar una vuelta a los orígenes del surgimiento del Derecho punitivo, porque ello supondría olvidar la existencia de intereses sociales dignos de protección, ni tampoco somos partidarios de fomentar y justificar este fenómeno, pues son muchos los defectos (contrarios a la racionalidad y al fundamento material del Derecho penal) que conlleva, como ya hemos podido comprobar. Sí somos partidarios de, aceptando la expansión como producto de un fenómeno social inevitable (ya que, de hecho, como apunta atinadamente MORILLAS CUEVA, "no todo expansionismo es rechazable", en tanto "existen situaciones y necesidades que requieren una penalización activa"[90]), tratar de limitarlo desde las propias instituciones de decisión político-criminal, introduciendo procedimientos que, inspirados en los fundamentos mismos del Derecho penal, lleguen a controlar su incidencia (a corregirla, si se prefiere) en la normativa penal de nuestro Estado. Pero todavía no es el momento de exponer cómo afrontar esta tarea, sino que llegará al final del presente Capítulo.

Así, pues, una vez estudiada la expansión y la administrativización del Derecho penal en la política criminal imperante a partir de fina-

---

[88] GRACIA MARTÍN, L.: *Prolegómenos para la lucha por la modernización y expansión del Derecho penal y para la crítica del discurso de resistencia*, Tirant lo Blanch, Valencia, 2003. Véase un completo análisis de esta obra en PAREDES CASTAÑÓN, J.M.: "¿'Al otro lado del discurso jurídico penal'? Sobre las bases político-criminales de la 'modernización' del Derecho penal", en *Revista de Derecho penal y Criminología*, núm. 17, 2006, pp. 437-472.

[89] SCHÜNEMANN, B.: "Consideraciones críticas sobre la situación espiritual de la ciencia jurídico-penal alemana" (traducido por Manuel CANCIO MELIÁ), en *Anuario de Derecho Penal y Ciencias Penales*, t. XLIX, 1996, pp. 198 y ss., y SCHÜNEMANN, B.: "Del Derecho penal de la clase baja al Derecho penal de la clase alta. ¿Un cambio de paradigma como exigencia moral", en DEL MISMO: *Temas actuales y permanentes del Derecho penal después del milenio*, Tecnos, Madrid, 2002, pp. 49 y ss.

[90] MORILLAS CUEVA, L.: "El Derecho penal mínimo o la expansión del Derecho penal", en *Revista Cubana de Derecho*, núm. 25, 2005, p. 108.

les del siglo XX, estudiaremos en el siguiente subepígrafe el denominado "populismo punitivo" y, antes, los factores imbricados con el mismo, tales como el papel de los medios de comunicación social en la creación de las leyes penales y, como en consecuencia, éstas acaban siendo meros instrumentos simbólicos. Comencemos, pues, con estos perfiles característicos adicionales del Derecho penal postmoderno.

1.2.2. El populismo punitivo

a. Influencia de los medios de comunicación de masas y legislación penal simbólica

a'. El uso simbólico del Derecho y la democracia mediática

Ya hemos puesto de manifiesto anteriormente que el propio concepto sociológico de la "sociedad de riesgos" implica la existencia de "una cierta presión social por elaborar leyes como respuesta estatal a los problemas de mayor relevancia o visibilidad pública", lo cual, y sin que sirva de precedente, quede dicho en descargo de los poderes públicos, no siempre les puede permitir "la posibilidad de escoger la herramienta idónea para actuar", sin la posibilidad de caer en la cuenta, como señala BRONFMAN VARGAS, sobre "las limitaciones de la norma legal como instrumento de acción estatal"[91]. De este modo, y sin referirnos todavía específicamente al ámbito legislativo penal, se produce en términos globales –en palabras de SUBIRATS– una alteración y un socavamiento del significado del principio de legalidad, que es "una de las columnas vertebrales de legitimación del Estado contemporáneo", al extenderse diferentes prácticas (leyes-medida, leyes-manifiesto...) "de total inaplicación, pero de utilidad 'política'"[92]. A través de tales indeseables prácticas legislativas, argumenta SUBIRATS, se intenta, o bien "silenciar a la opinión pública a nivel propagandístico, sin que a la intención abanderada corresponda una adecuada instrumentación operativa"; o bien la consecución

[91] BRONFMAN VARGAS, A.: "El sentido de la evaluación legislativa en los sistemas políticos democráticos", en PARDO FALCÓN, J./PAU I VALL, F. (COORDS.): *La evaluación de las leyes: XII Jornadas de la Asociación Española de Letrados de Parlamentos*, Tecnos, Madrid, 2006, p. 48.

[92] SUBIRATS I HUMET, J.: *Análisis de políticas públicas y eficacia de la administración*, Instituto Nacional de Administración Pública, Madrid, 1989, p. 27.

de "mediocres compromisos que salvan las mayorías políticas pero que producen leyes ingestionables"; o bien el afrontamiento superficial de cuestiones de gran complejidad[93].

En resumen, fruto de la presión social mencionada, el legislador acomete apresuradamente la creación de **leyes** que se podrían denominar **"simbólicas"**[94], que contienen "declaraciones normativas que expresan la voluntad de la comunidad política y generan consenso social", pero son débiles o deficitarias "en la construcción de mecanismos concretos que permitan avanzar hacia el resultado deseado como fruto de la intervención estatal"[95].

Pero, ¿cómo se articula esta presión social con esta indeseable consecuencia para el Ordenamiento jurídico? Los principales responsables son los medios de comunicación, que se prestan a "denunciar" ante un determinado "problema social" el tópico "retraso en la tramitación del proyecto de ley pertinente como un factor que la

---

93 GALIANA SAURA, Á.: *La Ley: entre la razón y la experimentación*, Tirant lo Blanch, Valencia, 2008, p. 149 y 328.

94 Se trata de leyes "con objetivos imprecisos, muy ambiciosas, a veces contradictorias, son votadas por un legislador perfectamente consciente de que éstos no podrán ser alcanzados". Prima entonces la "función simbólica del Derecho" y el "efecto simbólico de las normas jurídicas", que también puede darse también "en el caso de las normas vacías, meros 'manifiestos' destinados a entrar en el mágico circuito de los medios de comunicación. Algunos textos normativos sirven de 'efectos de anuncio' y no tienen por misión primera ser aplicados" (GALIANA SAURA, Á.: *La Ley...*, *ob. cit.*, p. 202). Algunos autores hablan en este punto de "leyes manifiesto" (BETTINI, R.: *Il Circolo Vizioso Legislativo*, Franco Angeli, Milano, 1984) y otros de "leyes inútiles" (MUÑOZ MACHADO, S.: "Las deformaciones del ordenamiento jurídico y la aplicación de las Leyes en el nuevo sistema constitucional", en *Documentación Administrativa*, núm. 200, 1984, pp. 43-72).

Mucho más rica y variada es la nomenclatura empleada por MANTOVANI, para hablar en el ámbito penal de la era "de las leyes de compromiso, de formulación indeterminada y estimativa; de las leyes privilegiadoras de potentes grupos sociales; de las leyes vacías, simbólicas, mágicas, destinadas tan sólo a poner en escena la diligencia en la lucha contra ciertas formas de criminalidad; de las leyes 'hermafrodita' con forma de ley pero sustancia de acto administrativo; de las leyes cultivadoras del clientelismo, corporativas, para el trueque del voto electoral por privilegios particulares; de las leyes técnicamente desaliñadas e ilógicas, inspiradas en la 'libertad de expresión', de cada vez más ardua comprensión; de las leyes-expediente, del caso por caso, para sobrevivir día a día y casi siempre mal; de las leyes burocráticas, meramente sancionadoras de genéricos preceptos extrapenales" (MANTOVANI, F.: "Sobre la perenne necesidad de la codificación" (traducido por Jesús MARTÍNEZ RUIZ), en *Revista Electrónica de Ciencia Penal y Criminología*, núm. 1, 1999).

95 BRONFMAN VARGAS, A.: "El sentido de...", *ob. cit.*, p. 51.

agrava" y que acaba dando lugar a una apresurada intervención de los poderes públicos que, como señala BRONFMAN VARGAS, da lugar a una aprobación forzada de una ley "sin considerar su aptitud para enfrentar el problema de que se trata", calmando o satisfaciendo la presión social ejercida sobre el legislador, pero alumbrando "legislación simbólica, oportuna y publicitada"[96], a la par que "inefectiva"[97]. En definitiva, la intervención de los medios de comunicación da lugar a que "el interés social, real o aparente, dirigido a la elaboración de una solución legislativa, incluya la pretensión de ser satisfecho en breve tiempo", lo cual, además, y en lo que nos interesa en este trabajo, acaba por supuesto con cualquier posibilidad "de evaluar de manera adecuada los contenidos de la acción normativa"[98].

Aprobada la correspondiente ley, pues, el legislador puede afirmar, haciendo también un uso simbólico de la política[99], que ante el "problema social" correspondiente "ya se han tomado las medidas oportunas", a pesar de que "sea consciente de que no existen ni los medios ni las capacidades administrativa para resolver realmente el problema"[100]. Es más importante, pues, "comunicar a la población la toma de medidas", que la "efectiva resolución posterior" del problema social de que se trate[101]. Esta forma de proceder, por cierto, deno-

---

96 Así, ocurre que "el grado de publicidad que envuelve el entorno de la adopción de las leyes es generalmente inversamente proporcional a su eficacia instrumental y, en particular, a su impacto real sobre la gestión de los recursos". En concreto, "la adopción de numerosas normas cumple por sí misma la función simbólica de 'dar a creer', y de producir la impresión de que las reivindicaciones o las necesidades sociales previstas por las reglas han sido satisfechas, independientemente de sus posibilidades reales de aplicación" (GALIANA SAURA, Á.: *La Ley...*, *ob. cit.*, p. 202).

97 BRONFMAN VARGAS, A.: "El sentido de...", *ob. cit.*, p. 48.

98 BRONFMAN VARGAS, A.: "El sentido de...", *ob. cit.*, p. 48.

99 EDELMAN, M.: *The symbolic uses of politics*, University of Illinois Press, Urbana, 1986. Al uso simbólico del Derecho se han dedicado diversos estudios, sobre todo por parte de la corriente norteamericana de los llamados "Critical Legal Studies".

Para un análisis de los efectos simbólicos del Derecho véanse también ARNOLD, T.: *The Symbols of Government*, Brace and World, New York, 1962; y COTTERRELL, R.: *Introducción a la Sociología del Derecho* (traducido por Carlos PÉREZ DEL VALLE), Ariel, Barcelona, 1990.

100 SUBIRATS I HUMET, J.: "El análisis empírico de los efectos de la legislación", en FIGUEROA, A. (COORD.): *Los procesos de implementación...*, *ob. cit.*, p. 202.

101 SUBIRATS I HUMET, J.: "El análisis empírico...", *ob. cit.*, p. 202. De hecho, "Si se repasa la legislación española de los últimos años se verá que, en muchas ocasiones, sólo se busca una declaración simbólica a través de las leyes, que se redactan de forma que, o bien sus finalidades son claramente irrealizables, o bien la finalidad enunciada no guarda auténtica relación con lo regulado por la norma [...]. De este modo, exis-

ta una "excesiva confianza en la Ley como norma, y en el legislador carismático capaz de asegurar todos los órdenes de la vida humana"; o, en otras palabras, como apunta MONTORO CHINER, "se confía en exceso en la magia de la Ley para eliminar desigualdades, injusticias, descompensaciones sociales" o para "eliminar incluso las situaciones de riesgo para la vida o para los derechos"[102].

En definitiva, este uso simbólico de la ley y de la política ha dado lugar a un nuevo parlamentarismo como forma de gobierno y, por extensión a un nuevo concepto de democracia, a una "democracia sin ciudadanos"[103], a una **"democracia mediática"**, que se encuentra "muy alejada de las pautas del parlamentarismo clásico como forma de gobierno, en la que la televisión y los medios de comunicación de masas desplazan al Parlamento al punto de erigirse en gran foro público de debate y en la arena donde se libran las batallas por el poder"[104]. En efecto, como destaca LIPPMANN, el gran problema de las democracias actuales radica en que las decisiones políticas no son tomadas con base en las discusiones entre el poder ejecutivo y el poder legislativo en el seno del Parlamento, sino con base en las relaciones discursivas que ambos entablan con la opinión pública[105] en el seno de los "mass media".

Dicho concepto viene a implicar sin duda que los "mass media" o **medios de comunicación de masas**[106] imponen los "tiempos mediáti-

---

ten muchas normas generales que son dictadas con pleno conocimiento de que no llegarán nunca a ser aplicadas, pero que sin embargo son creadas y no son eliminadas simplemente porque interesa exhibirlas en público, en la vida política, en un ámbito de relaciones sociales complejas" (GALIANA SAURA, Á.: *La Ley…, ob. cit.*, p. 203).

102 MONTORO CHINER, Mª.J.: *Adecuación al ordenamiento y factibilidad: presupuestos de calidad de las normas*, Centro de Estudios Constitucionales, Madrid, 1989, p. 25.

103 A una "democracia sin ciudadanos" porque, según CAREY, dentro de una "relación hipertrofiada entre democracia y prensa […] se ha llegado al desarrollo de un sistema político de rasgos esquizofrénicos […] en el que los medios han conservado y potenciado su valioso doble y crucial papel mientras disminuía la intensidad y calidad de la relación orgánica esencial de la legitimidad democrática del Estado constitucional: el mandato que vincula a los representantes (los parlamentarios y miembros de la Asamblea electa) con los representados (ciudadanía)" (CAREY, J.W.: "The mass media and democracy", en *Journal of International Affaires*, vol. 47, núm. 1, 1993, pp. 1-21).

104 LÓPEZ AGUILAR, J.F.: "La democracia mediática: la legislación parlamentaria y los medios de comunicación", en MENÉNDEZ MENÉNDEZ, A./PAU PEDRÓN, A. (DIRS.): *La proliferación legislativa: un desafío para el Estado de Derecho*, Civitas, Madrid, 2004, p. 591.

105 LIPPMANN, W.: *La opinión pública* (traducido por Blanca GUINEA ZUBIMENDI), Cuadernos de Langre, Madrid, 2003, pp. 253-256.

106 Esto es, aquellos instrumentos de carácter "tecnológico o social" utilizados "para seleccionar, transmitir o recibir algún mensaje, como la información"

cos" que afectan "al discurso político y lo condicionan en términos decisivos", al afectar, como ya hemos señalado anteriormente, "al tiempo de elaboración de la respuesta política propositiva frente a los problemas ciudadanos", que se exige que sea inmediata, lo cual, redundamos en ello, va en detrimento "de la calidad del análisis político, tanto de la evaluación de la necesidad social, como de la propuesta de solución política"[107].

¿En qué modo concreto afecta esta situación al proceso político para la toma de decisiones legislativas, en general? LÓPEZ AGUILAR sistematiza y enuncia los efectos que acarrea la situación descrita de la siguiente manera, aunque destacaremos sólo los tres que más nos interesan por el objeto del presente trabajo y que nos servirán a la vez para aglutinar y sintetizar todo lo expuesto con anterioridad:

1. Se produce un cambio en la prioridad y en la orientación legislativa. Es decir, el legislador ya no responde a las necesidades o expectativas sociales desde principios éticos para la consecución de objetivos generales y a largo plazo, para convertirse en un mero suministrador de "respuestas inmediatas" que buscan "atender a la apariencia de complitud jurídica y mantener con ello la ilusión de que el Derecho sirve para resolver todas las necesidades sociales, aun cuando es evidente el deterioro del valor 'seguridad jurídica' o la 'certeza' del Derecho"[108].
2. Igualmente tiene lugar una alteración en la agenda política y legislativa, en la medida que, al tener que formularse con urgencia las propuestas políticas "por mor de la servidumbre mediática", por una parte, la fase prelegislativa casi es inexistente, lo que redunda en una merma de calidad de las normas creadas, y, por otra, los temas a abordar están tasados y determinados por la actualidad, con lo que normalmente se legisla sobre temas urgentes y no sobre temas importantes, produciéndose, pues, "un efecto perverso de 'imposición' de la agenda política a discutir en las fases legislativas"[109].

(MACIONIS, J.J./PLUMMER, K.: *Sociología* (editado por Isabel CAPELLA), Prentice Hall, Madrid, 1999, p. 555).

[107] LÓPEZ AGUILAR, J.F.: "La democracia mediática…", *ob. cit.*, pp. 595-596.

[108] LÓPEZ AGUILAR, J.F.: "La democracia mediática…", *ob. cit.*, p. 597.

[109] LÓPEZ AGUILAR, J.F.: "La democracia mediática…", *ob. cit.*, p. 599.

3. Finalmente, para LÓPEZ AGUILAR, acontece una desafección ciudadana respecto de la política y del parlamentarismo. Para el autor, al estar controlada la agenda política por los medios de comunicación de masas, "se han roto los cauces propios o institucionalizados de comunicación entre los políticos y la sociedad", siendo ahora los medios los que seleccionan los temas relevantes a discutir por los políticos. Ello provoca que la sociedad acuda ahora en primer lugar a los propios medios de comunicación demandando soluciones para sus problemas[110]. No obstante, a mayor abundamiento, los medios, agentes carentes "de control y de legitimidad democrática"[111], no sólo desempeñan ahora este papel de "intermediarios en la comunicación entre la sociedad y la política", sino que "conforman, prefiguran y configuran esa comunicación", tomando "parte activa en la formulación de las demandas sociales, que hacen suyas, y contaminan la comunicación", llegando a elegir, incluso, "las respuestas políticas que quieren transmitir al público, dentro del abanico de soluciones políticas que las diferentes opciones ofrecen"[112].

Pues bien, con todo lo anterior hemos podido comprobar que legislación y democracia mediática son dos conceptos íntimamente relacionados a nivel global. Pero, si profundizamos en el concreto nivel de la legislación penal, ¿qué imagen proyectan los medios de comunicación de masas sobre el "problema criminal"? ¿Cómo lo hacen? ¿Cómo afecta ello al proceso democrático de creación de las leyes penales? ¿Acaban alumbrándose normas penales "simbólicas"? Vamos a tratar de dar respuesta a todos estos interrogantes a continuación.

b'. En concreto, la influencia de los medios de comunicación de masas en la formación de la opinión pública respecto a la realidad criminal

Como señala BRANDARIZ GARCÍA, la representación mediática de los fenómenos de desviación criminalidad y de su control social es de gran importancia, pues condiciona en gran medida, en el contex-

[110] LÓPEZ AGUILAR, J.F.: "La democracia mediática...", *ob. cit.*, p. 600.
[111] LÓPEZ AGUILAR, J.F.: "La democracia mediática...", *ob. cit.*, p. 601.
[112] LÓPEZ AGUILAR, J.F.: "La democracia mediática...", *ob. cit.*, p. 600.

to de la denominada **sociedad de la información**[113], la evolución de los fenómenos objeto de análisis[114]. Concretamente señala el autor que los medios de comunicación llevan a cabo una reconstrucción social de la realidad de tales fenómenos que presenta los siguientes rasgos[115]: una narración dicotómica de la realidad entre buenos y malos, "que contribuye a solidificar los códigos valorativos del público, como verdadero mecanismo de cohesión (y control) social"; una representación simplista de la realidad criminal y de fácil consumo como espectáculo, que sólo muestra al gran público una reducida

[113] Valga realizar en este punto un breve excurso respecto al concepto de "sociedad de la información", que hace referencia a un cambio social que trae causa de diversos acontecimientos de carácter económico, político y tecnológico, a resultas del cual se puede hablar de un nuevo modelo de sociedad "en el cual la información, por su capacidad y potencialidad para producir nuevos desarrollos tecnológicos, juega un papel fundamental" (MIRÓ LLINARES, F.: *La protección penal de la propiedad intelectual en la sociedad de la información*, Dykinson, Madrid, 2003, p. 122). CASTELLS apunta entre dichos acontecimientos, en concreto, los siguientes: "una revolución tecnológica, centrada en torno a las tecnologías de la información, empezó a configurar la base material de la sociedad a un ritmo acelerado. Las economías de todo el mundo se han hecho interdependientes a escala global, introduciendo una nueva forma de relación entre economía, estado y sociedad en un sistema de geometría variable. El derrumbamiento del estatismo soviético y la subsiguiente desaparición del movimiento comunista internacional han minado por ahora el reto histórico del capitalismo [...]. El mismo capitalismo ha sufrido un proceso de reestructuración profunda, caracterizado por una mayor flexibilidad en la gestión; la descentralización e interconexión de las empresas, tanto interna como en su relación con otras; un aumento de poder considerable del capital frente al trabajo, con el declive concomitante del movimiento sindical; una individualización y diversificación crecientes en las relaciones de trabajo; la incorporación masiva de la mujer al trabajo retribuido, por lo general en condiciones discriminatorias; la intervención del Estado para desregular los mercados de forma selectiva y desmantelar el Estado de bienestar, con intensidad y orientaciones diferentes según la naturaleza de las fuerzas políticas y las instituciones de cada sociedad; la intensificación de la competencia económica global en un contexto de creciente diferenciación geográfica y cultural de los escenarios para la acumulación y gestión del capital" (CASTELLS, M.: *La era de la información. Vol. 1. La sociedad red*, Alianza Editorial, Madrid, 2000 (2ª edición), pp. 31 y ss.).

[114] BRANDARIZ GARCÍA, J.Á.: "Itinerarios de evolución...", *ob. cit.*, nota 74, p. 37.

[115] BRANDARIZ GARCÍA, J.Á.: "Itinerarios de evolución...", *ob. cit.*, nota 74, p. 37. En todo caso, al parecer del autor, "no es asumible una interpretación en la línea de entender que los *media* son los que producen, de forma unilateral, los modos de comprensión de los fenómenos de referencia, sino que se da una interacción entre *media*, instancias de persecución (fundamentalmente la policía), instituciones, y público, en la que todos los actores tienden a modular la comprensión global, reforzando los puntos de vista colectivos", siendo en este sentido "especialmente evidente la dependencia mediática de las instituciones policiales como fuente de información" (BRANDARIZ GARCÍA, J.Á.: "Itinerarios de evolución...", *ob. cit.*, nota 74, pp. 37-38).

parte de tales fenómenos; la creación de "olas artificiales" de criminalidad a través de la presentación de episodios de criminalidad de forma rápida, simplificada, inmediata, etc.; o, también, la generación de un efecto de amplificación de la alarma social, incrementando el temor del ciudadano a ser víctima de los delitos hipervisibilizados.

En particular, todos estos rasgos redundan en la creación de una sensación social de inseguridad, que desemboca en una demanda de mayor seguridad por parte de la población, tal y como vimos al abordar el concepto de "sociedad de riesgos". Es decir, los medios de comunicación vienen a generar con esa manera de actuar "climas de inquietud, de paranoia ciudadana, que pueden acabar por justificar cualquier medida por parte de las autoridades, por injustificada, descabellada o ineficaz que pueda resultar"[116], tal y como veníamos afirmando en términos globales anteriormente. En efecto, como señalan BOTELLA CORRAL y PERES-NETO, los medios de comunicación desempeñan un papel clave: "al señalar los peligros, al subrayar la existencia de riesgos, al exigir una mayor actividad de control por parte de los gobiernos, proporcionan una visión de la realidad que influye en la percepción ciudadana"[117] sobre la criminalidad.

> En este sentido, RECHEA ALBEROLA, FERNÁNDEZ MOLINA y BENÍTEZ JIMÉNEZ analizaron, en un informe publicado en el año 2004[118], el papel que los medios de comunicación pudieron haber jugado en el sentimiento de inseguridad ciudadana de los españoles durante la década precedente al estudio, buscando verificar, en concreto, si las oscilaciones en el sentimiento de inseguridad de la población estaban relacionadas con lo publicado al respecto en los medios de comunicación. Recopilaron para ello noticias sobre delincuencia aparecidas en el período 1995-2004 y las contrastaron con las estadísticas oficiales sobre delitos y faltas y con la percepción social de la delincuencia (medida mensualmente por el Centro de Investigaciones Sociológicas). A resultas de dicho informe llegaron a las siguientes conclusiones:

---

[116] BOTELLA CORRAL, J.: "Introducción", *ob. cit.*, p. 19.

[117] BOTELLA CORRAL, L./PERES-NETO, L.: "La formación de la opinión pública y la construcción de discursos sobre la realidad criminal en España", en GARCÍA ARÁN, M./BOTELLA CORRAL, J. (DIRS.): *Malas noticias...*, *ob. cit.*, p. 52.

[118] RECHEA ALBEROLA, C./FERNÁNDEZ MOLINA, E./BENÍTEZ JIMÉNEZ, Mª.J.: "Tendencias sociales y delincuencia", en *www.uclm.es/criminologia/pdf/11-2004.pdf*, núm. 11, 2004.

Primero, que no pudiendo afirmarse que existiera más delincuencia en el período analizado, por el contrario sí podía decirse que el interés por la misma aumentó a juzgar por la evolución del número de noticias sobre ese tema que habían aparecido en la década inmediatamente anterior al estudio. Ese mayor interés fue especialmente manifiesto durante los años 2002 y 2003.

Segundo, se pudo constatar la existencia de una cierta relación entre las preocupaciones de los españoles y el contenido de las noticias aparecidas en los medios. La inmigración constituía un ejemplo claro de esto, ante la correlación entre su evolución como categoría "política" y el sentimiento de inseguridad de los españoles: los resultados del estudio apuntaron que la inmigración como categoría "política" aparecía de manera protagonista en los años 1995, 2002 y 2003, que fueron los años en que, precisamente (especialmente en los dos últimos, tras los incidentes de El Ejido de 2000), el sentimiento de inseguridad alcanzó sus mayores cotas, lo cual vino a corroborar que el hecho de que el debate político y público se centrase en los temas relacionados con la delincuencia y la inseguridad ciudadana tenía y tiene un efecto directo en el incremento del sentimiento de inseguridad.

Tercero, no sólo se puede establecer una relación entre lo aparecido en los medios y las preocupaciones de los españoles, sino que se puede hablar también de una situación de vasos comunicantes que se origina entre los sentimientos de la ciudadanía, la opinión pública y la actuación política, pudiendo hablarse, en definitiva, de que también los partidos políticos parecen verse influidos por lo que dicen los medios sobre los sentimientos de los ciudadanos, generándose en torno a éstos, a la seguridad ciudadana y a la política criminal una relación triangular en la que no es muy fácil determinar cuál es la relación existente entre los mismos y cuál es la dirección de las relaciones que se producen entre sí.

Un año después fue publicado un estudio de SOTO NAVARRO en la misma línea, aunque esta vez más centrado en el tratamiento informativo (por parte de el diario "El País"), desde mayo de

2001 a mayo de 2003, de hechos constitutivos de delincuencia callejera, es decir, la principalmente "vinculada a la marginación y a la exclusión social" y que incluye delitos contra el patrimonio, así como delitos contra bienes personalísimos como la vida y la libertad sexual[119]. Dicho estudio le permitió a la autora "establecer relaciones, muy directas en algunos casos, entre los cambios en los índices de preocupación y miedo al delito, según los barómetros de opinión mensuales del CIS, y el tratamiento informativo de la delincuencia". En concreto, concluyó que "el aumento o descenso de la atención mediática a la delincuencia está estrechamente conectado, no con la realidad delictiva, sino con otros acontecimientos sociopolíticos, los más relevantes de cada momento, que desplazan o centran el problema de la inseguridad ciudadana, como el ataque terrorista a Estados Unidos, el hundimiento del *Prestige*, la guerra de Irak o las elecciones municipales y autonómicas de mayo de 2003"[120].

Más recientemente puede consultarse el monográfico e innovador estudio de ZULOAGA LOJO[121], en el cual la autora ha analizado la emergencia y el tratamiento político, mediático y social de la inseguridad ciudadana (eligiendo particulares temas dentro de esta línea, entre los cuales destacan la inmigración o el crimen organizado) como problema en España desde el año 2000 hasta 2007. En concreto, la autora no opta por un enfoque analítico, como los mencionados, cuyo núcleo argumentativo se centre en el papel de los medios de comunicación en la construcción colectiva del miedo, sino que se decide por enfatizar la dimensión política de dicho miedo, tratando de destacar el rol de las instituciones políticas como impulsoras de la priorización de la inseguridad ciudadana como problema en la agenda pública.

Pero, ¿de dónde viene el concreto interés por parte de los medios de comunicación por la el fenómeno criminal? BAUCELLS LLADÓS y PERES-NETO reparan en que "el ilícito penal es, por definición, un hecho perturbador del orden social", como un "aconteciminto conside-

---

[119] SOTO NAVARRO, S.: "La influencia de los medios de comunicación en la percepción social de la delincuencia", en *Revista Electrónica de Ciencia Penal y Criminología*, núm. 7, 2005, p. 3.

[120] SOTO NAVARRO, S.: "La influencia...", *ob. cit.*, p. 43.

[121] ZULOAGA LOJO, L.: *El espejismo de la seguridad ciudadana. Claves de su presencia en la agenda política*, Catarata, Madrid, 2014.

rado como altamente injusto", lo cual "le dota del carácter de trascendencia que requiere una noticia, léase despierta el interés mediático"[122]. Además, se da la circunstancia de que, especialmente, el "universo delictivo" se adecúa "a todas y cada una de las características diferenciadoras" del medio de comunicación televisivo, que es el que más directamente llega a los ciudadanos[123], siendo destacable la capacidad de este concreto medio para "generar la sensación de lo que en ella se dice es verdadero, o cuanto menos, veraz" (en virtud del llamado "pacto comunicativo")[124].

En términos generales, se puede decir que la influencia de los medios de comunicación a la hora de transmitir la realidad criminal, dando lugar a lo que POZUELO PÉREZ denomina una "política criminal mediática"[125], tiene lugar según los siguientes pasos, siguiendo a GARCÍA ARÁN y PERES-NETO conforme a la teoría sociológica de la **"agenda-setting function"**[126]: en primer lugar presentan un determinado acontecimiento como un problema social, transfiriendo la relevancia del mismo desde su agenda hacia las agendas de la opinión pública y del poder político; en segundo lugar, "generan la afección del auditorio hacia algunos grupos en detrimento de otros

---

122 BAUCELLS LLADÓS, J./PERES-NETO, L.: "Discurso televisivo sobre el crimen: los programas especializados en sucesos", en GARCÍA ARÁN, M./BOTELLA CORRAL, J. (DIRS.): *Malas noticias..., ob. cit.*, p. 115.

123 Principalmente porque "el ilícito penal –mejor que cualquier otra noticia– facilita la construcción de una trama, la elaboración de un relato con muchas fases, que puede construirse por entregas manteniendo la tensión y atención del telespectador, desde el inicio (la comisión del hecho criminal) hasta el desenlace (la sentencia), pasando por los capítulos de la detención, las declaraciones de la víctima, el acto del juicio oral o las declaraciones de los abogados" (BAUCELLS LLADÓS, J./PERES-NETO, L.: "Discurso...", *ob. cit.*, pp. 115-116).

124 BAUCELLS LLADÓS, J./PERES-NETO, L.: "Discurso...", *ob. cit.*, p. 116.

125 POZUELO PÉREZ, L.: *La política criminal mediática. Génesis, desarrollo y costes*, Marcial Pons, Madrid, 2013, p. 16.

126 Atribuida en su formulación básica al politólogo B.C. COHEN, y que viene a considerar, sintéticamente, que a mayor énfasis de los medios de comunicación a la hora de tratar algunos temas, estos adquieren mayor importancia para el público, siendo esta relación directa y causal. Así lo vinieron a demostrar empíricamente MCCOMBS y SHAW en un estudio sobre las elecciones americanas de 1968 (MCCOMBS, M.E./SHAW, D.L.: "The agenda-setting function of the mass media", en *Public Opinion Quarterly*, vol. 36, 1972, pp. 176-187). Por tanto, se puede definir "agenda-setting" como "el proceso en que los medios, por la selección, presentación e incidencia de sus noticias, determinan los temas acerca de los cuales el público va a hablar" (GARCÍA ARÁN, M./PERES-NETO, L.: "Perspectivas...", *ob. cit.*, p. 25). Es decir, no se le dice al público qué pensar, sino sobre qué debe pensar (SAPERAS LAPIEDRA, E.: *Los efectos cognitivos de la comunicación de masas*, Ariel, Barcelona, 1987, p. 58).

a partir de una determinada conflictividad social"; y, en tercer lugar, los medios de comunicación "demandan o legitiman respuestas para un tema que destacan como digno de la acción de las autoridades políticas"[127]. Así, pues, para estos autores es un hecho incuestionable el que "la presentación que los medios de información hacen de la criminalidad, de su impacto y de sus características tiene un impacto consciente y declarado en la acción política"[128]. De hecho, como señala BOTELLA CORRAL, las propias exposiciones de motivos de diversas reformas penales de los últimos tiempos hacen referencia "a la 'alarma social' generada por las informaciones publicadas sobre determinados hechos criminales". Ello denota que "la acción de los medios de comunicación constituye, por lo menos, una importante fuente de legitimación de las reformas penales". Así, partiendo de que "la información constituye el elemento básico para la formación de una ciudadanía madura", nos encontramos con que los medios de comunicación ofrecen "mensajes más bien simples, trazos gruesos y apelaciones de corte más o menos populista" y, por ende, suministran "una información de mala calidad (técnica, terminológica, conceptual o incluso, a veces, deontológica), que conecta [...] con una opinión pública poco formada [y] con una legislación compulsiva, excesivamente inestable"[129], con una legislación, además, simbólica.

b. La consecuencia: legislación penal simbólica

En efecto, si analizamos las reformas penales aprobadas en las últimas décadas en España, y, como ya hemos dicho, pueden contarse hasta una treintena desde que se aprobó el Código penal de 1995, constataremos en particular el uso y abuso, dentro esta tendencia, del recurso a normas penales "simbólicas" o "escaparatísticas"[130]. En efecto, como señala GARCÍA ARÁN, y tal y como acabamos de ver, dichas reformas "suelen responder a demandas de la opinión pública reflejada en los medios de comunicación", de manera tal que puede decirse que "el

---

[127] GARCÍA ARÁN, M./PERES-NETO, L.: "Discursos mediáticos y reformas penales de 2003", en GARCÍA ARÁN, M./BOTELLA CORRAL, J. (DIRS.): *Malas noticias..., ob. cit.*, pp. 154-155.

[128] BOTELLA CORRAL, J.: "Introducción", *ob. cit.*, p. 22.

[129] BOTELLA CORRAL, J.: "Introducción", *ob. cit.*, p. 22.

[130] GONZÁLEZ CUSSAC, J.L.: "La contrarreforma penal de 2003: nueva y vieja política criminal", en *Revista Xurídica Galega*, núm. 38, 2003, pp. 20-21.

debate técnico-jurídico queda ocultado o anulado por el debate lego, mantenido por sujetos que desconocen las implicaciones técnicas y político-criminales de sus propuestas"[131]. Ello propicia según la autora que, en el peor de los casos, "se creen normas injustas y desproporcionadas, cuando no contraproducentes"[132]; o que, en el mejor de los

[131] García Arán, M.: "El Derecho penal simbólico...", *ob. cit.*, p. 193.

[132] Un ejemplo de ello tuvo lugar como consecuencia de la serie de robos en residencias que tuvo gran repercusión mediática hace unos años. Como relata Rebollo Vargas, ante la avalancha de noticias y referencias en los medios de comunicación, el Gobierno "si bien durante un corto espacio de tiempo descartó el endurecimiento de las penas por considerar que éstas eran lo suficientemente contundentes, y rechazó la incorporación al Código penal de estos delitos por considerar que ya estaban tipificados, en lugar de abundar en ello, de clarificar las dudas de la opinión pública, de salir al paso de las informaciones que se reiteraban en los medios de comunicación, o de someter esas propuestas a un debate parlamentario riguroso desde un punto de vista técnico penal, acaba asumiendo inmediatamente la propuesta de reformar el Código penal, para más tarde presentar esa reforma como una de las claves del Proyecto de Ley de modificación del Código penal, que se muestra como uno de los grandes objetivos de la legislatura" (Rebollo Vargas, R.: "Oleadas informativas y respuesta político-criminal (a propósito de los robos en residencias)", en García Arán, M./Botella Corral, J. (Dirs.): *Malas noticias..., ob. cit.*, p. 71), aunque acabó decayendo por la convocatoria de una nueva convocatoria electoral (junio 2006). Como afirma el autor, "sin duda se trataba de la decisión más cómoda: es una demanda reiteradamente exigida por los medios de comunicación; es, también, una decisión apoyada por un determinado sector de la opinión pública y, por si fuera poco, era útil para contrarrestar el insistente reproche del partido mayoritario en la oposición quien vinculaba los robos en viviendas con una presunta impunidad o, en su defecto, con la benignidad de las penas previstas en el Código penal; es, pues, sencillo, barato y resulta popular. A mi juicio, se trata de una muestra más de esa huída permanente hacia el Derecho penal como único mecanismo de solución de conflictos, ignorando en este caso en particular las carencias, la ineficacia, la falta de colaboración y coordinación policial o las decisiones erróneas de toda clase (un claro ejemplo es el vacío policial ante el despliegue de la Policía Autonómica que coincide temporalmente con el repliegue de las Fuerzas y Cuerpos de Seguridad del Estado en comarcas donde los Mossos d'Esquadra no se habían posicionado previamente)" (Rebollo Vargas, R.: "Oleadas...", *ob. cit.*, pp. 71-72). La reforma, que contemplaba en general doblar las penas para los comportamientos típicos relacionados con estos sucesos ("¡Cómo si el mayor rigor punitivo fuera un mecanismo de disuasión para este o para cualquier otro tipo de delito!" (Rebollo Vargas, R.: "Oleadas...", *ob. cit.*, p. 98)), fue desaconsejada por Asociaciones de Jueces, Colegios de Abogados y Profesores universitarios, que señalaban "la necesidad de atender a otro tipo de vías, como podían ser la exigencia de mayor eficacia policial y, desde luego, una cooperación y colaboración policial que fuera más allá de lo estrictamente formal; sin olvidar, claro está, otro factor clave para tratar de dar una respuesta coherente a esta situación, cual era la de dotar de más medios a la Administración de justicia para racionalizar y agilizar las respuestas de los Juzgados y Tribunales" (Rebollo Vargas, R.: "Oleadas...", *ob. cit.*, p. 97). Sin embargo, el Gobierno, "consciente o inconscientemente, sustrajo del debate la reforma en este ámbito para prestar únicamente atención a los lobbys (for-

casos, se produzcan "incorrecciones técnicas, incongruencias respecto de los fines que declara la reforma o inaplicabilidad de la nueva norma o que llevan a su nueva e inmediata reforma posteriormente"[133].

Precisamente son las normas con estas taras las que pueden denominarse normas penales simbólicas, que vienen caracterizadas como tales en cuanto a sus efectos: son aquéllas en las que predominan los efectos simbólicos (la producción de mensajes y representacio-

males o informales) que la instaban". Así, pues, para REBOLLO VARGAS, es éste "un claro ejemplo de la estrecha relación existente entre la agenda de los medios, la agenda pública y la agenda política que, finalmente, se materializa en la incorporación al último Proyecto de reforma del Código penal", tratándose de una propuesta "técnicamente innecesaria aunque, es cierto, políticamente rentable dada la reiterada exigencia de la oposición, así como de la práctica totalidad de los medios de comunicación para que se adoptaran medidas que dieran la respuesta adecuada a lo que denominaban 'nueva delincuencia', a pesar de que la propia Exposición de Motivos del Proyecto ya señalaba que tales hechos no sólo no eran atípicos, sino que la respuesta penal –me permito añadir– era realmente contundente; otra cosa distinta es que consideraciones que quiebran con el principio de proporcionalidad de las penas primen sobre la racionalidad que debe imperar en el ejercicio del poder coactivo del Estado" y se llevara a cabo, a pesar de todo "una (otra) reforma simbólica y populista del Código penal adoptada a golpe de alarma social" (REBOLLO VARGAS, R.: "Oleadas...", *ob. cit.*, p. 108).

133 Otro ejemplo significativo es el de la reforma del Código penal en materia de seguridad vial de 2007 que supuso la reincorporación al ámbito de lo penalmente sancionado de la conducción sin permiso, la introducción de nuevas formas de tipificación de la conducción bajo los efectos del alcohol o la conducción temeraria, la reforma del delito de negativa al sometimiento de la prueba de alcoholemia, o, en general, una mayor severidad penológica para todos los comportamientos delictivos relacionados con la seguridad vial. Dicha reforma se llevó a cabo auspiciada por "una fuerte convicción social sobre la gran dañosidad de las conductas viales más peligrosas y sobre la necesaria utilización del Derecho penal para reforzar el papel ordenador de la seguridad vial del Derecho administrativo sancionando las mismas" (MIRÓ LLINARES, F.: "El 'moderno' Derecho penal...", *ob. cit.*, p. 36). Inmediatamente arreciaron las críticas por esa mayor severidad penológica, lo cual ha dado lugar a que en la reforma de 2010 se haya dado, valga aquí la expresión, "marcha atrás", y se ha haya procedido a reformar las penas previstas en los arts. 379 y 384 CP 1995. La propia "exposición de motivos" de la Ley Orgánica 5/2010, de 22 de junio, explica que "en la búsqueda de una mayor proporcionalidad en la respuesta jurídico-penal a determinadas conductas de peligro abstracto, concretamente en el ámbito de los delitos contra la seguridad vial, se ha considerado conveniente reformar los artículos 379 y 384 [...]. En primer lugar se equipara la pena de prisión prevista para ambos delitos, al entender que no existe razón de fondo que justifique la diferencia en la respuesta punitiva. Por otra parte, se elimina la actual disyuntiva entre la pena de prisión y la de multa y trabajos en beneficio de la comunidad, estableciéndose los tres tipos de penas como alternativas. De este modo se concede un mayor grado de arbitrio al Juez a la hora de decidir sobre la imposición de cualquiera de las tres penas previstas, permitiendo reservar la pena de prisión, como la de mayor gravedad, para supuestos excepcionales".

nes valorativas o desvalorativas) sobre los materiales (la aptitud para prevenir comportamientos delictivos). O, expresado con otras palabras, la norma penal simbólica "tiene considerable aptitud para desvalorar el comportamiento que sanciona, pero poca capacidad para evitarlo"[134]. Es decir, la norma penal simbólica será ineficaz "para la producción de reales efectos en la mejora de la protección del bien jurídico" (efectos materiales), es decir, ineficaz "en cuanto a sus pretensiones declaradas", y dicha ineficacia puede provenir de varios factores: "su incorrección técnica, la inexistencia de instrumentos para aplicarla etc., pero también de la falta de aptitud de la norma penal para abordar el conflicto"[135] que pretende resolver.

No obstante también es cierto que hay que relativizar el concepto de "ineficacia" aplicado a la norma penal simbólica y reconocerle a

---

[134] García Arán, M.: "El Derecho penal simbólico...", *ob. cit.*, pp. 195-196. Sobre el uso simbólico del Derecho en el ámbito de las leyes penales, resulta interesante destacar el estudio, poco conocido por los penalistas, de Van de Kerchove, M.: "Les lois pénales sont-elles faites pour éter apliquées? Réflexions sur les phénomènes de dissociation entre la validité formelle et l'effectivité des normes juridiques", en Ost, F./ Van de Kerchove, M.: *Jalons pour una théorie critique du Droit*, Facultés Universitaires Saint-Louis, Bruxelles, 1987, pp. 317-351, especialmente pp. 342-351. Además de, por supuesto, las referencias bibliográficas básicas y clásicas en esta materia: Hassemer, W.: "Derecho penal simbólico y protección de bienes jurídicos" (traducido por Elena Larrauri Pijoan), en *Pena y Estado*, núm. 1, 1991 (publicado en originariamente como Hassemer, W.: "Symbolisches Strafrecht und Rechtsgüterschutz", en *Neue Zeitschrift für Strafrecht*, 1989); Díez Ripollés, J.L.: "El Derecho penal simbólico y los efectos de la pena", en Cerezo Mir, J. (Coord.): *Modernas tendencias en la Ciencia del Derecho penal y en la Criminología*, Universidad Nacional de Educación a Distancia, Madrid, 2001. Recogiendo también la distinción entre función instrumental y función simbólica, véase Terradillos Basoco, J.Mª.: "Función simbólica y objeto de protección del Derecho penal", en *Pena y Estado*, núm. 1, 1991.

[135] García Arán, M.: "El Derecho penal simbólico...", *ob. cit.*, pp. 197-198. Como afirma la autora, "cuando atribuimos a la norma simbólica la condición de ineficaz, nos referimos a su incapacidad para generar o mejorar la protección del bien jurídico que dice proteger, si la comparamos con las posibilidades que la decisión político-criminal del legislador le atribuye. Tal ineficacia radica muchas veces en la propia ineptitud del Derecho penal (en la normativa y en la administración de justicia) para abordar el problema. Pero en ocasiones, la ineficacia se concreta en normas que no añaden nada a la protección previamente existente, es decir, no aportan eficacia añadida a la que proporcionaban las normas anteriores. Son reformas que pueden cumplir con los efectos propagandísticos antes aludidos e incluso, llamar la atención sobre la necesidad de su protección. Pueden reforzar los valores que se dicen proteger, pero no son necesarias porque la ley penal ya disponía de instrumentos. En este tipo de normas, la función desvalorizadora (simbólica), [...] deja de ser un instrumento para la protección de intereses y se convierte en un fin en sí mismo, que resulta predominante" (García Arán, M.: "El Derecho penal simbólico...", *ob. cit.*, p. 199).

ésta, como bien apunta GARCÍA ARÁN, la producción de ciertos efectos, en particular propiamente de los simbólicos[136] que, por predominar en ella, la califican como una norma de tal naturaleza[137]. De hecho, hay autores que, como DÍEZ RIPOLLÉS, sostienen que los efectos de las leyes simbólicas son evaluables[138].

> Así lo recogió por escrito en 2001 su discípula CEREZO DOMÍNGUEZ en la relación de debates de un evento académico: "Por último, le llamó la atención [a DÍEZ RIPOLLÉS] que no hubiese mencionado un aspecto interesante, como era el relativo a que las ciencias empírico-sociales fuesen capaces de evaluar algo que cada vez más aparentemente demandaba la sociedad: el efecto simbólico de la ley penal, esto es, la utilización de las leyes penales para educar a la población en un sentido determinado, para mandar una serie de mensajes sociales. Argumentó el catedrático de la Universidad de Málaga que se estaban creando leyes penales con pretensiones cuando se desconocía incluso si podían producir esos efectos. Quizás, si nos poníamos a analizar qué efectos simbólicos habían producido, nos podría llamar la atención el descubrir que habían producido otros muy distintos o que no habían producido ninguno en absoluto. De ahí que considerase que una aportación de las ciencias sociales en ese sentido podía ser extremadamente útil ya que de este modo se le podía decir al legislador lo que verdaderamente le interesaba: si merecía la pena que se tomase la molestia, no fuera a ser que lo que él pensaba que le estaba

---

[136] Dentro de ellos, esta autora incluye lo que ella misma denomina efectos "propagandísticos": "mediante la nueva norma, el legislador demuestra que está atento a las demandas sociales (sean o no ponderadas o proporcionadas), y demuestra que la capacidad coactiva del Estado está intacta, reafirmando su existencia y autoridad ante los ciudadanos. Son efectos prácticamente irrelevantes para la protección de bienes jurídicos, distintos de aquellos otros efectos, igualmente denominados simbólicos, pero que, al generar valores, estamos dispuestos a admitir como necesarios para la evitación de delitos" (GARCÍA ARÁN, M.: "El Derecho penal simbólico…", *ob. cit.*, p. 198).

[137] Habla GALIANA SAURA de que "la ausencia de efectos 'concretos' puede ser deseada por el legislador. Es así que, por ejemplo, una ley penal puede ser adoptada con el solo objetivo de obtener un efecto simbólico, como el de satisfacer a una parte de la población y apaciguarla" (GALIANA SAURA, Á.: *La Ley…*, *ob. cit.*, p. 260).

[138] No parece ser de la misma opinión BARBERET HAVICAN, quien, haciendo referencia a la posibilidad de efectuar una evaluación previa de la evaluabilidad, o no, de toda ley, "para mostrar si realmente merece la pena proceder a evaluar", considera que, en el caso de reformas jurídicas simbólicas, "una evaluación preliminar de la evaluabilidad nos daría pie a seguir o a no gastar un dinero innecesariamente en una evaluación" (BARBERET HAVICAN, R.: "Evaluación de reformas penales y…", *ob. cit.*, p. 110).

aportando votos, a saber, el tranquilizar a la población, realmente no lo estaba consiguiendo. Concluyó reafirmándose en la idea de que nos encontrábamos ante un área de la investigación, la consistente en determinar en qué medida realmente se consiguen los efectos simbólicos de las leyes penales, a la que se le debía prestar más atención. Todo ello, naturalmente, dejando al margen la discusión sobre la legitimidad de tal uso de la ley penal"[139].

El propio Díez Ripollés pudo concretar por escrito esta idea, quizá esbozada anteriormente de forma intuitiva, añadiendo que esta posible evaluación de las leyes penales, por supuesto, "exige una adecuada identificación de los objetivos pretendidos, por muy incorrectos políticamente que nos parezcan, y un especial cuidado en incluir en el análisis el estudio de los otros efectos producidos o ausentes". Aunque, en todo caso, reconoce el autor que, con todo, "algunas pueden ser difícilmente evaluables, en especial las que se agotan en su propia creación, como es el caso de las leyes reactivas o de compromiso"[140].

En cualquier caso, para que quede clara una caracterización completa de las **leyes penales simbólicas** al finalizar este apartado, señalemos que existe cierto acuerdo doctrinal sobre el hecho de que pueden ser calificadas como tales aquellas normas "relativamente innecesarias o ineficaces para la protección del bien jurídico en cuestión", en las que, como señala García Arán[141]:

a) su objetivo principal es "llamar la atención sobre el desvalor social que se supone merece el comportamiento típico, con independencia de la aptitud de la norma para evitarlo y de sus posibilidades reales de aplicación", fundamentalmente por dificultades interpretativas, por presentarse desconectada "de su contexto y de otras normas sobre la misma materia";

b) recurrir a la intervención penal para reforzar la postura ante tal desvalor social, supone "asumir y consagrar una demanda punitivista con grandes dosis de irracionalidad",

---

139 Cerezo Domínguez, A.I.: "Relación de debates", en Díez Ripollés, J.L./ Cerezo Domínguez, A.I. (Eds.): *Los problemas de la investigación empírica en criminología: la situación española*, Tirant lo Blanch, Valencia, 2001, pp. 135-136.

140 Díez Ripollés, J.L.: *La racionalidad..., ob. cit.*, p. 59.

141 García Arán, M.: "El Derecho penal simbólico...", *ob. cit.*, p. 205.

pues de este modo el Estado "renuncia a su función mediadora y racionalizadora, optando por la punición como principal instrumento de resolución de conflictos";

c) finalmente, con esta intervención se "relega e incluso ignora los límites propios de una política criminal proporcionada y limitadora de la intervención penal".

Caracterizada, por tanto, a lo largo de las líneas precedentes la influencia de los medios de comunicación de masas en la creación de legislación penal simbólica, nos queda abordar un último punto de este subepígrafe que hemos titulado globalmente como "El populismo punitivo". En efecto, tanto la legislación penal simbólica como los denominados "nuevo" punitivismo y populismo penal, forman parte de un todo, de un fenómeno como consecuencia del cual la calidad material de las normas penales se ha visto afectada, de modo que es necesario terminar de describir ese fenómeno, ese "populismo punitivo", en toda su extensión y, por ello, acometemos seguidamente el último punto de este subepígrafe.

c. El "nuevo" punitivismo y el populismo penal

Pese a que consideramos que el concepto de la expansión del Derecho penal, enunciado por SILVA SÁNCHEZ hace una década para las sociedades postindustriales, sigue teniendo vigencia, nos parece necesario traer a colación, para finalizar este apartado de análisis sociopolítico, la definición de los conceptos, más utilizados en la actualidad, de "nuevo" punitivismo y de "populismo penal" en el marco de lo que se denomina, ya bien entrado el siglo XXI, la sociedad postmoderna[142].

DEL ROSAL BLASCO analizaba en un interesante trabajo[143] el estado actual de la Política criminal comparada a día de hoy mediante una completa revisión bibliográfica de la visión anglosajona[144] sobre los

---

[142] FOSTER, H. (ED.): *La posmodernidad*, Kairós, Barcelona, 2002 (5ª edición).

[143] DEL ROSAL BLASCO, B.: "¿Hacia el Derecho penal de la postmodernidad?", en *Revista Electrónica de Ciencia Penal y Criminología*, núm. 11, 2009.

[144] Aquí podríamos encuadrar el estudio de GARLAND, en cuanto enfoque anglosajón del fenómeno, sobre el surgimiento de una "nueva cultura del control del delito" como resultado de un proceso a raíz del cual "los marcos que orientan el control del delito y las prácticas penales han sido alterados, dando origen a nuevas metas y objetivos, nuevas formas de cálculo y nuevas prioridades". Así, destaca el autor bri-

tánico que se han desarrollado "nuevas formas de conocimiento y de razonamiento que sutilmente alteran nuestra forma de pensar acerca del delito y los delincuentes, nuestra forma de comprender los problemas que plantean y de actuar frente a esos objetos y problemas". Así, pues, para el autor, "esta nueva cultura del control del delito se ha formado en torno a tres elementos centrales: (1) un "welfarismo penal" modificado; (2) una criminología del control; y (3) una forma económica de razonamiento" (GARLAND, D.: *La cultura del control..., ob. cit.*, p. 287).

Refirámonos a cada uno de ellos por separado en los términos en que los describe GARLAND, poniendo mayor interés y detenimiento en lo que se refiere a los dos primeros citados en el texto principal:

1.- El primer elemento señalado por el autor británico, residente en New York, es la transformación del "welfarismo penal". Para el autor, en este marco de la "nueva cultura del control del delito, es plausible que "la práctica y las leyes penales dan mayor prioridad a objetivos retributivos, incapacitantes y disuasivos" (GARLAND, D.: *La cultura del control..., ob. cit.*, p. 287). En consecuencia, se trata a los delincuentes "como individuos culpables, indignos y peligrosos que deben ser cuidadosamente controlados para la protección del público y la prevención de delitos futuros. En lugar de clientes que necesitan ayuda, se los ve como riesgos que deben ser gestionados. En lugar de poner el énfasis en los métodos de rehabilitación que atiendan las necesidades de los delincuentes, el sistema acentúa los controles efectivos que minimizan los costos y maximizan la seguridad" (GARLAND, D.: *La cultura del control..., ob. cit.*, p. 288). O, en otras palabras, "nos hemos convencido de que ciertos delincuentes, una vez que han delinquido, ya no son más 'miembros del público' y dejan de ser dignos de los tipos de consideración que solemos proporcionarnos los unos a los otros. Quizás se debe a que ya hemos asumido una división social y cultural entre 'nosotros', las víctimas inocentes y sufridas de clase media, y 'ellos', los pobres peligrosos e indignos [...] 'Nuestra' seguridad depende de 'su' control" (GARLAND, D.: *La cultura del control..., ob. cit.*, p. 297). Y concluye en la siguiente idea sintética: "El crecimiento de una división social y cultural entre 'nosotros' y 'ellos', junto con los nuevos niveles de miedo e inseguridad, ha hecho que muchos se complazcan con el resurgimiento de un poder estatal más represivo" (GARLAND, D.: *La cultura del control..., ob. cit.*, p. 297).

2.- El segundo de los elementos trazados por GARLAND es el surgimiento de la criminología del control. En concreto, el autor se refiere a que, dentro de esta "nueva cultura del control del delito", han surgido dos nuevas corrientes o dos "nuevas criminologías", cuyas características "son diferentes en la mayoría de sus aspectos, como lo son sus sostenedores y fuentes de respaldo social. Pero ambas comparten su interés en el control, reconocen que el delito se ha vuelto un hecho social normal y comparten su reacción contra las ideas criminológicas y las políticas penales asociadas al welfarismo penal. Una es tardomoderna, asume el enfoque de la ciencia social amoral y lo lleva más allá que el correccionalismo, pensando el delito como un resultado predecible de las rutinas sociales normales más que de inclinaciones desviadas. La otra es antimoderna y anticiencia social, adopta un enfoque absolutista y moralizador del delito y sostiene que las acciones delictivas son voluntarias, esto es, malas elecciones de individuos malvados" (GARLAND, D.: *La cultura del control..., ob. cit.*, p. 302). Está muy claro que el fenómeno psicosocial de visión del delincuente como "enemigo", está íntimamente relacionado con esta segunda corriente criminológica, de cariz más conservador.

3.- El tercer elemento es el paso de un estilo de razonamiento "social" a un estilo de razonamiento "económico" por parte de los actores implicados en el control del

---

delito, fenómeno o "elemento" cuya aplicabilidad al caso español (o europeo continental) no vemos que sea plausible.

Pero, ¿cuáles han sido "los cambios estructurales y morfológicos que han ocurrido en el campo del control del delito en el último cuarto de siglo" para dar lugar a esta "nueva cultura del control del delito"? (Garland, D.: *La cultura del control..., ob. cit.*, p. 284). El autor da respuesta a esta pregunta señalando fundamentalmente dos cambios:

A) Dejando a un lado la transformación de las instituciones de la justicia penal "el cambio más significativo en el campo del control del delito [es] el desarrollo, de forma paralela a estas instituciones, de una forma muy distinta de regular al delito y a los delincuentes" (Garland, D.: *La cultura del control..., ob. cit.*, p. 279). En efecto, ha surgido para Garland un nuevo sector "preventivo" que "está constituido, fundamentalmente, por redes y prácticas de coordinación –paneles de autoridades locales, grupos de trabajo, foros multiagenciales y comités de acción– cuya tarea principal es relacionar las actividades de actores y agencias existentes y dirigir sus esfuerzos hacia la reducción del delito" (Garland, D.: *La cultura del control..., ob. cit.*, p. 280).

Para el autor británico, "el desarrollo de este nuevo sector ha comenzado a alterar el equilibrio general del campo. Su sola existencia ejerce una presión pequeña pero insistente que tiende a alejar las políticas públicas de la retribución, la disuasión y la reforma y a acercarlas a la preocupación por la prevención, la reducción del daño y la gestión del riesgo" (Garland, D.: *La cultura del control..., ob. cit.*, p. 280). Dicha descripción está indirectamente relacionada (y decimos indirectamente, porque los instrumentos con los que se manifiesta en Gran Bretaña y Estados Unidos, son diferentes) con el fenómeno de la "administrativización" del Derecho penal que acontece desde hace unos años en la Europa continental, tal y como la hemos definido en el Capítulo I. Dicha "administrativización" se traduciría, relacionándola con lo establecido por Garland, en que "el sector preventivo, en lugar de concentrarse en los individuos delincuentes, apunta a situaciones criminogénicas [sic] que puedan ser alteradas para que se vuelvan menos vulnerables a ciertos eventos delictivos, menos tentadoras para los potenciales delincuentes" (Garland, D.: *La cultura del control..., ob. cit.*, p. 281), lo cual acontece en la Europa continental a través de un endurecimiento generalizado de las penas y la creación de conductas delictivas previamente inexistentes.

B) El segundo cambio estructural de importancia es que "la justicia penal es ahora más vulnerable a los cambios de estado de ánimo del público o a la reacción política. Se instituyen rápidamente nuevas leyes y políticas públicas sin consultar previamente a los profesionales de la justicia penal y se ha reducido considerablemente el control experto de la agenda de políticas públicas como consecuencia de un estilo populista de hacer política. La tendencia populista en la política criminal contemporánea es, en cierta medida, una postura o táctica política adoptada para lograr ventajas electorales a corto plazo" (Garland, D.: *La cultura del control..., ob. cit.*, p. 282). En efecto, como destaca el propio autor, "durante la década de 1990, los casos altamente notorios se volvían el objeto de un tratamiento pormenorizado por parte de los medios de comunicación y de la indignación pública, generando demandas urgentes de que se hiciera algo. Estos casos involucraban normalmente a un individuo predatorio, una víctima inocente (frecuentemente un niño) y un previo fracaso del sistema de justicia penal en imponer controles efectivos. No obstante, la regularidad de dichos casos reflejaba más bien la estructura de los miedos de la clase media y los valores de los noticiarios de los medios masivos de comunicación que la frecuencia estadística de tales eventos" (Garland, D.: *La cultura del control..., ob. cit.*, p. 283).

nuevos caracteres del Derecho penal. Su objetivo era "señalar cuáles han sido, o están siendo, los rasgos fundamentales que definen la mayor parte de las reformas legales que se han implementado, o se están implementando, en los sistemas penales contemporáneos desde la década de los ochenta del pasado siglo hasta el presente, y cuál la filosofía que las inspira"[145]. Pero no pretendía el autor con ello, al estilo de los análisis de la denominada "Escuela (penal) de Frankfurt"[146], realizar un análisis sobre los cambios que sufre el Derecho penal, sino de realizar una aproximación a sus rasgos característicos en la actualidad y a los factores sociales que los han ido determinando. Dichos rasgos característicos o definitorios de las reformas penales en los últimos tiempos, coincidentes parcialmente algunos de ellos con los que en su día señalara SILVA SÁNCHEZ respecto a la "expansión del Derecho penal", son, a juicio de DEL ROSAL BLASCO, los siguientes: el "nuevo" punitivismo; el derrumbe del ideal rehabilitador; la irrupción del paradigma del riesgo (con el análisis económico del delito como elemento añadido); la inocuización como fin primordial de la pena para alcanzar la seguridad; la implantación de estrategias actuariales de control del riesgo; y, por último, el "populismo penal", dentro del cual el autor estudia a la víctima como nuevo icono, así como la implicación de la comunidad en el diseño y ejecución de las políticas penales.

Como hemos advertido, a continuación prestaremos una especial atención al primero y al último de dichos rasgos señalados por DEL ROSAL BLASCO, esto es, tanto al denominado "nuevo" punitivismo como al "populismo penal", de modo que los estudiaremos detenidamente.

Comenzando por el denominado **"nuevo" punitivismo**, éste consiste en un "giro punitivo", con origen a mediados de los años ochenta del siglo XX, orientado a luchar contra la sensación de inseguridad

---

145 DEL ROSAL BLASCO, B.: "¿Hacia el...?", *ob. cit.*, p. 1.

146 Acertadamente considera SILVA SÁNCHEZ que una de las ideas básicas de este grupo, el retorno al "buen y viejo Derecho penal liberal" ("gutes, altes liberales Strafrecht"), es absolutamente inviable, pues "si se pretende sacar al Derecho penal de su situación, probablemente insostenible, deben formularse propuestas *posibilistas,* en vez de refugiarse numantinamente en el extremo opuesto de la defensa de una utopía (y ucronía) liberal radical" (SILVA SÁNCHEZ, J.Mª.: "Prólogo", en INSTITUTO DE CIENCIAS CRIMINALES DE FRANKFURT (ED.)/ÁREA DE DERECHO PENAL DE LA UNIVERSIDAD POMPEU FABRA (ED. española): *La insostenible..., ob. cit.*, p. XIII).

en la ciudadanía que provoca el delito y contra "todo un conjunto de conductas incívicas o antisociales", mediante una represión carcelaria "pura y dura" caracterizada por que la "duración de las sanciones se aumenta sin sujeción a límites" que se consideraban antaño infranqueables[147], con el efecto lógico de una "tremenda inflación de las poblaciones reclusas en todas las sociedades avanzadas"[148]. Precisamente, del "nuevo" punitivismo surge el otro de los rasgos de las últimas reformas penales señalados por el autor en la enumeración antes citada, pues el abandono de cualquier consideración científica sobre "los fines o efectos legítimos de la pena"[149] que tal punitivismo conlleva, da lugar a un discurso emocional que tiene "en la inocuización, como efecto primordial, su referente principal"[150]: es decir, "los sentimientos emocionales y primarios frente al delito y el delincuente" dan lugar al abandono de los fines científicos de la pena (reinserción o reintegración social, rehabilitación, tratamiento terapéutico, etc.), en la medida que tienen como único objetivo inocuizar o incapacitar al delincuente (el "human containment"[151] en el ámbito anglosajón), apartarlo, a fin de cuentas, de la sociedad. Dice DEL ROSAL BLASCO que todo lo anterior "es terreno abonado para la puesta en marcha de estrategias actuariales de control del riesgo"[152], esto es, la progresiva sustitución en la política criminal (sobre todo en el ámbito de los Estados Unidos y, en el caso de España, en lo que respecta a la represión de la violencia de género y de los comportamientos peligrosos para la seguridad vial) basada en el "discurso del diagnóstico clínico y del juicio individual, propio de la vieja penología" por el "lenguaje del cálculo probabilístico y de la distribución estadística aplicado a las poblaciones", cuyo interés se centra "en la identificación de categorías y subpoblaciones de riesgo" más que en

---

147 DEL ROSAL BLASCO, B.: "¿Hacia el…?", *ob. cit.*, p. 11.

148 DEL ROSAL BLASCO, B.: "¿Hacia el…?", *ob. cit.*, p. 13.

149 DEL ROSAL BLASCO, B.: "¿Hacia el…?", *ob. cit.*, p. 20.

150 DEL ROSAL BLASCO, B.: "¿Hacia el…?", *ob. cit.*, p. 20.

151 DEL ROSAL BLASCO, B.: "La 'privatización' de las prisiones: una huida hacia la pena de privación de libertad", en *Eguzkilore. Cuaderno del Instituto Vasco de Criminología*, núm. 12 (extraordinario), 1998, p. 118.

152 DEL ROSAL BLASCO, B.: "¿Hacia el…?", *ob. cit.*, p. 35. Más extensamente, véase DEL ROSAL BLASCO, B.: "La estrategia actuarial de control del riesgo en la Política criminal y en el Derecho", en CARBONELL MATEU, J.C./GONZÁLEZ CUSSAC, J.L./ORTS BERENGUER, E./CUERDA ARNAU, Mª.L. (COORDS.): *Constitución, derechos fundamentales y sistema penal (semblanzas y estudios con motivo del setenta aniversario del profesor Tomás Salvador Vives Antón)*, vol. I, Tirant lo Blanch, Valencia, 2009, pp. 473-498.

actuar sobre sujetos individuales[153]. El legislador y el ejecutivo actúan así ahora sobre "sujetos actuariales" (sobre meras variables representadas en tablas), con el objetivo de lograr la prevención y la minimización del riesgo, "pero no a través de la evitación de los comportamientos prohibidos, sino mediante la reducción de las oportunidades y de la seriedad de la delincuencia"[154]. Como afirma sintéticamente BRANDARIZ GARCÍA en la misma línea, "la nueva finalidad político-criminal es la gestión eficiente de la criminalidad, pretendiendo la minimización –lo más económica posible– de sus efectos"[155].

No obstante, además, y como se ha puesto de manifiesto cuando hemos estudiado la influencia de los medios de comunicación en la formación de la opinión pública respecto a la realidad criminal, es patente que el modo en que se gestiona el riesgo en la actualidad, es avalado "por una audiencia pública, para la cual este proceso de condena y castigo sirve como una descarga expresiva de tensiones y un gratificante momento de unidad frente al delito y la inseguridad"[156]. Es más, es la sociedad misma la que demanda esta forma de proceder por parte del legislador, tal y como hemos visto. Dada esta situación, es notorio para GARLAND que las "nuevas medidas de severidad con respecto al delito [...] son populistas y están politizadas", pues "se construyen privilegiando la opinión pública[157] y no la visión de los expertos y de las élites profesionales de la justicia penal"[158]: eso es preci-

---

153 DEL ROSAL BLASCO, B.: "¿Hacia el...?", *ob. cit.*, p. 36.

154 DEL ROSAL BLASCO, B.: "¿Hacia el...?", *ob. cit.*, p. 41.

155 BRANDARIZ GARCÍA, J.Á.: *El gobierno de la penalidad: la complejidad de la política criminal contemporánea*, Dykinson, Madrid, 2014, p. 115.

156 GARLAND, D.: *La cultura del control...*, *ob. cit.*, p. 239.

157 Para SCHUDSON, "el incremento de las políticas guarda estrecha relación con la práctica indiscrimimnada de sondear la opinión pública. El no perder puntos en imagen a corto plazo resulta más importante que cumplir un programa de gobierno legitimado en las urnas. Cualquier posibilidad de medidas racionales para resolver en profundidad problemas públicos está descartada si no resulta popular" (SCHUDSON, M.: *The News media in the Democratic Process*, Aspen Institute, New York, 1983, citado en SOTO NAVARRO, S.: *La protección penal de los bienes colectivos en la sociedad moderna*, Comares, Granada, 2003, p. 102).

158 GARLAND, D.: *La cultura del control...*, *ob. cit.*, pp. 239-240. No es de extrañar, al parecer de DÍEZ RIPOLLÉS, que una de las posturas más consecuentes al respecto de lo que ha venido a denominar "la variante elitista de los criterios expertos [...], haya surgido en Estados Unidos [y en Gran Bretaña], donde el condicionamiento de la legislación penal por la plebe y los medios es especialmente marcado" (DÍEZ RIPOLLÉS, J.L.: *La racionalidad...*, *ob. cit.*, p. 172).

samente el **"populismo penal o punitivo"**[159] (en el que se incluye un protagonismo (lógico pero) exacerbado de la víctima en el ámbito público en la actualidad y que da lugar a que un espíritu vengativo inspire la legislación penal[160]). Tal término de "populismo punitivo"

---

[159] Y, precisamente, lo novedoso del "populismo punitivista" (el cual, identificado por la bibliografía anglosajona, inspira las reformas penales comparadas en los últimos tiempos), es su anudamiento al "resto de rasgos que definen nuestro vigente Derecho penal", tal y como señala DEL ROSAL BLASCO: "Porque es cierto que nuestros sistemas penales no sólo castigan más con penas de prisión que cada vez más largas en su duración, es que lo hacen, primero, en un contexto de evolución interrumpida hacia la racionalidad y la humanización, que orientaba hacia un uso más moderado y restringido de la prisión, y, segundo, lo hacen reduciendo los fines de la pena a la inocuización, convirtiendo al riesgo en referente esencial de la intervención penal, aplicando técnicas actuariales de control del riesgo, haciendo uso del populismo penal, convirtiendo a la víctima en un icono e implicando de forma diferente a la sociedad en el diseño y ejecución de las políticas penales, haciendo renacer sanciones que se consideraban obsoletas e impropias de sistemas penales avanzados. La confluencia conjunta de todas esas características es lo nuevo, es lo que nunca antes se había podido contemplar, analizar y valorar, es, en definitiva, lo que convierte al vigente punitivismo en un "nuevo" punitivismo, inédito en nuestra historia penal, porque, además, [...] éste se ha convertido en una nueva estrategia de gobernar a la sociedad civil, a través del gobierno del fenómeno criminal" DEL ROSAL BLASCO, B.: "¿Hacia el...?", *ob. cit.*, p. 19.

[160] Para GARLAND, "la necesidad de reducir el sufrimiento actual o futuro de las víctimas funciona hoy en día como una justificación de cualquier tipo de medida de represión penal y el imperativo político de mostrarse sensible ante los sentimientos de las víctimas sirve ahora para reforzar los sentimientos retributivos que influyen cada vez más en la legislación penal" (GARLAND, D.: *La cultura del control..., ob. cit.*, p. 240). Esto es, la punición de conductas dañosas socialmente, que es puesta en manos históricamente del Estado para evitar la puesta en práctica de la "ley del Talión", acaba convirtiéndose en una venganza contra el delincuente por parte de una sociedad continuamente insatisfecha pese a los –no en pocas ocasiones– exacerbados incrementos de pena; y ello motivado, a nuestro parecer, en parte por esa identificación social con la víctima desde una perspectiva populista. ¿Estamos diciendo que la víctima no deba ser tenida en cuenta, deba ocultársele en un rincón o se deban despreciar sus sentimientos? No, en absoluto. Lo que criticamos es que "las instancias mediáticas y políticas" consagren el discurso de la víctima "como el más atendible e ignoren que la posición de la víctima es, por definición, parcial, y que la del Estado, en cambio, debe ser mediadora y racional" (GARCÍA ARÁN, M./PERES-NETO, L.: "Perspectivas...", *ob. cit.*, p. 42).

Por tanto, sólo decimos que las víctimas no deben dirigir de forma directa la política legislativa penal de un Estado democrático, conforme al cual la utilización del Derecho penal sólo debe tener lugar como último recurso y, en todo caso, debe respetar una serie de límites, como por ejemplo, que la imposición de la pena tienda a intentar cuanto menos la reinserción del delincuente en la sociedad. Y es que, precisamente, dicha reinserción (prevención especial positiva) tiene reconocimiento constitucional expreso (art. 25.2) frente a otras orientaciones de la pena (como puede ser la de compensación a la víctima) que no dejan de ser por ello constitucionalmente fue acuñado por BOTTOMS en 1995, precisamente para transmitir la idea de que los políticos aprovechan y utilizan, para sus propios fines, lo que ellos creen que es la postura general punitiva del público[161]. En otras palabras, el "populismo punitivo" es "la adopción de propuestas que incrementan la dureza de la punición, con el objetivo de obtener el apoyo de la opinión pública"[162].

Pues bien, como ya se ha dicho, para DEL ROSAL BLASCO pueden ser identificados en la política criminal comparada de los últimos años tanto este "populismo punitivo"[163] como todos los rasgos an-

---

legítimas, de tal modo que "aunque la reinserción no puede anular la intimidación o la compensación, sí puede, en tanto que orientación constitucionalmente más relevante, impedir que la compensación retributiva del daño producido por el delito se erija en única finalidad relevante de la pena y conduzca a decisiones legislativas inspiradas únicamente en la retribución, que hagan imposible cualquier actuación orientada la reinserción y así, anulen la declaración constitucional" (GARCÍA ARÁN, M./PERES-NETO, L.: "Perspectivas...", *ob. cit.*, pp. 38-39).

En síntesis, por tanto, defendemos que la racionalidad y el análisis riguroso deben presidir el proceso de elaboración de las políticas de seguridad pública, especialmente de la política legislativa penal, para evitar que elementos populistas interfieran en su eficacia, efectividad y eficiencia.

161 BOTTOMS, A.: "The philosophy and politics of punishment and sentencing", en CLARKSON, C./MORGAN, R. (EDS.): *The politics of sentencing reform*, Clarendon Press, Oxford, 1995, p. 40.

162 BOTELLA CORRAL, J.: "Introducción", *ob. cit.*, p. 18. Sobre el concepto de populismo punitivo, véase LARRAURI PIJOAN, E.: "El populismo punitivo y cómo resistirlo", en *Jueces para la Democracia*, núm. 55, 2006, pp. 15 y ss. También véase PÉREZ CEPEDA, que considera que el populismo punitivo, como universalización de la cultural del control, tiene su base en el neoliberalismo económico y en las desigualdades sociales que propicia (PÉREZ CEPEDA, A.I.: *La seguridad como fundamento de la deriva del Derecho penal postmoderno*, Iustel, Madrid, 2007, pp. 422-437).

163 No obstante, consideraba DÍEZ RIPOLLÉS que "en España, por el momento [año 2003], aún no se ha llegado a tomar decisiones legislativas claramente determinadas por programas de acción populistas" (DÍEZ RIPOLLÉS, J.L.: *La racionalidad...*, *ob. cit.*, p. 38, tras hablar del caso de la reforma de los "three strikes" en California), aunque destacaba los intentos que se habían llevado a cabo a través de los episodios de los asesinatos de las chicas de Alcàsser y el de Klara (que dio lugar a la polémica mediática sobre la regulación de la Ley penal del menor). Consideramos que esto podría ser cierto en 2003 si a lo que se estaba refiriendo el autor era a la adopción de medidas penales populistas fruto exclusivamente de la presión de grupos de víctimas (aunque estaría por analizar y estudiar el posible papel que tuvieron dichos grupos en las reformas legislativas sobre la violencia de género, o en la que estableció el cumplimiento íntegro de las penas para delincuentes terroristas). En todo caso, consideramos que en la última reforma sobre los delitos contra la seguridad vial, ya en el año 2007, los grupos de víctimas tuvieron un papel más que notable en que la misma se llevara a cabo, aparte de que incidieran otros factores sociopolíticos.

teriormente mencionados, los cuales, considerados en su conjunto, configuran "una determinada visión del delincuente y del fenómeno criminal"[164] y, por ende, dan lugar a un nuevo Derecho penal en el que la satisfacción de la demanda social de seguridad es la clave de bóveda. Dichos rasgos son prácticamente comunes en los países de nuestro entorno sociopolítico, aunque el propio DEL ROSAL BLASCO nos advierte de que no siempre se pueden identificar de una forma tan distinguible, ya que lo normal es que se solapen, "alimentándose y potenciándose mutuamente"[165].

En definitiva, el diagnóstico de la situación político-criminal actual (en perspectiva comparada) realizado por el autor es, pues, completo y pormenorizado, y muestra una profundización en la bibliografía inglesa y americana que dotan de mayor riqueza al trabajo. No obstante, nos interesa especialmente centrarnos a partir de este momento en un par de los caracteres de las últimas reformas penales señalados por DEL ROSAL BLASCO, cuya alusión nos ha llamado especialmente la atención por ser extraordinariamente acertados.

En primer lugar, y siguiendo los pasos que, en nuestro país, dio ya al respecto SILVA SÁNCHEZ[166], estaría la constatación (previa al análisis de los caracteres de las últimas reformas penales que se acaban de exponer) de que en las políticas criminales recientes "no sólo ha cambiado el patrón político (gobierno conservador es sinónimo de decisiones político-criminales conservadoras y viceversa), sino que el patrón social de soporte de esas decisiones también se ha visto alterado, porque ya no se puede mantener que las políticas conservadoras sean sólo apoyadas por sectores sociales tradicionalmente privilegiados o favorecidos, ya que también sectores sociales tradicionalmente progresistas y sectores sociales desfavorecidos se han sumado a esos apoyos"[167]. En efecto, no sólo se ha visto modificado desde hace tiempo (desde hace bastante por cierto) el presupuesto de que sólo los partidos de derechas defendían propuestas político-criminales conservadoras, sino que se puede afirmar que los sectores sociales que claman por una **"tolerancia cero"**[168] para con determinados compor-

[164] DEL ROSAL BLASCO, B.: "¿Hacia el...?", *ob. cit.*, p. 6.

[165] DEL ROSAL BLASCO, B.: "¿Hacia el...?", *ob. cit.*, p. 6.

[166] SILVA SÁNCHEZ, J.Mª.: *La expansión...*, *ob. cit.*, pp. 69-73.

[167] DEL ROSAL BLASCO, B.: "¿Hacia el...?", *ob. cit.*, p. 4.

[168] El origen de la difusión de la ideología punitiva así denominada "es el 'Manhattan Institute' de Nueva York, 'think tank' neoconservador defensor de la

tríada libre mercado-responsabilidad individual-valores patriarcales" que fue asumida por el celebérrimo exalcalde de New York, Rudolph Giuliani, "limpiando" las calles de la "Gran Manzana" de la siguiente forma: "a) el incremento de los efectivos policiales, así como de los medios materiales; b) los incentivos económicos de los resultados cuantitativos, como mecanismo de introducción de técnicas empresariales en la administración de las fuerzas policiales; c) la mejora y ampliación de las bases de datos de control" (BRANDARIZ GARCÍA, J.Á.: "Itinerarios de evolución...", *ob. cit.*, p. 18). En concreto, las acciones incluidas dentro de la estrategia de "tolerancia cero" están basadas en dos ejes: "En primer lugar, los esfuerzos se dirigen a luchar contra las incivilidades menores y los comportamientos antisociales. En segundo lugar, se impide el surgimiento de lugares degradados que carezcan de parámetros normativos o de una presencia institucional efectiva, lo que se consideran serán, a la larga, los espacios propicios para el surgimiento de desórdenes menores que pueden degenerar paulatinamente en actos delictivos mayores" (RUIZ VÁSQUEZ, J.C.: "Política exitosa, política indolente: nuevas tendencias en seguridad ciudadana", en *http://www.flacso.org.ec/docs/ruiz.pdf*, p. 6). El brazo ejecutor de estas medidas fue el Jefe de Policía de New York, William Bratton, las cuales sirvieron de inspiración a una auténtica "tormenta de fuego" de "Law & Order" a nivel global, tal y como recoge WACQUANT, L.: "The global firestorm of law and order: on punishment and neoliberalism", en *Thesis Eleven*, vol. 122 (1), 2014, pp. 73-76 (más extensamente en WACQUANT, L.: *Prisons of poverty*, University of Minnesota Press, Minneapolis, 2009).

Como indica BRANDARIZ GARCÍA, "la cobertura teórica de estas prácticas viene dada por la tesis de las 'ventanas rotas', de gran difusión en las instancias institucionales y en cierto sector académico estadounidense" (BRANDARIZ GARCÍA, J.Á.: "Itinerarios de evolución...", *ob. cit.*, p. 20). Dicha teoría toma su nombre de la siguiente formulación: "a nivel de la comunidad, el desorden y el delito están inexorablemente ligados, en una suerte de secuencia de desarrollo. Psicólogos sociales y oficiales de policía tienden a coincidir en que si una ventana de un edificio está rota y se deja sin reparar, el resto de las ventanas serán rotas pronto. Esto es cierto tanto en buenos barrios como en los más decadentes. La rotura de ventanas no ocurre en mayor escala debido a que algunas zonas están habitadas por decididos 'rompedores de ventanas' mientras otras están pobladas por 'amantes de ventanas', sino porque una ventana sin reparar es señal de que a nadie le preocupa, por lo tanto romper más ventanas no tiene costo alguno" (WILSON, J.Q./KELLING, G.L.: "Ventanas rotas: la policía y la seguridad en los barrios" (traducido por Daniel FRIDMAN), en *Delito y Sociedad. Revista de Ciencias Sociales*, núms. 15-16, 2001, p. 69). Así, pues, lo que postula esta teoría es que "la tolerancia de las pequeñas infracciones, como los grafitti, la mendicidad, la micción pública o el uso de los transportes públicos sin billete, fomenta la delincuencia violenta grave, al transmitir la impresión de que la sociedad está descontrolada; en consecuencia, de acuerdo con este punto de vista, la mejor forma de luchar contra las grandes patologías criminales consiste en perseguir con severidad los pequeños desórdenes cotidianos" (BRANDARIZ GARCÍA, J.Á.: "Itinerarios de evolución...", *ob. cit.*, p. 21).

Véase también, respecto a todo esto, BOTELLA CORRAL, J.: "Introducción", *ob. cit.*, p. 16, quien señala también cómo "este tipo de políticas cruzó el Atlántico y alcanzó también Europa. Probablemente corresponda a la Gran Bretaña de los gobiernos Blair el mérito de haber importado, antes que otros Estados europeos, esta lógica. Bajo la máxima de 'duros con el crimen, duros con las causas crimen', el Ministro del Interior Jack Straw impulsó la extensión de la presencia policial, la prolongación tamientos delictivos, coincidentes con las temáticas abordadas por las reformas penales aprobadas en los últimos tiempos (terrorismo, violencia de género, seguridad vial, etc.), ya no son sólo (ni mucho menos, por la unanimidad social que avala a estas reformas) los denominados "privilegiados o favorecidos". La identificación de este aspecto en el diagnóstico de DEL ROSAL BLASCO es muy importante, pues supone la constatación de que el carácter acrítico en sede parlamentaria, a la hora de abordar las reformas legislativas penales en la actualidad, se ha extendido al ámbito de lo social, donde toda posible discrepancia (en especial de los sectores progresistas) con la actuación política, conlleva un cambio de políticas (sea porque los conservadores pierden el gobierno en el subsiguiente proceso electoral, sea porque el partido de izquierdas en el poder se muestra receptivo al parecer de sus bases sociales y cambia el rumbo de sus políticas sobre la marcha). Es decir, el cambio de "patrón social" al que se refiere DEL ROSAL BLASCO, hace, por tanto, imposible un cambio de la política criminal por parte del legislador en el corto y medio plazo, y muy difícil en el largo plazo.

En segundo lugar, y de modo muy destacable, repara el autor, muy atinadamente también, al hablar de la inocuización como fin esencial para el logro de la seguridad, en que en la política criminal actual (postmoderna) de los Estados se ha impuesto lo que viene a denominar "el paradigma del riesgo", en el que la novedad no viene dada por la existencia de riesgos, nuevos o no, sino en la forma de gestionar los mismos en las sociedades contemporáneas[169]: no se busca ya reprimir la causación de daños y, paralelamente, prevenir con

---

del periodo de detención de los sospechosos (¡hasta las siete semanas!), el uso masivo de videocámaras en lugares públicos, el toque de queda para menores de 16 años a partir de las nueve de la noche u otras medidas similares [...]. Una evolución similar se registró en Francia, donde el asesinato de tres concejales comunistas del ayuntamiento de Nanterre durante la campaña electoral de 2002 puso la inseguridad ciudadana en el centro de la campaña electoral; la victoria de las derechas en ese momento permitió que quien era hasta aquel momento el Ministro de Economía se postulase, con éxito, como nuevo Ministro del Interior: Nicolas Sarkozy. Las revueltas en los suburbios periféricos de París y de otras ciudades francesas, que se produjeron en 2005, subrayaron y legitimaron iniciativas policiales y penales más duras, y una retórica de enorme contundencia (declarando el propio Sarkozy que iba a resolver las dificultades de las periferias mediante el uso del 'Kärcher', la aspiradora ultrapotente utilizada por los servicios de limpieza urbana para recoger la suciedad callejera en Francia)" (BOTELLA CORRAL, J.: "Introducción", *ob. cit.*, p. 17).

[169] DEL ROSAL BLASCO, B.: "¿Hacia el...?", *ob. cit.*, p. 31.

la pena futuras comisiones de nuevos daños ("influyendo sobre los comportamientos futuros del conjunto de individuos que conforman la sociedad o actuando sobre las causas que han provocado que un sujeto en particular haya ya causado un daño"), sino que la política criminal actual tiene el objetivo prioritario de lograr de maximizar la seguridad y reducir al mínimo "los factores y los contextos que provocan riesgos"[170]. Este modo de actuar, para Del Rosal Blasco, da lugar a que en el actual discurso penal la seguridad ciudadana se venga a configurar, de alguna forma, "como un nuevo bien jurídico"[171].

No podemos estar más de acuerdo con la constatación de la existencia de este "nuevo" "bien jurídico" (si es que se le puede llamar así), que sirve por tanto al legislador para justificar como legítima cualquier reforma penal que se emprenda, por muy alejada y distante que se encuentre de los principios básicos del Derecho penal. También es muy loable la aportación del autor respecto a que, en realidad, no es en absoluto novedosa la existencia de riesgos sociales[172], sino que lo novedoso está en el modo en que se gestionan desde la legislación penal.

La identificación de estos nuevos rasgos lleva a Del Rosal Blasco a plantear el interrogante de si debemos hablar de "modernidad" o de "postmodernidad" para referirnos a los cambios de la política criminal y del Derecho penal. Las posibles "alternativas analíticas" para responder a esta cuestión son muy atinadamente expuestas por el propio autor: la primera de ellas interpreta que las últimas reformas penales "son las propias del Derecho penal de la modernidad, o de la tardo-modernidad, que cíclicamente reasigna fines diferentes a la pena"; según la segunda alternativa se argumentaría que, en realidad, puede que ser que dichas reformas nos están abocando "a un Derecho penal diferente, producto de lo que se podría definir como el modelo político-criminal de la postmodernidad", en cuyo caso se debería "aclarar en qué consistiría y sobre qué presupuestos ideológicos o filosóficos se diseña ese nuevo modelo penal"[173].

---

170 Del Rosal Blasco, B.: "¿Hacia el...?", *ob. cit.*, pp. 20 y 28.

171 Del Rosal Blasco, B.: "¿Hacia el...?", *ob. cit.*, p. 20.

172 Ya lo vimos al principio del presente Capítulo y pudimos profundizar en ello a resultas de la explicación del concepto de "sociedad del riesgo" y su incidencia en el Derecho penal.

173 Del Rosal Blasco, B.: "¿Hacia el...?", *ob. cit.*, p. 6. En este sentido, Garland apunta que "se ha desarrollado una formación cultural en torno del fenómeno de las

2. EXCURSO: LUCES Y (MÁS) SOMBRAS SOBRE EL PAPEL DE LA DOCTRINA EN LA CRÍTICA DEL SISTEMA PENAL

Llegados a este punto del Capítulo, una vez expuestos el contenido y los contornos de la auténtica crisis legislativa que nos envuelve y del denominado Derecho penal de la postmodernidad (fundamentalmente expansionista y populista), es necesario, en nuestra opinión, plantear a modo de excurso dos interrogantes o cuestiones esenciales que deben encontrar respuesta: ¿debe la doctrina jurídico-penal ser descriptiva (simplemente identificando defectos) o crítica sobre esta situación legislativa? Y, con mayor importancia, si cabe, ¿cómo debería realizar, en su caso, esa labor crítica?

En cuanto a la primera cuestión, no es novedoso el plantearse **cuál ha de ser la estrategia de afrontamiento por parte de la doctrina jurídico-penal** con respecto a la más que mejorable situación actual de la legislación penal. Hay quien considera como DEL ROSAL BLASCO, por un lado, que la misión del penalista ha de ser "analizar y poner todos nuestros esfuerzos en intentar acertar en el diagnóstico de la situación", porque, realizando esta tarea correctamente, se puede lograr "poner de manifiesto las inconsistencias e incongruencias del modelo y de las propuestas político-criminales"[174]. Desde el rol que implica esta labor de diagnóstico, los penalistas quedaríamos a salvo de "la vorágine de las nuevas

altas tasas de delito y la inseguridad creciente y [...] esta formación le da ahora a la experiencia del delito una forma institucional". Para el autor británico, el desarrollo de esta formación cultural, a la que bautiza como el "complejo del delito" de la modernidad tardía "produce una serie de efectos sociales y psicológicos que influyen en la política y en las políticas públicas", en tanto "los ciudadanos se vuelven sensibles y conscientes con respecto al problema del delito y muchos manifiestan altos niveles de ansiedad y temor", encontrándose "atrapados en instituciones y prácticas cotidianas que les exigen que adopten la identidad de víctimas (reales o potenciales) del delito y que piensen, sientan y actúen de esa forma" (GARLAND, D.: *La cultura del control...*, *ob. cit.*, pp. 270-271). Y ello porque "el conocimiento y la opinión del público acerca de la justicia penal se basan en representaciones colectivas más que en información precisa; en una experiencia del delito culturalmente construida más que en el delito en sí mismo" (GARLAND, D.: *La cultura del control...*, *ob. cit.*, p. 263). En definitiva, para GARLAND se ha formado una "superficie social" compuesta por "rutinas sociales, prácticas culturales y sensibilidades colectivas [...] sobre la cual se [han construido] las estrategias del control del delito actualmente dominantes. Es una ensambladura social, una experiencia colectiva, que sostiene un nuevo nivel de conciencia sobre el delito, una inversión emocional más profunda y una nueva relevancia del delito en nuestras vidas cotidianas" (GARLAND, D.: *La cultura del control...*, *ob. cit.*, p. 272).

[174] DEL ROSAL BLASCO, B.: "¿Hacia el...?", *ob. cit.*, p. 63.

políticas penales" y, en consecuencia, no podríamos ser engañados "por las trampas ideológicas y retóricas de toda esta nueva verborrea tecnocrática del riesgo, que es esencialmente artificial por situarse de espaldas a una realidad que no se quiere reconocer"[175]. Este posicionamiento tiene que ver, en nuestra opinión, con lo apuntado por DÍEZ RIPOLLÉS respecto al hecho de que la doctrina penal ha enfocado tradicionalmente el logro de una mayor racionalidad de las leyes penales desde la aplicación del Derecho, como consecuencia del positivismo jurídico[176], lo cual supone asumir sin más, y equivocadamente "el arbitrio irracional del legislador", siendo la estrategia adecuada, por el contrario, "someter al legislador desde el inicio de su actividad a criterios racionales de legislación, previendo los medios jurídicopolíticos para ello"[177]. En esta segunda línea hay autores que, como el propio DÍEZ RIPOLLÉS[178], han estimado conveniente ir, en lo que nosotros entendemos, un paso más allá de la mera descripción analítica[179], proponiendo modelos político-cri-

---

[175] DEL ROSAL BLASCO, B.: "¿Hacia el...?", *ob. cit.*, p. 64.

[176] En efecto, para este autor, "la consolidación del positivismo jurídico sentó las bases de una determinada manera de acercarse científicamente al Derecho penal: hay que partir del Derecho puesto, del Derecho ya dado, mientras que la creación del Derecho se deja en manos de un legislador al que en buena medida no se le plantean exigencias de racionalidad, exigencias que se reconducen a la aplicación del Derecho. La doctrina penal reacciona a esta situación de manera defensiva, no cuestionando la premisa mayor, la irracionalidad del legislador, sino intentando contrarrestarla mediante la racionalidad del aplicador del Derecho, lo que implica dedicarse a racionalizar el Derecho ya existente, considerado intocable". Ello explica, en su opinión, que "la legitimación del Derecho penal se construya por la doctrina penal desde la teoría de los fines de la pena: lo que hay que legitimar no son los contenidos de tutela o las estructuras básicas de exigencia de responsabilidad, ni siquiera el sistema de penas. La determinación de todo eso compete a un legislador político cuyas decisiones son incuestionables. Lo que hay que justificar desde perspectivas éticas y teleológicas es simplemente la naturaleza de los efectos a lograr con una sanción así predeterminada" (DÍEZ RIPOLLÉS, J.L.: *La racionalidad..., ob. cit.*, p. 101).

[177] DÍEZ RIPOLLÉS, J.L.: *La racionalidad..., ob. cit.*, p. 103. El autor pone como ejemplo, del "error" al que se está refiriendo, la propuesta metodológica de SILVA SÁNCHEZ (DÍEZ RIPOLLÉS, J.L.: *La racionalidad..., ob. cit.*, pp. 103-105).

[178] Véase el Capítulo V del presente trabajo.

[179] Así en DÍEZ RIPOLLÉS, J.L.: "El nuevo modelo penal de seguridad ciudadana", en *Revista Electrónica de Ciencia Penal y Criminología*, núm. 6, 2004, trabajo en el que, si bien dedica su primer apartado a diagnostican los rasgos básicos del modelo vigente a través de la identificación de las actitudes sociales predominantes, a continuación se centra, desde una perspectiva crítica frente a esta situación, en proponer estrategias para resistir y contrarrestar lo que el autor considera una "deriva securitaria" a la que habría que enfrentarse con una comprensión rigurosa y no ingenua de las causas y las razones que la provocan.

minales alternativos que, sobre el fundamento de principios esenciales del Derecho penal, puedan llegar a ser aceptados "por los encargados de diseñar la política criminal oficial e impulsar la elaboración y aprobación de las leyes penales", en la medida que atiendan "a las nuevas, pero reales y fundadas, demandas de mayor seguridad"[180].

En nuestra opinión, por supuesto que la primera tarea del penalista, de manera insoslayable, ha de ser la de diagnóstico de la situación, la de analizar y describir la realidad que percibe. Pero si nos quedáramos ahí, en la descripción sin análisis crítico, nos acercamos más a posiciones meramente formalistas en las que no nos quede más que "aplicar sin remedio" lo querido por el legislador, que a una concepción del Derecho penal donde la función crítica tuviera cabida; y ello es menos apropiado todavía en un momento como el actual en el que, como constata el propio DEL ROSAL BLASCO, el apoyo social a las políticas punitivas seguidas hasta la fecha es prácticamente unánime e incondicional. Por tanto, en nuestra opinión, hay que acercarse al legislador y, en su propio lenguaje, intentar reconducir de alguna manera su conducta. No basta con familiarizarle con nuestro propio lenguaje, ni mucho menos con aceptar o asumir su "arbitrio irracional", sino que es una estrategia de afrontamiento mucho más provechosa, al menos potencialmente, hacerle comprender nuestro lenguaje sobre racionalidad y legitimidad material a través de los instrumentos que él mismo utiliza o puede utilizar.

En realidad, el problema de fondo que plantea el centrar el papel de la doctrina penal en el diagnóstico de la situación político-criminal, es que, de ese modo, se sigue afrontando la situación desde unos dogmas que ya han quedado vacíos de contenido y que sólo tienen una significación formal y carecen de toda legitimación social. Un ejemplo particular de esto lo vamos a analizar en el Capítulo V y vamos a adelantar algo al respecto: la defensa del concepto de bien jurídico-penal como criterio limitador de la política criminal postmoderna. Resulta que el legislador se ha familiarizado con nuestro término "bien jurídico-penal" (utilizándolo para "educar" al ciudadano sobre la conveniencia de proteger nuevos bienes o de perseguir nuevas modalidades delictivas respecto a los ya existentes[181]), pero, al no haber

---

180 DEL ROSAL BLASCO, B.: "¿Hacia el...?", *ob. cit.*, p. 5.

181 PERIS RIERA, J.M./GARCÍA GONZÁLEZ, J.: "El control penal de las manipulaciones genéticas y la función simbólica del Derecho penal", en BENÍTEZ ORTÚZAR,

comprendido realmente su significado en términos de legitimidad material de la intervención penal (y, por supuesto, desconociendo que, como sostendremos más adelante, no es un elemento que nos sirva para valorar tal cuestión), y, sobre todo, al chocar frontalmente con aquello que la sociedad le demanda (más seguridad a toda costa), lo utiliza para referirse a cualquier cosa, habiéndolo dejado vacío de contenido. Ahora en el bien jurídico-penal cabe absolutamente todo, de modo que cabe preguntarse ¿de qué sirve un criterio que no limita? Este problema, sin embargo, no es más que una derivación de uno mayor: la general, que no unánime, despreocupación por parte de la doctrina penal del estudio crítico del proceso de decisión legislativa, incluyendo en el mismo el análisis de los efectos de las normas.

En efecto, entrando ya en el **cómo debería llevar a cabo la doctrina una labor crítica del sistema penal**, hay que reconocer que incluso el jurista que no es "neutro" (o simplemente descriptivo o "diagnosticador") y se aventura a criticar la ley penal "defectuosa" creada en el contexto estudiado en los epígrafes anteriores, lo hace acudiendo a la enunciación de principios como el de exclusiva protección de bienes jurídicos o el de intervención mínima, si bien generalmente y, sin embargo, lo hace (lo hacemos) sin entrar a discutir ni argumentar razones, basadas en justificaciones empíricas, para rebatir la legitimidad material de una ley penal así configurada. En efecto, la doctrina penal en absoluto presta atención a los efectos de las leyes penales para, a través de ellos, esto es, a través de la constatación del desarrollo de la ley sobre la realidad, poder criticar frontalmente la ineficacia de la norma e, incluso, su inefectividad e ineficiencia, obteniendo así datos reales con los que argumentar críticamente en torno a la irracionalidad e ilegitimidad de la norma penal. Y es que, una vez la norma jurídica ha sido aprobada, ni los penalistas, ni mucho menos el legislador, centramos nuestra atención en extraer argumentos críticos frente a la norma de las consecuencias empíricas de la misma, quizá desentendiéndonos de dicha tarea, como si fuese únicamente propia de criminólogos o, en todo caso, ajena al penalista, lo cual es absolutamente incierto, como ha demostrado ROBINSON[182]. De lo

I.F./MORILLAS CUEVA, L./PERIS RIERA, J.M. (COORDS.): *Estudios jurídico-penales sobre genética y biomedicina. Libro-homenaje al Prof. Dr. D. Ferrando Mantovani*, Dykinson, Madrid, 2005, p. 94.

182 En efecto, es de destacar la aportación de este penalista estadounidense en torno a cómo los resultados de la investigación empírica (en particular, utilizando

que se trata, pues, es de poder criticar la ley penal, creada (como hemos visto en este Capítulo) en un contexto propicio para que adolezca de múltiples defectos, desde el cumplimiento (o incumplimiento) real y efectivo de los fines propios del Derecho penal (la prevención de comportamientos delictivos y, paralelamente, la reducción de la violencia estatal), a partir de criterios reales extraídos de los principios necesidad del castigo, intervención mínima y proporcionalidad. Asumiríamos así, como doctrina penal que somos, la dirección del análisis crítico de las obligaciones empíricas que derivan de la ley penal, evaluándola en términos de efectividad, eficacia y eficiencia, con el objeto de asegurar su racionalidad y su legitimidad material. Ello, supondría, en definitiva, la formulación de un modelo político-criminal alternativo que nos sea útil en esta labor de análisis crítico.

3. CONCLUSIONES

En este Capítulo, centrado en el contexto sociopolítico del Derecho penal de la postmodernidad, hemos partido de la existencia de una situación de crisis legislativa, provocada, en lo que se refiere al Derecho penal, por una sucesión abrumadora y abusiva de reformas penales, así como por unas insuficiencias de fondo en el nivel de su aplicación y efectos que se vienen intuyendo. En síntesis, lo que supone esta crisis de la legislación es una plausible falta de racionalidad actualmente a la hora de elaborar las normas.

Explicándonos el por qué de esta situación, hemos podido comprobar cómo los postulados de la sociedad del riesgo, formulados en su momento por BECK, siguen vigentes y, por tanto, siguen teniendo influencia sobre la legislación penal. En particular, esta incidencia se materializó en el proceso de expansión (y administrativización) que experimentó nuestro Derecho penal a finales del siglo XX, cuyas manifestaciones principales siguen siendo perfectamente identificables en nuestras normas.

Hemos comprobado cómo esta influencia de ese contexto social sobre nuestra legislación punitiva ha dado lugar a un preocupante

---

y aplicando el concepto de "merecimiento empírico") afectan a las finalidades del Derecho penal (ROBINSON, P.H.: *Principios distributivos del Derecho penal. A quién debe sancionarse y en qué medida* (traducido por Manuel CANCIO MELIÁ e Íñigo ORTIZ DE URBINA GIMENO), Marcial Pons, Madrid, 2012).

"proceso de perversión de las normas". En efecto, ha ocurrido que los representantes políticos de la ciudadanía se han visto y se ven continuamente obligados a prometer seguridad inmediata a la opinión pública, pero lo hacen en la mayoría de ocasiones mediante intervenciones normativas claramente cosméticas, demagógicas o, en definitiva, simbólicas. Y ello principalmente porque las sensaciones de inseguridad que surgen en el marco de la sociedad del riesgo, no son transmitidas directamente desde la ciudadanía a sus representantes, sino que en ese proceso de transmisión intervienen los medios de comunicación, que no se limitan, ni mucho menos, a "transmitir". Esto da lugar a que los responsables del proceso legislativo se vean obligados a ocuparse de los temas que marcan como prioritarios los medios de comunicación, y a darles respuesta con la mayor inmediatez posible. En definitiva, hablamos de un "proceso de perversión de las normas" porque esta intervención de los medios de comunicación supone, en consecuencia, 1.- que sólo los temas seleccionados por ellos (en buen número relacionados con la punición de comportamientos que causan "alarma social") pasan a ser prioridades en la agenda legislativa (lo cual no tendría por qué ser "per se" negativo si es ésa fuera la verdadera voluntad de la sociedad, sin intermediarios que la condicionaran), pero, además, supone 2.- que dichos temas, sobre los que los medios sólo tienen conocimientos legos, sean abordados por el legislador, encargado de velar por la calidad normativa y por el cumplimiento de sus objetivos, de forma excesivamente compulsiva, sumaria e inestable (adaptándose así al mensaje transmitido por el intermediario mediático) y, por tanto, de forma inexcusablemente irracional.

Aceptamos por tanto la hipótesis de la teoría de la "agenda setting-function", según la cual, por un lado, a mayor énfasis de los medios de comunicación a la hora de tratar algunos temas, éstos adquieren mayor importancia para el público, siendo esta relación directa y causal y, por otro, existe una transferencia de relevancia de los temas presentados en la agenda de los medios hacia la agenda pública y agenda política o legislativa. Esto, en el ámbito del Derecho penal, significa que la presentación que los medios de información hacen de la criminalidad, de su impacto y de sus características tiene un impacto consciente y declarado en la acción política, que como decimos, pasa a intervenir con el Derecho penal según un proceso improvisado e irreflexivo[183] que, no en pocas ocasiones, da lugar a normas en las que predominan los efectos simbólicos, y, por ende, probablemente no son aptas para cumplir con los fines del Derecho penal: la prevención de comportamientos delictivos, reduciendo paralelamente la violencia estatal.

Además, no sólo se interviene con normas penales simbólicas, sino que, ya entrado el siglo XXI, y en estrecha conexión con todo lo anterior, se ha constatado, y estamos de acuerdo con ello, que se interviene con mayor dureza que antes, en el sentido de que la duración de las sanciones aumenta exponencialmente reforma tras reforma ("nuevo" punitivismo), y que el legislador se emplea con esa mayor dureza para obtener el apoyo de la opinión pública (populismo punitivo), de esa opinión pública "mediatizada".

Todo lo dicho, en suma, desemboca en lo que estamos de acuerdo en considerar como un nuevo modelo político-criminal, el del Derecho penal de la postmodernidad, en el que la satisfacción de la demanda social mediatizada de seguridad es la clave de bóveda, pero que se produce sin seguir el procedimiento adecuado, es decir, aquél que cumpla con los fines del Derecho penal, dentro de un Estado social y democrático de Derecho, de prevenir comportamientos delictivos, pero reduciendo a su vez la violencia estatal. Ahí radica el "quid" de la cuestión, pues la legitimidad del modelo político-criminal de la postmodernidad, un modelo "inflacionado" así como "no siempre respetuoso con los principios y garantías fundamentales"[184], no depende "de una planificación entendida como consideración previa de la acción y de sus consecuencias, sino que está condicionada por la interferencia de los diversos discursos sociales involucrados en la comunicación social"[185].

De ahí que seamos partidarios de que el papel de la doctrina penal no deba ser meramente diagnosticar la situación, sino participar activa y críticamente en la formulación de modelos político-criminales alternativos que, sobre el fundamento de principios esenciales del Derecho penal, es decir, desde las bases de su legitimidad material,

---

183 SÁNCHEZ LÁZARO, F.G.: *Política criminal y técnica legislativa. Prolegómenos a una dogmática de lege ferenda*, Comares, Granada, 2007, p. 1.

184 MENDOZA BUERGO, B.: *El Derecho penal en…, ob. cit.*, p. 186.

185 AROCENA, G.: "La racionalidad de la actividad legislativa penal como mecanismo de contención del poder punitivo estatal", en *Política criminal*, núm. 6, 2008, p. 2.

puedan llegar a ser aceptados "por los encargados de diseñar la política criminal oficial e impulsar la elaboración y aprobación de las leyes penales", en la medida que atiendan a las demandas de seguridad, corrigiendo el factor de mediación que ejercen sobre tales demandas los "mass media".

Esto es, se trata de enfocar el papel del penalista desde las instituciones de decisión político-criminal, proponiendo la introducción procedimientos que, inspirados en los fundamentos mismos del Derecho penal, lleguen a filtrar los defectos que el contexto sociopolítico puede provocar (o, más bien, provoca) en la normativa penal de nuestro Estado. En definitiva, nuestros esfuerzos se deberían centrar en una importante medida en formular un modelo político-criminal alternativo que impida a los políticos adoptar decisiones legislativas irracionales y, a la vez, les induzca a adoptar decisiones racionales en este ámbito, tomando en consideración los efectos o consecuencias de las mismas.

En realidad, por tanto, de lo que hablamos es de la necesidad de racionalizar la Política criminal. Así, si el Derecho penal tiene como fines la prevención general pero, también la reducción de la violencia estatal, a través del cumplimiento de las exigencias derivadas de los principios limitantes de intervención mínima y necesidad del castigo, además del esencial principio de proporcionalidad, es necesario exigir el cumplimiento de tales fines, para lo cual no basta con diagnosticar la situación, sino que es imprescindible que el penalista asuma la dirección del análisis de las obligaciones empíricas que le atañen al Derecho punitivo, y evaluar en términos de eficacia, efectividad y eficiencia las leyes penales, para asegurar la racionalidad y la legitimidad material de las mismas.

¿Significaría esto que una ley sólo es legítima si se verifica que cumple los objetivos político-criminales propuestos? Ésta es una de las preguntas esenciales de nuestro trabajo, y pese a que ya venimos adelantando algo nuestra posición[186], diremos que no compartiríamos una respuesta afirmativa al respecto, como tampoco creemos que el mero hecho de que una ley cumpla sus fines preventivos la convierte "per se" en legítima (como ya venimos advirtiendo también al asegurar que los fines del Derecho penal son tanto la prevención

---

[186] Que expondremos profunda y definitivamente en el Capítulo V.

de delitos como la reducción de la violencia estatal). Lo que estamos afirmando simplemente es que para valorar la racionalidad de la intervención penal es importante atender a los efectos en la realidad de tal intervención, algo que ni siquiera se plantea actualmente el legislador, por los condicionantes, ya expuestos, que impone el modelo político-criminal vigente.

¿Cómo llevar esto a cabo? Indudablemente, reiteramos, será necesario formular un modelo político-criminal alternativo que, cumpliendo y respetando esos principios básicos y fundamentales del Derecho penal, pueda ser aceptado por los representantes políticos a la hora de "diseñar la política criminal oficial e impulsar la elaboración y aprobación de las leyes penales", pero sin sustituir el proceso de decisión política, como advertimos en la Introducción al presente trabajo.

Una posible vía de actuación que sugerimos puede ser a través del esquema de trabajo ya existente en el ámbito del "Análisis de políticas públicas", que contempla sin ir más lejos una fase de evaluación de las mismas. Y ello porque en la actualidad, como señala GARLAND, las políticas públicas, entre las que se encuentra la política legislativa penal, son formuladas por comités de acción política y por asesores políticos, no por investigadores ni funcionarios públicos"[187]. Ello implica, por ende, en la medida que este tipo de asesores no tienen ningún interés en filtrar la incidencia de los medios de comunicación sobre la labor legislativa, la no realización de un riguroso análisis de la política legislativa penal.

Lo que buscamos es la implementación de lo que LAUB denominaría "estrategias inteligentes" para la persecución de los delitos, esto es, buscamos que la constatación empírica guíe la intervención estatal autolimitada para la prevención delictiva. Así, este autor considera que las aproximaciones al crimen "duras" y "suaves" deben ser reconsideradas como, respectivamente, estrategias "inteligentes" y estrategias "estúpidas", siendo las inteligentes las que rechazan medidas de mero interés político a favor de las que están guiadas por una sólida investigación[188]. Es decir, medidas que estén conectadas con

---

[187] GARLAND, D.: *La cultura del control... ob. cit.*, pp. 239-240.

[188] LAUB, J.H./SAMPSON, R.J./CORBET JR., R.P./SMITH, J.S.: "The public policy implications of a life-course perspective on crime", en BARLOW, H.D. (ED.): *Crime and public policy: putting theory to work*, Westview Press, Boulder, 1995, pp. 91-106.

la realidad a través de pruebas empíricas, y cuya eficacia haya sido rigurosamente evaluada, habiéndose mostrado como acertada para la prevención y reducción de la delincuencia. Se trataría por tanto de que los académicos formularan modelos, partiendo de la necesidad de atender las demandas sociales de seguridad, pero cumpliendo las premisas jurídico-penales señaladas anteriormente, que aseguren la racionalidad y legitimidad material de la ley penal, tratando de que fueran atendidos por la clase política.

Es evidente que en nuestro país, como dice TAMARIT SUMALLA, no existe "una adecuada cultura de la evaluación"[189]. Por ello, no es extraño que en la actualidad la clase gobernante no se muestre apenas interesada en la adopción de medidas como las que se acaban de describir[190], y que en vez de llevar a cabo largos y complejos procesos de análisis y evaluación de la eficacia, la efectividad y la eficiencia de las normas existentes, y de las mejoras que podrían lograrse a la hora de crear otras nuevas, se contente, por los propios condicionantes del modelo político-criminal vigente, con dar la sensación de satisfacer de la forma más rápida posible las demandas de los ciudadanos mediante cambios poco razonados y pensados. También es cierto que nosotros, los juristas, y ahora en este caso los penalistas, nos sentimos más cómodos en nuestra visión de Dogmática sin consecuencias[191], en la que no tenemos en cuenta que el sistema penal es más complejo que la norma penal, y hay que prestarle atención aunque, por así decirlo, exceda de nuestro "tradicional" ámbito de "competencia", de nuestros "despachos o estudios"[192].

---

[189] TAMARIT SUMALLA, J.Mª.: "Política criminal...", *ob. cit.*, pp. 1 y 3.

[190] En efecto, es fácil prever una oposición de los políticos a este tipo de análisis, llamados de "factibilidad legislativa" (RESCIGNO, G.U.: "Problema politico-costituzionali di una disciplina delle techniche di redazione e del controllo di fattibilità delle leggi", en *Le Regioni*, núms. 2-3, 1985, p. 282).

[191] En realidad, como dice ORTIZ DE URBINA GIMENO, en la actualidad prácticamente ningún penalista "admitiría que hace dogmática sin orientarse a las consecuencias político-criminales", aunque a juicio del autor, y le damos toda la razón, si bien es cierto que "ha existido un innegable avance, éste se ha producido de modo casi exclusivo en el terreno teórico y no en el metodológico" (ORTIZ DE URBINA GIMENO, Í.: "La referencia político-criminal en el Derecho penal contemporáneo (¿Es el Derecho penal la barrera infranqueable de la política criminal, o se orienta por ella?)", en GURDIEL SIERRA, M./OCTAVIO DE TOLEDO Y UBIETO, E./CORTÉS BECHIARELLI, E. (COORDS.): *Estudios penales...*, *ob. cit.*, pp. 889-890).

[192] QUINTERO OLIVARES, G.: *Adonde va el Derecho penal. Reflexiones sobre las Leyes penales y los penalistas españoles*, Civitas, Madrid, 2004, p. 17.

No es menos evidente, en todo caso, que la evaluación de las consecuencias de las normas penales, guiada por los criterios de eficacia, efectividad y eficiencia, podría ser un nuevo lenguaje común que podrían hablar juristas y legislador, y que sería muy útil para la sociedad: unos ya no hablarían de principios o bases, sino de eficacia, efectividad y eficiencia real de las normas, y los otros, para hablar de tales criterios, no podrían hacerlo ya sin datos, sino que se verían obligados a rebatir y contrastar empíricamente sus propuestas. Lo que buscamos es dotar de una mayor transparencia a la elaboración de las leyes penales acompañándolas de, anterior y posteriormente a su aprobación, de "un análisis de factibilidad que, rigurosa e impetuosamente, descubriera de forma oficial todos los defectos y las incongruencias de tales leyes, y que sacara a la luz aspectos tan relevantes para la opinión pública como son la necesidad real de la nueva ley o el coste económico que supone su realización efectiva"[193].

En realidad todo ello no parece tan inalcanzable. En un momento en el que en muchos ámbitos, incluido el universitario, se habla en términos de calidad, sólo defendemos que deberíamos seguir un proceso parecido con nuestras normas jurídico-penales, con el que es el principal instrumento de desarrollo de la política legislativa penal, para asegurar verdaderamente su racionalidad y su legitimidad material. Así se contribuiría a detener, o como mínimo mitigar, la espiral según la cual, cuanto más se recurre al Derecho penal, más irracional es su utilización y, a su vez, mayor es la necesidad o, más bien, la percepción social sobre la necesidad de que el Estado intervenga a través de esta rama del Ordenamiento jurídico; y dicha espiral se podría combatir afrontando una verdadera evaluación de la eficacia, de la efectividad y de la eficiencia de las normas penales en el contexto sociopolítico actual. En los próximos Capítulos nos iremos ocupando de ello.

---

193 GALIANA SAURA, Á.: *La Ley…*, *ob. cit.*, p. 149.

CAPÍTULO II
EVALUACIÓN "EX ANTE" Y "EX POST" DE LAS NORMAS Y DE SUS CONSECUENCIAS

SUMARIO:

b. Ensayos según modelo
c. Test práctico
d. Representación planificada

2.3.4. Criterios de evaluación

a. Efectividad
b. Eficacia
c. Eficiencia
d. ¿Factibilidad?

1. CIENCIA DE LA LEGISLACIÓN Y "LEGISPRUDENCE". DEFINICIÓN Y CONTENIDOS

Hemos de comenzar ofreciendo una definición de partida de qué se entiende por "Ciencia de la legislación" y, a tal efecto, es perfectamente válida la ofrecida por MENÉNDEZ MENÉNDEZ[194], quien le encomienda el "estudio del proceso o actividad que persigue la producción de normas jurídicas", apostillando que el objetivo de tal disciplina es, en esencia, "mejorar la calidad de las leyes", o como precisa MONTORO CHINER, "dar las directrices para concebir leyes 'bien hechas'"[195]. Incluso, concretando más se puede afirmar que la "Ciencia de la legislación" es aquélla que "tiene como principal propósito el de analizar la forma y el contenido de las normas jurídicas, con la finalidad de facilitar criterios y directrices que permitan una legislación 'racional'"[196].

Frente a ella, en una didáctica distinción, se situaría la "Dogmática jurídica"[197], entendida como "saber tradicionalmente dedicado a la interpretación y aplicación de las normas"[198] y que "tiene una concepción esencialmente estática sobre la legislación, [pues] se fija en la decisión formal, en el texto legal". Es decir, la Dogmática estudia

---

[194] MENÉNDEZ MENÉNDEZ, A.: "Introducción", en MENÉNDEZ MENÉNDEZ, A./ PAU PEDRÓN, A. (DIRS.): *La proliferación…*, *ob. cit.*, pp. 20-21.

[195] MONTORO CHINER, Mª.J.: *La evaluación de las normas: racionalidad y eficiencia*, Atelier, 2001, p. 122.

[196] GALIANA SAURA, Á.: *La Ley…*, *ob. cit.*, p. 17 y FIGUEROA, A.: "La evaluación…", *ob. cit.*, p. 15. En esencia, como destaca GALIANA SAURA, la Ciencia de la legislación "se ocupa, en general, del proceso de producción de las normas. Su objeto de estudio es la legislación como actividad y no la ley como elemento intangible. No se centra únicamente en el análisis de la norma elaborada (o su interpretación), sino que profundiza más: parte de diferentes perspectivas de investigación (que se desarrollan en distintas ramas del Derecho y en otras ciencias sociales), configurándose así como una ciencia con un carácter marcadamente pluridisciplinar. Es más, los métodos y conceptos que emplea proceden, por lo general, de la Sociología, de la Ciencia Política y Administrativa, del Derecho, de las Ciencias Económicas, de la Lógica, de la Informática, de la Lingüística, etcétera" (GALIANA SAURA, Á.: *La Ley…*, *ob. cit.*, nota 1, p. 17).

[197] Es costumbre señalar que el estudio del Derecho ha estado ligado tradicionalmente a la Dogmática jurídica, pero, con la aparición pujante en los años sesenta de la Ciencia de la legislación, se produce un cambio sustancial, al comenzar a tomar conciencia los juristas de la naturaleza dinámica de las leyes (FIGUEROA, A.: "La evaluación…", *ob. cit.*, p. 15). No se puede obviar no obstante el importante precedente que constituye la obra de FILANGIERI publicada en siete volúmenes a partir de 1780 y titulada "Ciencia de la legislación" (una parte se publicó con carácter póstumo –el índice y una parte del libro V–).

[198] MENÉNDEZ MENÉNDEZ, A.: "Introducción", *ob. cit.*, pp. 20-21.

las normas, su contenido[199], pero no "el órgano que las genera y la forma en que deben ser elaboradas"[200]. En cambio, la Ciencia de la legislación, como hemos dicho, "se ocupa del proceso de producción de las leyes y de las normas en general", no siendo su objeto de estudio "la ley como elemento intangible", sino "la legislación como actividad, como instrumento de regulación de relaciones sociales"[201] que es sometido a un proceso de elaboración.

Pues bien, como señala FIGUEROA[202], la Ciencia de la legislación está constituida además por "un conjunto heteróclito de perspectivas de investigación que se desarrollan en las fronteras de distintas ramas del Derecho y de otras Ciencias Sociales", ya que las tareas que ha de afrontar esta disciplina presentan "una gran diversidad" en tanto "comprenden ópticas y premisas muy diferentes"[203]. Y es que la Ciencia de la legislación se configura como una ciencia interdisciplinar, lo cual quiere decir que "sus métodos y conceptos no resultan específicos sino que proceden de la sociología, de la ciencia política y administrativa, del Derecho, de las ciencias económicas, de la lógica, de la informática, de la lingüística..."[204].

Es por ello que se considera que la Ciencia de la Legislación está compuesta por cinco campos o áreas de actividad fundamentales[205]:

---

199 FIGUEROA, A.: "La evaluación...", *ob. cit.*, p. 15.

200 Es por ello que "la preocupación inmediata del jurista dogmático, tradicionalmente, ha sido la aplicación de las normas y no el proceso de su creación" (GALIANA SAURA, Á.: *La Ley...*, *ob. cit.*, pp. 30-31). Este aspecto, la creación de las normas legales y su acción en la vida social, "ocupaba un papel secundario, cuando no inexistente en el análisis jurídico" (FIGUEROA, A.: "La evaluación...", *ob. cit.*, p. 15).

201 GALIANA SAURA, Á.: *La Ley...*, *ob. cit.*, pp. 30-31.

202 FIGUEROA, A.: "La evaluación...", *ob. cit.*, p. 16.

203 Este mismo autor (FIGUEROA, A.: "La evaluación...", *ob. cit.*, p. 16) deja constancia de que la Ciencia de la legislación puede ser clasificada, "según la perspectiva adoptada", conforme a tres grandes ejes:

Desde una "perspectiva esencialmente pragmática, la finalidad de la Ciencia de la legislación es ante todo la de descubrir los defectos formales y materiales de las leyes existentes, eliminar estos defectos y prevenirlos en el momento de la confección de las nuevas leyes".

Desde una "perspectiva más teórica intentan establecer lazos con la teoría del Derecho y la Dogmática jurídica".

Finalmente, hay quien propone "partiendo de análisis empíricos, explicar la naturaleza y las funciones de la legislación".

204 FIGUEROA, A.: "La evaluación...", *ob. cit.*, p. 16.

205 Originariamente identificados por KARPEN, U.: "Zum gegenwärtigen Stand der Gesetzgebungslehre in der Bundesrepublik Deutschland", en *Zeitschrift für*

1. la teoría (general) de la legislación, entendida como "explicación del fenómeno de la legislación desde una perspectiva general"[206], y que aborda el "concepto, evolución y análisis comparado de leyes"[207];
2. la analítica legislativa, centrada en el estudio de "la ley en cuanto fuente del Derecho"[208];
3. la táctica de la legislación, que incluye el estudio de las fases en que se jalona el "procedimiento externo" (frente a la metódica legislativa) de creación de la legislación"[209], esto es, el procedimiento de tramitación parlamentaria de la misma[210];
4. la técnica legislativa[211] o "legística formal"[212], quizá el área sobre la que existe un mayor desarrollo doctrinal en España en comparación con las demás[213], y que se centra en la "articula-

Gesetzgebung, núm. 1, 1986, pp. 5-32, y después recogidos por diversos autores como, por ejemplo, MARTÍN CASALS, M.: "La estructura básica de un manual español de técnica legislativa", en MENÉNDEZ MENÉNDEZ, A./PAU PEDRÓN, A. (DIRS.): *La proliferación…*, *ob. cit.*, p. 253.

206 MENÉNDEZ MENÉNDEZ, A.: "Introducción", *ob. cit.*, pp. 20-21.

207 ATIENZA RODRÍGUEZ, M.: *Contribución a una teoría de la legislación*, Civitas, Madrid, 1997, p. 64.

208 ATIENZA RODRÍGUEZ, M.: *Contribución…*, *ob. cit.*, p. 64.

209 ATIENZA RODRÍGUEZ, M.: *Contribución…*, *ob. cit.*, p. 64.

210 MONTORO CHINER, Mª.J.: *Adecuación al…*, *ob. cit.*, p. 88.

211 Convendría hacer un breve inciso para constatar que algunos autores utilizan términos como "técnica legislativa" en sentido amplio para referirse a la Ciencia de la legislación. Así lo constata FIGUEROA, A.: "La evaluación…", *ob. cit.*, p. 16, respecto a ATIENZA RODRÍGUEZ, M.: *Contribución…*, *ob. cit.*, (por ejemplo, p. 21). También parece hacerlo GARCÍA-ESCUDERO MÁRQUEZ, para quien "la técnica legislativa no sólo se ocupa de aspectos formales de las leyes (lenguaje, estructura, sistemática), sino también de que éstas cumplan los objetivos perseguidos con su aprobación, esto es, que la regulación sea materialmente adecuada" (GARCÍA-ESCUDERO MÁRQUEZ, P.: *Técnica legislativa y seguridad jurídica: ¿hacia el control constitucional de la calidad de las leyes?*, Civitas/Thomson Reuters, Cizur Menor, 2010, p. 183).

Hay otros autores que, utilizando el término "técnica legislativa" o el de "técnica normativa", lo hacen para señalar que se están refiriendo a la propia Ciencia de la legislación "en su aspecto empírico" (MONTORO CHINER, Mª.J.: *La evaluación de…*, *ob. cit.*, p. 24).

212 MARTÍN CASALS, M.: "La estructura básica…", *ob. cit.*, p. 247.

213 Fundamentalmente debido a la existencia del "Grupo de Estudios de Técnica Legislativa" (GRETEL) y a sus publicaciones colectivas: *La forma de las leyes: diez estudios de técnica legislativa*, Bosch, Barcelona, 1986 y *Curso de técnica legislativa*, Centro de Estudios Constitucionales, Madrid, 1989.

ción, configuración y lenguaje de las leyes"[214] y que tiene como finalidad "la optimización de la producción" de las mismas[215]. En esta rama, por tanto, se analizan los problemas técnicos y formales de las normas, esto es, "cuestiones lingüísticas (ambigüedad y vaguedad del lenguaje jurídico), así como lógicas o conceptuales (incoherencias, lagunas, redundancias en el sistema normativo, cuestiones sobre derogación, etcétera)"[216];

5. y, finalmente, la metódica o "legística material"[217], la cual entiende el procedimiento legislativo como un proceso de decisión cuya racionalidad puede incrementarse ateniéndose a ciertos modelos de "legislador racional"[218]. Esto es, se centra en el procedimiento interno de la legislación y, por ende, en los "contenidos, fines y medios de las leyes" [219]. Aquí, en definitiva, se analizan los "los problemas de calidad material de la legislación que pueden comportar que la inaplicación parcial o total de los actos legislativos, o disposiciones legales que son inadecuadas para la realización del objetivo previsto, o que producen efectos perversos, etcétera"[220]. Precisamente, dentro del último campo enumerado, se incardinaría la evaluación legislativa, que forma parte del objeto principal del presente trabajo.

Es necesario constatar en este punto que la Ciencia de la legislación (denominada "Gesetzgebungslehre" en los países de habla germana, esto es, en Suiza, Austria y Alemania), presenta en el ámbito anglosajón, aparte de una denominación distinta ("Drafting the Law-making Policy" –o "Legisprudence"–)[221], una composición ligeramente diferente, aunque con contenidos sustancialmente parecidos a los que acaban de ser enumerados[222]. Más concreta-

---

214 ATIENZA RODRÍGUEZ, M.: *Contribución…, ob. cit.*, p. 64.

215 MENÉNDEZ MENÉNDEZ, A.: "Introducción", *ob. cit.*, pp. 20-21.

216 GALIANA SAURA, Á.: *La Ley…, ob. cit.*, p. 19.

217 MARTÍN CASALS, M.: "La estructura básica…", *ob. cit.*, p. 247.

218 ORTIZ DE URBINA GIMENO, Í.: "La metódica de la legislación y la oportunidad de aprobar una nueva disposición. El caso del Código penal de 1995" (texto manuscrito cedido por el autor), p. 3.

219 ATIENZA RODRÍGUEZ, M.: *Contribución…, ob. cit.*, p. 64.

220 GALIANA SAURA, Á.: *La Ley…, ob. cit.*, p. 19.

221 MONTORO CHINER, Mª.J.: *La evaluación…, ob. cit.*, p. 122.

222 ATIENZA ha señalado, en este sentido, que "el interés por los estudios sobre la legislación es sumamente reciente por lo que se refiere a los países de Derecho

mente, el término "Legisprudence" (o, castellanizando el término, "Legisprudencia")[223] es usado para describir, de forma comprensiva, los elementos interdisciplinares (prácticos y teóricos) que componen los problemas legislativos como problemas universalmente comunes, así como para acentuar las conexiones existentes entre ellos[224]. En definitiva, para MADER, el término "Legisprudence" apunta al fomento del entendimiento teórico así como el manejo técnico de legislación; es decir, que concierne tanto al contenido de la legislación como a su forma[225]. Siguiendo a este último autor, dentro de la "Legisprudence" se distinguen los siguientes campos de actividad[226], que trataremos de enumerar en el mismo orden que hemos hecho con la Ciencia de la legislación, a los efectos de ver las coincidencias y los contenidos adicionales que los mismos presentan:

1. la teoría de legislación hace referencia a la consideración del papel o función de la legislación como un instrumento de dirección social y control por parte del Estado.
2. el "drafting" legislativo (que encuentra correspondencia con la analítica legislativa) se refiere a los aspectos lingüísticos de legislación, el modo en que se expresan los contenidos de las leyes en los textos normativos;

---

continental –[...] se remonta sólo a un par de décadas: comienzos de los 70–, pero no puede decirse lo mismo en relación con la cultura del *common law* que conoce la figura del *draftsman* desde hace más de un siglo. En todo caso, el actual auge de este tipo de estudios (para los que aún no hay acuñada una expresión que goce de aceptación generalizada) se conecta sin duda con la crisis de la legislación que, a su vez, es un aspecto de la crisis del Estado del bienestar y, más en general, de la crisis social y civilizatoria de este final de milenio" (ATIENZA RODRÍGUEZ, M.: *Contribución..., ob. cit.*, p. 95).

[223] Dicho término ya fue utilizado, como relata LAPORTA, "en el programa del 4° Simposio Benelux-Escandinavia de Teoría del Derecho, celebrado en agosto de 1998 y dedicado precisamente a una nueva disciplina bautizada con el expresivo nombre de 'Legisprudencia'" (LAPORTA SAN MIGUEL, F.J.: "Teoría y realidad de la legislación: una introducción", en MENÉNDEZ MENÉNDEZ, A./PAU PEDRÓN, A. (DIRS.): *La proliferación..., ob. cit.*, p. 68).

[224] Hay quien sostiene, por todo ello, que la "Legisprudence" es una "teoría racional de la legislación" (WINTGENS, L.J.: "Legisprudencia como una nueva teoría de la legislación" (traducido por Félix MORALES LUNA), en *Doxa. Cuadernos de Filosofía del Derecho*, núm. 26, 2003, p. 27). Más extensa y recientemente, WINTGENS, L.J.: *Legisprudence: practical reason in legislation*, Routledge, London, 2012.

[225] MADER, L.: "Evaluating the effects. The quality of legislation", en *Statute Law Review*, vol. 22, núm. 2, 2001, p. 119.

[226] MADER, L.: "Evaluating the effects...", *ob. cit.*, p. 120.

3. el procedimiento legislativo (que se corresponde con la táctica de la legislación) parte del hecho de que el proceso de elaboración, promulgación e implementación de la legislación sigue reglas procedimentales de varias clases, las cuales pueden influir en cierta medida en la calidad formal y material o sustantiva de legislación, de tal manera que pueden impulsar o dificultar el acercamiento metodológico de las personas que encargadas de preparar una nueva norma;
4. la técnica legislativa (o legística formal en sentido estricto) trata sobre los aspectos formales de legislación, con los diferentes tipos de actos normativos, con su estructura formal, etc.;
5. la metódica legislativa (o legística material o sustantiva) aborda el contenido de la legislación, proponiendo un modo metodológico de elaborar el contenido normativo y desarrollando instrumentos prácticos que facilitan las diferentes fases de este acercamiento metodológico.

Adicionalmente con respecto al contenido de la Ciencia de la legislación, encontraríamos dentro de la "Legisprudence" los siguientes tres campos de actividad de análisis científico:

6. la comunicación legislativa, relacionada con el "drafting", se refiere a la publicación de textos normativos o, más generalmente, al modo de comunicar contenido normativo, incluyendo una amplia gama de información sobre la legislación (y no sólo la publicación oficial que marca normalmente el inicio de su vigencia, salvo la inclusión expresa de una "vacatio legis");
7. la dirección de proyectos legislativos, relacionada con el campo del procedimiento legislativo, supone la aplicación a la preparación de la legislación de los principios y las técnicas de gestión de proyectos;
8. y, finalmente, la sociología de legislación, que parte de la premisa de que el proceso político que precede la promulgación de la legislación, así como el proceso de puesta en práctica y los efectos de la legislación son un campo importante para estudios sociológicos y un elemento esencial de la "Legisprudence".

Como vemos, pues, el contenido de la "Legisprudence" es algo más amplio que el de la Ciencia de la legislación. Además, a la luz de esta enumeración podemos deducir que la evaluación legislativa, campo de actuación nuclear en este trabajo, vendría a corresponderse con, de nuevo, la metódica legislativa, pero también con la sociología de la legislación. Y es que, por cierto, la Sociología tiene mucho que aportar dentro de la tarea evaluativa de un fenómeno social. Es por ello que creemos conveniente conceptuar y caracterizar al inicio del siguiente epígrafe los contenidos de la concreta rama de la Sociología que estará en contacto con nuestra tarea evaluativa (la denominada **Sociología jurídica o del Derecho**) y cómo se imbrica la misma con el campo de la Ciencia de la Legislación o "Legisprudence" en el cual se incardinará nuestra actividad evaluativa, el de la **metódica de la legislación**.

2. SOCIOLOGÍA JURÍDICA, METÓDICA DE LA LEGISLACIÓN Y EVALUACIÓN DE LAS LEYES

2.1. Sociología jurídica y metódica legislativa

La metódica legislativa se dedica por tanto, como hemos dicho, al estudio del fenómeno del "procedimiento interno de elaboración de las normas"[227], esto es, al estudio "del procedimiento de elaboración normativa, desde la reflexión o gestación de la norma en la voluntad política de regular una determinada materia, hasta su redacción, aprobación y puesta en práctica, evaluación de su impacto y logro de objetivos de la misma"[228]. ¿Qué es, entonces, el procedimiento legislativo interno? Es la "metódica" que se sigue "para la adopción de una decisión legislativa concreta"[229], incluyendo "la voluntad política" de pasar a regularizar un determinado fenómeno social, así como "la evaluación de los efectos que produce la norma promulgada"[230]. Como se suele decir, la misión esencial de la metódica legislativa es centrarse en la vertiente dinámica del proceso legislativo[231], suminis-

[227] Véase el Capítulo IV, donde por "proceso legislativo interno" o "procedimiento interno de elaboración de las normas" entenderemos "fase prelegislativa", y por "proceso legislativo externo", entenderemos "fase legislativa"; lo que allí denominaremos "fase postlegislativa" estará directamente relacionada con este "proceso legislativo interno", al ser su misión proveer de datos al legislador que emplear en la fase de reflexión o gestación de toda ley.

[228] Galiana Saura, Á.: *La Ley..., ob. cit.*, p. 17.

[229] Montoro Chiner, Mª.J.: *Adecuación al..., ob. cit.*, p. 88.

[230] Galiana Saura, Á.: *La Ley..., ob. cit.*, p. 21.

[231] Galiana Saura, Á.: *La legislación en el Estado de Derecho*, Dykinson, Madrid, 2003, nota 2.

trando "respuestas teóricas y generales a la cuestión de cómo los problemas sociales pueden ser resueltos por la elaboración de normas jurídicas", ya que "es necesario saber cómo las situaciones sociales pueden ser influenciadas en el sentido querido por medio de normas legales"; y ello con el "objetivo práctico" de formular "unos criterios y unas directivas que permitan llegar a una legislación a la vez racional y justa"[232].

En efecto, el objeto de estudio de la metódica legislativa, aparte del "procedimiento de toma de decisiones legislativas" es, esencialmente, para que tal proceso de toma de decisiones sea "lo más racional posible"; el estudio acerca de si tal o cual norma es o no "efectivamente aplicada en la práctica una vez elaborada, y si consigue alcanzar los objetivos propuestos", así como su viabilidad jurídica, social y económica[233]. Esto es, la metódica legislativa está orientada, por tanto, a analizar la viabilidad, eficacia, efectividad y eficiencia de la legislación (que son los denominados criterios de evaluación legislativa, que veremos al finalizar el presente Capítulo).

En orden a ello, a través de la metódica legislativa se ha de verificar la manera en que la norma se "integra" en el sistema jurídico, pero también la "pertinencia" y la "oportunidad" de todas aquellas disposiciones que contiene, como pueden ser la "adaptación efectiva de las necesidades y de las circunstancias, elección razonable de los medios, aceptabilidad social, etcétera"[234]. Para ello, se acomete dentro de la metódica legislativa el análisis "del 'problema' a regular, de sus causas, de la definición de objetivos a alcanzar por la normativa, del planteamiento de alternativas, de la evaluación 'ex ante' de los efectos que provocará la inserción de la norma en el Ordenamiento jurídico y en la sociedad"[235], incluyendo el análisis posterior o "ex post" de los efectos que su puesta en vigor haya podido ocasionar, si los hubiere. Así, pues, en definitiva, la metódica legislativa, como rama de la Ciencia de la legislación, debe responder a preguntar tales como "por qué se ha escogido tal problema prioritario, cuáles son los objetivos que se persiguen mediante la futura norma, cuál es el camino de su puesta en práctica y su efectividad y, finalmente, cuáles

---

232 GALIANA SAURA, Á.: *La Ley...*, *ob. cit.*, p. 161.
233 GALIANA SAURA, Á.: *La Ley...*, *ob. cit.*, p. 21.
234 GALIANA SAURA, Á.: *La Ley...*, *ob. cit.*, pp. 35-36.
235 GALIANA SAURA, Á.: *La Ley...*, *ob. cit.*, p. 29.

son los resultados de esa acción legislativa, para acabar preguntándose si valía la pena el esfuerzo desarrollado"[236].

Para ofrecer respuesta a buena parte de esos interrogantes que debe afrontar la metódica legislativa, ha de contar sin duda, como apunta GALIANA SAURA[237], con las útiles aportaciones que le puede ofrecer la **Sociología del Derecho o jurídica**[238] y, en particular, den-

---

236 GALIANA SAURA, Á.: *La Ley…*, *ob. cit.*, pp. 36-37.

237 GALIANA SAURA, Á.: *La Ley…*, *ob. cit.*, p. 37.

238 Pero, ¿qué es la **"Sociología del Derecho"** o **"Sociología jurídica"**? Podemos dar tres concepciones diferentes siguiendo a tres clásicos de la Teoría del Derecho (ROBLES MORCHÓN, G.: *Sociología del Derecho*, Civitas, Madrid, 1997 (2ª edición), pp. 31-50):

Según EHRLICH, la Sociología del Derecho es la "verdadera ciencia jurídica", esto es, "la doctrina científica del Derecho". Para este autor, es una parte de la Sociología que utiliza el mismo método que ésta: "la observación directa de la vida y del Derecho en ella contenido, el Derecho vivo o vivido". Así, pues, si la Sociología estudia hechos, la Sociología del Derecho estudiará "los hechos jurídicos o hechos del Derecho", con lo que cambia también la concepción tradicional de las fuentes del Derecho: "no surge básicamente de la ley ni de las decisiones, sino de la vida misma de los grupos sociales".

Por su parte, para WEBER, "existe un orden legítimo cuando los sometidos a él creen en su legitimidad", pudiendo tener un origen diverso en el pensamiento "weberiano" dicha creencia ("tradición, creencia afectiva o emocional, creencia racional en los valores, legalidad"). Así, pues, la Sociología del Derecho ha de estudiar para este autor "las creencias que son el soporte de la legitimidad, analizando los distintos tipos de ésta, así como las acciones y relaciones sociales que adquieren su sentido vinculándolas al orden que se considera legítimo. Y esta labor la ha de llevar a cabo mediante la comprensión interpretativa y la explicación de las causas (motivos)". Frente a la Dogmática jurídica, que estudia el "sentido normativo de las proposiciones jurídicas que componen el orden jurídico" la Sociología del Derecho se centra en estudiar "los acontecimientos fácticos que se producen efectivamente por la motivación producida merced a la representación psicológica de los sujetos de la acción (que se representan mentalmente el orden establecido como legítimo y las consecuencias de la infracción)"; así, resulta que la primera "es una ciencia normativa que, como tal, se ocupa del deber ser del Derecho, es decir, de las normas jurídicas" ("validez ideal o jurídica"), mientras que la segunda "se ocupa del ser del Derecho, esto es, de la facticidad, de las acciones y relaciones sociales efectivas que tienen lugar en la sociedad regida por el orden en cuestión" ("validez empírica").

Finalmente, GEIGER es señalado como el fundador la Sociología formal o pura del Derecho, logrando conjugar en su concepción el pensamiento formalista y el neopositivista, y desarrollando "toda una gama de conceptos sociológico-jurídicos de carácter formal que constituyen una auténtica teoría sociológica del Derecho", dentro de la cual distingue entre Sociología formal del Derecho y Sociología material o cultural del Derecho, aunque su obra se centró esencialmente en el desarrollo de la primera. GEIGER "se propone descubrir en los conceptos jurídicos su 'contenido de realidad', su 'significado real', tarea para la cual, según él, el normativismo habría detro de ésta, con las que suministra la **"Sociología legislativa"** (y, más en concreto, con lo que MADER denomina "Sociología legislativa empírica"[239]), que CARBONNIER define como "la utilización de la Sociología jurídica en el ámbito de la preparación y de la puesta en práctica de decisiones legislativas concretas"[240].

2.2. El análisis de las políticas públicas (y su evaluación) en la Ciencia Política (Ciencia de la Administración)

Vista la indispensable relación entre metódica legislativa y Sociología jurídica, también es fundamental reparar en este punto en que la metódica legislativa, adscrita a la Ciencia de la Legislación, encuentra correspondencia con dos campos propios de la **Ciencia Política**, cuales son la Evaluación y la Implementación. Siguiendo a GALIANA SAURA[241] para definirlos, el primero de ellos "estudia las consecuencias (queridas y no queridas) de los programas de intervención estatal (jurídicas –normativas o no– y no jurídicas)", tanto desde una perspectiva analítica "ex ante" como "ex post"; y el segundo "tiene como objeto del estudio de la ejecución de esos programas

---

mostrado su impotencia y la filosofía jurídica escandinava su insuficiencia". Para este autor, "el contenido de realidad de los citados conceptos es su realidad fáctica, por lo que sólo son comprensibles en clave sociológica. No hay que desechar los conceptos que los juristas han manejado durante siglos, sino que lo oportuno es su formulación en clave realista. De este modo, la teoría general del Derecho se transforma en Sociología del Derecho".

239 MADER, L.: "La Législation: objet d'une Science en devenir?", en VV.AA.: La *Science de la Législation. Travaux du Centre de Philosophie du Droit*, Presses Universitaires de France, Paris, 1988, pp. 9-20.

240 CARBONNIER, J.: *Sociologie juridique*, Librairie Armand Colin, Paris, 1972, p. 291. En opinión de GALIANA SAURA, la Sociología legislativa debiera ser "la base de la Ciencia de la legislación", en la medida que "supone un paso previo al desarrollo, tanto de las orientaciones pragmáticas, como de las perspectivas teóricas de esta disciplina, Además, es un elemento siempre indispensable de la política o metódica legislativa. Es necesario, entonces, distinguir dos papeles fundamentales diferenciados de la Sociología legislativa empírica: de un lado, tiene por tarea abastecer al legislador de datos sobre las condiciones y las consecuencias factuales de sus acciones. Por otra parte, la Sociología legislativa empírica sirve, precisamente, de fundamento a la producción de conocimientos sobre la legislación. Examina, a través de estudios de casos, todos los aspectos del fenómeno legislativo: la génesis de las normas legales, su puesta en práctica y los efectos que se produce sobre las conductas de sus destinatarios. También se puede utilizar [...] para allanar las vías de reforma" (GALIANA SAURA, Á.: *La Ley...*, *ob. cit.*, pp. 37-38).

241 GALIANA SAURA, Á.: *La Ley...*, *ob. cit.*, pp. 28-29.

y preguntar acerca de las condiciones o factores que provocan déficits de ejecución". Es por ello que se presenta como evidente que existe una conexión entre la Ciencia de la legislación, a través de la metódica legislativa, y la Ciencia Política (y, más en concreto,, dentro de aquélla, con la **Ciencia de la Administración**[242]), a través de los dos campos mencionados, que vienen a componer lo que en la doctrina especializada se conoce como el **"Análisis de políticas públicas"**[243], entendido como aquel sector de la Ciencia de la Administración que posee como objetivo principal "la utilización de métodos de evaluación centrados en la norma como programa, analizando con ellos la racionalidad de las decisiones de la Administración en su conjunto e, individualmente, la de los actores implicados en el proceso"[244].

---

[242] Para BAENA DE ALCÁZAR, la Ciencia de la Administración se refiere necesariamente al poder y su presencia en la sociedad, pero su objeto de estudio no es el poder político en cuanto tal. El estudio del poder corresponde a la Ciencia Política, mientras que la Ciencia de la Administración estudia, en cambio, la organización de los medios al servicio del poder, es decir la forma en que se articulan los medios materiales, financieros y personales que permiten al poder político su actuación en la sociedad (BAENA DE ALCÁZAR, M.: *Curso de Ciencia de la Administración*, vol. I, Tecnos, Madrid, 2000 (4ª edición), p. 23).

[243] Como señala VILLORIA MENDIETA, tanto el "análisis de políticas públicas", como la "teoría de la organización", son las "dos tendencias mayoritarias" dentro de la Ciencia de la Administración, compartiendo "en su origen un mismo enfoque epistemológico", pues "tanto en una como en la otra tendencia la influencia del positivismo lógico fue apabullante", lo cual "ha influido decisivamente en el carácter de la disciplina. En ambos, una serie de presuposiciones básicas configuraron y en parte aún configuran su análisis [...]. En primer lugar, se asume que la actividad en las organizaciones tiene una finalidad y que debe ser evaluada en términos de tal propósito identificado. Segundo, que la consecución de la eficacia y eficiencia gubernamental es el foco principal del estudio de la Administración. Tercero, que la conducta en las organizaciones es y debe ser racional. Cuarto, que los intereses individuales y los de las organizaciones pueden y deben ser mutuamente congruentes. Quinto, que las ciencias sociales son fundamentalmente idénticas a las ciencias naturales, es decir, que pueden conseguir descripciones objetivas y libres de valores de la vida de las organizaciones. Finalmente, que los hechos y los valores son conceptos lógicamente separados y que deben ser mantenidos aparte" (VILLORIA MENDIETA, M.: *La modernización de la Administración como instrumento al servicio de la democracia*, Instituto Nacional de Administración Pública, Madrid, 1996, p. 30).

[244] Y ello porque, como acertadamente destaca la autora, "no puede olvidarse [...] que los programas no desembocan en una decisión concreta, a la manera de una resolución judicial, sino que representan la conjunción de diversas voluntades tan sólo dirigidas a los fines impuestos a los actores implicados" (MONTORO CHINER, Mª.J.: *Adecuación al..., ob. cit.*, p. 110). Y es que "los resultados de las políticas públicas y de las normas jurídicas son, y siempre han sido, objeto de valoración permanente, bien a través de juicios políticos, de análisis técnicos y de controles jurídicos, o bien,

Esta interconexión pone de manifiesto que existe, como bien apunta SAINZ MORENO, una "implicación recíproca entre la evaluación legislativa [incardinada en la metódica legislativa] y la evaluación de las políticas públicas [configurada como fase del Análisis de políticas públicas]", en tanto "se trata de cuestiones íntimamente entroncadas porque no hay una política pública sin una política legislativa en que se sustente"[245]. Ello, en opinión del autor, da lugar a que "el análisis de las políticas públicas, y el análisis de las políticas legislativas" deban ser "inseparables", en tanto "se condicionan mutuamente"[246].

Pero, pese a que lo hemos definido, ¿en qué consiste materialmente el "Análisis de políticas públicas"? Primero hemos de comenzar señalando, siguiendo a SUBIRATS, que el término anglosajón para referirse a la política ("policy") presenta diversidad de significados, por lo que resulta necesario aclarar de partida que nos estamos refiriendo a la política "como proceso, como secuencia de hechos y decisiones que implican un cierto avance o modificación de la realidad". Y, en concreto, vamos a seguir aquella definición de "policy" recogida por el propio SUBIRATS que la conceptúa como una "decisión formal" que viene caracterizada por una "conducta o actuación consistente y repetida por parte de aquellos que la llevan a cabo y por parte de aquellos que resultan afectados por la misma"[247]. Como segundo paso previo a la hora de conceptuar materialmente el "Análisis de políticas públicas", debemos entender que toda política pública es algo más que una sola decisión, pues normalmente implica varias decisiones: "Decidir que existe un problema. Decidir que se debe intentar resolver. Decidir la mejor manera de proceder. Decidir legislar sobre el tema, etc." y todas ellas estarán "más o menos relacionadas"[248].

Pues bien, sentado como base lo anterior, el análisis del proceso de formación e implementación de las políticas públicas (o "Análisis de políticas públicas") presentaría materialmente un esquema que,

---

como es evidente, por la opinión pública" (SAINZ MORENO, F.: "Evaluación de las políticas públicas y evaluación legislativa", en PARDO FALCÓN, J./PAU I VALL, F. (COORDS.): *La evaluación de las leyes...*, *ob. cit.*, p. 20).

245 SAINZ MORENO, F.: "Evaluación...", *ob. cit.*, p. 21.

246 "Sería muy artificial tratarlas por separado", añade SAINZ MORENO, F.: "Evaluación...", *ob. cit.*, p. 21.

247 SUBIRATS I HUMET, J.: *Análisis de políticas públicas...*, *ob. cit.*, p. 41 y las referencias bibliográficas allí indicadas.

248 SUBIRATS I HUMET, J.: *Análisis de políticas públicas...*, *ob. cit.*, p. 41.

siguiendo a SUBIRATS, comprendería estos pasos: "percepción y definición del problema; intereses afectados; grado de organización; acceso a los canales representativos; consecución del estatuto propio de 'tema' a incluir en el programa o agenda de actuación de los poderes públicos; formulación de una solución o de una acción de respuesta; establecimiento de objetivos y prioridades; soportes políticos, presupuestarios y administrativos de la solución propuesta; implementación o puesta en práctica de esa política; evaluación y control de los efectos producidos; mantenimiento, revisión o terminación de esa política"[249]. Todos esos pasos quedarían estructurados en las siguientes fases del "Análisis de políticas públicas", que se recogen en la siguiente reproducción gráfica que se inspira sintéticamente en la que SUBIRATS hace siguiendo a DUNN[250]:

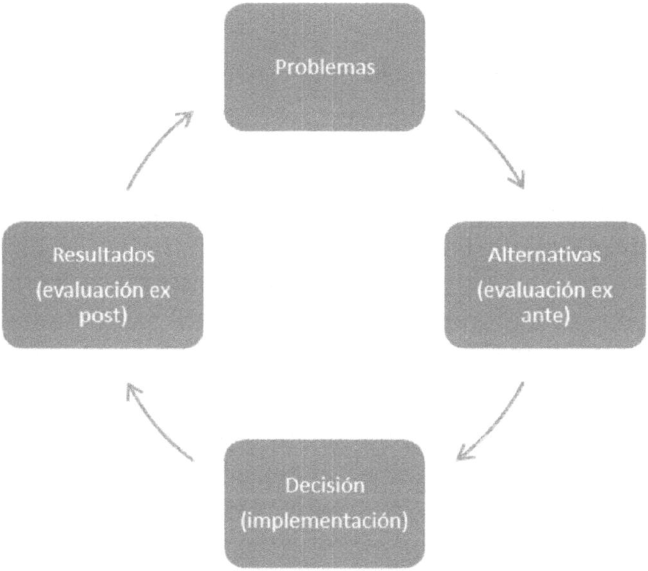

El propio SUBIRATS[251] acomete un exhaustivo y pormenorizado estudio de las fases que componen el "Análisis de políticas públicas" desde este enfoque secuencial cíclico (el "más generalizado en este

249 SUBIRATS I HUMET, J.: *Análisis de políticas públicas..., ob. cit.*, p. 42.
250 DUNN, W.: *Public policy analysis,* Prentice Hall, New Jersey, 1981.
251 SUBIRATS I HUMET, J.: *Análisis de políticas públicas..., ob. cit.*, pp. 48-171.

campo"[252]), del cual nosotros vamos a tratar de extraer lo más relevante a lo largo de las siguientes líneas.

2.2.1. Definición del problema

Con esta fase comenzaría lo que PARSONS ha denominado el "Meso-Análisis" de la política pública (con el que se busca enlazar con las fases posteriores y centrado en lo que el autor denomina "decidirse a decidir")[253] y, en particular, esta definición del problema se correspondería con la tarea de "diagnóstico de la situación" que propone DEL ROSAL BLASCO como cometido en el que el penalista debe centrar todo su interés y todos sus esfuerzos, aunque nosotros consideramos que ha de ser solamente el primer paso de nuestra labor[254].

El problema sobre el que intervenir puede ser único o puede estar compuesto por problemas interrelacionados[255]. Además, el qué se entienda por problema depende "de la subjetividad del analista, que a partir de la situación problemática planteada 'construye' el problema, lo define, clasifica, explica y evalúa"[256].

Llegados a este punto es necesario hacer una distinción terminológica, en el marco del análisis de políticas públicas, entre "problema" propiamente dicho, y "tema o cuestión de relevancia pública" ("issue"), es decir, "aquellos problemas lo suficientemente relevantes (desde distintas consideraciones) para ser considerados como 'problemas' por parte de los poderes públicos y, por tanto, susceptibles de formar parte del programa o agenda de esos mismos poderes públicos"[257]. Así, entre los factores que pueden incidir en que un "problema" no pase a la agenda de actuación de los poderes públicos, es decir, que no alcance la consideración de "issue", se podrían incluir, por ejemplo, "la falta de voluntad política, de adecuada

---

[252] MUÑOZ ARENAS, A.: "Aspectos teóricos y procedimentales de la evaluación de políticas públicas", en NIETO MARTÍN, A./MUÑOZ DE MORALES ROMERO, M./BECERRA MUÑOZ, J. (DIRS.): *Hacia..., ob. cit.*, p. 26.

[253] PARSONS, W.: *Políticas públicas: una introducción a la teoría y a la práctica del análisis de políticas públicas* (traducido por Atenea ACEVEDO AGUILAR), Flacso, México D.F., 2007, p. 116.

[254] Véase el Capítulo I.

[255] SUBIRATS I HUMET, J.: *Análisis de políticas públicas..., ob. cit.*, p. 49.

[256] SUBIRATS I HUMET, J.: *Análisis de políticas públicas..., ob. cit.*, p. 49.

[257] SUBIRATS I HUMET, J.: *Análisis de políticas públicas..., ob. cit.*, p. 52.

'presión' por parte de los medios de comunicación o de los sectores implicados, etc."[258], lo cual en el ámbito de la política legislativa penal, dado el contexto sociopolítico que la condiciona y que tiene una acreditada incidencia, como vimos en el Capítulo I.

2.2.2. *Alternativas de actuación y análisis de prospectiva. Toma de decisiones*

Como paso previo a la toma de decisiones, el analista de políticas públicas deberá esbozar ante sí el escenario que se dibuja en prospectiva, esto es, el futuro sobre el que se trabajará en el análisis de la política pública a implementar[259]. Tras ello, será el momento de definir los objetivos que se pretenden alcanzar y de fijar las alternativas existentes para adoptar, de entre ellas, la más adecuada, la más racional[260]:

Para ello, lo recomendable a juicio de SUBIRATS sería adoptar modelos racionales de decisión formulados en el ámbito de las Ciencias económicas (tales como el modelo sinóptico o racional[261], o el modelo de racionalidad limitada[262]), aunque reconoce el propio SUBIRATS que las limitaciones propias de la práctica administrativa (de tiempo, de recursos, diversidad de intereses no siempre conciliables, etc.), que también son predicables de la política criminal[263], imponen "despojar el esquema

[258] SUBIRATS I HUMET, J.: *Análisis de políticas públicas…*, *ob. cit.*, p. 53.

[259] SUBIRATS I HUMET, J.: *Análisis de políticas públicas…*, *ob. cit.*, pp. 69-70.

[260] SUBIRATS I HUMET, J.: *Análisis de políticas públicas…*, *ob. cit.*, p. 75.

[261] En él "se considera, basándose en la versión de la economía neoclásica, que el decisor es un individuo (o un colectivo que se comporta como tal) que actúa con criterios de racionalidad estricta. Es decir, es capaz de establecer un orden de prioridades en sus propios valores y en los consiguientes objetivos; es capaz de conocer todos los medios a su alcance para alcanzar tales objetivos: es capaz de evaluar las consecuencias de cada medio a su alcance; es capaz de calcular los costes de cada opción, y finalmente capaz de escoger aquella opción que maximice beneficios minimizando costes" (SUBIRATS I HUMET, J.: *Análisis de políticas públicas…*, *ob. cit.*, p. 78).

[262] Que "en su modelo más simple también parte de la idea del decisor individual, aunque se pone el énfasis en la organización como contrapunto positivo de las limitaciones individuales. También aquí el individuo será capaz de ordenar sus valores y objetivos, pero no dispone para ello de toda la información disponible, por lo que no pretenderá perseguir una inalcanzable optimización sino simplemente establecer un cierto repaso de las alternativas disponibles, repaso que se detendrá cuando encuentre alguna que satisfaga sus objetivos de partida" (SUBIRATS I HUMET, J.: *Análisis de políticas públicas…*, *ob. cit.*, pp. 78-79).

[263] BECERRA MUÑOZ, J.: *La toma de decisiones en Política criminal. Bases para un análisis multidisciplinar*, Tirant lo Blanch, Valencia, 2013, p. 281.

de análisis decisional de cualquier intento de explicación racional, sea global o limitada" y centrarse en que el objetivo "es llegar a un compromiso, un acuerdo que permita conciliar los intereses presentes y satisfaga la ecuación fines-medios"[264]. Así, según este enfoque más realista (por decirlo de algún modo) formulado en su día por LINDBLOM[265], y denominado "incrementalismo", "la decisión, resultado de ese ajuste mutuo de intereses entre las partes presentes, no podrá superar el incrementalismo [de ahí su nombre], es decir, intentar mejorar el punto de partida sin alejarse, no obstante, en demasía del mismo"[266]. Como destaca BECERRA MUÑOZ, mediante la propuesta de "análisis estratégico" de LINDBLOM, fundamentado "en la idea de que es imposible comprender los fenómenos complejos", es posible "estudiar las políticas públicas adoptando un enfoque deliberadamente incompleto, consciente de las limitaciones inmanentes a la toma de decisiones, pero también capaz de simplificar los problemas en busca de decisiones factibles"[267].

En cualquier caso, será importante tomar en consideración, en el análisis de alternativas, factores tales como "los efectos, tanto positivos como negativos, que puede provocar la acción a emprender"[268] y la incidencia que su identificación pueda tener en la formulación de alternativa a elegir. Y también sería conveniente e importante analizar "en qué momento van a producirse las consecuencias de la acción emprendida y si esa limitación temporal puede afectar la valoración sobre las distintas alternativas"[269].

2.2.3. La implementación de las políticas públicas

En esta fase se trata de analizar (entre otros) el plano de los recursos disponibles y su asignación para la consecución de los objetivos planteados en la fase anterior.

---

264 SUBIRATS I HUMET, J.: *Análisis de políticas públicas..., ob. cit.*, p. 81.

265 LINDBLOM, Ch.E.: "The Science of Muddling Through", en *Public Administration Review*, vol. 19, 1959, pp. 79-83, pulida en LINDBLOM, Ch.E.: *The intelligence of democracy: decision making through mutual adjustment*, Free Press, New York, 1965, y con una ulterior revision, aceptando algunas de las críticas realizadas al anterior, en LINDBLOM, Ch.E.: "Still Muddling. Not yet through", en *Public Administration Review*, vol. 37, 1979.

266 SUBIRATS I HUMET, J.: *Análisis de políticas públicas..., ob. cit.*, p. 81.

267 BECERRA MUÑOZ, J.: *La toma de decisiones..., ob. cit.*, p. 281.

268 SUBIRATS I HUMET, J.: *Análisis de políticas públicas..., ob. cit.*, p. 98.

269 SUBIRATS I HUMET, J.: *Análisis de políticas públicas..., ob. cit.*, p. 98.

En este sentido, el concepto fundamental es el de "implementación", adoptado del término anglosajón "implementation"[270]. Implementar no es solamente "ejecutar" (término que sugiere automaticidad), sino que sería más cercano a la realidad entenderlo como "el proceso de interacción entre el establecimiento de objetivos y las acciones emprendidas para alcanzarlos"[271]. Como dice SUBIRATS, por tanto, parafraseando a BARDACH[272], se trataría de analizar en esta fase qué sucede después de que un proyecto se convierte en ley, con el propósito de "llenar ese tremendo vacío entre la decisión política o normativa y la (hipotética) evaluación de los resultados obtenidos"[273].

Con ese objetivo existen modelos analíticos tales como el modelo "top-down"[274] (también denominado "administrativo" o "racional-weberiano"), que ha bebido en las fuentes literarias sobre los procesos decisionales y sobre la teoría de la organización, y según el cual "si se da una decisión racional, unas características administrativas ideales y una ausencia de conflicto ambiental, la actuación de los 'implementadores' se desarrollará mejor y mejores serán también los resultados finales del programa"[275]. No obstante, sobre la base de las críticas a tal modelo[276], se ha venido a propugnar un análisis de la puesta en práctica de las políticas públicas "down-top" o "bottom-up", es decir, de abajo hacia arriba, enfoque hoy en día predominante[277] y a través del cual podrían detectarse problemas de carácter general, como la inaplicación de partes importantes de una ley, poniendo en conexión "proceso de toma de decisiones y proceso de puesta en práctica"[278]. No obstante, ORTIZ DE URBINA GIMENO asegura que, en el ámbito de la

---

270 Dicho término se acerca a las expresiones "mesa in opera" (italiano), o "mise en oeuvro" (francés), por lo que traducirlo al castellano como "puesta en práctica" puede ser lo más operativo (SUBIRATS I HUMET, J.: *Análisis de políticas públicas...*, *ob. cit.*, p. 103).

271 PRESSMAN, J.I./WILDAVSKY, A.: *Implementation*, University of California Press, Berkeley, 1973, p. XXI.

272 BARDACH, E.: *The Implementation Game*, MIT Press, Cambridge, 1977.

273 SUBIRATS I HUMET, J.: *Análisis de políticas públicas...*, *ob. cit.*, p. 103.

274 Pormenorizadamente expuesto en SUBIRATS I HUMET, J.: *Análisis de políticas públicas...*, *ob. cit.*, pp. 108-112.

275 SUBIRATS I HUMET, J.: *Análisis de políticas públicas...*, *ob. cit.*, p. 112.

276 Sobre ello, SUBIRATS I HUMET, J.: *Análisis de políticas públicas...*, *ob. cit.*, p. 112-114.

277 ORTIZ DE URBINA GIMENO, Í.: "La Economía como herramienta en la evaluación legislativa: Análisis de Costes, Coste-Eficacia y Coste-Beneficio", en NIETO MARTÍN, A./MUÑOZ DE MORALES ROMERO, M./BECERRA MUÑOZ, J. (DIRS.): *Hacia...*, *ob. cit.*, p. 97.

278 SUBIRATS I HUMET, J.: *Análisis de políticas públicas...*, *ob. cit.*, p. 116.

política criminal, con el enfoque "bottom-up" se alcanzan "resultados más modestos" que con el modelo "top-down", principalmente porque con este último se logra "información sobre algunos costes (miedo al delito, conducta de evitación del delito –compra de alarmas o candados, pero también evitación de situaciones que se consideran peligrosas–)", los cuales "pasan sin embargo desapercibidos" en la mayor parte de los enfoques "bottom-up"[279]. En cualquier caso, BECERRA MUÑOZ propone la aplicación combinada y equilibrada de ambos enfoques en la implantación de la política penal, teniendo en cuenta que la visión "top-down" adquiere un "gran protagonismo" a causa de que nos encontramos en "un ámbito de competencias centralizadas a nivel estatal y cuya aplicación está sujeta a férreos principios", pero tomando en consideración también que el enfoque "bottom-up" pone de manifiesto "la realidad de la política criminal", esto es, "la implicación de un gran número de instituciones de diversos niveles administrativos en su ejecución"[280], como se va a poner de manifiesto en el siguiente punto.

2.2.4. *El papel de la burocracia en el proceso*

En particular cobra especial relevancia el papel de la burocracia en el proceso de aplicación de las políticas públicas, identificada con el entramado de apoyo a la Administración de Justicia si nos referimos a la política legislativa penal. Es decir, excluida la judicatura, nos estaríamos refiriendo al papel que juegan los componentes de la denominada Oficina judicial (Gestores, Tramitadores, Auxiliares y Agentes), supervisada por el Letrado de la Administración de Justicia (antes llamado Secretario judicial), así como las Fuerzas y Cuerpos de Seguridad del Estado en la aplicación de las leyes penales.

Este tipo de estructura precisa, como veíamos a sugerir hace un momento, de "fuertes dosis de control interno y externo"[281], no para evitar "desviaciones" o incumplimientos en la ejecución de la política (como habría que hacer en el ámbito de la Administración General del Estado y niveles inferiores respecto a su discrecionalidad en este punto, tal y como está concebido el análisis de políticas públicas), sino para asegurar más férreamente su eficacia e, incluso, su eficiencia, en el desempeño de las labores que les son propias.

---

[279] ORTIZ DE URBINA GIMENO, Í.: "La Economía...", *ob. cit.*, pp. 98-99.

[280] BECERRA MUÑOZ, J.: "Propuestas...", *ob. cit.*, p. 155.

[281] SUBIRATS I HUMET, J.: *Análisis de políticas públicas...*, *ob. cit.*, p. 126.

2.2.5. *Evaluación de las políticas públicas implementadas*

Es ésta la fase del "Análisis de políticas públicas" que más nos interesa sin duda alguna y, pese a ser ubicada en el esquema clásico que estamos siguiendo para explicar secuencialmente el "Análisis de Políticas Públicas" al final de tal proceso, "la concepción actual de la evaluación la hace presente a lo largo de todo el ciclo"[282].

La evaluación de programas adquirió un notable desarrollo como consecuencia del auge que tuvo durante la década de los setenta en los Estados Unidos[283], momento a partir del cual "se tiende a considerar a la evaluación como el método de investigación sistemática sobre la configuración de un programa [tradicionalmente relacionada con un enfoque retrospectivo] o política [que ponía el énfasis en la dimensión prospectiva] determinada, y sobre su implementación y efectividad"[284]. En nuestro país, como apunta MUÑOZ DE MORALES ROMERO, la evaluación se introdujo merced a la incorporación de España a la Comunidad Europea en 1986 y a la transferencia de competencias a nivel autonómico y local, con el objetivo de supervisar solapamientos competenciales y una mala distribución de los recursos públicos empleados[285].

A la hora de fijar los objetivos que se pretenden conseguir mediante la evaluación, se pueden adoptar dos perspectivas o puntos de vista:

- desde una perspectiva "gerencial", política o técnica, se trataría de responder a cuestiones tales como la eficacia de la política evaluada, el grado de satisfacción que se ha alcanzado o su nivel de eficiencia[286].

---

282 MUÑOZ ARENAS, A.: "Aspectos teóricos y...", *ob. cit.*, p. 45.

283 Dicho auge encontró su origen en factores tales como "las necesidades de información que sobre el proceso de aplicación de las leyes por parte del ejecutivo norteamericano exigía el Congreso de los Estados Unidos; la demanda generalizada de conocer unos programas de actuación de los poderes públicos que acarreaban notables esfuerzos inversores; y las más concretas necesidades que planteaban gestores y altos cargos de la Administración por conocer la forma en que se aplicaban los programas en curso y averiguar sus efectos y repercusiones" (SUBIRATS I HUMET, J.: *Análisis de políticas públicas...*, *ob. cit.*, p. 139-140, citando a CHELIMSKY, E.: "Old Patterns and New Directions in Program Evaluation", en *Program Evaluation: Patterns and Directions*, ASPA, Washington D.C., 1985, p. 7).

284 SUBIRATS I HUMET, J.: *Análisis de políticas públicas...*, *ob. cit.*, p. 139.

285 MUÑOZ DE MORALES ROMERO, M.: *El legislador penal europeo: legitimidad y racionalidad*, Civitas/Thomson Reuters, Madrid, 2011, p. 590.

286 SUBIRATS I HUMET, J.: *Análisis de políticas públicas...*, *ob. cit.*, p. 140.

- desde una perspectiva jurídica o legal, "la evaluación de un programa de actuación de los poderes públicos se basa en criterios como la igualdad formal de los ciudadanos en su acceso al programa, el respeto al principio de legalidad, la pureza del procedimiento administrativo seguido o el respeto a los derechos de aquellos individuos o colectivos afectados o relacionados con el programa"[287].

Igualmente, a la hora de determinar los objetivos de la evaluación, será importante "examinar cuáles son las distintas motivaciones que conducen a la exigencia de evaluación o a la propuesta de su realización". Así, sin ir más lejos, será conveniente "determinar si el interés de los impulsores de la evaluación estriba en justificar la necesidad de nuevos programas o políticas para asegurar que la manera de implementar un programa resulte la más eficiente, o para satisfacer las exigencias de control sobre la eficacia de la acción administrativa"[288], pues la información, el "feed-back" que se obtendrá, será distinto en uno u otro caso.

En función de todo lo anterior, se pueden distinguir tres tipos de evaluación:

— una evaluación para la determinación de necesidades, que "se dirige al descubrimiento de las debilidades o los espacios problemáticos del planteamiento del programa, de tal manera que puede mejorarse en futuros ajustes del mismo"[289].

— una evaluación formativa o correctora, relacionada directamente con los denominados "estudios de implementación", y a través de la cual se busca "analizar el funcionamiento real del programa y de todas las labores conectadas con el mismo". En concreto, "Su objetivo es comprobar si ese programa se desarrolla sin dificultades, localizando los puntos críticos y favoreciendo una vía de mejora"[290].

— una evaluación de balance o conclusiva, cuyo objetivo es "recoger información sobre los resultados finales del programa y facilitar así un juicio de valor global sobre el mismo"[291].

---

[287] SUBIRATS I HUMET, J.: *Análisis de políticas públicas…, ob. cit.*, p. 143.
[288] SUBIRATS I HUMET, J.: *Análisis de políticas públicas…, ob. cit.*, p. 144.
[289] SUBIRATS I HUMET, J.: *Análisis de políticas públicas…, ob. cit.*, p. 145.
[290] SUBIRATS I HUMET, J.: *Análisis de políticas públicas…, ob. cit.*, p. 146.
[291] SUBIRATS I HUMET, J.: *Análisis de políticas públicas…, ob. cit.*, p. 146.

Hay que tener en cuenta a la hora de abordar un estudio de evaluación que éste presentará dificultades propias de "la constante mutabilidad del entorno que rodea la puesta en práctica de toda intervención social"[292]. Sin ir más lejos, no sería en absoluto extraño que, por ejemplo, "se produzcan problemas inesperados que requieran la modificación del programa y de sus objetivos y que afecten, por tanto, al mismo plan de evaluación". De hecho, "la misma investigación puede también provocar la modificación de los objetivos o las líneas de desarrollo del programa, al producirse una variación sustancial de las hipótesis de partida"[293].

Entre las dificultades propias de un estudio de evaluación merece una mención especial el más que probable "desajuste entre el 'tempo' del proceso de evaluación y el de las exigencias de la actividad política"[294]. También hay que tener presente que en el proceso de evaluación entrarán en juego diversos intereses que componen el marco interpersonal y político en el que desarrollar la investigación", ante lo cual se hace necesario el previo "reconocimiento del abanico de intereses presente que de manera directa o indirecta facilitan o impiden la realización de la evaluación y que toman posiciones ante las posibles consecuencias que puedan derivarse del mismo"[295].

Todavía en esta línea, la pluralidad de intereses puede influir también a la hora de decidir la perspectiva desde la que abordar la evaluación: "puede ser la de considerar como más adecuada la de la sociedad en su conjunto, la de la agencia u organismo guberna-

---

292 SUBIRATS I HUMET, J.: *Análisis de políticas públicas…, ob. cit.*, p. 146.

293 SUBIRATS I HUMET, J.: *Análisis de políticas públicas…, ob. cit.*, p. 147.

294 HORST, P. (et al.): "Program Management and the Federal Evaluator", en *Program Evaluation…, ob. cit.*, p. 177; ROSSI, P.H./FREEMAN, H.E.: *Evaluation. A systematic approach*, Sage, London, 1985, p. 380. Esto es, "determinadas evaluaciones, sobre todo aquellas dirigidas a estudiar el impacto conseguido por cierto programa o actuación, requieren tiempo. Tiempo que no acostumbra a sobrar en el mundo más directamente político en el que las exigencias electorales o la presión de campañas a favor o en contra de ciertos temas obligan a tomar decisiones rápidas y a utilizar todo aquello que pueda ser un argumento aunque no tenga una plena validez o seguridad científica" (SUBIRATS I HUMET, J.: *Análisis de políticas públicas…, ob. cit.*, p. 154).

295 SUBIRATS I HUMET, J.: *Análisis de políticas públicas…, ob. cit.*, p. 149. Y es que, incluso, se puede decir que la evaluación puede suponer "ciertas amenazas para alguno o algunos de los sectores implicados, ya que pone al descubierto elementos o informaciones que pueden resultar incómodas o 'peligrosas' para algunos de los implicados en las decisiones. Y también porque puede comportar o exigir un cierto cambio, sea en el mismo diseño del programa, sea en la organización encargada de implementar el mismo" (SUBIRATS I HUMET, J.: *Análisis de políticas públicas…, ob. cit.*, p. 150.).

mental afectado, la de miembros o personal de esa organización, la de los 'clientes' o beneficiarios directos del programa, o la de cualquier otro grupo presente o identificado en el escenario en que se desarrolla la evaluación". Así, se puede decir incluso, y es importante tomarlo en consideración, que "en determinados tipos de evaluación (por ejemplo, aquellos dedicados a mejorar o ajustar el proceso implementador) la perspectiva que puede resultar más eficaz podría ser la del mismo personal de la organización, ya que serán ellos, en definitiva, quienes deberán hacer suyas las conclusiones o mejoras propuestas en las conclusiones de trabajo"[296].

Finalmente, en función de la utilidad que se pretenda alcanzar con ella, se pueden distinguir tres tipos de evaluación:

- evaluación dirigida a un uso directo o instrumental, es decir, "que de los resultados obtenidos se derivan inmediatas acciones o cambios en los programas de actuación"[297];
- evaluación conceptual, en la que "se busca más la capacidad general de influenciar la manera de pensar en los problemas y temas planteados sin que de los resultados se derive una inmediata acción o cambio"[298];
- evaluación con finalidad persuasiva, es decir, encaminada a dotar de argumentos las posiciones de ataque o defensa en relación a un cierto programa u organismo de actuación"[299].

En todo caso, lo que tiene que quedar claro es que la evaluación de las políticas públicas es "una cuestión política y técnica, íntimamente enlazada con la evaluación de las normas, pero que se distingue de ella porque tiene en cuenta no sólo el conjunto de normas, sino también el de actividades político-administrativas que se destinan a realizar una determinada política pública"[300]. Además, también conviene dejar claro que, como advierte BUSTELO RUESTA, la evaluación no es un simple seguimiento o monitorización, pese a que suelan ser conceptos usados conjunta o indistintamente cuando, en realidad son complementarios: el seguimiento "es una actividad relacionada con la gestión de programas y acciones a evaluar, que se

---

[296] SUBIRATS I HUMET, J.: *Análisis de políticas públicas...*, *ob. cit.*, pp. 152-153.
[297] SUBIRATS I HUMET, J.: *Análisis de políticas públicas...*, *ob. cit.*, p. 155.
[298] SUBIRATS I HUMET, J.: *Análisis de políticas públicas...*, *ob. cit.*, p. 155.
[299] SUBIRATS I HUMET, J.: *Análisis de políticas públicas...*, *ob. cit.*, p. 155-156.
[300] SAINZ MORENO, F.: "Evaluación...", *ob. cit.*, p. 30.

hace, además, de forma interna, permanente y continua, y que no implica enjuiciamiento sistemático", mientras que la evaluación va más allá, pues "no sólo analiza, sino que también juzga globalmente, centrándose no sólo en el proceso de ejecución de las acciones, sino también en su diseño y en sus resultados, pudiendo ser, además, una actividad interna o externa"[301].

2.2.6. *Sucesión y terminación de políticas. Conclusiones*

El círculo del análisis de políticas públicas debe cerrarse, tras la evaluación de resultados, reflexionando "sobre la posible continuidad, modificación o terminación del programa a partir de la labor de análisis realizada"[302]. Y para que la decisión que se pueda adoptar a la luz de esa reflexión final pueda ser puesta en práctica, se hace necesario que las políticas y los programas de actuación estén previamente estructurados y diseñados para permitir "su readaptación, sucesión o terminación si se constata su inadecuación o poca efectividad en el proceso de su implementación y desarrollo"[303].

Expuesto y estudiado en las líneas precedentes en qué consiste el "Análisis de políticas públicas" y sus diferentes fases, con la especial atención que hemos prestado a la evaluación de políticas públicas, es momento de adentrarnos en el concepto de evaluación de las normas o evaluación legislativa, para comprobar si podemos readaptar esos contenidos, propios de la Ciencia de la Administración, a la Ciencia de la Legislación y, en particular, a la metódica legislativa.

2.3. Evaluación de la política legislativa

2.3.1. *Definición de evaluación legislativa. La evaluación de las consecuencias de las normas*

Llegados a este punto, aunque quizá lo deberíamos haber hecho antes, cabría preguntarnos ¿qué es **"evaluar"**? Galiana Saura define genéricamente "evaluación" como "un proceso sistemático de recogi-

---

301 Bustelo Ruesta, C.: "¿Qué tiene de específico la metodología de evaluación?", en Bañón i Martínez, R. (Comp.): *La evaluación de la acción y de las políticas públicas*, Díaz de Santos, Madrid, 2003.

302 Subirats i Humet, J.: *Análisis de políticas públicas…*, *ob. cit.*, p. 163.

303 Subirats i Humet, J.: *Análisis de políticas públicas…*, *ob. cit.*, p. 170-171.

da de información, no improvisado, necesitado de organizar sus elementos, sistematizar sus fases, temporalizar sus secuencias, proveer los recursos, construir o seleccionar los instrumentos, etc.". Añade la autora a esta definición que tal proceso se afronta "desde planteamientos multivariados en cuanto a los instrumentos, técnicas y métodos, así como agentes" y que "implica un juicio de valor, que significa, a su vez, que no basta recoger sistemáticamente la información, sino que ésta ha de valorarse, explicando su bondad"[304]. En efecto, hay que partir de que "evaluar" implica valorar, juzgar, y realizar un "estudio de evaluación" implica proporcionar la suficiente información como para permitir esa labor evaluadora-juzgadora[305]. Y ello porque "se trata de una actividad orientada hacia la toma de decisiones, ya que el proceso evaluativo ha de tener una utilidad, orientada a la mejora de la práctica", lo cual "significa, además, que la evaluación ha de ser un medio pero no un fin en sí misma"[306]. En definitiva, la evaluación es "un proceso de análisis y control diseñado para determinar la relevancia, efectividad, significación e impacto de actividades específicas, y el grado de eficiencia que han logrado", tomando como referencia "los objetivos inmediatos para los que fueron diseñadas y planificadas", así como "los objetivos de desarrollo más comprehensivos, a menudo a más largo plazo, del programa del que un proyecto o grupo de proyectos forma parte"[307].

En el ámbito de las **políticas públicas**, evaluar es, en el sentido más amplio, "una estrategia para mejorar la eficacia, productividad [es decir, la eficiencia] y calidad del sector público"[308]. O también, desde un enfoque eminentemente tecnocrático, la evaluación consiste en "la aplicación de métodos de investigación sistemáticos con el objeto de examinar el diseño, la implementación y la utilidad de las políticas y programas públicos"[309], lo que ROSSI y FREEMAN denominarían por tanto una "evaluación comprehensiva"[310].

---

[304] GALIANA SAURA, Á.: *La Ley…*, *ob. cit.*, p. 279.

[305] ROSSI, P.H./FREEMAN, H.E.: *Evaluation…*, *ob. cit.*, p. 372.

[306] GALIANA SAURA, Á.: *La Ley…*, *ob. cit.*, pp. 279-280.

[307] GRABE, S.: *Evaluation Manual*, UNESCO, Paris, 1983, p. 191.

[308] SCHÄFFER, H.: "Evaluation and asessments of legal procedures effects", en *Statute Law Review*, vol. 22, núm. 2, 2001, p. 132.

[309] BALLART, X.: "Evaluación de políticas. Marco conceptual y organización institucional", en *Revista de Estudios Políticos*, núm. 80, 1993, p. 200.

[310] ROSSI, P.H./FREEMAN, H.E.: *Evaluation…*, *ob. cit.*, p. 380.

Pues bien, cuando comenzamos a adentrarnos en el ámbito de las **"evaluación legislativa"**, ya hay autores que anticipan que se trata de "comprobar si el cambio social soporta todavía la regulación que la norma preveía"[311]. De esta manera se puede afirmar que, en un sentido amplio, la evaluación legislativa se refiere a la realización de "análisis basados en el empleo de métodos científicos y que estudian la puesta en práctica y los efectos de la legislación"[312]; o, más sintéticamente, se dice que la evaluación legislativa es la realización de un "análisis empírico de los efectos de la legislación"[313]. Así, pues, queda claro que el objeto de estudio de la evaluación legislativa son los efectos, las consecuencias de las leyes.

Otra forma de referirse a la evaluación legislativa es la utilizada por autores como Ulrich KARPEN[314], y que, en el marco de la Unión Europea, hablan de **"Análisis del Impacto Legislativo"** (o **"Regulatory Impact Analysis"**[315], **RIA**)[316], entendiendo por tal "la eva-

---

[311] MONTORO CHINER, Mª.J.: *La evaluación de..., ob. cit.*, p. 123.

[312] GALIANA SAURA, Á.: *La Ley..., ob. cit.*, p. 284.

[313] ATIENZA RODRÍGUEZ, M.: *Contribución..., ob. cit.*, p. 52. Cualquier otra definición de "evaluación legislativa" que ofrezcamos tendrá como elementos comunes la realización de un análisis científico empírico y que el mismo se ha de centrar en los efectos o resultados de la legislación. Así, para el autor chileno BRONFMAN VARGAS, evaluación legislativa es "cualquier procedimiento técnico o científico que estudia los efectos de la ley para establecer relaciones de casualidad útiles para el legislador" (BRONFMAN VARGAS, A.: "El sentido de...", *ob. cit.*, p. 37.). Y, para SCHÄFFER, "la evaluación legislativa se basa en la idea de que los resultados y efectos de la legislación pueden ser estudiados y utilizados para corregir y mejorar la legislación" (SCHÄFFER, H.: "Evaluation and assessments...", *ob. cit.*, pp. 132-133).

[314] Ulrich KARPEN, además de político adscrito a la CDU, es uno de los máximos exponentes de la doctrina en el campo de la evaluación de las consecuencias de las leyes, tal y como demuestran sus múltiples publicaciones en alemán, inglés y español, así como los diversos eventos científicos que organiza sobre el tema desde la "European Association of Legislation" (EAL), entidad que fundó en 1991, reconvertida en la "International Association of Legislation" (IAL).

[315] En el mundo anglosajón se habla de **Regulatory Impact Assessments (RIA)** para refereirise a las evaluaciones de impacto, entendidas como aquéllas que "proporcionan un análisis ex-ante de la viabilidad de una propuesta normativa o regulatoria en función de su impacto social, económico y medioambiental" (MUÑOZ DE MORALES ROMERO, M.: "Evaluación legislativa y racionalidad en el ámbito penal europeo (y nacional)", en *Revista General de Derecho Penal*, núm. 14, 2010, nota 2, p. 1).

[316] Que concibe como "un método empleado para valorar los costes y consecuencias de la promulgación de cada ley y evaluar los anteproyectos de nuevas leyes que aplican organismos e instituciones de todos los Estados miembros de la UE" (KARPEN, U.: "La implantación de la evaluación legislativa en Europa: modelos y tendencias actuales", en PARDO FALCÓN, J./PAU I VALL, F. (COORDS.): *La evaluación de*

luación sistemática de los efectos de las normas" desde tres diferentes perspectivas: en prospectiva o "ex ante", que sería "la evaluación del borrador de una norma"; simultáneamente, que tendría lugar "durante el proceso de toma de decisiones relativas a la norma"; y, finalmente, en retrospectiva o "ex post" (o "controlling"[317]), esto es, "después de haberse aplicado la norma"[318].

Definida, pues, la evaluación legislativa, que sin duda "desempeña una clara función de control del gobierno y del legislador (*accountability*), enaltece la transparencia y fortalece la legitimación de la norma"[319], dedicaremos los próximos subepígrafes al estudio de las fases que se han de seguir a la hora de llevarla a cabo, así como, posteriormente, a la exposición de las técnicas empleadas para ello y, finalmente, para cerrar este Capítulo, focalizaremos nuestra atención en los criterios que han de orientar todo estudio sobre la evaluación de las consecuencias de las leyes.

2.3.2. Etapas, fases o perspectivas

Como hemos afirmado con anterioridad, debemos partir de que la consideración de los efectos de la legislación puede ser enfocada desde tres diferentes perspectivas temporales: en prospectiva o "ex ante", donde será "necesario tener en cuenta los problemas de aplicación posibles y los efectos virtuales"[320] del proyecto normativo que se quiera elaborar; durante la fase de redacción y tramitación parlamentaria del proyecto normativo que se haya decidido acometer tras haber llevado a cabo su evaluación "ex ante"; y, en último lugar, en retrospectiva o "ex post", cuyo objetivo será "descubrir la acción real de las normas legales que ya se encuentran en vigor en la vida social"[321], tratándose, por ende, de una evaluación "orientada a su

las leyes…, *ob. cit.*, p. 57). Constata el autor que en el plano internacional "todos los Estados están reconociendo la tremenda importancia social y económica de los procesos de promulgación de leyes y están fortaleciendo los esfuerzos conjuntos para la desregulación y la mejora en la calidad de las leyes. Y aquí es donde entra el Análisis del Impacto Legislativo (RIA)" (KARPEN, U.: "La implantación…", *ob. cit.*, p. 61).

317 KARPEN, U.: "La evaluación de las consecuencias de las leyes", en *Anuario Iberoamericano de Justicia Constitucional*, núm. 8, 2004, p. 310.

318 KARPEN, U.: "La implantación…", *ob. cit.*, pp. 57-58.

319 MUÑOZ DE MORALES ROMERO, M.: *El legislador penal europeo…*, *ob. cit.*, p. 592.

320 GALIANA SAURA, Á.: *La Ley…*, *ob. cit.*, p. 300.

321 GALIANA SAURA, Á.: *La Ley…*, *ob. cit.*, p. 300.

posible modificación"[322]. Analicemos a continuación el contenido de cada una de estas fases por separado.

a. Fase prelegislativa o en prospectiva ("ex ante")

Entendemos por evaluación "ex ante" aquélla que, "sobre la base de una herramienta técnica o conocimiento científico, entrega información objetiva acerca del probable funcionamiento de la norma antes de su vigencia y que, por esta vía, puede incrementar la posibilidad de lograr los objetivos del legislador"[323]. Por tanto, se efectúa antes de la ejecución del proyecto normativo, y tiene por objeto investigar el diseño del mismo, su coherencia interna, su grado de adaptabilidad al contexto, etc.[324].

Es decir, se lleva a cabo "antes de adoptar cualquier decisión" y ha de afrontar las siguientes cuestiones[325]:

1. Analizar y definir el **problema** que se pretende resolver con la intervención legislativa.
2. Establecer o clarificar los **objetivos**[326] que deben alcanzarse con la regulación, es decir, "los enunciados de los resultados esperados", o "los propósitos que se desean alcanzar en un período determinado, a través de determinadas accio-

---

[322] MONTORO CHINER, Mª.J.: *La evaluación de..., ob. cit.*, p. 123-124.

[323] BRONFMAN VARGAS, A.: "El sentido de...", *ob. cit.*, p. 38.

[324] GALIANA SAURA, Á.: *La Ley..., ob. cit.*, p. 301. Hay que tener presente que "la evaluación de resultados ['ex post'] tiene menor interés y es más difícil si no ha venido precedida por un estudio de impacto previo" (CABALLERO SANZ, F.: "La evaluación en la Unión Europea", en PARDO FALCÓN, J./PAU I VALL, F. (COORDS.): *La evaluación de las leyes..., ob. cit.*, p. 151).

[325] MARTÍN CASALS, M.: "La estructura básica...", *ob. cit.*, pp. 254-255.

[326] Ocurre que, como denuncia GALIANA SAURA, "los objetivos expresamente mencionados son, generalmente, formulados en términos vagos y abstractos, hasta el punto de ser simples declaraciones de adhesión a los valores sociales o morales. El carácter muy general de estos objetivos facilita, sin duda, el consenso político sobre la adopción de una decisión legislativa; por el contrario, conlleva que la evaluación de la efectividad de la norma sea extremadamente difícil" (GALIANA SAURA, Á.: *La Ley..., ob. cit.*, pp. 206-207). En cualquier caso, lo importante es que "los objetivos deben ser **pertinentes**, y esto deben entenderse en un doble sentido: por una parte, los objetivos deben ser de tal naturaleza que sean apropiados para resolver la situación-problema que los origina; por otra, han de ser pertinentes a los propósitos o finalidades últimas del programa legislativo o de la política pública de la que forma parte". Concluyendo, una "buena" ley "no es aquélla que señala unos objetivos justos, sino aquélla que los consigue" (GALIANA SAURA, Á.: *La Ley..., ob. cit.*, p. 208).

nes articuladas en proyectos o actividades"[327], tomando en consideración "los medios alternativos disponibles"[328].

3. Analizar los **instrumentos** que pueden ser utilizados para resolver el problema y seleccionar el más adecuado (incluso si ello supone renunciar a una intervención normativa), en atención a cuestiones como "la previsible aceptación de la regulación por parte de los ciudadanos; los posibles efectos secundarios no deseados; la relación coste/beneficio, etc.".

Todo ello implica, en definitiva, la necesidad de analizar la futura **viabilidad** de la norma a crear, determinando "las repercusiones institucionales y sociales" a las que daría lugar y, fundamentalmente, "los efectos sociales y económicos de su puesta en vigor"[329]. Y para comprobar la viabilidad de la norma a crear, "el legislador debe disponer de datos, proyectos e informes concretos que le permitan hacer esa valoración"[330], teniendo en cuenta que tal viabilidad dependerá de factores tales como (aparte del "coste económico de la norma en proporción con el beneficio o utilidad que de ella se espera" y del "grado de aceptación de la norma") eventuales "problemas de ejecución por no haberse previsto el soporte administrativo (personal y material)", o de si los poderes públicos son capaces "de establecer los medios eficaces para hacer cumplir la norma y vigilar su efectividad"[331]. Y ello porque "incluso en aquellos casos en que el consenso social está garantizado, las normas pueden quedar incumplidas por falta de una adecuada previsión de los instrumentos capaces de desarrollarlas en la práctica"[332].

En definitiva, lo importante es que a través de la evaluación "ex ante" se puede detectar cuál es el posible "déficit" que la norma a proyectar arrastraría, así como si su eventual promulgación va a obtener el resultado pretendido, en tanto puede permitir reparar en "defectos de ejecución provenientes de su desproporción entre medios y fines", o en la "defectuosa fijación de prospectivas en la determinación de los hechos"[333].

---

327 GALIANA SAURA, Á.: *La Ley…*, *ob. cit.*, nota 334, pp. 196-197.
328 GALIANA SAURA, Á.: *La Ley…*, *ob. cit.*, p. 196.
329 GALIANA SAURA, Á.: *La Ley…*, *ob. cit.*, p. 175.
330 GALIANA SAURA, Á.: *La Ley…*, *ob. cit.*, p. 176.
331 GALIANA SAURA, Á.: *La Ley…*, *ob. cit.*, p. 176.
332 GALIANA SAURA, Á.: *La Ley…*, *ob. cit.*, p. 177.
333 MONTORO CHINER, Mª.J.: *Adecuación al…*, *ob. cit.*, p. 94.

b. La evaluación en fase legislativa

Esta fase se identifica con "la redacción del proyecto de ley y el inicio de su tramitación dentro del Ejecutivo o del Legislativo"[334]. En concreto, para MARTÍN CASALS, la evaluación de los efectos simultánea a la elaboración de una norma[335] "se ocupa de determinar, a medida que avanza el proceso de elaboración, si deben introducirse o no modificaciones al proyecto"[336]. A estos efectos, será necesario tener en cuenta que "el avance del proceso de creación de la norma trae consigo la progresiva consolidación de posiciones políticas, circunstancia que limita el ámbito en el que la evaluación puede producir sus efectos"[337]. En esta fase el objetivo de la evaluación sería, en definitiva, realizar una revisión sistemática de un proyecto de ley "con el propósito de perfeccionarlo antes de su aprobación"[338].

c. Fase postlegislativa o en retrospectiva ("ex post")

Se entiende por evaluación "ex post" aquélla que, "sobre la base de una herramienta o criterios técnicos o científicos, entrega información objetiva acerca de la aplicación efectiva de la norma y que, por esta vía, permite su corrección o perfeccionamiento"[339]. Es decir, la evaluación en retrospectiva es "la que se llevará a cabo una vez que la legislación se halle ya en vigor con el propósito de obtener un conocimiento detallado sobre los efectos de la legislación adop-

[334] OELCKERS CAMUS, O./BRONFMAN VARGAS, A. (EDS.): *La evaluación de las leyes*, Ediciones Universitarias de Valparaíso, Valparaíso, 2002, p. 43.

[335] O también denominada acompañamiento a la redacción de la norma ("begleitende Gestezesfolgenabsschätzungen").

[336] MARTÍN CASALS, M.: "La estructura básica...", *ob. cit.*, p. 255.

[337] Adicionalmente, "la evaluación en el campo público exige respetar las funciones y atribuciones del órgano que la encarga, pues de otro modo las opciones propuestas no serán plausibles de implementar desde el nivel de que se trate". Así, por ejemplo, "de nada sirve una evaluación que concluya la conveniencia de aprobar un proyecto diez veces más oneroso que el propuesto por el Ejecutivo, cuando el Parlamento carece de la facultad para incrementar el gasto público". Por tanto, el evaluador ha de saber que cuanto "más cerca se encuentre la resolución final, menor será la posible incidencia de su actividad" (OELCKERS CAMUS, O./BRONFMAN VARGAS, A. (EDS.): *La evaluación...*, *ob. cit.*, pp. 43-44).

[338] OELCKERS CAMUS, O./BRONFMAN VARGAS, A. (EDS.): *La evaluación...*, *ob. cit.*, p. 44.

[339] BRONFMAN VARGAS, A.: "El sentido de...", *ob. cit.*, p. 38.

tada, efectuar su seguimiento y, si ello resulta necesario, plantear su reforma"[340].

Precisamente por el momento en que se lleva a cabo, hay quien acertadamente destaca que "la evaluación *ex post* genera un menor riesgo de interferencia sobre el proceso de decisión política", de tal modo que, "sin perjuicio de las inevitables distorsiones provenientes de sus objetivos y diseño", la evaluación que se lleve a cabo "podría ofrecer información útil para el perfeccionamiento de la ley en vigor"[341].

No obstante, tiene toda la razón MARTÍN CASALS cuando denuncia que desgraciadamente la evaluación de la norma ya en vigor es una tarea que "se suele descuidar y, como un padre ingrato, el legislador suele desentenderse de la suerte de la nueva ley tras ponerla en el mundo"[342]. En el mismo sentido se pronuncia MONTORO CHINER, para quien "el legislador es responsable de elegir la medida que garantice el orden a perseguir, sin restringir derechos o imponer mayores cargas que las exigibles"[343] y, en esa medida, es responsable de cerciorarse de que las leyes que crea tienen los efectos que esperaba que tuvieran. En definitiva, prosigue la autora, "tan sólo la valoración del impacto de los fines de la norma en la sociedad puede llegar a medir la acomodación mayor o menor de la sociedad o de su conducta a la idea del Estado de Derecho que, como meta final, deben perseguir las normas"[344].

En nuestra opinión, totalmente coincidente con la de los autores citados, ello no sólo ha de ocurrir respecto de los efectos de las leyes a través de la evaluación "ex post", sino también, como recalca la pro-

---

340 MARTÍN CASALS, M.: "La estructura básica...", *ob. cit.*, p. 255. Desde un punto de vista estrictamente jurídico-económico, la evaluación "ex post" debe indicar "las consecuencias financieras y los efectos sobre el estado del personal que aplicará las reglas y medidas propuestas; los gastos que comportan; las consecuencias que resultan para la economía; y, en la medida de lo posible, la relación entre la utilización de las reglas y las medidas propuestas, y los gastos causados por su aplicación" (GALIANA SAURA, Á.: *La Ley...*, *ob. cit.*, p. 301).

341 BRONFMAN VARGAS, A.: "El sentido de...", *ob. cit.*, p. 45.

342 Prosigue el autor ejemplificando que "de un modo análogo a como el fabricante de un producto tiene el deber de seguir su comportamiento en el mercado y retirarlo de él cuando cause daños a los consumidores, el legislador competente [...] debería asegurarse de que las normas que ha dictado continúan siendo necesarias, cumplen la finalidad para la que fueron creadas y, desde un punto de vista técnico, siguen siendo satisfactorias. Si no es así, debería proceder a su depuración" (MARTÍN CASALS, M.: "La estructura básica...", *ob. cit.*, p. 255).

343 MONTORO CHINER, Mª.J.: *Adecuación al...*, *ob. cit.*, p. 19.

344 MONTORO CHINER, Mª.J.: *Adecuación al...*, *ob. cit.*, p. 96.

pia MONTORO CHINER, a través de la evaluación "ex ante" respecto de las previsiones que pueden auspiciar la creación de una determinada ley, de tal modo que el legislador, antes de promulgar las leyes, "debe ser consciente, también, de la calidad, certeza de sus previsiones y seguridad sobre sus efectos, pues dictar normas sin defectos, o con los mínimos posibles, es consecuencia de la responsabilidad política asumida"[345]. Así, tanto si resulta que se llega "ex ante" a la conclusión de que "las previsiones normativas resultan falsas, porque las causas que las motivaron resultan cuestionables", como si "ex post" han "aparecido circunstancias que desbordan la normativa existente", el legislador debe en ambos casos "proceder a la modificación correspondiente adaptando la norma a lo sobrevenido", porque "en el momento en que la Ley pierde su finalidad, o deja de existir la razón de regular una materia concreta, se convierte en extorsionante por constreñir, de manera innecesaria, derechos fundamentales"[346].

Quede finalmente constancia de que estos tres tipos o fases de evaluación son complementarios entre sí y, en cierto modo, se refuerzan mutuamente. Así, por ejemplo, una evaluación "ex ante" detallada facilita la evaluación "ex post" y una buena evaluación "ex post" permite crear unas bases más sólidas para una evaluación "ex ante"[347]. En realidad, como se predica para el "Análisis de Políticas Públicas", la evaluación no puede concebirse y aislada y limitadamente, sino como "un proceso continuo y permanente a lo largo de la vida de la norma, desde el momento mismo de su diseño"[348], de tal modo que "para que una ley o política sean evaluables resulta necesario que se formulen ya de manera evaluable"[349].

2.3.3. Técnicas y métodos de evaluación

Las principales técnicas o herramientas empleadas para la evaluación legislativa pueden ser clasificadas en métodos test y en métodos de verificación.

---

[345] MONTORO CHINER, Mª.J.: *Adecuación al…, ob. cit.*, pp. 19-20.

[346] MONTORO CHINER, Mª.J.: *Adecuación al…, ob. cit.*, p. 20.

[347] MARTÍN CASALS, M.: "La estructura básica…", *ob. cit.*, p. 255.

[348] MUÑOZ ARENAS, A.: "Aspectos teóricos y…", *ob. cit.*, p. 25.

[349] NIETO MARTÍN, A.: "Un triángulo necesario: Ciencia de la legislación, control constitucional de las leyes penales y legislación experimental", en NIETO MARTÍN, A./ MUÑOZ DE MORALES ROMERO, M./BECERRA MUÑOZ, J. (DIRS.): *Hacia…, ob. cit.*, p. 422.

Comenzaremos exponiendo los **métodos de test**, entre los que destacan las leyes temporales o de vigencia limitada ("Zeitgesetz"), los ensayos según modelo ("Modellversuch"), los ensayos prácticos ("Praxitest") y la representación planificada ("Planspiel").

a. Leyes con vigencia temporal o limitada

Mediante esta técnica llamada también "sunset laws", "sunset legislation" o "legislative oversight", se puede estudiar "cómo los preceptos de una norma quedan superficiales, cuando no inservibles, debido a las circunstancias sociales cambiantes", pues al tener que decidir si procede "prorrogar la vigencia de la ley, es preciso plantearse la necesidad de su modificación"[350].

Esta técnica implica que la ley quedará fuera de vigencia de forma automática, razón por la que "desde su entrada en vigor exige una atención continuada y un control permanente de efectos, cuya forma de verificación y análisis debería estar ya fijada e incorporada en el texto", además de que "la limitación de la vigencia de la norma se hace depender de la efectiva consecución de sus fines"[351], lo cual permite al poder legislativo, en efecto, controlar la continuidad o la implementación de un programa[352].

En opinión de MONTORO CHINER, esta técnica es el "más perfecto de ensayo que puede conseguirse[353]. Y hay quien, frente a voces y argumentos en contra (fundamentalmente la inseguridad jurídica), postula su utilización dentro de la legislación penal, como MUÑOZ DE MORALES ROMERO[354] y NIETO MARTÍN, si bien más refiriéndose al ámbito supranacional de la Unión Europea que al estatal. Entre las ventajas de aplicar las "sunset laws" dentro de la legislación penal se señala que permitiría[355]:

---

350 MONTORO CHINER, Mª.J.: *Adecuación al…*, *ob. cit.*, p. 100.

351 MONTORO CHINER, Mª.J.: *Adecuación al…*, *ob. cit.*, p. 100.

352 SUBIRATS I HUMET, J.: *Análisis de políticas públicas…*, *ob. cit.*, p. 143.

353 MONTORO CHINER, Mª.J.: *Adecuación al…*, *ob. cit.*, p. 100. No obstante, es especialmente crítico con la técnica de las "sunset laws" BERGERON, R.C.: "Cost-reduction through management of law – One trap to avoid: Sunset Legislation", en KARPEN, U. (ED.): *Evaluation of legislation…*, *ob. cit.*, pp. 221 y ss.

354 MUÑOZ DE MORALES ROMERO, M.: "Codificación y técnica legislativa en Estados Unidos de América", en NIETO MARTÍN, A./MUÑOZ DE MORALES ROMERO, M./BECERRA MUÑOZ, J. (DIRS.): *Hacia…*, *ob. cit.*, p. 237. Y NIETO MARTÍN, A.: "Un triángulo…", *ob. cit.*, pp. 439-443.

355 MUÑOZ DE MORALES ROMERO, M.: "Codificación…", *ob. cit.*, p. 226.

1. "verificar el principio de subsidiariedad" (esto es, "si otros medios de control social pueden ser más efectivos que el Derecho penal"),
2. así como "adaptar la materia penal a la realidad social del momento, dejando obsoletas leyes que se adoptaron tras sucesos delictivos graves que causaron una gran alarma social y que transcurridos unos años ya no se ven necesarias".
3. Y, además, sobre todo, obligarían a "analizar el grado de aplicación de la norma y, por tanto, a constatar si tan sólo ha tenido un efecto simbólico",
4. así como a que permitiría abandonar "los juegos y contrajuegos de las mayorías políticas que adoptaron la norma en el pasado".

En definitiva, como afirma NIETO MARTÍN, "someter a los ciudadanos a una restricción de derechos provisional o limitada en el tiempo, siempre supone una intervención menor que hacerlo de modo definitivo"[356].

b. Ensayos según modelo

Con esta técnica (a desarrollar según un determinado modelo: teórico, deductivo, etc.) es posible analizar "medidas concretas durante un período determinado, antes de ser transformadas en proyectos normativos o antes de su entrada en vigor, con la participación de un sector representativo de los que van a ser destinatarios de la norma en la realidad social"[357].

Con su utilización se buscan los siguientes objetivos[358]:

— determinar cuál es la forma de regulación apropiada, comprobando para ello "aquellas medidas sobre las que no se tiene la seguridad de si deben llegar a ser convertidas en normas, o si podrán llegar a ser soportadas por los destinatarios o por los ejecutantes";

— determinar cuál es la solución óptima para el problema planteado, analizando "las diversas medidas alternativas o complementarias".

---

356 NIETO MARTÍN, A.: "Un triángulo...", *ob. cit.*, p. 441.
357 MONTORO CHINER, Mª.J.: *Adecuación al...*, *ob. cit.*, p. 102.
358 MONTORO CHINER, Mª.J.: *Adecuación al...*, *ob. cit.*, p. 102.

La prueba o ensayo pone de manifiesto cuáles de esas medidas resultan adecuadas para sus efectos, costes y factibilidad administrativa, siempre teniendo en cuenta los propósitos de la regulación. Los pasos a seguir a la hora de llevar a cabo esa(s) prueba(s) son: concreción de las medidas o proyectos que quieren analizarse y elección de los participantes; preparación y ejecución de las pruebas y valoración de los resultados obtenidos[359].

Como acertadamente señala MONTORO CHINER, los ensayos o pruebas según modelo constituyen una técnica adecuada "para comprobar aquellas materias que van a ser reguladas por primera vez" [360].

c. Test práctico

Con esta técnica, utilizada bajo la denominación "Praxis Test" en Alemania, se pretende "comprobar un proyecto de ley en las condiciones más próximas a las que con posterioridad se producirán sus efectos y situaciones", de modo que "exige la inclusión real de quienes se van a ver implicados en el desarrollo de la ley, aplicadores y afectados"[361].

La valoración de esta herramienta es "altamente positiva, y sus resultados son fiables al participar en él quienes aplican la ley junto con quienes la padecerán"[362].

d. Representación planificada

Esta técnica, también denominada "Planspiel", puede ser conceptuada como "cualquier forma de simulación en la que la interacción humana, real o imaginable, puede ser representada a priori o con posterioridad", para lo cual "se asignan papeles que comprenden formas de comportamiento, pero que no tienen que ser asumidos necesariamente por los destinatarios"[363]. En el caso de la evaluación legislativa puede realizarse por parte de jueces o magistrados jubilados con respecto a una determinada regulación normativa a prueba.

---

[359] MONTORO CHINER, Mª.J.: *Adecuación al…*, *ob. cit.*, p. 102.
[360] MONTORO CHINER, Mª.J.: *Adecuación al…*, *ob. cit.*, p. 102.
[361] MONTORO CHINER, Mª.J.: *Adecuación al…*, *ob. cit.*, p. 103.
[362] MONTORO CHINER, Mª.J.: *Adecuación al…*, *ob. cit.*, p. 104.
[363] MONTORO CHINER, Mª.J.: *Adecuación al…*, *ob. cit.*, p. 104.

En cuanto a los **métodos de verificación**, se "utilizan técnicas desarrolladas en las Ciencias sociales, económicas, informáticas y otras técnicas empíricas de la investigación social para la solución de problemas que entrañan planificación, decisión y organización"[364]. Escoger la técnica adecuada dentro de los mismos dependerá "de la finalidad a obtener, o del objeto de la investigación; pero en ningún caso suelen comprender aspectos prácticos como sucede con los métodos test"[365].

Entre el elenco de técnicas que se pueden escoger están los análisis de efectos y sistemas, los métodos de análisis de costes y gastos, los métodos de verificación de actuación y decisiones, y los métodos de verificación de lenguaje y sistemática[366].

2.3.4. Criterios de evaluación

Toda evaluación de las consecuencias de una norma, para ser completa, debe "examinar las posibilidades de su futura puesta en práctica", lo cual básicamente implica analizar "si la norma será aplicada, si podrá alcanzar los objetivos que se han proyectado en ella, y si resultará beneficiosa"[367]. Es decir una norma, desde una perspectiva en prospectiva, no solamente es necesario que sea factible y viable, sino que debe buscar ser efectiva, eficaz y eficiente; y desde una perspectiva retrospectiva, la valoración de la norma nos debe informar, no sólo de si está vigente y es aplicada, sino además de si ha sido efectiva, es eficaz y también eficiente. Y esto también debe poder afirmarse para las normas penales, siendo nuestro propósito el de dotar de contenido a estos términos de efectividad, eficacia y eficiencia que son, especialmente los dos últimos, los que certificarán la correspondencia de la norma penal con los fines legítimos por ella pretendidos.

En todo caso, como ha señalado acertadamente GALIANA SAURA, toda norma jurídica se ha de adecuar a estos tres criterios que, aunque interrelacionados, han de ser diferenciados y deben tenerse en cuenta y evaluarse antes y después de la elaboración de la norma[368].

---

364 MONTORO CHINER, Mª.J.: *Adecuación al..., ob. cit.*, p. 106.
365 MONTORO CHINER, Mª.J.: *Adecuación al..., ob. cit.*, p. 106.
366 MONTORO CHINER, Mª.J.: *Adecuación al..., ob. cit.*, p. 106.
367 GALIANA SAURA, Á.: *La Ley..., ob. cit.*, p. 209.
368 GALIANA SAURA, Á.: *La Ley..., ob. cit.*, p. 22.

Conviene, sin embargo, ser cuidadosos con los términos, puesto que, al no ser los de eficacia, efectividad y eficiencia conceptos generalmente utilizados respecto a las normas jurídicas, y menos a las normas penales, resulta esencial precisar el contenido exacto del significado que se atribuye a cada uno[369]. Con el término eficiencia, como se verá, apenas existen problemas interpretativos, pues prácticamente toda la doctrina asume que la eficiencia es la eficacia con el menor coste posible, por lo que simplemente lo que tendremos que concretar en nuestro caso es el alcance de significado de los términos coste y eficacia. Por el contrario, no es tan claro el contenido concreto que se debe dar al término eficacia, existiendo una divergencia de significados otorgados al mismo. Veamos brevemente el alcance de la misma con el objetivo de encontrar el mejor término para cada significado.

Por una parte, para GALIANA SAURA los criterios que han de guiar una evaluación de las consecuencias de las leyes son, desde una perspectiva general: eficacia, efectividad y eficiencia ("input", "output", "outcome")[370]. Esto es, respectivamente, "es necesario que el legislador incentive a los ciudadanos a su cumplimiento, y que en la realidad social se cumpla (eficacia); que el medio sea adecuado para alcanzar el fin (efectividad); y, finalmente, que este medio sea el que cueste menos (eficiencia)"[371]. Así, pues, bajo el criterio de eficacia legislativa se examinará en opinión de esta autora "la cuestión de la correspondencia entre las normas legales y los comportamientos o hechos reales"[372], es decir, el que la norma sea cumplida u obedecida por sus destinatarios, o, en otras palabras, que sea aplicada; mientras que la efectividad, en cambio, hace referencia para la autora a que la norma alcance los objetivos que en ella se proyectaron. La selección de estos significados, concretamente el de eficacia, lo realiza GALIANA SAURA, según ella misma explica, "para facilitar la claridad expositiva y terminológica", considerando más adecuado entender la

---

369 Y es que lo usual es entender los costes en un sentido meramente económico, lo cual modifica el sentido que nosotros pretendemos darle a la eficiencia; así, GALIANA SAURA, Á.: *La Ley...*, *ob. cit.*, p. 213.

370 MONTORO CHINER, Mª.J.: *La evaluación de...*, *ob. cit.*, p. 123-124. Para otros autores, los parámetros de evaluación, en el caso específico de las consecuencias de las leyes, son "efectividad, vigencia y cumplimiento" (KARPEN, U.: "La evaluación de las consecuencias...", *ob. cit.*, p. 310).

371 GALIANA SAURA, Á.: *La Ley...*, *ob. cit.*, p. 22.

372 GALIANA SAURA, Á.: *La Ley...*, *ob. cit.*, p. 212.

eficacia en su concepción jurídica, que en su concepción o vertiente sociológica de tal criterio[373].

Pues bien, esta concepción de la eficacia se contrapone con la defendida por MIRÓ LLINARES, para quien este término debe relacionarse con los fines u objetivos de la norma. Así, según el autor, sólo "en la medida en que pueda decirse que se han logrado los mismos, podrá decirse entonces que la norma jurídica ha resultado eficaz"[374], siendo el siguiente paso el de la eficiencia, definida por este autor como "la eficacia ejecutada con el menor coste posible ('value for Money')"[375]. Para MIRÓ LLINARES, pues, el cumplimiento es una primera condición de la eficacia, porque las normas (en este caso él se refiere concretamente a las penales) lo son para ser cumplidas por los ciudadanos, pero no podrá afirmarse que una norma es eficaz simplemente por el hecho de que se cumpla si, conforme a una evaluación retrospectiva, no puede decirse que con la misma se ha logrado lo que se pretendía[376]. No coincide, pues, MIRÓ LLINARES, con GALIANA SAURA (para quien, en todo caso, la mayor parte del tiempo, eficacia y efectividad "son nociones que estarán ligadas"[377]), puesto que el autor entiende que el cumplimiento de las normas, en el sentido del actuar conforme a ellas, no puede ser el fin último de los delitos, sino los objetivos preventivos que hay detrás de la tipificación de los mismos.

Por su parte, MONTORO CHINER parece conjugar el contenido de eficacia y efectividad bajo una única noción, la de "efectividad" o "efectos óptimos" de la norma, que viene a significar que "ésta produzca en la sociedad el efecto querido: que el 'deber ser' que toda norma persigue sea efectivamente verificable por el grado de órdenes o prohibiciones que establezca, dirigiendo el comportamiento social hacia los fines que ella marque"[378]. Para esta autora, la efecti-

---

373 GALIANA SAURA, Á.: *La Ley…, ob. cit.*, pp. 231-232.

374 MIRÓ LLINARES, F.: *Proyecto docente e investigador*, Elche, 2009, p. 462.

375 MIRÓ LLINARES, F.: *Proyecto…, ob. cit.*, p. 462.

376 MIRÓ LLINARES, F.: "¿Por qué y cómo deben evaluarse las normas jurídicas?", ponencia presentada en el *Curso de Derecho parlamentario "Técnica normativa y calidad de las leyes"*, Orihuela, 2009.

377 GALIANA SAURA, Á.: *La Ley…, ob. cit.*, p. 262.

378 En su opinión, "los preceptos de una norma maximalizan sus fines si se vinculan a determinaciones exageradas o que entrañen dificultad a la hora de su ejecución. Los efectos óptimos de la norma se consiguen sobre la base de diseccionar los hechos en relación con los afectados por ella, sopesando las exigencias de cumpli-

vidad de la norma se mide por[379]: su viabilidad y coherencia; su compatibilidad con la conciencia jurídica y cultural del entorno, con la moral, con los valores y concepciones sociales y con el contexto socioeconómico; su grado de comunicación; la comprensión del texto con referencia a los afectados (y en general a los agentes intervinientes) y su aplicación sin conflicto.

A nuestro parecer cualquiera de las clasificaciones y entendimientos de los términos eficacia y efectividad sería válida siempre que nos permitan distinguir tres peldaños correspondientes con cada uno de los niveles de racionalidad legislativa que esbozaremos en el Capítulo V, y siempre que, además, expresen las aspiraciones de racionalidad correspondientes con cada uno de esos niveles. Y es que una norma vigente puede no ser cumplida, puede no lograr lo que pretendía y puede hacerlo con más o menos costes, y la racionalidad de la legislación debe poder afirmarse en cada uno de esos tres niveles. Creemos rechazable, pues, la creación de una única categoría de efectividad, como propone MONTORO CHINER, y nos vamos a decidir por una distinción tripartita que, a su vez, más cerca de lo defendido por MIRÓ LLINARES, respete el significado usual de eficacia como capacidad de lograr los efectos deseados. En otras palabras, lo defendible de la clasificación de GALIANA SAURA es que incorpora esos tres niveles, y lo rechazable es que, para hacerlo, cambia el significado usual de los términos convirtiendo la efectividad en eficacia y viceversa, y ofreciendo finalmente un concepto de eficacia muy cercano a lo meramente formal y alejado de la valoración material que pretendemos otorgarle. Por su parte, el modelo propuesto por MIRÓ LLINARES da a la eficacia un contenido más cercano a su significado usual y a lo defendido en este trabajo, en relación a que las normas jurídicas no pueden ser valoradas como eficaces si no logran sus objetivos últimos pretendidos, y, si bien el autor no habla de tres niveles, tampoco los niega, pues al afirmar que no es lo mismo el cumplimiento que la eficacia, está incorporando tres niveles de evaluación (cumplimiento, eficacia y eficiencia). En nuestra opinión, éste es el camino correcto, y lo es más si sustituimos el término cumplimiento por el de efectividad, ya que, si una norma no es cumplida por los ciudadanos, diría-

miento de sus dictados, y midiendo cuidadosamente en el proyecto cuál es el grado de repercusión esperado según sus fines" (MONTORO CHINER, Mª.J.: *Adecuación al...*, *ob. cit.*, p. 97).

[379] MONTORO CHINER, Mª.J.: *Adecuación al...*, *ob. cit.*, p. 97.

mos que está vigente (en sentido formal), pero que no es efectiva (o no está vigente en sentido material). Sumando a este primer nivel (la efectividad) los otros dos (la eficacia y la eficiencia), ya tenemos los tres criterios evaluativos cerrados y correspondiéndose con el significado usual de los términos que se emplean para denominarlos.

Afirmamos, pues, que los criterios que han de guiar una evaluación de las consecuencias de las leyes son la efectividad, la eficacia y la eficiencia; y ello como forma de valoración de que las normas han sido (o no) efectivamente cumplidas por los ciudadanos a los que se dirigen (son efectivas, "nivel de efectividad"), logran los objetivos legítimos por ellas pretendidos (son eficaces, "nivel de eficacia") y lo hacen con el menor coste posible (son eficientes, "nivel de eficiencia").

Vamos a desarrollar a continuación algo más estos criterios, con el objetivo de que quede perfectamente definido cuál es su contenido, sobre el que nos basaremos en el Capítulo V para configurar nuestra particular propuesta de un modelo teórico para la evaluación de las consecuencias de las leyes penales.

a. Efectividad

Según la Real Academia de la Lengua Española, efectividad es, en una primera acepción, la "capacidad de lograr el efecto que se desea o se espera", guardando una segunda acepción para los términos "realidad" y "validez"[380].

Conforme a lo aquí defendido y anteriormente explicado, la efectividad, como criterio de evaluación, se ha de dedicar a examinar si las normas van a ser y han sido (o no) efectivamente cumplidas por los ciudadanos a los que se dirigen. Así entendida, la efectividad hay que relacionarla con la vigencia pero, más concretamente, con la vigencia material. Una norma puede entrar en vigor y no producir nunca efectos, es decir, no ser cumplida nunca por los ciudadanos, bien sea por factores objetivos (como podría ser el que no existiera una suficiente cobertura de medios financieros u organizativos para que la ley fuera aplicada de forma efectiva), o bien por factores de tipo subjetivo (como podría ser la falta de motivación de los destina-

[380] REAL ACADEMIA ESPAÑOLA: *Diccionario…*, *ob. cit.*, p. 865.

tarios). En ese caso sólo se podría predicar una vigencia formal de la norma, pero no su efectividad. Una norma estará vigente materialmente cuando se pueda decir que el mandato en ella contenido ha sido cumplido por los destinatarios de la misma, los ciudadanos. En ese caso la norma será efectiva, o, en otras palabras, tendrá eficacia "real" (entroncando con la segunda acepción que la RAE da para el término "efectividad" y que, como vamos a ver, es un elemento diferencial, precisamente, frente al término "eficacia"), en cuanto que será cumplida por las personas a las que se dirige.

Esta concepción de la efectividad, adelantando algunos peldaños en el desarrollo de esta investigación, advertimos ya al lector que encajaría en el modelo de racionalidad legislativa de ATIENZA en el nivel que denomina de "racionalidad pragmática", esto es, el que tiene que ver con que el comportamiento de los destinatarios se adecúe a lo prescrito en la ley.

Ahora bien, la afirmación de que una norma se cumple no quiere decir que la misma haya logrado sus objetivos, en la medida que la norma penal en un Estado de Derecho debe querer algo más que su propio cumplimiento. Es posible que la norma sea cumplida pero que, porque no haya sido bien definida o porque hayan cambiado los objetivos, no sea eficaz político-criminalmente. Aquí entraríamos en el siguiente nivel de racionalidad.

b. Eficacia

La definición que asigna la Real Academia de la Lengua Española para la eficacia es exactamente la misma que contempla para la efectividad, es decir, la "capacidad de lograr el efecto que se desea o se espera", aunque esta vez ya no incluye una segunda acepción, que para la efectividad sí que se contempla en torno a la "realidad" y a la "validez"[381].

Una norma es eficaz si se logran los objetivos legítimos por ella pretendidos. Así, frente a la concepción de GALIANA SAURA, que entiende la eficacia de un modo muy formal, como el mero cumplimiento de la norma, esto es, que sea aplicada, nosotros creemos que una norma sólo puede ser definida como eficaz cuando los efectos de

---

[381] REAL ACADEMIA ESPAÑOLA: *Diccionario..., ob. cit.*, p. 865.

cumplimiento que produce suponen el logro de los objetivos que la norma realmente pretendía.

En la eficacia, pues, se afronta el "problema de la realización de los objetivos perseguidos" (y también el relativo a en qué medida se logran[382]), lo cual, de nuevo anticipando contenidos de la presente investigación, encajaría en el modelo de racionalidad legislativa de ATIENZA en el nivel de "racionalidad teleológica", es decir, con el nivel dedicado al examen de que los efectos producidos por la ley se correspondan con los fines sociales que se perseguían con su creación.

Lógicamente el primer objetivo de una norma es su cumplimiento, pero se trata de un objetivo instrumental o medial, y no de un fin en sí mismo. El fin de la norma es el cumplimiento de sus propios fines, de sus objetivos. En el Derecho penal esos fines deben ser generalmente la prevención de conductas peligrosas y la protección de intereses sociales dignos de protección. Evidentemente, cuando se tipifica una conducta peligrosa la norma será eficaz cuando se cumpla por los ciudadanos, pero no solamente: es posible que, por una mala definición de los objetivos político-criminales, por una mala redacción, por no contar con los medios adecuados, o porque se trate de una norma meramente simbólica, la norma se cumpla y, sin embargo, el fin preventivo no se logre. En ese caso podremos decir que la norma despliega efectos, se cumple, es efectiva, pero no es eficaz, pues no ha logrado los objetivos que buscaba, los fines de prevención de comportamientos delictivos y de protección de intereses sociales valiosos. Ahí estriba la razón por la que no podemos adoptar la concepción que GALIANA SAURA tiene sobre la eficacia: jamás se podrá decir que una norma es eficaz si no cumple con sus objetivos, con sus fines.

c. Eficiencia

No hay discusión ni polémica alguna a la hora de definir la eficiencia, en términos generales, como aquel criterio que "mide la relación entre el rendimiento y el gasto correspondiente para obtenerlo, teniendo en cuenta las diversas alternativas al regular un problema determinado"[383]. Aplicado esto al plano normativo, "la ade-

---

382 ORTIZ DE URBINA GIMENO, Í.: "La Economía...", *ob. cit.*, p. 79.
383 MONTORO CHINER, Mª.J.: *Adecuación al...*, *ob. cit.*, p. 97.

cuación o idoneidad de una norma puede medirse por su relación justificada entre costes y utilidad (cargas y beneficios con sus respectivos costes para la sociedad)", pues "la prueba rigurosa de la necesidad de regular una realidad concreta evita sobrecargar los costes del Ordenamiento"[384].

Nosotros participamos de la concepción de la eficiencia de ORTIZ DE URBINA GIMENO, que la concibe en sentido instrumental (medios-fines) como el análisis de "si los recursos que empleamos para conseguir nuestros fines guardan proporción con el éxito obtenido"[385]. En este sentido, según CALSAMIGLIA, es eficiente "toda aquella ley, decisión o medio que consigue un objetivo determinado con el mínimo costo"[386]. Por ello, se puede afirmar que "una decisión legislativa será considerada como plenamente eficiente si un resultado determinado es obtenido con un mínimo de medios, o si con los medios dados se obtiene un grado máximo de realización del resultado previsto"[387].

No hay que pasar por alto que "la relación del Estado con la sociedad industrial necesita del denominado 'análisis económico del Derecho'[388], en sentido descriptivo (como cálculo de costes y bene-

---

[384] MONTORO CHINER, Mª.J.: *Adecuación al...*, *ob. cit.*, p. 98.

[385] ORTIZ DE URBINA GIMENO, Í.: "La Economía...", *ob. cit.*, p. 79.

[386] Así, para este autor la eficiencia "podría ser considerada como uno de los componentes esenciales de la sociedad justa... Si la eficiencia es componente de la justicia, entonces permitirá legitimar algunas leyes y decisiones" (CALSAMIGLIA, A.: "Justicia, eficiencia y optimización de la legislación", en *Documentación Administrativa*, núms. 218-219, 1989, pp. 30-31).

[387] GALIANA SAURA, Á.: *La Ley...*, *ob. cit.*, p. 269.

[388] Sobre esta disciplina, véanse, como algunas de las referencias bibliográficas principales en lengua castellana: POSNER, R.A.: *Economic Analysis of Law*, Aspen Law & Business, New York, 2007 (7ª edición) (obra de la que existe una traducción a nuestro idioma: POSNER, R.A.: *El análisis económico del Derecho* (traducido por Eduardo L. SUÁREZ), Fondo de Cultura Económica, México D.F., 2007 (2ª edición)); PASTOR PRIETO, S.: *Sistema jurídico y economía. Una introducción al análisis económico del Derecho*, Tecnos, Madrid, 1989; ROEMER, A.: *Introducción al análisis económico del Derecho*, Fondo de Cultura Económica, México D.F., 1994; TORRES LÓPEZ, J.: *Análisis económico del Derecho. Panorama doctrinal*, Tecnos, Madrid, 1987; MERCADO PACHECO, P.: *El análisis económico del Derecho. Una reconstrucción teórica*, Centro de Estudios Constitucionales, Madrid, 1994; GONZÁLEZ AMUCHÁSTEGUI, J.: "El análisis económico del Derecho: algunas cuestiones sobre su justificación", en *Doxa. Cuadernos de Filosofía del Derecho*, núms. 15-16, 1994, pp. 929-943.

También, más recientemente, ORTIZ DE URBINA GIMENO, Í.: "El análisis económico del Derecho: ¿método útil o ideología nefasta?", en COURTIS, C. (ED.): *Observar la ley. Ensayos sobre metodología de la investigación jurídica*, Trotta, Madrid, 2006, pp. 321-348. Este autor ha sido el primero en relacionar los postulados del análisis económico ficios) y en sentido normativo (como indicador de racionalidad y de eficiencia del legislador ordinario), ya que toda norma origina, *per se*, un coste en el Ordenamiento, y se habrá de medir su impacto económico, su repercusión"[389]. De este modo, se dice que "cualquier nueva regulación que se pretenda introducir, previamente ha de ser objeto de un análisis coste-beneficio"[390].

Hay que tener en cuenta que el análisis coste-beneficio "es principalmente económico, pero no exclusivamente"[391]. Desde luego no debe serlo en el caso de la evaluación de las normas penales, donde los costes no son sólo económicos, sino que también están presentes en términos de privación de libertad. Así lo sostiene MIRÓ LLINARES para quien, como veremos después con más profundidad, "cualquier cambio normativo suele producir una intervención en la libertad de los ciudadanos, que puede ir desde una mera modificación en sus hábitos (coste mínimo) hasta una restricción de su libertad de obrar en aspectos específicos (coste alto), y en una sociedad que parte de la libertad y la dignidad de la persona como pilares del sistema democrático, deberá evaluarse el coste en términos de intervención en la libertad de los ciudadanos que supone la implantación de una determinada política pública a través de una norma"[392]; y algo similar sostiene GALIANA SAURA, cuando dice que "hay determinados bienes jurídicos que no pueden medirse en términos coste-beneficio", en tanto "hay materias que por su propia naturaleza son difíciles de medir, sobre todo por lo que respecta a los beneficios", como es el caso, por ejemplo, de lo que tiene que ver con el medio ambiente[393].

---

del Derecho con las Ciencias penales (ORTIZ DE URBINA GIMENO, Í.: "Análisis económico del Derecho y Política criminal", en *Revista de Derecho Penal y Criminología*, núm. 2 extraordinario, 2004, pp. 31-74), tras el "tímido" intento inicial de SILVA SÁNCHEZ, J.Mª.: "Eficiencia y Derecho penal", en *Anuario de Derecho Penal y Ciencias Penales*, t. XLIX, 1996, pp. 93-128.

389 GALIANA SAURA, Á.: La Ley..., *ob. cit.*, p. 182.

390 GALIANA SAURA, Á.: La Ley..., *ob. cit.*, p. 183.

391 GALIANA SAURA, Á.: La Ley..., *ob. cit.*, p. 183.

392 MIRÓ LLINARES, F.: *Proyecto...*, *ob. cit.*, p. 462.

393 GALIANA SAURA, Á.: La Ley..., *ob. cit.*, pp. 183-184. En concreto, tal y como subraya GALIANA SAURA, es importante tener presente que "la medida de la eficiencia de un texto jurídico presenta dificultades particulares, ya que prácticamente no se puede cifrar el coste real de la aplicación de un texto particular. Y aún es más difícil evaluar objetivamente los resultados efectivos de un texto". Ello se debe a una dificultad de medición consustancial al sector público, que concurre al producirse tres circunstancias:

Hay que tener claro que, como apunta GALIANA SAURA, cuando se trata de analizar la ley desde el punto de vista de la eficiencia, habrá que examinar básicamente dos aspectos, que son inseparables entre sí: por un lado, por supuesto, "el coste de la adopción del texto legal mismo", o, lo que es lo mismo, el coste "de la elaboración de una política", cuyo cálculo se basará en "el hecho que las diferentes técnicas de elaboración de una norma jurídica tienen distintos costes en términos de tiempo, personal, disputas políticas, etc."; y, por otro lado, también se ha de evaluar la eficiencia de una ley "en relación con los actos de puesta en práctica que exige", es decir, el coste de "los actos que deben ejecutarse para obtener un cierto efecto" [394].

d. ¿Factibilidad?

Hay quien, como MONTORO CHINER, añade un cuarto criterio de evaluación legislativa, cual es la "factibilidad"[395], término que viene

---

"1.- En primer lugar, porque se acaba reduciendo la eficiencia a una simple economía de medios, ya que los costes se miden más fácilmente que los beneficios. En este sentido, el ahorro se erige en única medida del éxito y, por ende, la demanda de eficiencia se transforma en mero recorte de gastos.

2.- En segundo lugar, también hay que tener en cuenta que existe una tendencia a ignorar los efectos externos, por el hecho de ser costes sociales más difíciles de medir que los económicos.

3.- Finalmente, se suele llevar a cabo una redefinición inadecuada de criterios, para hacerlos más fácilmente susceptibles de medida cuantitativa, ya que los beneficios económicos son más fáciles de medir que los sociales" (GALIANA SAURA, Á.: *La Ley…, ob. cit.*, pp. 271-272). Respecto a esto último, en efecto, SUBIRATS ha apuntado que los beneficios sociales son difícilmente cuantificables (SUBIRATS I HUMET, J.: *Análisis de políticas públicas…, ob. cit.*, p. 142).

[394] GALIANA SAURA, Á.: *La Ley…, ob. cit.*, pp. 272-273. La propia autora añade que la evaluación legislativa implica desde este criterio la realización de hasta seis operaciones: "1.- una descripción de los beneficios potenciales derivados de la norma, incluyendo entre ellos a los no monetarios; esto es, identificando los *outputs*, aunque no siempre su valor; 2.- concretar los destinatarios de la medida; 3.- concretar los costes; 4.- determinar el excedente neto potencial, explicitando un comentario de los efectos no cuantificables en dinero; 5.- escribir las alternativas que resultan posibles para la consecución de un objetivo idéntico –si es el caso–, mostrando las razones por las que se ha acabado optando por una de ellas; o bien la de menor coste, la de beneficio máximo (con *output* valorado en cantidades); o bien tras descartar otras debido a imperativos legales, de limitaciones presupuestarias, etcétera; 6.- y, por último, la justificación de las razones por las cuáles alguno de los puntos anteriores no se ha podido aplicar" (GALIANA SAURA, Á.: *La Ley…, ob. cit.*, p. 274.).

[395] MONTORO CHINER, Mª.J.: *Adecuación al…, ob. cit.*, p. 98. Sobre este término GALIANA SAURA ha apuntado que procede "de la arquitectura y el urbanismo" y que

a significar que las normas han de ser "adecuadas" para "dirigirse a los destinatarios en multitud de supuestos", lo cual requiere, en primer lugar, su "adecuada ejecutabilidad, teniendo en cuenta que "mejorando la ejecutabilidad, se evita la burocratización, se potencia la consecución de fines y se asegura el principio de legalidad"; en segundo lugar su "aceptación" por tales destinatarios; y, en tercer lugar, la "optimización" de sus "intenciones", reduciendo al máximo "las disfunciones planteables en la ejecución)"[396].

Así, pues, es importante preocuparse por la factibilidad de las leyes, es decir, "por su aplicación concreta a partir de la relación entre sus finalidades (o aspectos programáticos y programatorios) y los instrumentos y medios desarrollados en la propia norma, su real posibilidad de aplicación"[397]. De hecho, se dice que "uno de los problemas más importantes de los que se debe ocupar la metódica de la legislación será el de elaborar propuestas tendentes a mejorar la posterior ejecución de la norma y, concretamente, proporcionar instrumentos que permitan facilitar la aplicación de la norma a los operadores jurídicos en general, y prever las hipotéticas deficiencias de aplicabilidad"[398]. Así, pues, en definitiva, por factibilidad de la norma hay que entender su capacidad de resultar operativa "en el contexto que le es propio, su aplicabilidad, que depende de que estén reunidas las condiciones previstas para la aplicación de la norma al caso en cuestión"[399].

Dichas condiciones pueden ser "múltiples y diversas, y variables de un sistema a otro", y "guardan relación con factores temporales,

---

con él "se busca efectuar una descripción preventiva de las condiciones, ya existentes o a construir, para que el proyecto normativo alcance los objetivos y resultados previstos" (GALIANA SAURA, Á.: *La Ley...*, *ob. cit.*, nota 212, p. 144). Es lo que FROSINI califica como "certeza de la ley en acción" (FROSINI, V.: *La letra y el espíritu de la ley* (traducido por Carlos ALARCÓN CABRERA y Fernando LLANO ALONSO), Ariel, Barcelona, 1995, p. 66), "en cuanto que la ley es entendida como previsión práctica dirigida a ser aplicada; o lo que es lo mismo, que la norma sea apta para su ejecución, que no se produzcan déficits de cumplimiento, pues las leyes nacen frecuentemente sin un análisis efectivo de los costes, incluso sin una determinación precisa de los organismos encargados de llevarlas a la práctica. La practicabilidad de la norma jurídica significa, por tanto, que ésta sea apta para su aplicación por los sujetos en primer lugar, y por los jueces y los funcionarios en segundo lugar" (GALIANA SAURA, Á.: *La Ley...*, *ob. cit.*, p. 137).

396 MONTORO CHINER, Mª.J.: *Adecuación al...*, *ob. cit.*, p. 98.

397 GALIANA SAURA, Á.: *La Ley...*, *ob. cit.*, p. 144.

398 GALIANA SAURA, Á.: *La Ley...*, *ob. cit.*, p. 145.

399 GALIANA SAURA, Á.: *La Ley...*, *ob. cit.*, p. 145.

espaciales, personales y materiales y poseen un grado de generalidad importante"[400].

Concluyendo, con la factibilidad no se pretende "prescribir concretos y taxativos comportamientos", sino, antes al contrario, "sugerir criterios, diseñar procedimientos, hipotetizar posibilidades de simulación; en definitiva, nombrar instrumentos operativos con la finalidad de mejorar el resultado final (o sea, el proyecto de ley)"[401]. Así, pues, "el estudio de la factibilidad de las normas busca que su elaboración conduzca no sólo a productos formalmente perfectos desde el punto de vista de su adecuación al Ordenamiento jurídico, sino también que desemboque en la creación de normas realizables en el contexto social al que van destinadas; por este motivo persigue incrementar su aptitud para ser ejecutables"[402].

La descripción que hace MONTORO CHINER de este cuarto criterio es muy sugerente pero, en primer lugar, es de reseñar que su enfoque está limitado a tener sentido en el marco de una evaluación en prospectiva de la norma, en tanto está referido a su futura aplicabilidad, y no al postrero examen sobre cómo se ha desarrollado su aplicación. Por ello, no goza de la ambivalencia (en cuanto su posible enfoque temporal) que sí tienen los criterios de eficacia, efectividad y eficiencia.

---

[400] GALIANA SAURA, Á.: *La Ley...*, *ob. cit.*, p. 145. En este sentido, ANDER-EGG ha señalado cinco factores principales que favorecen u obstaculizan la realización de la norma, su factibilidad, cuales son los siguientes (ANDER-EGG, E.: *Introducción a la planificación*, Siglo Veintiuno Editores de España, Madrid, 1991 (13ª edición), pp. 76-77, citado por GALIANA SAURA, Á.: *La Ley...*, *ob. cit.*, p. 152):

"factibilidad política: que exista una voluntad o decisión política de hacer el proyecto, es decir, que haya un apoyo decidido de la más alta autoridad política, de quien depende que algo se haga o no;

factibilidad económica: que el proyecto sea rentable; en este factor juega todo lo referente al coste-beneficio, coste-eficacia, rendimiento, coste de oportunidad y productividad;

factibilidad organizacional: que existan las instituciones u organizaciones necesarias para su realización y que se disponga del personal apropiado;

factibilidad técnica: disponibilidad de usar y aplicar la tecnología necesaria para su realización;

factibilidad sociocultural: que no existan barreras socioculturales capaces de obstaculizar su realización, puesto que afectan a valores, creencias y modos de ser de la gente. En esto influyen también el grado de aceptación o consenso social de parte de los sectores involucrados".

[401] GALIANA SAURA, Á.: *La Ley...*, *ob. cit.*, p. 145.

[402] GALIANA SAURA, Á.: *La Ley...*, *ob. cit.*, p. 150.

Precisamente, en segundo lugar, creemos que el contenido de la factibilidad acaba solapándose con los mencionados criterios, ya que, por ejemplo, en primer lugar, atender a los fines o finalidades de del proyecto normativo es terreno propio del "nivel de eficacia"; en segundo lugar, prestar atención a su aceptación forma parte del "nivel de efectividad"; y, finalmente, en tercer lugar, hablar de "factibilidad económica", es decir, analizar la rentabilidad del proyecto desde modelos como el coste-beneficio o el coste de oportunidad, se superpone claramente sobre el ámbito del "nivel de eficiencia".

Por estas razones, básicamente, consideramos más adecuado descartar el criterio de factibilidad de cara al momento en que trazaremos una propuesta de modelo de evaluación legislativa, cuyos criterios rectores serán, exclusivamente, los identificados con los mencionados niveles de eficacia, efectividad y eficiencia, aplicados al concreto ámbito de las normas penales.

Capítulo III.
INSTRUMENTOS Y MODELOS VIGENTES PARA LA EVALUACIÓN DE LAS NORMAS EN PERSPECTIVA COMPARADA

SUMARIO:

1. INTRODUCCIÓN
2. ÁMBITO ANGLOSAJÓN
   - **2.1. Estados Unidos**
   - **2.2. Reino Unido**
3. ÁMBITO GERMÁNICO
   - **3.1. Suiza**
   - **3.2. Austria**
   - **3.3. Alemania**
4. ÁMBITO ESCANDINAVO
   - **4.1. Suecia**
   - **4.2. Finlandia**
5. ÁMBITO LATINO
   - **5.1. Francia**
   - **5.2. Italia**

1. INTRODUCCIÓN

Para desarrollar todas las tareas propias de la metódica de la legislación y, en concreto, de la evaluación "ex ante" y "ex post" de las consecuencias de las leyes, han existido tradicionalmente instrumentos específicos. Trataremos en el presente Capítulo de presentar cuáles son esos instrumentos empleados en los modelos implementados en diferentes países, donde la evaluación de políticas públicas y de las normas se ha abordado con seriedad y profesionalidad desde hace tiempo.

En general, y respecto a la evaluación de políticas públicas, se puede decir que "la evaluación de la acción pública se produce principalmente en aquellos países donde existe un desarrollo importante de las políticas de bienestar social y en las organizaciones de la ONU dedicadas a programas de ayuda internacional"[403]. OSÉS ABANDO asegura que EE.UU. es "el país del mundo donde más se ha desarrollado la evaluación de políticas públicas"[404] y lo imputa a los siguientes factores[405]:

— en primer lugar, "la asimilación de algunas de las técnicas propias de la empresa privada" por parte de la Administración Pública (como por ejemplo, el control de gestión o el presupuesto por programas);
— en segundo lugar, "el grado de avance de las Ciencias Sociales", que ha permitido una evaluación de políticas públicas "eminentemente aplicativa y empírica";
— y, en tercer lugar, "la concepción de la Administración como prestadora de unos servicios al cliente (el contribuyente)", aplicando el enfoque propio de una "contraprestación mercantil".

Pues bien, apuntado lo anterior, y centrados ya en la tarea principal del presente Capítulo, resulta que, tanto en cuanto a la evaluación de políticas públicas en el seno de la Administración, como en

---

[403] En concreto, como recoge BALLART citando a DERLIEN, "de una parte, Estados Unidos, Canadá, Alemania, Suecia y Gran Bretaña cuentan con iniciativas de este tipo desde finales de los años sesenta, mientras que Noruega, Dinamarca, Holanda y Francia intensifican la demanda de evaluación en los años ochenta" (BALLART, X.: "Evaluación de políticas...", *ob. cit.*, p. 209).

[404] OSÉS ABANDO, J.: "La evaluación normativa en el Derecho comparado", en FIGUEROA, A. (COORD.): *Los procesos de implementación..., ob. cit.*, p. 139.

[405] OSÉS ABANDO, J.: "La evaluación...", *ob. cit.*, p. 140.

cuanto específicamente a la evaluación legislativa, predominan en perspectiva comparada las técnicas, métodos y procedimientos que se expondrán en los siguientes subepígrafes, llamando la atención, por cierto (ya lo anticipamos), que, como apunta ORTIZ DE URBINA GIMENO, "la política criminal se encuentra entre las ramas de la política pública en las que menos evaluación se ha producido", aconteciendo "un importante déficit incluso en países en los que la evaluación de otras políticas públicas se lleva a cabo de modo rutinario"[406].

2. ÁMBITO ANGLOSAJÓN

2.1. Estados Unidos

En Estados Unidos se aplica el denominado "Regulatory Impact Assessment" o RIA, que es el método encargado de valorar los costes y consecuencias reales de la promulgación de las leyes. Su origen normativo más plausible quizá lo podemos situar en la Orden 12291 del 17 de febrero de 1981 del Presidente Ronald Reagan, en la cual "se detallaban las exigencias de análisis previos, cálculo de los costes y beneficios, etc., es decir todas las operaciones de análisis a priori de la ingente legislación reglamentaria"[407]. En concreto, los principales requerimientos de que exigía esa Orden eran[408]:

1. una descripción de las ventajas potenciales de la norma, incluyendo cualquier efecto beneficioso que no pudiera ser cuantificado en términos monetarios, y la identificación de aquellas industrias o individuos probablemente destinatarios de las ventajas;
2. una descripción de los costes potenciales de la norma, incluyendo cualquier efecto adverso que no pudiera ser cuantificado en términos monetarios, y la identificación de aquéllos que probablemente conllevarán costes;
3. una determinación de las ventajas potenciales netas de la norma, incluyendo una evaluación de los efectos que no pudieran ser cuantificados en términos monetarios;

---

[406] ORTIZ DE URBINA GIMENO, Í.: "La Economía...", *ob. cit.*, p. 80.

[407] OSÉS ABANDO, J.: "La evaluación...", *ob. cit.*, p. 139.

[408] BATES, T.S.J.N.: "Estimating the cost of legislation", en VV.AA.: *Evaluation of legislation. Proceedings of the Council of Europe's legal co-operation and assistance activities (2000-2001)*, Council of Europe Publising, Strasbourg, 2001, pp. 33-34.

4. una descripción de los aproximaciones alternativas a través de las que se podría alcanzar el mismo objetivo de la norma con un menor coste, junto con un análisis de las ventajas potenciales y los costes de dichas alternativas y una breve explicación de los motivos legales del por qué las mismas, de ser propuestas, no podrían ser adoptadas;
5. si no ha sido posible lo anterior, una explicación de cualquier razón legal acerca de por qué la norma no podría estar basada en las exigencias propias del análisis coste-beneficio.

Señala BRONFMAN VARGAS[409] que en los Estados Unidos "existen procedimientos de evaluación programada que reúnen el examen *ex ante* con el *ex post*, exigiendo para la aprobación de nuevas normas el análisis del funcionamiento de la regulación precedente". Así, como señala este mismo autor, se utiliza allí desde 1976 la técnica ya expuesta en el Capítulo II de las "sunset laws" o "sunset provisions", que son "disposiciones que pierden vigor en un plazo predefinido en la propia ley y que, por esta razón, obligan a su evaluación si se pretende renovar o extender su vigencia"[410].

En esta misma línea es destacable que en Florida existen las "review commissions", las cuales "por mandato constitucional deben examinar de manera periódica la constitución, normas presupuestarias y tributarias"[411]. Y algunos autores, como MYERS, han llegado a proponer que las normas penales tan sólo estén en vigor un número determinado de años empleando esta técnica[412].

¿Qué órganos se encargan del RIA en los Estados Unidos? Pues, como señala KARPEN, "el proceso actual de RIA se ve claramente en-

---

409 BRONFMAN VARGAS, A.: "El sentido de…", *ob. cit.*, pp. 53-54.

410 Si la "sunset legislation" es aquélla que tiene una vigencia limitada, "debiendo la Administración proceder a su ejecución en el plazo fijado", existe también la denominada "sunrise legislation", concepto acuñado por la GAO y aconsejado a los congresistas, y que implica incluir en una ley "unos criterios de evaluación en los que se especificarán los objetivos de la norma" (OSÉS ABANDO, J.: "La evaluación…", *ob. cit.*, p. 141), de tal modo que "el gobierno tiene que informar al Parlamento sobre la legislación adoptada o realizar informes periódicos sobre la norma", de tal manera que, "si no se confirma a través del informe la necesidad de intervenir, entonces no es posible modificar la ley" de que se trate (MUÑOZ DE MORALES ROMERO, M.: "Codificación…", *ob. cit.*, p. 227).

411 BRONFMAN VARGAS, A.: "El sentido de…", *ob. cit.*, p. 54.

412 MYERS, R.E.: "Responding to the time-based failures of the Criminal Law through a Criminal Sunset Amendment", en *Buffalo Criminal Law Review*, núm. 49, 2008, pp. 1.327 y ss.

marcado por el principio de separación de poderes establecido por la Constitución de Estados Unidos"[413]. Así, por parte del poder ejecutivo, es el Presidente quien, con el apoyo de la "Oficina de Gestión y Presupuestos" (OMB)[414] prepara los anteproyectos de ley y realiza los RIA[415]. En el caso del poder legislativo, "el Congreso cuenta con dos Cámaras con comités y [subcomités] importantes", que son los que acometen la labor evaluativa de impacto normativo[416]. Como subraya Osés Abando, estos comités y subcomités se dedican al "análisis, control y evaluación de la aplicación, administración, ejecución y eficacia de las leyes aprobadas por el Congreso, y las circunstancias que pueden aconsejar la necesidad de aprobar nueva o adicional legislación". En concreto, cada comisión permanente "revisa y estudia de forma continuada la aplicación de aquellas leyes que sean de su respectiva competencia y en las que las agencias federales tengan responsabilidades en su administración y ejecución"[417].

Además, existen varios "organismos que no pertenecen a ninguno de los partidos y que son conjuntamente responsables ante las dos cámaras del Congreso"[418]. Son los siguientes:

— Primero, el organismo más importante[419] es la Oficina de Contabilidad General ("General Accounting Office", GAO)[420], creada por la Ley Contable y Presupuestaria de 1921, la cual audita y valora el trabajo de las agencias pertenecientes al poder ejecutivo. La GAO está dirigida por el Interventor General ("General Comptroller") más un adjunto, que son nombrados para un mandato único de quince años. Aunque es el Presidente quien realiza el nombramiento inicial, sujeto al visto bueno del Senado, a partir de

413 Karpen, U.: "La implantación...", *ob. cit.*, p. 86.

414 *https://www.whitehouse.gov/omb.*

415 Karpen, U.: "La implantación...", *ob. cit.*, p. 84. Más en detalle, "el Gobierno Federal está formado por una serie extremadamente compleja de departamentos y agencias, y dentro de estas agencias se realiza una ingente cantidad de actividad evaluadora sin que esto salga a la luz pública, como simple corolario de una gestión eficaz [...] los principales agentes del Presidente para la preparación de anteproyectos de ley es la Oficina de Gestión y Presupuestos" (Karpen, U.: "La implantación...", *ob. cit.*, p. 86).

416 Karpen, U.: "La implantación...", *ob. cit.*, p. 84.

417 Osés Abando, J.: "La evaluación...", *ob. cit.*, p. 146.

418 Karpen, U.: "La implantación...", *ob. cit.*, p. 85.

419 Karpen, U.: "La implantación...", *ob. cit.*, p. 85.

420 *http://www.gao.gov/.*

ese momento el Interventor General y la GAO solamente tendrán que rendir cuentas ante el Congreso.

Para OSÉS ABANDO la GAO "es el paradigma de institución volcada en medios y personas hacia la supervisión de las políticas públicas"[421]. Entre el personal de la GAO, que cuenta con oficinas en distintas partes del país, existen personas con formación en un gran abanico de disciplinas, entre las que se encuentran la Contabilidad, el Derecho, Administración pública, Economía e incluso las Ciencias físicas. No obstante, aparte de ellos, funciona esta Oficina en gran medida contratando a expertos especializados para colaborar ocasionalmente, colaboradores que suponen aproximadamente el 70% del total de unas 5.100 personas, de las cuales, alrededor de 500 trabajan en la División de Evaluación[422].

Sus objetivos generales se centran en la evaluación de los resultados de un programa o actividad desarrollado por el Gobierno con base en una norma con rango de ley. Actúa la GAO a iniciativa del Controlador General, por mandato de cualquiera de las Cámaras o a requerimiento de una comisión parlamentaria[423].

En cuanto a su metodología de trabajo, su actividad se reparte internamente en veintinueve áreas de investigación. Cada tema se asigna a un departamento que fija un plan de trabajo de dos a cuatro años, con arreglo a las peticiones del Congreso y la planificación interna[424].

Para OSÉS ABANDO, la más destacable habilidad de la GAO "consiste no tanto en elaborar directamente sus propias evaluaciones de campo, sino en obtener el material informativo suficientemente amplio y plural para extraer sus conclusiones sin depender exclusivamente de la opinión, siempre interesada y a veces sesgadamente autojustificativa, del Gobierno"[425].

— En segundo lugar, todavía dentro del poder ejecutivo, se encuentra la "Office for Information and Regulatory Affairs" (OIRA)[426],

[421] OSÉS ABANDO, J.: "La evaluación...", *ob. cit.*, p. 142.
[422] OSÉS ABANDO, J.: "La evaluación...", *ob. cit.*, p. 143.
[423] OSÉS ABANDO, J.: "La evaluación...", *ob. cit.*, p. 142.
[424] OSÉS ABANDO, J.: "La evaluación...", *ob. cit.*, p. 144.
[425] OSÉS ABANDO, J.: "La evaluación...", *ob. cit.*, p. 145.
[426] *https://www.whitehouse.gov/omb/oira.*

que forma parte de la "Office of Management and Budget", dentro de la "Executive Office" del Presidente. Es la autoridad central del Gobierno de los Estados Unidos para el examen de los Reglamentos del poder ejecutivo, la aprobación de las colecciones de información del Gobierno, el establecimiento de prácticas estadísticas del Gobierno y la coordinación de la política federal de privacidad. Está compuesta por cinco áreas y está dirigida por el "Administrador", que es designado por el Presidente y confirmado por el Senado de los Estados Unidos. Además de revisar los borradores de regulaciones diversas, la OIRA también coordina la revisión retrospectiva de la regulación bajo la Orden Ejecutiva 13610, revisa y aprueba las colecciones gubernamentales de información pública en virtud de la Ley de Reducción de Trámites y supervisa la implementación de políticas de todo el gobierno en las áreas de la política de información, la privacidad y la política estadística. También coordina la ejecución de la Ley de Calidad de la Información, incluyendo las prácticas de revisión por pares de las agencias.

— En tercer lugar, y muy relacionada con la materia que nos ocupa, se encuentra la "Office of Policy and Legislation" (OPL)[427] Se trata de un equipo de abogados, analistas políticos y profesionales que trabajan con todas las secciones y oficinas de la "Criminal Division" y componentes de todo el "Department of Justice" de los Estados Unidos, para desarrollar, revisar y evaluar la delincuencia nacional, la jurisprudencia y la política y la legislación penitenciaria. La OPL desarrolla propuestas legislativas y memorandos y prepara comentarios sobre la legislación en trámite y otras cuestiones legislativas que afectan al sistema de justicia criminal federal. Por otro lado, también estudia cuestiones de política y de gestión relacionadas con la aplicación de la ley penal y el sistema de justicia criminal: identifica los problemas y las tendencias emergentes, analiza los datos de delincuencia, las estadísticas federales de carga de trabajo y cualquier otra información del sistema de justicia penal, formula alternativas de política y recomendaciones y, finalmente, proporciona investigación, técnica y apoyo a las políticas del "Department of Justice".

— En cuarto lugar, ya adscrita al poder legislativo, es destacable el papel de la Oficina Presupuestaria del Congreso ("Congressional

[427] *https://www.justice.gov/criminal/opl.*

Budget Office", CBO)[428], también creada por la legislación de 1974, y cuyo trabajo se centra específicamente en el proceso presupuestario. La CBO queda bajo un control aún más directo del Congreso. El Director de la CBO es nombrado por el "presiding officer" del Congreso y el Presidente interino del Senado. Cuenta con un mandato de cuatro años, "aunque no existe límite alguno sobre el número de veces que puede desempeñar ese cargo"[429]. El personal de la CBO pasa de los doscientos componentes y predominan en él los economistas[430].

— En quinto lugar, también en el poder legislativo, encontramos el Servicio de Investigación del Congreso ("Congressional Research Service", CRS)[431], que realiza investigaciones para los comités y miembros del Congreso. El CRS se centra principalmente en los proyectos o en la historia legislativa, pero también puede incluir el análisis de asuntos y propuestas de carácter legislativo. Esta agencia opera a través de de seis divisiones diferentes (Derecho americano; Política social nacional; Asuntos exteriores; Defensa y Comercio; Gobierno y Economía; Investigación de Información; Recursos, Ciencia e Industria). Se ubica dentro de la Biblioteca del Congreso y, curiosamente, de hecho su Director es nombrado por el Bibliotecario del Congreso, quien, a su vez, es nombrado por el Presidente, sujeto a la aprobación del Senado[432].

Con un tono un tanto pesimista, BENNETT concluye que, si bien el sistema democrático de los Estados Unidos proporciona múltiples focos para la evaluación y una variedad grande de perspectivas desde las que la ésta puede ser llevada a cabo, no deberíamos esperar demasiado de ella. Este pesimismo se fundamenta en el hecho de que exista rienda suelta a la iniciativa ciudadana en el proceso legislativo, así como en la proliferación de centros de responsabilidad en este ámbito, lo cual tiene como consecuencia que la evaluación de legislación por expertos y el empleo objetivo de datos acabe siendo sólo una parte obligada en la creación dentro del sistema del producto legislativo final, es decir, una mera formalidad[433].

---

428 *https://www.cbo.gov/.*

429 KARPEN, U.: "La implantación…", *ob. cit.*, p. 85.

430 BENNETT, R.W.: "Evaluation of Legislation for the United States Congress", en KARPEN, U. (ED.): *Evaluation of legislation…, ob. cit.*, p. 50.

431 *https://www.loc.gov/crsinfo/.*

432 KARPEN, U.: "La implantación…", *ob. cit.*, p. 86.

433 BENNETT, R.W.: "Evaluation of…", *ob. cit.*, p. 58.

En esta línea, y en lo que se refiere en particular al ámbito de la legislación penal, señala MUÑOZ DE MORALES ROMERO que prestigiosos penalistas estadounidenses claman por "la introducción de cauces procedimentales e institucionales que permitan la participación de expertos y una mayor reflexión sobre las normas penales a adoptar" como, por ejemplo, "que las propuestas normativas penales vengan acompañadas de un informe comparativo sobre los delitos preexistentes y sus respectivas penas para determinar si las actuales figuras delictivas cubrirían las nuevas conductas propuestas y evitar que los delitos propuestos entren en conflicto con el sistema de determinación de la pena existente", y que, además, "se debería exigir una contracrítica a dichos informes", por ejemplo "a través de comités parlamentarios o de otra naturaleza"[434]. Incluso se llega a demandar la creación de una "Standing Criminal Law Revision Comission" que "debería pronunciarse antes de que se votase la ley", entre otras medidas adicionales[435].

Fuera del ámbito de la evaluación, pero dentro del ámbito del Derecho, cabe hacer siquiera una breve mención, siguiendo a PÉREZ LLEDÓ[436], al "American Law Institute" (ALI), creado en 1923 a iniciativa de la "Association of American Law Schools" (AALS), el cual es un "centro, de juristas para el mejoramiento del Derecho", que cuenta con "unos 1.800 miembros (fundamentalmente profesores de Derecho)" y cuyo objetivo principal es "la clarificación y simplificación del Derecho americano luchando contra su incerteza, su complejidad y su falta de uniformidad". Su labor más destacada es "la elaboración de los 'Restatements' (enciclopédicas sistematizaciones del 'case law' y sus principios en diversos sectores del ordenamiento, aunque formalmente carecen de carácter oficial) y su participación, junto a la National Conference of Commissioners on Uniform State Laws (donde también hay una importante presencia de académicos), en la redacción de diversas 'Leyes Uniformes' o códigos posteriormente adoptados por los legisladores de muchos Estados (p. ej.: Model Penal Code, Uniform Rules of Criminal Procedure, Uniform Rules of Evidence, Uniform Commercial Code, Uniform Partnership Act, Federal Securities Code, etc.)"[437].

---

[434] MUÑOZ DE MORALES ROMERO, M.: "Codificación...", *ob. cit.*, p. 225.

[435] MUÑOZ DE MORALES ROMERO, M.: "Codificación...", *ob. cit.*, p. 225.

[436] PÉREZ LLEDÓ, J.A.: "La enseñanza del Derecho en Estados Unidos", en *Cuadernos de Filosofía del Derecho*, núm. 12, 1992, nota 18, p. 51.

[437] Añade aclaratoriamente el autor que "en un país donde, además del sistema federal, existen cincuenta órganos legislativos y otras tantas estructuras jurisdicciona-

2.2. Reino Unido

Valga precisar inicialmente que en el Reino Unido no existe un vocablo generalmente admitido para hacer referencia concreta a la evaluación "ex post": como recoge OSÉS OBANDO, se utiliza más "appraisal" que "evaluation", aunque también se utilizan los términos "account" o "audit" (si bien en estos casos con una acepción más restringida al ámbito contable que en el sentido que se les da en los Estados Unidos)"[438].

En el Reino Unido, la evaluación "está considerada, principalmente, como una parte del proceso de auditoría pública del gasto financiero", de modo que "la auditoría pública se basa más en la disciplina financiera que en la disciplina legal"[439]. Así lo corrobora MONTORO CHINER, quien afirma que en el Reino Unido "el sistema de evaluación de las normas suele guiarse por los estudios coste-beneficio y se lleva a cabo por expertos en muchas disciplinas", enconctrándose encomendado a "estructuras independientes tanto del ejecutivo como del legislativo o del judicial"[440].

Así, en este Estado esa evaluación independiente o externa es asumida principalmente por dos organismos, tal y como explica OSÉS OBANDO[441]: el "Controlador y Auditor General" (C&AG)[442], que dirige la "Nacional Audit Office" (NAO)"[443], creada por la "National Audit Act" de 1983, como una estructura administrativa que cuenta con unos novecientos empleados. El propio C&AG depende de

---

les produciendo continuamente decenas de miles de precedentes y de leyes escritas, cuyo manejo mantiene bien ocupados a los abogados, se entiende que sean los juristas académicos quienes adquieren el protagonismo en la tarea de unificar y poner orden en esa masa de materiales jurídicos" (PÉREZ LLEDÓ, J.A.: "La enseñanza del Derecho...", *ob. cit.*, nota 18, p. 51).

[438] OSÉS ABANDO, J.: "La evaluación...", *ob. cit.*, p. 151. Lo cual no excluye que el examen judicial que realizan los tribunales (lo que se denomina allá 'el Juez tras su espalda') sea una herramienta importante del RIA que se lleva a cabo en las islas británicas (KARPEN, U.: "La implantación...", *ob. cit.*, p. 83).

[439] BLACK, R.W.: "El Parlamento escocés y la auditoría pública en Escocia", en PARDO FALCÓN, J./PAU I VALL, F. (COORDS.): *La evaluación de las leyes...*, *ob. cit.*, p. 110.

[440] MONTORO CHINER, Mª.J.: *La evaluación de...*, *ob. cit.*, p. 130.

[441] OSÉS ABANDO, J.: "La evaluación...", *ob. cit.*, p. 154-155.

[442] Cuya extensa denominación oficial es "The Comptroller General of the Receipt and Issue of Her Majesty's Exchequer and Auditor General of Public Accounts" y se encuentra regulado por la Ley de Control Presupuestario de 1866.

[443] *https://www.nao.org.uk/*.

la Cámara de los Comunes, configurándose, por tanto, como un órgano de asesoramiento parlamentario[444]. De hecho, la NAO informa directamente al Parlamento, en concreto al "Public Accounts Committee" (PAC)[445].

Dentro del poder ejecutivo, el órgano más importante (en este caso específicamente en el ámbito de la evaluación "ex ante") era la desaparecida "Unidad de Impacto Normativo" ("Regulatory Impact Unit", RIU)[446] que se ubicaba en el núcleo del Gobierno, en la Oficina del Gabinete. Era la responsable de evaluar todos los anteproyectos de ley que iniciara el gobierno en sus diferentes Departamentos[447], y apoyaba en su labor a la NAO[448], centralizando así toda la actividad. Las funciones de este órgano las viene a desempeñar más o menos actualmente el "Regulatory Policy Committee" (RPC)[449], que fue creado en 2009 y que en 2012 se configuró en un organismo público consultivo independiente. También es destacable la existencia dentro del poder ejecutivo de la "Oficina de Asesoramiento Parlamentario" ("Office of Parliamentary Counsel")[450], que es "un órgano profesionalizado y exclusivamente dedicado a la redacción de material legislativo", con la capacidad reconocida de "homogeneizar toda la legislación gubernamental digna de tener en consideración"[451].

Como instrumento destacable de evaluación "ex ante" hay que señalar también la obligación de que los parlamentarios acompañen los proyectos de ley con las denominadas "Notas Explicativas" ("Explanatory Notes"). Estas "Notas", como expone BATES[452], contienen esencialmente un comentario sobre las previsiones de la norma que no necesariamente ha de revelar la política detrás del texto, así como declaraciones sobre

---

444 OSÉS ABANDO, J.: "La evaluación...", *ob. cit.*, p. 154-155.

445 *http://www.parliament.uk/business/committees/committees-a-z/commons-select/public-accounts-committee/.*

446 *http://webarchive.nationalarchives.gov.uk/20050202182438/cabinetoffice.gov.uk/regulation/.*

447 KARPEN, U.: "La implantación...", *ob. cit.*, pp. 81-82.

448 KARPEN, U.: "La implantación...", *ob. cit.*, p. 83.

449 *https://www.gov.uk/government/organisations/regulatory-policy-committee.*

450 *https://www.gov.uk/government/organisations/office-of-the-parliamentary-counsel.*

451 DÍEZ RIPOLLÉS, J.L./BECERRA MUÑOZ, J.: *Recomendaciones de reforma del Ministerio de Justicia para una mejor elaboración de las políticas penales*, Instituto Andaluz Interuniversitario de Criminología, Málaga, 2013, p. 4.

452 BATES, T.S.J.N.: "The Evaluation of Legislation", en KARPEN, U. (ED.): *Evaluation of legislation...*, *ob. cit.*, p. 119.

sus efectos financieros, sus efectos sobre los funcionarios, una evaluación de impacto de la legislación, así como, en su caso, una evaluación ambiental y, finalmente una declaración del Ministro responsable de la norma sobre la compatibilidad de la misma con los derechos recogidos en la Convención Europea sobre Derechos Humanos (tal y como son reflejados en la "Human Rights Act" de 1998).

Finalmente valga hacer una referencia última al hecho de que en el Reino Unido se han llevado a cabo procesos formales de desregulación desde que se creó la "Deregulation and Contracting Out Act" de 1994, que encontraron continuidad en la "Regulatory Reform Act" de 2001. El objetivo fundamental de tal procedimiento de desregulación, y esto es lo interesante, es reducir la cantidad de normas existentes en la actividad económica a través de una evaluación de impacto, tratando de evitar así una regulación que resulte excesiva en la futura legislación[453].

Mención especial y aparte merece el caso de Escocia. En este país encontramos el "Audit Scotland"[454], un organismo creado en el año 2000 para dotar de apoyo al "Auditor General"[455] de Escocia (que es su máximo responsable) y a la "Accounts Commision"[456]. "Audit Scotland" cuenta con más de doscientos empleados, gran parte de los cuales "poseen formación financiera, y otros de ellos cuentan con otra formación profesional, como son las Ciencias sociales o económicas[457]. Según apunta BLACK, la buena labor de este organismo (como, por ejemplo, en el tratamiento de la delincuencia juvenil[458]) llevó a sugerir en Escocia la creación de "una entidad que valore y analice los Anteproyectos de Ley en su fase de borrador final antes de aprobación, así como la "posibilidad de apoyar la evaluación post-legislativa para averiguar si las leyes han tenido los resultados previstos por el Parlamento"[459]. Puede ser considerada un paso en el sentido, aunque no completamente, la creación de "Evaluation Support Scotland" (ESS)[460].

---

[453] BATES, T.S.J.N.: "Estimating the...", *ob. cit.*, p. 41.
[454] *http://www.audit-scotland.gov.uk/.*
[455] *http://www.audit-scotland.gov.uk/about-us/auditor-general.*
[456] *http://www.audit-scotland.gov.uk/about-us/accounts-commission.*
[457] BLACK, R.W.: "El Parlamento escocés...", *ob. cit.*, pp. 113-114.
[458] BLACK, R.W.: "El Parlamento escocés...", *ob. cit.*, p. 119.
[459] BLACK, R.W.: "El Parlamento escocés...", *ob. cit.*, p. 121.
[460] *http://www.evaluationsupportscotland.org.uk/.*

3. ÁMBITO GERMÁNICO

3.1. Suiza

Según apunta el autor suizo Luzius MADER, la evaluación de los efectos de la legislación en aquel país se ha convertido, en las últimas décadas, en un importante elemento en el proceso político y, en particular, en el proceso legislativo[461]. Esta progresión puede observarse esencialmente a través de una serie de hitos[462]. Los primeros datan de 1987 y son fundamentalmente tres:

— Se instauró un "Nationales Forschungsprogramm Wirksamkeit staatlicher Massnahmen" ("Programa de Investigación Nacional sobre Eficacia de las Medidas Gubernamentales", NFP)[463].

— En ese contexto, se solicitó desde la secretaría de las comisiones de control la creación de una unidad evaluativa especializada que trabajara tanto para el Gobierno como para el Parlamento, lo cual se logró en 1990[464].

— El Ministerio de Justicia nombró también en en ese año un grupo de trabajo de evaluación legislativa ("Arbeits gruppe Gesetzesevaluation", AGEVAL), con representantes de la Confederación, los Cantones y de instituciones científicas, que finalizó sus trabajos con un informe presentado en 1991[465], y que encontró continuidad de alguna forma posteriormente en 1996, cuando representantes de la comunidad científica y profesionales interesados en la evaluación de las políticas públicas fundaron la "Sociedad de Evaluación Suiza" (SEVAL)[466], que desempeña un papel importante en el desarrollo de "standards" para las evaluaciones[467] y que, no teniendo carácter oficial, se ha convertido en un pilar de la evaluación

---

[461] MADER, L.: "Evaluation of legislation – Swiss experience", en VV.AA.: *Evaluation of legislation. Proceedings..., ob. cit.*, p. 59.

[462] KARPEN, U.: "La implantación...", *ob. cit.*, p. 69.

[463] *http://www.snf.ch/de/fokusForschung/nationale-forschungsprogramme/nfp27-wirksamkeit-staatlicher-massnahmen/Seiten/default.aspx.*

[464] BUSSMANN, W.: "The emergence of evaluation in Switzerland", en *Evaluation*, núm. 14, 2008, p. 503.

[465] BUSSMANN, W.: "The emergence...", *ob. cit.*, p. 503.

[466] *http://www.seval.ch/en/.*

[467] MADER, L.: "Evaluation of legislation – Swiss...", *ob. cit.*, p. 59.

legislativa en Suiza, desempeñando un importante papel en el fomento de la utilización y en la garantía de la calidad de la legislación[468].

A continuación, durante la última década del siglo XX, se introdujeron a gran escala distintas herramientas de "Nueva Gestión Pública" o "New Public Management" (NPM). Y, como paso final de esa evolución, la Constitución de la Confederación Helvética fue modificada el 18 de abril de 1999 (entrando en vigor a partir de 1 de enero de 2000) en su artículo 170, en el que se estableció la obligación genérica de llevar a cabo la evaluación de las normas[469]. Dicho precepto dice actualmente así: "El Parlamento Federal se asegurará de que se evalúe la eficacia de las medidas tomadas por la Confederación".

Como destaca MADER[470], este artículo citado es la consagración constitucional de un proceso largo, de carácter administrativo y político, de conciencia creciente de la importancia de la evaluación en la legislación y en las políticas públicas. Además, considera el autor que, a pesar de su redacción un tanto estrecha, esta provisión concierne a la evaluación en un muy amplio sentido, pues debería incluir tanto la evaluación "ex ante" como la retrospectiva o "ex post"; no está limitada tampoco sólo a la eficacia, sino que también cubre la evaluación de todos los efectos relevantes de legislación; además, finalmente, usa la palabra "medidas" para expresar la idea que la evaluación debería versar sobre la actividad estatal en general, no sólo en decisiones legislativas o normativas.

En lo concerniente al poder ejecutivo, 2002 se constituyó un "Grupo de Contacto Interdepartamental" o "Wirkungsprüfungen" (IDEKOWI), bajo la dirección de Werner BUSSMAN, destacado representante de la evaluación legislativa en suiza, con el objeto de realizar un informe sobre la aplicación del art. 170 constitucional en el Gobierno y la Administración, formulando una serie de recomendaciones y sugerencias al respecto al finalizarlo en el año 2004, entre las cuales puede destacarse la aclaración de "las tareas y responsabilidad dentro de las evaluaciones de los organismos especializados, especialmente de órganos con una participación transversal en la preparación

468 BUSSMANN, W.: "The emergence...", *ob. cit.*, p. 503.

469 MONTORO CHINER, Mª.J.: *La evaluación de..., ob. cit.*, p. 126; KARPEN, U.: "La implantación...", *ob. cit.*, p. 69.

470 MADER, L.: "Evaluation of legislation – Swiss...", *ob. cit.*, p. 60.

de la legislación (Ministerio de Justicia, Hacienda Federal, Cancillería Federal), los Departamentos así como el Consejo Federal"[471].

En lo que se refiere a la relación entre el art. 170 de la Constitución y el poder legislativo, MADER[472] considera que la responsabilidad que la Constitución confiere al Parlamento no es necesariamente la de evaluar por sí mismo los efectos de legislación; lo que tiene que hacer el Parlamento es asegurarse de que los efectos son evaluados. Esto quiere decir que el Parlamento puede escoger individualmente, o combinar entre sí, diferentes soluciones institucionales: en otras palabras, puede decidir sobre sus propias tareas específicas, las del Gobierno, o las de la Administración en el campo de evaluación de legislación. De hecho se dice que, "a diferencia de otros países, la opinión dominante en Suiza es que el parlamento debería realizar sus propios RIA, aunque ciertamente está autorizado a hacerlo"[473] a la luz del ya mencionado art. 170 de la Constitución. En este sentido, se ha reformado la Ley del Parlamento suiza en los últimos tiempos, a la luz de la cual, sin ir más lejos, se ha elaborado la "Guía para la redacción de las opiniones y reportes del Consejo Federal" ("Botschaftleitfaden")[474], entre otros instrumentos evaluatorios[475], mención aparte del preexistente manual de legislación[476] ("Directives de la Confédération sur la technique législative", DTL)[477]. Y ello sin dejar de lado que ya existía una gran cantidad de normas legales para levar a cabo evaluaciones normativas tanto a nivel federal como cantonal[478].

En efecto, muchas normas federales, sobre todo las promulgadas en las últimas dos décadas pasadas, así como ordenanzas de gobierno, contienen cláusulas que aseguran una evaluación periódica de los

---

[471] MADER, L.: "El artículo 170 de la Constitución Suiza: ¿Qué se ha logrado y qué queda por hacer?", en *Biolex. Revista Jurídica del Departamento de Derecho*, núm. 13, 2015, p. 47.

[472] MADER, L.: "Evaluation of legislation – Swiss…", *ob. cit.*, pp. 60-61.

[473] KARPEN, U.: "La implantación…", *ob. cit.*, p. 69.

[474] *https://www.bk.admin.ch/dokumentation/sprachen/04915/06864/index.html?lang=it.*

[475] MADER, L.: "El artículo 170…", *ob. cit.*, pp. 46-47.

[476] SCHÄFFER, H.: "Evaluation and assessments…", *ob. cit.*, pp. 146-147.

[477] Estas directrices publicadas por la "Chancellerie de la Confédération suisse", que constan de cuatrocientas seis páginas, fueron actualizadas por última vez en 2013, (*https://www.admin.ch/gtr/it/*).

[478] KARPEN, U.: "La implantación…", *ob. cit.*, p. 69.

efectos de legislación. Este modo de institucionalizar la evaluación no se ha visto limitado a materias particulares. En realidad, se da en campos tan diferentes como, por ejemplo, el seguro médico, la protección del medio ambiente y la ayuda a las víctimas de delitos. Los informes de evaluación, en la mayoría de los casos, son publicados, o al menos es posible obtenerlos de los ministerios responsables[479].

En todo caso, la mayor parte de las evaluaciones se realizan desde un punto de vista retrospectivo, de tal modo que la evaluación en prospectiva o "ex ante" está claramente menos desarrollada que la "ex post"[480], o es "relativamente débil"[481].

Finalmente, simplemente constatemos que, en los últimos tiempos, en Suiza "se está considerando establecer un organismo de evaluación especial que sea independiente y que podría ser en la forma de una Conferencia Confederal de Evaluación"[482], aunque todavía no se ha llevado a cabo.

3.2. Austria

En este Estado, uno de los más desarrollados en Europa en Ciencia de la legislación a nivel doctrinal e institucional[483], se crearon unas "Legistische Richtlinien" ya en 1970 (revisadas posteriormente en 1979), que siguen vigentes sólo parcialmente después de la aprobación, sobre la base de las mismas, del "Handbuch der Rechtssetzungstechnik" en 1990[484].

En lo que se refiere a la evaluación de las normas en Austria, ésta se ha venido desarrollando "a partir de la planificación presupuestaria y del cálculo de los costes económicos de la legislación"[485]. No

---

479 MADER, L.: "Evaluation of legislation – Swiss...", *ob. cit.*, p. 64.

480 MADER, L.: "Evaluation of legislation – Swiss...", *ob. cit.*, p. 67.

481 KARPEN, U.: "La implantación...", *ob. cit.*, p. 69.

482 KARPEN, U.: "La implantación...", *ob. cit.*, p. 69.

483 De hecho, LOSANO apunta que bajo el nombre de "Legistik", se produjo en Austria, junto con Alemania, un "desarrollo notable" de las "investigaciones sobre las técnicas legislativas", cuyo ritmo decayó tras los años noventa (LOSANO, M.G.: "Las técnicas legislativas, de la 'prudentia legislatoria' a la informática", en MENÉNDEZ MENÉNDEZ, A./PAU PEDRÓN, A. (DIRS.): *La proliferación...*, *ob. cit.*, p. 177).

484 Toda la documentación está disponible en *http://www.bka.gv.at/site/3513/default.aspx*.

485 KARPEN, U.: "La implantación...", *ob. cit.*, p. 70.

obstante, apunta SCHÄFFER que, durante mucho tiempo, hubo una carencia de métodos claros de cálculo, e incluso políticos, para cumplir con las previsiones legales. Eso comenzó a cambiar cuando el Ministro Federalismo y Reforma Administrativa publicó un estudio en 1992 bajo el título "¿Cuáles son los costes de la ley?". Dicho estudio contó con la ventaja de haber sido cuidadosamente confeccionado por algunos representantes científicos del ámbito de la administración y dirección de empresas. Con él se dotó de un marco detallado de cálculo (gastos personales por unidad de tiempo, tipos de lugar trabajador etc.), con explicaciones metodológicas exhaustivas, a pesar de lo cual, al menos al principio, el estudio tuvo poco éxito, con lo que necesitó de un poco impulso que provino del ámbito de la Unión Monetaria Europea[486].

En todo caso, ello es un indicio de que la técnica de la evaluación de las normas se encuentra consolidada desde hace años en este Estado[487]. De hecho, por ejemplo, se han utilizado leyes de validez temporal limitada, como por ejemplo en materia de represión del crimen organizado[488].

La discusión se centra en los últimos tiempos en Austria en torno a "la aplicación de los métodos de evaluación y, fundamentalmente, en los sujetos a quienes debería encomendarse"[489]. Para esta institucionalización de la evaluación de las leyes se proponen diversas alternativas a la situación actual: y es que, en Austria, hasta la fecha, la evaluación legislativa "la realiza principalmente la burocracia ministerial", ya que "no existen instituciones centralizadas e independientes"[490]. Son, por tanto, el Ministerio Federal de Justicia y su sección de proyectos de ley quienes cumplen de forma mayoritaria con ese papel. Por ello, se recomienda desde algunas instancias mejorar la posibilidad de que el Parlamento controle la implantación de

486 SCHÄFFER, H.: "Evaluation and assessments...", *ob. cit.*, pp. 138-139.

487 MONTORO CHINER, Mª.J.: *La evaluación de...*, *ob. cit.*, p. 126.

488 MOSER, I.: "Evaluation of Draft Legislation: the case of Austria", en VV.AA.: *Legal and Regulatory Impact Assesment of Legislation. Proceedings of ECPRD seminar (Tallinn, 21-22 may, 2001)*, European Centre for Parliamentary Research adn Documentation, Brussels, 2001, p. 119.

489 MONTORO CHINER, Mª.J.: *La evaluación de...*, *ob. cit.*, p. 126.

490 MONTORO CHINER, Mª.J.: *La evaluación de...*, *ob. cit.*, p. 126-127. Se propone en este sentido encargar la evaluación de las normas a instituciones independientes, Tribunales de Cuentas o Consejos académicos (MONTORO CHINER, Mª.J.: *La evaluación de...*, *ob. cit.*, p. 127).

sus leyes, lo que supondría "una ampliación del personal y equipos de los servicios científicos"[491]. Como mínimo, se han dado pasos en los últimos años en esta línea, como muestra, sin ir más lejos, el sitio web de esta institución[492].

3.3. Alemania

Al contrario que ocurre en Suiza, la Ley Fundamental de Bonn no contiene ninguna referencia expresa a la evaluación legislativa. No obstante, el Tribunal Constitucional ha interpretado la regla del principio del estado de ley (mencionada expresamente en el artículo 20), como una obligación de obedecer los principios de eficiencia, eficacia y proporcionalidad al legislar[493], lo cual, en el específico

---

491 KARPEN, U.: "La implantación...", *ob. cit.*, p. 71.

492 *https://www.parlament.gv.at/.*

493 KARPEN, U.: "La implantación...", *ob. cit.*, p. 67. MONTORO CHINER hace un interesante estudio sobre la labor del Tribunal Constitucional alemán acerca de la valoración de las prospectivas legislativas. Así, recapitula lo siguiente: "Desde el punto de vista del objeto de control, el Tribunal ha examinado el resultado de las determinaciones de hecho; los parámetros de exactitud, integridad y perfección han servido para controlar su fundamento. En ese sentido desplegó su conocimiento para llegar a enjuiciar si se daban los criterios de idoneidad, necesidad y proporcionalidad en la creación de la norma. Puede decirse que el Tribunal ha enjuiciado la exactitud y los elementos integrantes de los hechos que subyacen en las normas, incluso en las leyes medida. No siempre el pronunciamiento sobre los hechos ha llevado a una declaración de nulidad; ahora bien, el enjuiciamiento del Tribunal ha descendido hasta valorar si se justificaba la concreción de los hechos que el legislador había efectuado bajo los criterios de interdicción de la arbitrariedad y de la intervención menos restrictiva. Cuando ha apreciado infracción de tales principios, la consecuencia del enjuiciamiento de los hechos y de la comprobación de su defectuosa concreción, ha sido la declaración de nulidad de la Ley en varias ocasiones (B Verf. GE 36, 47) (B Verf. GE 19, 330). Ante tales enjuiciamientos y sanciones de nulidad, la crítica no se hizo esperar; un sector doctrinal se pregunta si lo anterior no supone una intervención en el proceso de decisión política, y un desplazamiento de la discrecionalidad del legislador por la del Tribunal, que resultan incompatibles con el principio democrático, y hacen funcionar al Tribunal como instancia de revisión; otro sector, contrariamente, considera que forma parte de la esencia del control constitucional, siempre y cuando no completen o sustituyan la determinación legislativa". Prosigue la autora apuntando que, "utilizando el argumento de que la Ley en el Estado de Derecho ha de ser apta para obtener los efectos que pretende, y debe de obedecer al mandato de igualdad, así como al de interdicción de la arbitrariedad, el Tribunal no ha dudado en valorar las prospectivas legislativas". Pone como ejemplo el caso de la Ley sobre la energía nuclear (B Verf. GE 49, 89, 130), a partir del cual "marcó el Tribunal de manera notoria un camino iniciado más tímidamente en otras resoluciones. No ya por la vía del *obiter dictum*, sino de manera expresa, entró a fondo a valorar las prospectivas

ámbito de la legislación penal, ha venido a suponer que el Tribunal Constitucional llegue a interpretar que, del descuido en la tarea de evaluar un norma penal (sobre todo "ex post") por parte del legislador, se puede derivar individualmente para los diputados una suerte de responsabilidad penal por omisión en la vulneración de un derecho fundamental[494].

Quizá esta jurisprudencia del Tribunal Constitucional alemán pueda ser una buena muestra de que, como apunta ORTIZ DE URBINA GIMENO, "la preocupación por las deficiencias del Ordenamiento

---

como 'exactas' o 'acertadas', 'falsas', 'justificables' o 'injustificables'. Las razones que esgrimió el Tribunal para declarar la nulidad de las leyes por defectuosa valoración de sus prospectivas, fueron las siguientes:

Que en el momento de dictar la ley, el legislador partió de una inexacta determinación de los hechos.

Que se formularon prospectivas cuya inexactitud era [reconocible] ya 'ex ante'.

Que se formularon prospectivas que sólo posteriormente pudieron ser reconocidas y tenidas como inexactas.

Debe advertirse que en las resoluciones en las que el Tribunal entró a valorar los hechos determinantes de las prospectivas legislativas, así como la evolución de aquéllos, hubo siempre un motivo de peso: la repercusión de las prospectivas en la limitación de los derechos fundamentales. La defensa de los derechos fundamentales permitió al Tribunal justificar la obligación del legislador de mantener una actitud constante de renovación legislativa para que la regulación de los derechos fundamentales permanezca siempre ajustada a la realidad, especialmente en lo que afecta a la proporcionalidad de la restricción que sufren y las condiciones de evolución de la sociedad".

La obligación impuesta al legislativo, según el Tribunal Constitucional, "proviene directamente de la Constitución; la obligación del legislativo de legislar teniendo en cuenta la proyección de los derechos fundamentales, proviene directamente del Estado de Derecho, ya que si la ley no es adecuada, necesaria, proporcional, clara y razonable no cumple el papel que le asigna el Estado social de Derecho [...]. Ahora bien, por las mismas razones que el Tribunal rectifica las prospectivas del legislativo, no hay nada que pueda impedir pensar qué ocurrirá si también el Tribunal incurre en incorrecta valoración de tales prospectivas, y qué ocurrirá con la fuerza vinculante de sus decisiones [...]. Tal vez ello ha motivado al Tribunal a recurrir más de una vez a la técnica de fijar un plazo al legislador, llamando su atención en orden a legislar persiguiendo, a través de la modificación de la norma, el equilibrio entre control y revisión jurisdiccional y distribución de poderes fijada en la Constitución. Según tal técnica, la norma pierde vigencia transcurrida la legislatura que el Tribunal ha fijado como término dentro del que debe procederse a reformar la ley; pero hasta ese momento se mantendrá en vigor pese a ser declarada incompatible con la Constitución en aras a la seguridad jurídica" (MONTORO CHINER, Mª.J.: *Adecuación al..., ob. cit.*, pp. 44-47).

[494] HOYER, A.: "La legislación penal en Alemania" (traducido por Fernando Guanarteme SÁNCHEZ LÁZARO), en NIETO MARTÍN, A./MUÑOZ DE MORALES ROMERO, M./BECERRA MUÑOZ, J. (DIRS.): *Hacia..., ob. cit.*, pp. 242-244.

jurídico se ha hecho sentir con especial fuerza en Alemania desde principios de los años ochenta", lo cual ha provocado que en los últimos tiempos se haya elaborado "una regulación del procedimiento de elaboración de proyectos normativos que resulta impresionante por su grado de sistematicidad y detalle", regulación compuesta por "diferentes normas y manuales de procedimiento" que constituyen en realidad una "recopilación y puesta por escrito de usos y prácticas que se venían desarrollando con anterioridad, con el objetivo de dotarlos de mayor uniformidad, fuerza vinculante y permanencia"[495].

La Ley Fundamental únicamente obliga en su art. 76.2 a que en el oficio de remisión desde el Gobierno, de toda norma para su aprobación, se haga constar cuál es la posición del "Bundesrat", en relación al proyecto y, en caso de que el Gobierno lo estime necesario, cuál es su posición frente al "Bundesrat". El Reglamento del "Bundestag", por otra parte, se limita a disponer que los proyectos de ley vayan acompañados de una "breve fundamentación". Pero se han dictado algunas normas que imponen el deber de preparar los proyectos de ley de acuerdo con ciertas directrices. Tales normas, sin embargo, tienen el carácter de disposiciones administrativas y, por tanto, sólo obligan en el ámbito interno de la Administración, de modo que su infracción no afecta a la validez de los proyectos elaborados por el Gobierno ni, tampoco, generan obligaciones del Gobierno Federal frente al "Bundestag". No obstante, se trata de normas importantes porque responden al propósito, tantas veces reiterado, de "simplificar y mejorar el Derecho positivo"[496].

Así, destaca la Ordenanza o "Reglamento interno de los Ministerios Federales" ("Gemeinsame Geschftsordnung der Bundesministerien", GGO)[497], inicialmente de 15 de octubre de 1976[498], pero con una nueva versión que fue aprobada por el Consejo de Ministros en septiembre de 2011. Como apunta ORTIZ DE URBINA GIMENO, esta nueva versión de la norma en cuestión se incluye dentro del programa "Estado moderno, Administración

495 ORTIZ DE URBINA GIMENO, Í.: "Técnica legislativa en Alemania", en MENÉNDEZ MENÉNDEZ, A./PAU PEDRÓN, A. (DIRS.): *La proliferación…, ob. cit.*, p. 426.

496 SAINZ MORENO, F.: "Antecedentes necesarios para pronunciarse sobre un proyecto de ley (Art. 88 CE)", en SAINZ MORENO, F./DA SILVA OCHOA, J.C.: *La calidad de las leyes*, Parlamento Vasco, Vitoria-Gasteiz, 1989, nota 2, p. 22.

497 *https://www.bmi.bund.de/SharedDocs/Downloads/DE/Veroeffentlichungen/ggo.pdf.*

498 SAINZ MORENO, F.: "Antecedentes necesarios…", *ob. cit.*, nota 2, p. 22.

moderna" ("Moderner Staat, moderne Verwaltung"), iniciado por el Gobierno Federal el 1 de diciembre de 1999 y que tiene como uno de sus principales objetivos "la extrapolación de los criterios de gestión tradicionalmente desarrollados en el sector privado al ámbito de lo público, en la órbita de lo que en Ciencia de la Administración se conoce como 'Nueva gestión pública' (*New Public Management*)"[499], como vimos en el caso suizo.

En lo que a la labor de evaluación legislativa se refiere, el § 44 de la GGO[500] exige la evaluación de cada borrador que presente el Ministro responsable, basada en las pautas generales del Ministro de Economía y en las sugerencias del Ministro del Interior[501]. De este modo, "el método generalmente utilizado es el de los estudios de impacto, dando prioridad al estudio y análisis de los costes presupuestarios de las normas"[502]: así, "la evaluación deberá centrarse en las repercusiones de la ley en general, y, en particular, en sus consecuencias [...] para la economía y para las empresas pequeñas y medianas", siendo preceptivo también dar audiencia "al Ministro de Economía y al de Tecnología, así como a las asociaciones pertinentes"[503]. Por

499 Ortiz de Urbina Gimeno, Í.: "Técnica legislativa...", *ob. cit.*, p. 427.

500 "1. Por 'consecuencias' de una ley hay que entender todos sus efectos, tanto los pretendidos como los no pretendidos. Para su averiguación se deberá trabajar conjuntamente con el ministerio competente en la materia de la que se trate. En el caso de las consecuencias financieras habrá de señalarse la base de los cálculos y suposiciones que se realicen.

2. A la hora de evaluar los efectos en el nivel de ingresos y gastos se incluirán aquellos que previsiblemente se deriven de la ejecución de la norma. En el caso del presupuesto federal, el cómputo de gastos e ingresos habrá de calcularse de acuerdo con el Ministerio de Hacienda (en caso de necesidad, se hará sólo una estimación). Si no se prevé que la norma vaya a tener efectos sobre los gastos e ingresos, tal circunstancia se hará constar expresamente en la exposición de motivos.

3. Se computarán por separado los costes para los presupuestos de los estados federados y de los municipios. Para hacerlo, el ministerio competente solicitará la colaboración de los estados federados y de las 'asociaciones de entes locales'.

4. En cooperación con el Ministerio de Economía y Tecnología y con participación de las asociaciones interesadas, se considerarán los costes para la economía, los efectos sobre el nivel de precios y los que puedan producirse para los consumidores.

5. En el caso de que así lo soliciten, se averiguarán los costes para el resto de los ministerios" (traducido por Ortiz de Urbina Gimeno, Í.: "Técnica legislativa...", *ob. cit.*, p. 435).

501 Karpen, U.: "La implantación...", *ob. cit.*, p. 68.

502 Montoro Chiner, Mª.J.: *La evaluación de...*, *ob. cit.*, p. 127.

503 Karpen, U.: "La implantación...", *ob. cit.*, p. 68.

tanto, en opinión de KARPEN[504], se puede afirmar que en Alemania "atrás quedaron los tiempos en los que la historia de un anteproyecto de ley se mencionaba sencillamente: 'coste del borrador: cero'[505].

En cualquier caso, como en Suiza, en Alemania se ha trabajado y se trabaja actualmente muchísimo para lograr introducir la evaluación prospectiva y retrospectiva y sus respectivas técnicas[506]. Entre las utilizadas en el país germano se encuentran los cuestionarios o listas de comprobación y/o evaluación (denominadas en italiano "griglia di fattibilità"), o "Checklisten" (también conocidas, por el color azul del formulario que las contiene, "Blauelisten" o "Blauen Prüffragen")[507]; o incluso, guías más o menos amplias, como por ejemplo, la Guía para la prognosis de las consecuencias de las leyes, desarrollada con mayor detalle en un Manual específico, documentos ambos auspiciados [que no editados] por el Ministerio Federal del Interior"[508].

---

504 En la actualidad, "la historia de cada ley se da con un mayor detalle, lo que significa prácticamente una evaluación prospectiva. Existen muchos estatutos que incluyen órdenes al gobierno para que informen sobre la puesta en práctica o la aplicación de la ley. Pudiera tratarse de órdenes generales que obligan a informar dentro de un plazo temporal específico, por ejemplo, a los dos años, cuatro años, y así sucesivamente. Con frecuencia las leyes incluyen obligaciones especiales para el gobierno, perspectivas concretas que deben tomarse en cuenta al presentar el informe al parlamento. Éste es el caso, por ejemplo, de la ley federal relativa al medio ambiente, que menciona de forma explícita los aspectos químicos y biológicos que deben considerarse" (KARPEN, U.: "La implantación...", *ob. cit.*, p. 68).

505 No parece estar de acuerdo con esta afirmación ORTIZ DE URBINA GIMENO, quien constata que no se detecta "gran esfuerzo en la averiguación de los costes a los que dará lugar la nueva regulación, que suelen ser considerados inexistentes, insignificantes o cubiertos por las dotaciones presupuestarias vigentes; por su parte, los costes que la regulación les supondrá a los estados federados y los entes locales se tasan ostensiblemente a la baja; finalmente, no suele incluirse información acerca de los costes que recaen sobre los particulares, y ello a pesar de la creciente insistencia de los especialistas en la necesidad de hacerlo, de que tal averiguación encuentra perfecto acomodo en el recién citado apdo. E [del contenido exigido a la "Portada" o "Vorblatt" de todo proyecto de ley] y de que se prevé de modo expreso en el parágrafo 44 *GGO*" (ORTIZ DE URBINA GIMENO, Í.: "Técnica legislativa...", *ob. cit.*, pp. 436-437).

506 MONTORO CHINER, Mª.J.: *La evaluación de...*, *ob. cit.*, p. 127.

507 Como vamos a ver, se trata de "un documento donde se formulan una serie de preguntas sobre Metódica de la Legislación, sistematizadas por temas, es decir, una relación formal y ordenada de preguntas a las cuales se somete sistemáticamente cada proyecto de ley con la finalidad de definir sus insuficiencias y sugerir al legislador las oportunas modificaciones, que deben ser respondidas en el proceso de preparación de los textos normativos" (GALIANA SAURA, Á.: La Ley..., *ob. cit.*, p. 281-282).

508 MARTÍN CASALS, M.: "La estructura básica...", *ob. cit.*, p. 255. Hay que reseñar también la existencia de dos importantes manuales de procedimiento: "el

De hecho, este Manual ("Leitfaden zur Gesetzesfolgenabschätzung", término éste último para el que se utiliza la abreviatura GFA) fue elaborado en julio de 2000[509] por los especialistas Carl BÖHRET[510] y Götz KONZENDORF también dentro del mencionado programa "Estado moderno, Administración moderna", lo cual no le ha restado relevancia ante los ojos del Ejecutivo alemán[511].

Pero volviendo sobre el anteriormente referido sistema de los cuestionarios, hay que destacar que éste ha alcanzado una cierta difusión en la República Federal de Alemania, no sólo en la Federación sino también en algunos Länder (recibiendo diversos nombres: "Prüffragen", "Fragenkatalog", "Prüfliste", etc.), pero, a juicio de SAINZ MORENO, "no ha logrado todavía convencer sobre su eficacia", en tanto "algunas de las 'cuestiones' que se incluyen en las 'listas' parecen demasiado simples (aunque no lo sean) y, sobre todo, porque no existe la obligación de publicar ni de enviar al Parlamento el

'Manual para la preparación de disposiciones legales y administrativas' (*Handbuch zur Vorbereitung von Rechts-und Verwaltungsvorschriften*), editado por el Ministerio del Interior en 1992, y el 'Manual de adecuación jurídico-formal' (*Handbuch zur Rechtsförmlichkeit*), editado por el Ministerio deJusticia en 1991 y cuya segunda edición data de 1999. Estos manuales, que ya tenían importancia en la práctica, han cobrado una mayor relevancia normativa tras la aprobación de la nueva *GGO*, que se remite expresamente a ellos en su parágrafo 42" (ORTIZ DE URBINA GIMENO, Í.: "Técnica legislativa...", *ob. cit.*, p. 428).

509 Sin haber sido modificadas con posterioridad a esa fecha (*http://www.bmi.bund.de/SharedDocs/Downloads/DE/Broschueren/2000/Leitfaden_Gesetzfolgenabschaetzung.html*).

510 Carl BÖHRET dirige el importante centro de investigación "Hochschule für Verwaltungswissenschaften", con sede en Speyer. Es uno de los mayores expertos a nivel europeo y mundial en evaluación de las consecuencias de las leyes, habiendo sido señalado, por cierto, como precursor (junto a Werner HUGGER), de un estudio de 1980 que inspiró la creación por parte del Estado alemán de las célebres "Blauen Prüffragen" a los que nos referiremos a continuación en el texto principal (SCHÄFFER, H.: "Evaluation and assessments...", *ob. cit.*, p. 142). Es de obligada consulta su manual sobre evaluación de las consecuencias de las leyes (BÖHRET, C.: *Handbuch Gesetzesfolgenabschätzung (GFA). Gesetze, Verordnungen, Verwaltungsvorschriften*, Nomos, Baden-Baden, 2001), así como sus artículos BÖHRET, C.: "Gesetzesfolgenabschätzung (GFA): Modisch oder hilfreich?", en SCHRECKENBERGER, W./MERTEN, D. (COORDS.): *Grundfragen der Gesetzgebungslehre. Aktualisierte Vortrage eines Seminars zur Gesetzgebungslehre (1996) an der Deutschen Hochschule für Verwaltungswissenschaften Speyer*, Duncker & Humblot, Berlin, 2000, pp. 131-158; y BÖHRET, C.: "Gesetzesfolgenabschätzung: Soll sie institutionalisiert werden?", en GRUPP, K./RONELLENFITSCH, M. (COORDS.): *Planung – Recht – Rechtsschutz. Festschrift für Willi Blümel zum 70. Geburtstag am 6. Januar 1999*, Duncker & Humblot, Berlin, 1999, pp. 51-65.

511 ORTIZ DE URBINA GIMENO, Í.: "Técnica legislativa...", *ob. cit.*, p. 429.

resultado de los cuestionarios"[512]. ¿Cuál es el contenido de estos cuestionarios? El Gobierno Federal, por Resolución de 11 de diciembre de 1984, tomó el acuerdo de obligar a todos aquellos que se ocupan da la elaboración de normas, y a aquellos otros que participan en ese proceso a plantearse una serie de diez preguntas sobre la "necesidad", "eficacia" e "inteligibilidad" de su proyecto. Estas diez preguntas fueron después desarrolladas por un catálogo más detallado, elaborado por los Ministros de Justicia y de Interior, a comienzos del año 1986. Dicho catálogo de preguntas (el mencionado anteriormente "Blauen Prüffragen") tiene el siguiente contenido[513]:

1. **¿Se debe intervenir?**
   1.1. ¿Qué se quiere lograr?
   1.2. ¿De dónde vienen las exigencias? ¿Qué fundamentos se invocan?
   1.3. ¿Cuál es la situación jurídica y fáctica actual?
   1.4. ¿Qué defectos se han encontrado?
   1.5. ¿Qué procesos de índole económica, científica, técnica, jurisprudencial etc., guardan relación especial con el problema?
   1.6. ¿Cuál es el número de afectados y de casos que hay que resolver?
   1.7. ¿Qué sucedería si nada se hace? (P. ej.: el problema se agravaría predeciblemente... permanecería invariable;... se resolvería con el paso del tiempo o por la autorregulación de las fuerzas sociales sin intervención estatal. ¿Con qué consecuencias?).
2. **¿Qué alternativas existen?**
   2.1. ¿Cuál ha sido el resultado del análisis del problema? ¿Dónde se encuentran las causas del problema? ¿Qué factores pueden influir?
   2.2. ¿Con qué instrumentos de carácter general puede alcanzarse la meta a la que se aspira, bien totalmente, bien con una aproximación aceptable? (P. ej.: medidas para una aplicación o ejecución más eficaz de las normas existentes; obras públicas; inversiones, programas de fomento; apoyo y estímulo a una acción propia de los afectados; aclaración por los Tribunales).
   2.3. ¿Cuáles son los mejores instrumentos de acción desde los siguientes puntos de vista?:
      a) Cargas y gravámenes para los ciudadanos y la economía.

[512] SAINZ MORENO, F.: "Antecedentes necesarios...", *ob. cit.*, nota 2, p. 22.
[513] SAINZ MORENO, F.: "Antecedentes necesarios...", *ob. cit.*, nota 2, p. 22.

b) Eficacia (precisión, grado y probabilidad de alcanzar la meta).
c) Costes y gastos para el presupuesto público.
d) Incidencias sobre la situación normativa existente y sobre los programas planeados.
e) Efectos laterales, efectos sucesivos.
f) Comprensión y disposición para aceptarlos por los destinatarios y por quienes tienen encomendada su ejecución.

2.4. ¿Con qué actuaciones podrían evitarse nuevas normas?

3. ¿Debe intervenir la Federación?

3.1. ¿Puede alcanzarse el objetivo previsto –en todo o en parte– por los Länder, Ayuntamientos u otros organismos públicos con los medios que tienen a su disposición?

3.2. ¿Por qué tiene que intervenir la Federación? (P. ej.: ¿La intervención se funda en la necesidad de garantizar la unidad de las condiciones de vida de acuerdo con lo dispuesto en el artículo 72,2, nº 3 de la Ley Fundamental?

3.3. ¿Hasta dónde deben emplearse las competencias estatales?

4. ¿Debe aprobarse una ley?

4.1. ¿Está sometida a la reserva de ley la materia que se va a regular?

4.2. ¿Es tan importante, por otros motivos, que su regulación deba reservarse al Parlamento?

4.3. En el caso de que no sea necesaria una ley formal, ¿Debe esa materia regularse mediante su reglamento? ¿Por qué no es suficiente una simple norma administrativa o, eventualmente, el estatuto de una corporación federal?

5. ¿Hay que actuar ahora?

5.1. ¿Qué supuestos de hecho y qué relaciones deben ser aún investigados? ¿Por qué debe ahora regularse esa materia?

5.2. ¿Por qué no se pueden esperar modificaciones predecibles o nuevas necesidades de una regulación e incluirlas en una misma norma –por ejemplo, mediante su entrada en vigor escalonada–?

6. ¿Es necesario que la regulación tenga esa extensión?

6.1. ¿Está libre el proyecto de innecesarios principios programáticos o de la descripción de objetivos del plan?

6.2. ¿Puede reducirse la profundidad de la regulación (diferenciaciones y detallismo) mediante una configuración más general (tipificación, globalización, conceptos indeterminados, cláusulas generales, atribución de discrecionalidad)?

6.3. ¿Pueden encomendarse los detalles, incluidas las modificaciones predecibles, a los titulares de la potestad reglamentaria (Länder o Federación) o incorporarse a disposiciones administrativas?

6.4. ¿Están ya regulados de otro modo los mismos casos, incluso por normas de rango superior? ¿Se puede evitar la doble regularización? Por ejemplo, mediante,

- un tratado internacional de eficacia inmediata,
- un Reglamento de la Comunidad Económica Europea
- una Ley Federal,
- un reglamento

6.5. ¿Existen reglas técnicas sobre el mismo objeto?

6.6. ¿Qué normas vigentes se verán afectadas por el precepto proyectado?

7. ¿Puede limitarse la duración de su vigencia?

7.1. ¿Es necesaria la regulación sólo para un lapso de tiempo predecible?

7.2. ¿Es admisible una regulación a prueba temporal?

8. ¿La regulación es comprensible y próxima a los ciudadanos?

8.1. ¿La nueva regulación se encuentra próxima a la comprensión y a la aceptabilidad de los ciudadanos?

8.2. ¿Por qué no se pueden suprimir las limitaciones de la libertad previstas, o los deberes de colaboración impuestos? Por ejemplo:

- prohibiciones, deberes de previa autorización o comunicación,
- comparecencia personal ante las autoridades,
- solicitudes, deberes de información y de justificación,
- sanciones o multas,
- otras cargas,

¿Pueden ser sustituidas por cargas menores? Por ejemplo: Deber de comunicación, en lugar de prohibición con reserva de autorización.

8.3. ¿En qué medida pueden reducirse al mínimo, los procedimientos de autorización o de aprobación que coinciden con otros?

8.4. ¿Pueden los afectados entender la nueva regulación a la vista de las palabras elegidas, de la construcción y extensión de las frases, así como de la sistemática, lógica y abstracción del precepto?

9. ¿Es practicable la norma?

9.1. ¿Es suficiente una regulación de tipo contractual o de responsabilidad civil que pueda evitar una ejecución administrativa?

9.2. ¿Por qué no se puede prescindir de nuevos controles públicos y de actos singulares de la Administración (o de la intervención de un Tribunal)?
9.3. ¿Son aplicables directamente las normas elegidas? ¿Permiten esperar la menor utilización posible de actos singulares para la ejecución de la ley?
9.4. ¿Pueden imponerse con los medios existentes las normas administrativas que crean obligaciones o establecen prohibiciones?
9.5. ¿Puede renunciarse a dictar normas especiales sobre procedimiento y protección judicial? ¿Por qué no se son suficientes las normas generales?
9.6. ¿Por qué no puede renunciarse a
   a) regulaciones de competencia y de organización,
   b) nuevas autoridades, órganos consultivos,
   c) reservas de colaboración,
   d) deberes de información, estadísticas públicas,
   e) condicionamientos técnicos (por ej.: impresos)?
9.7. ¿Qué autoridades deben asumir la ejecución?
9.8. ¿Qué conflictos de intereses hay que esperar que se produzcan en los titulares de la ejecución?
9.9. ¿Se ha atribuido a los encargados de la ejecución el necesario margen de libertad de acción?
9.10. ¿Cuál es la opinión que los encargados de la ejecución de la norma tienen sobre su claridad y finalidad así como la tarea que les corresponde en su ejecución?
9.11. ¿La regulación planeada se ha probado previamente con la participación de quienes han de ejecutarla?
   – ¿Por qué no?
   – ¿Con qué resultado?

10. ¿Guardan una adecuada relación la utilidad de la norma y su coste?

10.1. ¿Cuál es la cuantía del coste que la norma va a producir a sus destinatarios o a los afectados por ella? (Calcular o, si no es posible, describir, al menos en sus rasgos generales la clase y volumen del coste).
10.2. ¿Puede exigirse la carga de los costes adicionales de la norma a sus destinatarios –especialmente, a las pequeñas y medianas empresas–?
10.3. ¿En qué cuantía se producen costes y gastos adicionales con cargo a los presupuestos de la Federación, de los Länder y de los Ayuntamientos?

– Qué posibilidades de cobertura existen para esos costes adicionales?

10.4. ¿Se han realizado investigaciones sobre los costes y las utilidades?

– ¿Por qué no?
– ¿A qué resultado han conducido?

10.5. ¿De qué manera se van a conocer los efectos, gastos y eventuales efectos laterales de la nueva regulación después de su puesta en vigor?

El contenido de las respuestas dadas a esta serie de cuestiones no se envía al "Bundestag", aunque algunos de los temas forman parte de la "fundamentación" de los proyectos.

> Como apunta ORTIZ DE URBINA GIMENO, "aunque la GGO afirma haber incorporado los aspectos esenciales de la Blaueliste y haber vaciado a ésta de contenido (GGO, Capítulo 6, Sección 2, nota 3), lo cierto es que las indicaciones de este cuestionario de comprobación son en algunos aspectos más precisas que las que se encuentran en la GGO, de modo que no se puede considerar que hayan dejado de ser un instrumento muy útil a la hora de preparar y redactar el texto. La posibilidad de usar esta lista permanece en cualquier caso abierta, toda vez que se incluye tanto en el Manual para la preparación de disposiciones legales y administrativas (pp. 11-15) como en el Manual de adecuación jurídico-formal (pp. 227-230)"[514].

De hecho, los proyectos se publican por el "Bundestag" en un "impreso" ("Drücksache"), que incluye una serie de documentos destinados a informar sobre su significado y a aclarar sus preceptos. En la primera hoja se publica una breve exposición que responde a este sumario: "objetivo" del proyecto, "solución" que se propone, "alternativas" que existen, y "coste e incidencia sobre los precios". A continuación, se reproduce el oficio de la remisión del Canciller Federal al Presidente del "Bundestag". Después, se publica el texto del proyecto, acompañado de una "fundamentación" ("Begründung"), dividida en una "parte general" (sobre los principios del proyecto, su contenido general, la competencia para dictarlo, leyes afectadas y coste) y una "parte especial", dedicada al comentario detallado de cada uno de los artículos. Finalmente, se publica la "posición" que el

[514] ORTIZ DE URBINA GIMENO, Í.: "Técnica legislativa...", *ob. cit.*, p. 430.

Bundestag ha adoptado sobre el proyecto y, en su caso, la "contestación" que el Gobierno da a la misma[515].

Otras técnicas utilizadas se encuentran en las normas sobre los procedimientos de los parlamentos, que permiten la realización de evaluaciones respectivas y retrospectivas. Así, los comités informan al pleno de las cámaras legislativas de que deben realizar una exhaustiva evaluación "ex ante". Una herramienta frecuente de la evaluación "ex post" son las preguntas habituales que se realizan en las sesiones plenarias y las interpelaciones individuales de los diputados. El país cuenta con una larga tradición en lo que respecta a la cantidad de interpelaciones, por lo que, según KARPEN, no queda prácticamente aspecto alguno de la ley que no quede evaluado "ex post"[516].

También está presente, como en Austria, el debate sobre la institucionalización de la evaluación de las normas, propugnándose que sea llevada a cabo por instituciones independientes, habiendo sido enormemente positiva la experiencia llevada a cabo por las oficinas encargadas de la evaluación de las normas en sede parlamentaria. Apunta MONTORO CHINER que no se descarta tampoco llevarla a cabo a través de los Tribunales de Cuentas, utilizando sistemas de contabilidad y de análisis de políticas públicas, y dan gran valor a la que puedan llevar a cabo grupos independientes instituidos en Consejos académicos; también es importante la evaluación llevada a cabo por los órganos parlamentarios de los Länder[517].

KARPEN hace un balance de los pros y los contras del sistema de evaluación legislativa en Alemania. Por un lado, considera que la evaluación incrementa el conocimiento y la racionalidad de las leyes, y muestra con mayor claridad quién es responsable de las consecuencias de un proyecto de ley. Los argumentos en contra versan sobre una posible "arrogancia de los redactores", que se muestran poco dispuestos a que, en el caso de la evaluación "ex ante", su proyecto normativo sea modificado. Además, también se discute el mensaje de la evaluación y su fiabilidad, así como, por supuesto, su coste, pues se estima que una rigurosa evaluación "ex ante" puede costar desde unos cien mil euros hasta unos seiscientos mil euros o, incluso un millón, lo cual supone que la evaluación no podría ser llevada a

---

515 SAINZ MORENO, F.: "Antecedentes necesarios...", *ob. cit.*, nota 2, p. 22.

516 KARPEN, U.: "La implantación...", *ob. cit.*, p. 68.

517 MONTORO CHINER, Mª.J.: *La evaluación de..., ob. cit.*, p. 127.

cabo ni con todas las normas ni con todos los proyectos de norma. No obstante, para Karpen, en realidad el resultado del balance de pros y contras es positivo: la evaluación no lo es todo y no sustituye la decisión política, pero la decisión política podría ser mejorada considerablemente por la evaluación. Así, el autor considera que no hay duda en este sentido de que ciertas áreas de legislación, como las leyes fiscales, merecen mucho más la evaluación, de la que podrían sacar un provecho considerable[518].

4. ÁMBITO ESCANDINAVO

4.1. Suecia

En el caso de la evaluación de políticas públicas, según Montoro Chiner, Suecia reúne unas características especiales: pues, por un lado, "no hay un organismo ni unas directrices continuadas de evaluación", aunque, por otro lado, "el peculiar sistema administrativo tiene unas vertientes que las hacen asemejar a un proceso de evolución permanente", en tanto "hay toda una cadena de actores que de una u otra forma vigilan" por el cumplimiento de las políticas públicas[519]. Y es que en este país escandinavo se considera que "la mejor evaluación es la evaluación que con su opinión pública emite la sociedad" y ello se lleva a cabo a través del sistema denominado "remiss", consistente en la aportación de "informes y opiniones de grupos (como Universidades, aplicadores...), que intervienen en el curso de la composición del anteproyecto; y la Administración asume con posterioridad estas opiniones en la redacción de su propio proyecto de norma"[520].

Centrándonos en la evaluación legislativa, hay que decir que en Suecia el proceso de legislación normalmente incluye un extenso trabajo de investigación. Con frecuencia, el proceso comienza una vez se establece un "Comité Gubernamental", normalmente a través de la forma de un "Comité de investigación"[521], que cuentan

---

518 Karpen, U.: "Evaluation of laws in the Federal Republic of Germany", en Karpen, U. (Ed.): *Evaluation of legislation..., ob. cit.*, p. 74.

519 Osés Abando, J.: "La evaluación...", *ob. cit.*, p. 157.

520 Montoro Chiner, Mª.J.: *La evaluación de..., ob. cit.*, pp. 128-129.

521 Otra posibilidad es la creación de un "Comité Ministerial o Departamental", con menos miembros y "aspiraciones más reducidas", lo cual permite que puedan

"con una larga tradición en la política sueca" como apunta MAROTO CALATAYUD[522]. Los Comités suelen incluir, según explica KARPEN, "a expertos (expertos legales, además de en el campo específico sobre el que se trabaje), así como miembros del parlamento y representantes de los ciudadanos" y permanecen activos durante un período no superior a dos años[523]. El trabajo del Comité normalmente incluye la realización de estudios y consultas de gran envergadura (por ejemplo, enviar cuestionarios u organizar audiencias orales, o realizar viajes de estudios, ya sea dentro de Suecia o al extranjero) y el cálculo del coste de una propuesta de ley (sea nueva o una reforma de una existente) antes de que sea formulada como tal[524].

Posteriormente, explica KARPEN, "una vez el comité ha completado su trabajo y publicado su informe", el ministerio en cuestión lo remitirá obligatoriamente "a distintos organismos y organizaciones para su consideración" (el anteriormente mencionado "remiss"), cuyas opiniones son recibidas por el propio ministerio, tras lo cual "se realizarán estudios y análisis adicionales dentro del ministerio o ministerios implicados, y, en ocasiones, incluso será necesario realizar investigaciones complementarias"[525]. Es en ese momento cuando, "el gobierno, tomando en consideración todo el material disponible, tomará la decisión que considere oportuna y que pudiera conllevar el envío de un anteproyecto de ley al parlamento"[526].

Hay que puntualizar que otros organismos de control que realizan evaluaciones legislativas en Suecia son el "Defensor del pueblo" y los "Auditores" del Parlamento y del Canciller de Justicia[527], aunque su importancia parece ser secundaria.

Es importante destacar que en Suecia se ha introducido un sistema según el cual todo borrador de ley deberá ser analizado, por un departamento especial perteneciente al Ministerio de Justicia, com-

evacuar el correspondiente informe en menos tiempo (MAROTO CALATAYUD, M.: "Evaluación y racionalidad político-criminal en los procedimientos legislativos: el ejemplo de Suecia", en NIETO MARTÍN, A./MUÑOZ DE MORALES ROMERO, M./ BECERRA MUÑOZ, J. (DIRS.): *Hacia...*, *ob. cit.*, p. 187).

522 MAROTO CALATAYUD, M.: "Evaluación...", *ob. cit.*, p. 186.

523 KARPEN, U.: "La implantación...", *ob. cit.*, pp. 74-75.

524 KARPEN, U.: "La implantación...", *ob. cit.*, pp. 74-75.

525 KARPEN, U.: "La implantación...", *ob. cit.*, p. 75.

526 KARPEN, U.: "La implantación...", *ob. cit.*, p. 75.

527 KARPEN, U.: "La implantación...", *ob. cit.*, p. 77.

puesto por lingüistas, antes de concluirlo y enviar el anteproyecto al Parlamento.

Además, como norma general, no es posible enviar un proyecto de ley al Parlamento sueco si no se ha remitido anteriormente al denominado "Consejo de Leyes" o "Consejo Legislativo"[528], que es un órgano independiente formado por jueces de los tribunales superiores (el Tribunal Supremo y el Alto Tribunal Administrativo)[529], así como por "otros juristas de reconocido prestigio, como miembros retirados de estos tribunales"[530]. Subraya KARPEN que su tarea más importante es decidir si el anteproyecto es compatible con las leyes fundamentales y con el sistema legal en general, aparte de que "ha de analizar si la propuesta está formulada de tal forma que cumpla con sus objetivos y qué problemas pudieran surgir como consecuencia de la aplicación de la ley"[531]. En concreto, según apunta MAROTO CALATAYUD, el "Consejo Legislativo" evalúa "ex ante" los siguientes aspectos[532]: la compatibilidad del proyecto de ley con las disposiciones constitucionales y el ordenamiento jurídico (incluido el supranacional), la coherencia interna de la propuesta y su respeto de la seguridad jurídica, así como si está diseñada para cumplir sus objetivos y si pueden surgir problemas en su aplicación.

Valga concluir que las opiniones que expresa el "Consejo Legislativo" son de naturaleza consultiva, es decir, no son vinculantes para el gobierno o el parlamento, pese a lo cual, normalmente se aceptan[533].

Después de que el "Consejo Legislativo" haya enviado su informe al Ministerio en cuestión, éste, tomando en consideración dicho informe, finalizará el anteproyecto y lo enviará al Parlamento. Incluso allí, ya en fase legislativa por tanto, se examinará con cuidado antes de promulgar definitivamente la ley[534].

Finalmente, en cuanto a la evaluación "ex post", después de que una ley lleve en vigor algún tiempo, "podrán iniciarse los estudios pertinentes para decidir si la ley es eficaz o no, y se llevarán a cabo,

528 *http://www.lagradet.se/.*
529 KARPEN, U.: "La implantación...", *ob. cit.*, p. 76.
530 MAROTO CALATAYUD, M.: "Evaluación...", *ob. cit.*, p. 194.
531 KARPEN, U.: "La implantación...", *ob. cit.*, p. 76.
532 MAROTO CALATAYUD, M.: "Evaluación...", *ob. cit.*, p. 194.
533 KARPEN, U.: "La implantación...", *ob. cit.*, p. 76.
534 KARPEN, U.: "La implantación...", *ob. cit.*, p. 76.

en primer lugar, dentro del ministerio o ministerios implicados". No obstante, dicha evaluación "ex post" también "podrá encomendarse a algún organismo existente o a algún comité especial" y, si no, "las administraciones que tengan la obligación de supervisar la ley estarán obligadas a informar si dicha ley funciona correctamente o no y a proponer los cambios adecuados"[535].

En concreto, en el ámbito del Derecho penal, la evaluación continuamente es ejecutada por el "Consejo Nacional Sueco de Prevención del Delito" (BRÅ)[536]. A grandes rasgos, se puede decir que este Consejo publica las estadísticas relativas al índice de delitos e, incluso, inicia estudios para, entre otras cosas, averiguar si las leyes penales son eficaces[537], los cuales "son utilizados tanto en el poder judicial como en el ejecutivo y en el legislativo"[538]. Más extensamente, siguiendo a MAROTO CALATAYUD, fue creado en 1974 y depende del Ministerio de Justicia, y se configura "como un centro de investigación cuyo objetivo es prestar apoyo, mejorar la base científica y las metodologías de análisis e intervención en materia político-criminal"[539]. Lo dirige un consejo "compuesto por diez miembros" (entre ellos un Director General), designados por el gobierno, contando con "una plantilla permanente de 60 personas, la mayoría sociólogos y criminólogos, aunque parte del personal tiene formación jurídica", así como con un consejo científico, un grupo de asesoramiento, un secretariado especial "para el estudio de la delincuencia económica y organizada", y distintas divisiones especializadas, agrupadas en cuatro áreas de actividad esenciales: investigación y desarrollo, evaluación de reformas, estadísticas y prevención del delito a nivel local[540].

Valga apuntar además, de nuevo en el plano "ex post", que Suecia no tiene ningún Tribunal Constitucional con la tarea de examinar si las leyes que han sido promulgadas respetan la Constitución y el resto del Ordenamiento jurídico. Por ello, aparte de la función de control "ex ante" que hemos dicho que tiene encomendada el "Consejo Legislativo", la jurisdicción ordinaria, desde los tribunales de distri-

---

535 KARPEN, U.: "La implantación...", *ob. cit.*, p. 77.

536 *http://www.bra.se/*.

537 MAGNUSSON, S.: "Evaluation of legislation – Swedish experience", en VV.AA.: *Evaluation of legislation. Proceedings...*, *ob. cit.*, p. 88.

538 MAROTO CALATAYUD, M.: "Evaluación...", *ob. cit.*, p. 191.

539 MAROTO CALATAYUD, M.: "Evaluación...", *ob. cit.*, p. 191.

540 MAROTO CALATAYUD, M.: "Evaluación...", *ob. cit.*, p. 191.

to hasta los tribunales superiores, tienen la autoridad para dejar de lado cualquier provisión legal que, según las conclusiones de los tribunales, se encuentre en conflicto con la Constitución con otra ley superior[541].

4.2. Finlandia

En Finlandia nos encontramos[542] con que, entre las posibles iniciativas que pongan en marcha el proceso legislativo, se contempla expresamente la posibilidad de que el mismo dé inicio a instancia del Ministerio de Justicia, sobre la base de "información recabada, estudios o informes, o por el seguimiento de la implementación e impacto" de normas ya aplicadas.

Desde la perspectiva evaluativa "ex ante", se contempla una fase de "preparación preliminar" de todo proyecto de ley, que incluye, como decíamos, hacer acopio de información y de los intangibles sobre el objetivo o tema de que trate la iniciativa legislativa en cuestión, además de una evaluación sobre la necesidad de acometer el proyecto legislativo, así como una planificación de los objetivos, dirección e implementación del mismo. Esta "preparación preliminar" puede concluir con el envío de la iniciativa legislativa al Parlamento, pero también con la decisión de no iniciar el proceso legislativo.

A continuación se inicia la fase de redacción del proyecto que, normalmente, será llevada a cabo por el Ministerio de Justicia conforme a sus "Orientaciones de tramitación legislativa" del año 2006[543] que prevén una completa evaluación "ex ante" del proyecto[544]. Durante la misma se examina con exhaustividad y detalle la materia de que se trate, poniéndola en relación adicionalmente con la Constitución y otras normas, determinando además las posibles soluciones alternativas a la regulación que se pretenda abordar, y tomando en consideración el impacto de las mismas, incluyendo la consulta a los posibles afectados o grupos de interés ("stakeholders"), que se lleva a cabo

[541] MAGNUSSON, S.: "Evaluation of legislation – Swedish...", *ob. cit.*, p. 87.

[542] *http://lainvalmistelu.finlex.fi/en/.*

[543] *http://oikeusministerio.fi/fi/index/julkaisut/julkaisuarkisto/20063billdraftinginstructions.html.*

[544] ERVASTI, K./TALA, J.: *The drafting of legislation and an Assessment of its impact in Finland*, Ministry of Finance, Helsinki, 1997.

conforme a unas "Directrices" aprobadas por el Gobierno que datan de 10 de marzo de 2010[545]. Los posibles impactos analizados son de tipo económico, en la Administración Pública, de tipo medioambiental y de tipo social, a través de una "checklist" contenida en otras "Directrices" aprobadas por el Ministerio de Justicia en 2008 y dedicadas específicamente al "Análisis de Impacto en el Procedimiento Legislativo" (pp. 45-57)[546]. Todos estos análisis deben ser consignados en el proyecto legislativo de que se trate.

A partir de este momento se crea un grupo de preparación del proyecto, pudiendo estar compuesto por un comité, comisión o un grupo de asesores o de trabajo del que formen parte grupos de interés, representantes de otros ministerios, expertos en el campo en cuestión y políticos. Dicho grupo será el responsable de llevar a cabo el análisis de impacto de la propuesta legislativa. Quien sea nombrado secretario del mismo, redacta el texto de la norma a tramitar, bajo la dirección del presidente del mismo, en el formulario correspondiente para un proyecto legislativo.

Una vez redactado el borrador, se pasa a consulta de todos los grupos de interés considerados clave, para que realicen comentarios al mismo, incluso en el caso de que tales grupos hayan formado parte de la "preparación preliminar". Esa consulta se dirige a todos los grupos de interés conocidos pero, además, se publica para que otros interesados o afectados puedan también tener la oportunidad de realizar comentarios al respecto del proyecto normativo. Todos los comentarios recibidos son compilados en un informe que, además, es publicado.

El contenido del proyecto legislativo es revisado sobre la base del "feedback" obtenido durante la fase de consulta, para su posterior traducción del suomi al sueco (que es la segunda lengua oficial en Finlandia). El texto, escrito en ambos idiomas, se somete a la "Unidad de Inspección Legislativa" del Ministerio de Justicia con el objeto de comprobar que las propuestas que contiene se han formulado cumpliendo con las "Orientaciones de tramitación legislativa" antes mencionadas y que las versiones en ambos idiomas son consis-

---

[545] *http://oikeusministerio.fi/material/attachments/om/toiminta/laitjalainvalmistelunkehittaminen/WvbIuN9RH/Consultation_in_legislative_drafting_guidelines.pdf.*

[546] *http://oikeusministerio.fi/fi/index/julkaisut/julkaisuarkisto/200804impactassessmentinlegislativedrafting.guidelines/Files/OMJU_2008_4.pdf.*

tentes. En esta inspección, se comprueba por tanto que la estructura técnica es correcta, que el contenido de la propuesta es consistente y que está de acuerdo con los principios generales y otras previsiones, iguales o similares, sobre la materia de que se trate. Se presta especial atención a la precisión lingüística, la comprensibilidad del texto y a la consistencia de la propuesta. Las observaciones realizadas durante esta inspección pasan a conformar la base para una nueva revisión de los textos.

En una siguiente fase, se procede a una revisión del proyecto, presentado por el Ministerio que esté a cargo (normalmente el de Justicia, como hemos dicho) por parte del Gobierno. En concreto, la decisión de remitir el proyecto legislativo al Parlamento es adoptada por el Gobierno en sesión plenaria, antes de la cual cualquier propuesta que tenga impactos financieros significativos debe ser informada por el "Comité de Finanzas del Gabinete". También con carácter previo a esa sesión plenaria se discute el proyecto en grupos de trabajo ministeriales, comités del Gabinete, reuniones informales del Gobierno y, en fin, en diferentes negociaciones políticas, en las cuales incluso pueden participar representantes de los grupos parlamentarios de la oposición. El ponente del proyecto en la sesión plenaria del Gobierno será el Ministro responsable del proyecto y las decisiones que el ejecutivo adopte al respecto son publicadas en su web oficial.

A continuación el proyecto es remitido al Parlamento, como ocurre con unos 220-300 proyectos anualmente, ante lo cual el Primer Ministro remite al órgano legislativo un listado semianual de los proyectos que serán remitidos durante los seis meses siguientes, a los efectos de que el Parlamento pueda planificar sus trabajos. Pues bien, una vez recibido en el Parlamento el proyecto y la documentación adjunta al mismo, éste es sometido a tres niveles de discusión y análisis:

— En primer lugar, en un debate preliminar el Ministro en cuestión presenta la propuesta del Gobierno, tras el cual los grupos parlamentarios y (y también los diputados individualmente) expresan su opinión sobre el tema.
— En segundo lugar, en una revisión detallada en el seno de la comisión parlamentaria de que se trate por razón de la materia (que puede recabar informes u opiniones de otras

comisiones parlamentarias), la discusión normalmente comienza con las preguntas dirigidas por sus miembros a quien haya sido designado como representante del ministerio, como experto, para exponer la propuesta legislativa. La comisión normalmente escucha a expertos y representantes de grupos de interés durante esta evaluación intermedia o legislativa del proyecto; y recaba información adicional del ministerio competente si lo precisa.

— En tercer lugar, el Parlamento, tras recibir el informe de la comisión parlamentaria responsable, decide en sesión plenaria sobre los concretos contenidos del proyecto legislativo y su aprobación.

Una vez que se haya producido la aprobación, en su caso, se procede a la promulgación del texto del proyecto como ley, que a partir de ese momento entra en vigor y se procede a su aplicación e implementación, lo cual requiere normalmente la planificación previa por parte del Ministerio impulsor del proyecto normativo, en colaboración con las autoridades responsables por razón de la materia (incluidos los Juzgados y Tribunales), de las medidas a aplicar. Entre los factores que se contemplan en ese plan de implementación se tienen en consideración, principalmente, los siguientes:

— suficientes recursos humanos, expertos, herramientas y otros recursos que puedan ser necesarios,
— cooperación eficaz y eficiente con otras autoridades que tengan funciones o competencias en la materia de que se trate,
— ayuda y orientación desde las instancias más altas de autoridad, evitando excesivas interferencias en detalles o asuntos que sean propios del ámbito de competencia de los niveles de autoridad más bajos,
— y consulta, como ya se ha dicho, durante el proceso de aprobación del proyecto a los grupos de interés afectados por la normativa.

Una vez que comienza a ser implementada y aplicada a la norma, ya en lo que se refiere a la evaluación "ex post", se procede al seguimiento de la misma. El objetivo es evaluar la eficacia y efectividad de la legislación y, así, poder detectar las necesidades que puedan dar lugar a su reforma. De hecho, la tramitación de cualquier reforma legislativa debe incluir cuál ha sido el seguimiento de los efectos de la norma a reformar y un análisis de sus impactos. Tal seguimiento se lleva a cabo por el ministerio responsable de la tramitación del proyecto en su día, que en tal momento debió incluir anticipadamente en el texto del proyecto legislativo el diseño y descripción de tal evaluación "ex post", incluyendo las áreas que se deberían analizar y los recursos necesarios para ello: se considera que una planificación previa y adecuada de la supervisión o seguimiento de la legislación ayuda a determinar el modo en que los impactos de la misma han de ser percibidos en la práctica. Entre las herramientas de seguimiento o evaluación "ex post" se incluyen estudios e informes, estadísticas, resoluciones judiciales, decisiones de autoridades administrativas, consultas y discusiones y encuestas o cualquier otro instrumento que permita recibir el "feedback" de la aplicación de la norma de que se trate. El seguimiento de la aplicación o evaluación "ex post" de los efectos de la legislación puede ser considerado como adecuado cuando cumple con los siguientes requisitos, según lo estipulado por el propio Ordenamiento finlandés:

— enfoque sistemático, oportuno y suficientemente amplio;
— comparación de los resultados con los objetivos de la legislación y con los impactos previstos durante la tramitación del proyecto "ex ante";
— registro de herramientas o instrumentos, métodos y resultados de un modo que permitan una fácil referencia futura de los mismos.

Si nos referimos específicamente al ámbito penal, es muy importante el papel desempeñado en la evaluación legislativa por parte del "Kriminologian ja oikeuspolitiikan instituutti" (KRIMO)[547] –muy similar al BRÅ sueco–, esto es, el "Instituto de Criminología y Política Legislativa", cuyo Director es el Prof. Dr. Tapio Lappi-Seppälä desde 1995, ya en la época en que el mismo se llamaba "Instituto Nacional de Investigación en Política Legislativa"[548] (y que fue creado entonces como tal por Ley 51/1974, de 18 de enero (reformada por Ley 1424/1991, de 13 de diciembre)[549]. El actual "Instituto de Criminología y Política Legislativa" debe su configuración y estatuto a

[547] *http://www.helsinki.fi/kriminologian-ja-oikeuspolitiikan-instituutti/.*

[548] Cuyo precedente, a su vez, fue el "Instituto de Criminología" fundado en 1963.

[549] AROMAA, K.: "National Research Institute of Legal Policy, Helsinki, Finland", en *European Journal on Criminal Policy and Research*, vol. 4 (3), 1996, pp. 138-142.

la Ley 1139/2007, reformada por Ley 1066/2014, de 12 de diciembre, habiendo determinado esta última norma su integración administrativa, a partir del 1 de enero de 2015, en la Universidad de Helsinki (dentro de la Facultad de Ciencias Sociales y, en concreto, dentro del Departamento de Investigación Social). Se encuentra especializado en la investigación y seguimiento (indistintamente con un enfoque "ex ante" o "ex post") de la delincuencia en Finlandia, teniendo encomendadas por Ley, como tareas concretas de investigación, las siguientes:

— practicar investigaciones independientes sobre política legislativa sobre la base de las necesidades del Ministerio de Justicia y de la sociedad en general;
— supervisar la política legislativa y la delincuencia, para analizar su evolución;
— mantener las bases de datos de investigación que sean necesarias para llevar a cabo las tareas de investigación que le son encomendadas.

A efectos organizativos, simplemente valga dejar constancia de que, entre los nueve miembros que componen el Comité Ejecutivo del Instituto, se incluyen cuatro a designación del Ministerio de Justicia y dos nombrados, respectivamente, por el Ministerio de Educación y Cultura, asegurándose así de que las investigaciones del Instituto revisten "interés político" y no meramente académico. En cuanto a su administración y recursos financieros, en la actualidad depende del presupuesto de la Universidad de Helsinki.

La propia Ley que aprueba el estatuto del "KRIMO" contempla que (sin perjuicio de las disposiciones relativas a las órdenes de secreto y confidencialidad emitidas por los tribunales, así como otras restricciones sobre el derecho de acceso a la información) pueda solicitar la información necesaria para llevar a cabo sus tareas de investigación y supervisión o evaluación legislativa a los organismos competentes, incluyendo todo tipo de información sobre procesamientos penales y resoluciones judiciales en esta materia, asistencia jurídica, conciliación y solución de controversias a través de la Oficina correspondiente, antecedentes penales e, incluso, policiales. También pueden recabar del "Departamento de Salud y Bienestar" toda información de carácter psiquiátrico forense, incluidas las evaluaciones de riesgo, así como de la "Tesorería del Estado" en relación con los daños patrimoniales que puedan ser causados a través del delito.

5. ÁMBITO LATINO

5.1. Francia

A juicio de OSÉS ABANDO, resulta "paradójico que en el país que es la cuna de la planificación y del sistema público administrativo continental, se haya prestado tan poca atención a la evaluación"[550]. No obstante, sí se han dado ciertos pasos, sobre todo en la última década, para configurar ciertos instrumentos dedicados a la evaluación de las leyes.

Así, como primer gran hito en la evolución de la evaluación normativa en este país, encontramos el "Informe Viveret", elaborado "a raíz de la positiva experiencia de la Ley del salario mínimo" y que propuso al Gobierno "el decidido impulso a un mecanismo estable de evaluación bajo cinco parámetros básicos". Como resultado de tal Informe, se promulgó el Decreto 90-82, de 22 de enero de 1990, relativo a la evaluación de las políticas públicas, cuyos objetivos se resumen en la definición de evaluación que se refleja en su artículo 1-2: "investigar si los medios jurídicos, administrativos o financieros aplicados permiten lograr los efectos perseguidos por la política pública y alcanzar los objetivos que le son asignados", imponiendo, por tanto, una evaluación "ex ante" o en prospectiva[551].

Según KARPEN, la evaluación de las leyes en Francia está influida por el "Sistema de Planificación, Programación y Presupuestación" ("Planning, Programming and Budgeting System", PPBS) americano"[552], que supone que se propugne una evaluación "ex ante" y "ex post" de las normas, siendo muy efectiva en este sentido[553] la evaluación que acomete la "Court des Comptes"[554] en esta materia presupuestaria.

No obstante, el organismo más influyente en materia evaluativa es el "Conseil Scientifique de l'Évaluation" (CSE), pues, sin ir más lejos, la evaluación interministerial de los anteproyectos de ley sigue las pautas del CSE. La principal evaluación "ex ante" se prepara en la

---

550 OSÉS ABANDO, J.: "La evaluación...", *ob. cit.*, p. 147.

551 OSÉS ABANDO, J.: "La evaluación...", *ob. cit.*, pp. 148-149.

552 KARPEN, U.: "La implantación...", *ob. cit.*, p. 65.

553 MONTORO CHINER, Mª.J.: *La evaluación de..., ob. cit.*, p. 129.

554 *https://www.ccomptes.fr/*.

oficina de planificación central del gobierno ("Commisarial General du Plan")[555], pero el CSE es "el garante de la calidad de la evaluación en un triple sentido: calidad técnica, respecto a las reglas deontológicas y objetividad, y "debe ser consultado en todos los proyectos evaluativos y publica un informe anual". Este órgano está compuesto por "once miembros designados por decreto para un período de seis años no renovables, elegidos por su competencia profesional"[556].

En cuanto al papel de la Asamblea Nacional y el Senado, han surgido en el seno de estos órganos "algunas iniciativas tendentes a asociar al Parlamento al debate sobre las políticas públicas", como la del "seguimiento y evaluación del cumplimiento de las leyes", el cual es, precisamente "uno de los aspectos más prometedores para la efectiva implicación parlamentaria"[557]. Es reseñable en este punto que la organización de las unidades y organismos de apoyo dentro de la Asamblea se modificó hace poco tiempo pues, según recoge Karpen, ha habido hasta 2009[558] una "Office Parlamentaire de l'Évaluation de la Législation" y hasta 2001 una "Office Parlamentaire de l'Évaluation des Politiques Publiques"[559], que fueron sustituidas por el "Comité de evaluación y de control de las políticas públicas" (CEC)[560] tras la reforma constitucional de 2008[561]. El informe final sobre la evaluación de los proyectos legislativos en la Asamblea lo prepara la "Mission d'Évaluation et de Contrôle"[562] (que forma parte del "Comité de Finanzas").

Otros órganos a mencionar son el "Comité Interministerial de Evaluación" (CIME), que se configura como una "pieza decisoria básica del mecanismo evaluatorio" y que tiene naturaleza gubernamental, siendo su misión "aprobar los proyectos de evaluación de carácter interministerial, así como aquellos que se pueden beneficiar del Fondo Nacional de desarrollo de la evaluación" dependiente del Primer Ministro"[563].

---

555 Karpen, U.: "La implantación...", *ob. cit.*, pp. 65-66.

556 Osés Abando, J.: "La evaluación...", *ob. cit.*, p. 149.

557 Osés Abando, J.: "La evaluación...", *ob. cit.*, p. 150.

558 *http://www.assemblee-nationale.fr/connaissance/office-legislation.asp.*

559 *http://www.assemblee-nationale.fr/11/documents/index-oepp.asp.*

560 *http://www2.assemblee-nationale.fr/14/les-delegations-comite-et-office-parlementaire/comite-d-evaluation-et-de-controle-des-politiques-publiques/.*

561 García-Escudero Márquez, P.: *Técnica legislativa...*, *ob. cit.*, p. 189.

562 *http://www2.assemblee-nationale.fr/14/commissions-permanentes/commission-des-finances/mec/mission-d-evaluation-et-de-controle.*

563 Osés Abando, J.: "La evaluación...", *ob. cit.*, p. 149.

En el ámbito de la legislación penal hay que mencionar a la "Direction des affaires criminelles et des grâces"[564], que se compone de las siguientes Subdirecciones y Oficinas, algunas de las cuales "colaboran en la elaboración de los proyectos penales de reforma legislativa y reglamentaria, así como, bajo la autoridad del Ministerio de Justicia, en la definición de las políticas penales"[565]:

Sous-direction du droit pénal général et international:

— bureau de la législation pénale générale[566],
— bureau de l'entraide répressive internationale et des conventions pénales,
— bureau des études;

Sous-direction des affaires pénales générales et des grâces:

— bureau de la police judiciaire,
— bureau de la justice pénale et des libertés individuelles,
— bureau de la lutte contre le terrorisme et de la protection des intérêts fondamentaux de la nation,
— bureau de la protection des victimes et de la prévention,
— bureau des grâces et de l'application des peines;

Sous-direction des affaires économiques et financières et de la lutte contre la criminalité organisée:

— bureau de la politique criminelle et de la législation pénale en matière économique, financière, fiscale et sociale,
— bureau de la lutte contre la criminalité organisée, le trafic de stupéfiants et le blanchiment,
— bureau de la lutte contre la fraude économique et financière,
— bureau de la santé publique, du droit social et de l'environnement.

5.2. Italia

En el país transalpino, la evaluación de las normas se fundamenta en primer lugar en la Ley 208/1999[567], que, tras el precedente de

564 *http://www.archives-judiciaires.justice.gouv.fr/index.php?rubrique=10774&ssrubrique=10828.*

565 DÍEZ RIPOLLÉS, J.L./BECERRA MUÑOZ, J.: *Recomendaciones de reforma…, ob. cit.*, p. 4.

566 *https://lannuaire.service-public.fr/gouvernement/administration-centrale-ou-ministere_181288.*

567 *http://www.rgs.mef.gov.it/VERSIONE-I/Attivit--i/Bilancio_di_previsione/Missioni_e_programmi_delle_ACdS/LaPrecedentestrutturadelbilancio468/LA-LEGGE-N2/.*

la Ley 362/1988[568], reorganizó "el proceso presupuestario como un sistema general de métodos de evaluación de políticas públicas", que es llevado a cabo por la "Camera dei Deputati"[569]. Así "se han introducido procedimientos de evaluación y de consulta prelegislativa en las Normas de Procedimientos de la Cámara, tomando como base el modelo utilizado para la valoración del impacto económico"[570]. En concreto, tienen importancia dos artículos de las Normas de la "Camera dei Deputati", introducidos en 1998: el artículo 79, en sus párrafos 4 y 5, especialmente sobre la evaluación prelegislativa en las Comisiones, y el art. 16 bis, sobre la "Comisión de Legislación", instaurada como un órgano especializado "ad hoc" en el seno de la propia "Camera"[571]. No en vano, esta primera cámara del Parlamento, la "Camera dei Deputati," lleva trabajando varios años para introducir y mejorar sus procedimientos de consulta y evaluación. La "Camera" ha intentado con éxito equilibrar los trabajos relativos a las técnicas de legislación el Gobierno, que ha establecido una "Oficina Central" para la coordinación de iniciativas legislativas y la actividad normativa de los ministerios, incluidas las directrices legales. La "Camera" utiliza su propio listado de comprobación y sus directrices[572].

En segundo lugar, la Ley 50/1999 instauró el RIA en Italia, obligando al Gobierno a realizar análisis de impacto legislativo, de los proyectos normativos que quiere adoptar, sobre las agencias públicas y sobre la actividad de los ciudadanos y las empresas. Consecuentemente, las Comisiones parlamentarias deben exigir al Gobierno la presentación de esos análisis, pudiendo llevar a cabo una labor previa de consulta e inspección al respecto. Además, el Gobierno, a requerimiento de los órganos parlamentarios, puede ser requerido para llevar a cabo investigaciones acerca del modo en que las leyes van a ser implementadas y dadas a conocer[573].

A la luz de lo anterior, se puede decir que en Italia la evaluación legislativa es, en la actualidad, "una herramienta consolidada para

---

568 PALANZA, A.: "Evaluation of Legislation in Italy. Methods and Procedures in the Camera dei Deputati", en KARPEN, U. (ED.): *Evaluation of legislation…*, *ob. cit.*, p. 34.

569 MONTORO CHINER, Mª.J.: *La evaluación de…*, *ob. cit.*, p. 130.

570 KARPEN, U.: "La implantación…", *ob. cit.*, p. 73.

571 PALANZA, A.: "Evaluation of…", *ob. cit.*, pp. 37-38.

572 KARPEN, U.: "La implantación…", *ob. cit.*, p. 72.

573 PALANZA, A.: "Evaluation of…", *ob. cit.*, p. 39.

la verificación de la coherencia de las distintas medidas individuales dentro del marco general de objetivos y limitaciones"[574].

En el ámbito penal es de destacar, como apuntan DÍEZ RIPOLLÉS y BECERRA MUÑOZ[575], la existencia de una "Direzione generale della giustizia penale"[576] y que, dentro de ella, existe una Oficina o "Ufficio" de "Affari legislativi, internazionali e grazie"[577], entre cuyas competencias se incluye "la documentación, estudio y elaboración de material penal y criminológico para la preparación de proyectos normativos y dictámenes sobre propuestas legislativas".

574 Aclara complementariamente el autor que "en este marco la incorporación de los métodos de evaluación dentro de los procedimientos parlamentarios formales ha hecho que cambiara incluso su propio papel: ya no se limita a confinar el alcance de la relación política existente entre los supremos organismos constitucionales de gobierno, en los que se incluyen las dos cámaras del Parlamento y el Gobierno, y desempeña un papel fundamental en el diálogo que se produce entre el partido de la mayoría y la oposición. [...] Por consiguiente, el proceso de evaluación dentro de un organismo con una responsabilidad política y general como es la del Parlamento toma en consideración el 'corpus' que forma la legislación ya existente y sus efectos globales como parámetro clave para cualquier decisión" (KARPEN, U.: "La implantación...", *ob. cit.*, pp. 72-73).

575 DÍEZ RIPOLLÉS, J.L./BECERRA MUÑOZ, J.: *Recomendaciones de reforma...*, *ob. cit.*, p. 3.

576 *https://www.giustizia.it/giustizia/it/mg_12_1_4.page.*

577 *https://www.giustizia.it/giustizia/it/mg_12_1_4_1.page.*

Capítulo IV.
LA ¿EVALUACIÓN? DE LA POLÍTICA LEGISLATIVA EN ESPAÑA

SUMARIO:

3.2. Por ejemplo, el caso de la reforma penal operada por Ley Orgánica 5/2010, de 22 de junio

3.2.1. Memoria justificativa

3.2.2. Memoria económica

3.2.3. Memoria sobre el impacto por razón de género

3.3. Un nuevo ejemplo: el Proyecto de Ley remitido a las Cortes Generales en septiembre de 2013 y finalmente aprobado como Ley Orgánica 1/2015, de 30 de marzo

4. REFLEXIONES FINALES

1. MARCO DE REFERENCIA: EVALUACIÓN Y MEJORA DE LA CALIDAD DE LA LEGISLACIÓN EN EUROPA

1.1. Organización para la Cooperación y el Desarrollo Económicos (OCDE)

Examinando la influencia de las instituciones europeas en orden al logro de una mejor legislación en los Estados del viejo continente, hemos de partir, en el seno de la **Organización para la Cooperación y Desarrollo Económicos (OCDE)**, de la "Recomendación del Consejo para Mejorar la Calidad de la Regulación Gubernamental" de 1995 [C(95)21/final], documento que incluye una "Lista de Criterios de Referencia de la OCDE para la Toma de Decisiones Regulatorias".

Dicha Recomendación ha encontrado continuidad y actualización en tiempos relativamente recientes en la "Recomendación del Consejo sobre Política y Gobernanza Regulatorias" de 2012 [C(12)37]. El objetivo de la misma es instar a los Estados miembros a "implementar estándares elevados y mejorar los procesos regulatorios, así como hacer uso de las regulaciones de manera sensata en la búsqueda de políticas económicas, sociales y medioambientales", conforme a los principios contenidos en ella[578].

Finalmente, más específicamente, merece una mención destacada el "OECD Framework for Regulatory Policy Evaluation" de 2014[579], con el cual se pretende auxiliar a los Estados la hora de evaluar sistemáticamente el diseño e implementación de la política regulatoria, para la consecución de sus objetivos regulatorios estratégicos. En concreto, en lo que nos interesa, se les facilita una concreta guía y ejemplos para la aplicación del documento en orden al análisis de funcionamiento de los sistemas de evaluación "ex ante" y "ex post", de programas para la reducción de cargas administrativas y de técnicas de consulta pública.

---

578 *http://www.oecd.org/gov/regulatory-policy/Recommendation%20with%20cover%20SP.pdf.*

579 *http://www.oecd.org/regreform/framework-for-regulatory-policy-evaluation.htm.*

1.2. Consejo de Europa (CdE)

También son destacables los requisitos esenciales que el **Consejo de Europa** determinó que debía contener todo proceso de evaluación de normas y que venían a ser los siguientes[580]:

— en ningún caso debería afectar al proceso de evaluación al equilibrio entre el poder que aprueba la evaluación correspondiente y el que la lleva a cabo, pese al modo en que se comparte tal responsabilidad;

— todo organismo evaluador deberá estar compuesto de tal forma que se garantice su independencia, a la vez que debe contar con miembros que le doten de multidisciplinariedad y gran amplitud;

— tal organismo evaluador deberá poder acceder con facilidad a la mayor cantidad de información posible;

— y, por último, se deberá garantizar una gran publicidad al proceso de evaluación para que pueda desempeñar totalmente su función en el debate democrático.

Pero si hay algo a destacar en materia evaluativa dentro del Consejo de Europa y, además, en particular en lo que se refiere a evaluación legislativa penal, ello es sin duda la existencia del "Grupo de Estados contra la Corrupción" (GRECO)[581], a través de cuyas evaluaciones periódicas y por temas, ha instigado algunas de las más recientes reformas de preceptos penales en nuestro Ordenamiento jurídico. Los procedimientos de evaluación del GRECO se basan en el conjunto de información que recaban sus equipos de evaluadores a través de los cuestionarios que cumplimentan en sus visitas "in situ", así como con la información adicional que solicitan durante las reuniones y discusiones que mantienen con los actores clave del Estado de que se trate, consignando toda esa información en sus informes de evaluación finales. Dichos informes, que son examinados y adoptados por el GRECO, contienen recomendaciones dirigidas a los Estados sobre la base de su nivel de cumplimiento de los parámetros normativos que están bajo consideración. Así mismo, las medidas que adoptan los Estados para implementar tales recomendaciones, son subsiguiente-

[580] Para KARPEN, estos son los requisitos básicos para organizar un "Regulatory Impact Analysis" (RIA) "en una democracia basada en la separación de poderes y en el cumplimiento de la ley" (KARPEN, U.: "La implantación...", *ob. cit.*, p. 63).

[581] *http://www.coe.int/t/dghl/monitoring/greco/default_en.asp.*

mente analizadas por el GRECO en un procedimiento de evaluación de cumplimiento separado. En concreto, este Grupo ha lanzado hasta la fecha cuatro rondas de evaluación con específicos parámetros normativos extraídos de la Resolución (97) 24, relativa a los veinte principios guía para luchar contra la corrupción[582], así como del "Convenio de Derecho Penal sobre la Corrupción" de 1999[583]. Los temas en esta materia sobre los que ha evaluado el GRECO las legislaciones de los Estados que lo integran, agrupadas por cada una de las cuatro rondas de evaluación, han sido y son los siguientes[584]:

— Primera ronda de evaluación (iniciada el 1 de enero de 2000):
    1. independencia, especialización y medios a disposición de los organismos nacionales que participan en la prevención y la lucha contra la corrupción;
    2. extensión y alcance de la inmunidad.
— Segunda ronda de evaluación (iniciada el 1 de enero de 2003):
    1. identificación, incautación y decomiso de los beneficios derivados de la corrupción;
    2. administración pública y corrupción (sistemas de auditoría; conflictos de interés);
    3. eficiencia y transparencia en relación con la corrupción;
    4. prevención de las personas jurídicas que se utilizan interpuestas para la corrupción;
    5. legislación financiera y tributaria para hacer frente a la corrupción;
    6. vínculos entre la corrupción, el crimen organizado y blanqueo de capitales.
— Tercera ronda de evaluación (iniciada el 1 de enero de 2007):
    1. las tipificaciones de conductas previstas en el "Convenio de Derecho Penal sobre la Corrupción";
    2. la transparencia de la financiación de los partidos conforme a la Recomendación del Comité de Ministros relativa a "las normas comunes contra la corrupción en la financiación de los partidos políticos y campañas electorales" (Rec(2003)4).

---

582 *https://www.coe.int/t/dghl/monitoring/greco/documents/Resolution(97)24_EN.pdf.*
583 *https://www.coe.int/en/web/conventions/full-list/-/conventions/treaty/173.*
584 *http://www.coe.int/t/dghl/monitoring/greco/evaluations/index_en.asp.*

— Cuarta ronda de evaluación (1 de enero de 2012), sobre prevención de la corrupción en relación con los miembros del parlamento, jueces y fiscales, en particular:
1. principios y normas éticas de conducta;
2. conflicto de intereses;
3. prohibición o restricción de ciertas actividades;
4. declaración de bienes, ingresos, pasivos e intereses;
5. el cumplimiento de las normas relativas a los conflictos de intereses;
6. conciencia.

Como se puede observar, la actividad de este Grupo constituye una valiosa referencia para tomar como ejemplo en cuanto a procedimientos y rutinas evaluativas relativas a la legislación penal.

1.3. Unión Europea (UE)

Ya en el marco de la **Unión Europea**, hemos de señalar, como recoge CABALLERO SANZ, que hasta hace no mucho tiempo la evaluación tenía un ámbito "muy restringido" y prácticamente quedaba limitado a la evaluación "ex post" de "programas y proyectos de gasto"[585]. Sin embargo, en los años noventa "se generalizó la evaluación de los programas de gasto en áreas como las políticas agraria y regional" y "la política de investigación y desarrollo"[586], así como en cuanto a los Fondos Estructurales (FEDER y Fondo Social Europeo), a través de las metodologías evaluativas contenidas en el Programa MEANS ("Métodos de Evaluación de las Acciones de Naturaleza Estructural")[587].

---

[585] CABALLERO SANZ, F.: "La evaluación...", *ob. cit.*, p. 149.

[586] No obstante, actualmente "todas las propuestas incluidas en el programa anual de trabajo de la Comisión, sea cual sea su naturaleza, es decir tanto si se trata de nuevos programas de gasto como si se trata de propuestas legislativas, reglamentarias o decisiones políticas de cierta relevancia, como por ejemplo un plan de acción, un mandato de negociación internacional o un libro blanco, deben ir acompañados de una evaluación 'ex ante' o análisis de impacto. Tan sólo los libros verdes y las consultas a los interlocutores sociales están exentas de este requisito. Además, una comunicación de la Comisión ha de ser objeto de una evaluación 'ex post' o a medio plazo cada seis años" (CABALLERO SANZ, F.: "La evaluación...", *ob. cit.*, pp. 149-150).

[587] AGENCIA ESTATAL DE EVALUACIÓN DE LAS POLÍTICAS PÚBLICAS Y LA CALIDAD EN LOS SERVICIOS: *Fundamentos de evaluación de políticas públicas*, Ministerio de Política

En efecto, la Unión Europea ha venido trabajando desde mediados de la década de los noventa con el objetivo de mejorar la calidad de nuestra legislación y, de hecho, en el Tratado de Ámsterdam "se introdujo un protocolo definiendo principios para la mejora legislativa", aunque "fue sobre todo a partir del año 2000 –en parte como resultado del Consejo de Lisboa y en parte como consecuencia de los trabajos de la Comisión en el Libro Blanco para la Gobernanza– cuando se sentaron las bases de lo que hoy es el programa de mejora legislativa"[588], todo ello sobre la base del art. 70 del Tratado de Funcionamiento de la Unión Europea[589].

Más concretamente, dicho programa de mejora legislativa dio inicio con el encargo, por parte de los Ministros europeos de Administraciones Públicas al grupo denominado "Grupo Mandelkern"[590], de la preparación de un documento, que fue presentado al Consejo Europeo de Laeken a finales de 2001, definiendo un plan de acción en esta materia. Fue aquí donde, a juicio de CABALLERO SANZ, "se definieron más claramente las bases de los trabajos actualmente en curso para la mejora legislativa en las distintas instituciones de la Unión"[591]. En particular, destaca el ya mencionado anteriormente "Libro Blanco" sobre "Gobierno Europeo" o "Gobernanza Europea", que trataba, entre otros aspectos,

---

Territorial y Administración Pública, Madrid, 2010, pp. 35-36.

588 CABALLERO SANZ, F.: "La evaluación...", *ob. cit.*, pp. 150-151.

589 "Sin perjuicio de los artículos 258, 259 y 260, el Consejo podrá adoptar, a propuesta de la Comisión, medidas que establezcan los procedimientos que seguirán los Estados miembros para efectuar, en colaboración con la Comisión, una evaluación objetiva e imparcial de la aplicación, por las autoridades de los Estados miembros, de las políticas de la Unión contempladas en el presente título, en particular con objeto de favorecer la plena aplicación del principio de reconocimiento mutuo. Se informará al Parlamento Europeo y a los Parlamentos nacionales del contenido y los resultados de esta evaluación".

590 Véase la información sobre la gobernanza en la Unión Europea y sobre el informe final del "Grupo Mandelkern" ("Planes de Acción para un Mejor Reglamento", Grupo Mandelkern sobre Mejora de la Regulación, Informe Final, noviembre de 2001) en *http://europa.eu.int/comm/governance/index_en.htm.*

591 CABALLERO SANZ, F.: "La evaluación...", *ob. cit.*, p. 151. En efecto, son diversos los documentos que la Unión Europea ha ido elaborando en materia de mejora de la legislación hasta la fecha, como el Informe de la Comisión al Consejo "Legislar mejor" (CSE (96) final), el mensaje especial de la Comisión al respecto del "Regulatory Impact Analysis" (RIA) (Com (2002) 273 final), el acuerdo interinstitucional entre Consejo y Comisión "sobre cómo legislar mejor" (2003/C 321/01) o la Comunicación de la Comisión al Consejo y al Parlamento Europeo, de 16 de marzo de 2005, titulada "Legislar mejor para potenciar el crecimiento y el empleo en la Unión Europea".

de hacer un uso más abierto del asesoramiento de expertos en el proceso legislativo, fue un avance en la evaluación legislativa "ex ante", ya que vino a imponer que las propuestas de Directivas o Decisiones Marco vayan acompañadas de evaluaciones de impacto normativo (Com (2001) 428 final). Y también es de destacar la existencia de una "Guía para la Evaluación Legislativa" elaborada por la Comisión Europea[592] en 2008, la cual sigue recibiendo de forma abierta sugerencias de mejora[593].

El paso más reciente de las instituciones de la Unión Europea en esta materia ha sido el "Acuerdo interinstitucional entre el Parlamento Europeo, el Consejo de la Unión Europea y la Comisión Europea sobre la mejora de la legislación", de 13 de abril de 2016. En cuanto a la evaluación "ex ante" o evaluación de impacto señalan las tres Instituciones en dicho documento que están de acuerdo en que la misma "contribuye positivamente a mejorar la calidad de la legislación de la Unión" y que constituye un instrumento de utilidad para "tomar decisiones fundadas y que no sustituyen a las decisiones políticas durante el proceso democrático de adopción de decisiones", así como que su elaboración no debe "provocar retrasos indebidos en el procedimiento legislativo ni menoscabar la capacidad de los colegisladores para proponer enmiendas". Y, por otro lado, en cuanto a la evaluación "ex post" de la legislación vigente[594], las tres instituciones "confirman la importancia de que su trabajo de evaluación de la eficacia de la legislación de la Unión, incluidas las correspondientes consultas públicas y consultas a los interesados, se organice de la manera más coherente posible".

A raíz de estas declaraciones, a lo largo del documento se desarrollan una serie de principios de actuación a seguir a la hora de implementar ambos tipos de evaluación normativa, quizá conscientes de que, pese a los avances logrados, sobre todo desde ya citado "Libro Blanco sobre Gobernanza Europea", no existe en realidad en el seno de la Unión Europea ni "un modelo, ni una metodología

---

[592] *http://ec.europa.eu/archives/dgs/internal_market/docs/evaluation/evaluation_guide.pdf.*

[593] *http://ec.europa.eu/smart-regulation/evaluation/docs/20131111_guidelines_pc_part_i_ii_clean.pdf.*

[594] Ya venía destacando la importancia de la evaluación "ex post" la Unión Europea con el Programa de Estocolmo (titulado "Una Europa abierta y segura que sirva y proteja al ciudadano" [2010/C 115/01]), en el cual se ha "prestado una gran atención a la evaluación en general y, en concreto, a la evaluación 'ex post', al destacar la necesidad de estudiar 'la aplicación, ejecución y evaluación completas y efectivas de los instrumentos existentes' antes de presentar una propuesta legislativa" (MUÑOZ DE MORALES ROMERO, M.: "Evaluación legislativa y...", *ob. cit.*, p. 7).

clara de evaluación", lo que en opinión de NIETO MARTÍN y MUÑOZ DE MORALES ROMERO, ha convertido hasta la fecha a los informes evaluativos adjuntos a las propuestas de Directivas y de Decisiones Marco "más en una formalidad que en un verdadero ejercicio de argumentación jurídica"[595]. En particular, en lo que se refiere a materia penal, son tan sólo cinco las evaluaciones que se han llevado a cabo (protección de la propiedad intelectual y del medio ambiente, así como en cuanto a los empleadores de nacionales de terceros países en situación irregular, al terrorismo y a la trata de seres humanos[596]). En este sentido, es de interés señalar que los impactos sociales que las –también destacables– "Directrices de Análisis de Impacto" elaboradas por la Comisión en 2009 (SEC (2009) 92) establecen que se deberían estudiar "ex ante" en las normas europeas en materia penal ("Crimen, terrorismo y seguridad"), son los siguientes[597]:

— ¿Tiene la opción (normativa) un efecto sobre la seguridad, el delito o el terrorismo?
— ¿Afecta la opción a las posibilidades de detectar al delincuente o su potencial provecho criminal?
— ¿Es probable que la opción aumente el número de delitos?
— ¿Afecta a la capacidad de hacer cumplir la Ley?
— ¿Va a tener un impacto en los intereses relativos a la seguridad?
— ¿Va a tener un impacto en el derecho a la libertad y a la seguridad, en el derecho a un juicio justo y en el derecho de defensa?
— ¿Afecta a los derechos de las víctimas del delito y a los testigos?

En cualquier caso, tal y como se han ejecutado hasta ahora todas las premisas y recomendaciones de mejora legislativa en el seno de la Unión Europea, la responsable de llevarlas a la práctica en el proceso de elaboración del Derecho derivado de la Unión Europea ha sido y

595 NIETO MARTÍN, A./ MUÑOZ DE MORALES ROMERO, M.: "Presentación", en NIETO MARTÍN, A./MUÑOZ DE MORALES ROMERO, M./BECERRA MUÑOZ, J. (DIRS.): *Hacia..., ob. cit.*, p. 17.

596 Véase el concienzudo análisis crítico de la evaluación realizada en esta última materia por parte de SÁNCHEZ LÁZARO, F.G.: "Evaluación y Derecho penal europeo: sobre el modelo de evaluación de la Comisión Europea", en NIETO MARTÍN, A./MUÑOZ DE MORALES ROMERO, M./BECERRA MUÑOZ, J. (DIRS.): *Hacia..., ob. cit.*, pp. 247-254.

597 *http://ec.europa.eu/smart-regulation/impact/commission_guidelines/docs/iag_2009_en.pdf.*

es, fundamentalmente, la Comisión. Y en esta labor ha predominado dentro de esta institución la descentralización; es decir, no existe "un organismo central encargado de la evaluación"[598], sino que son "los Servicios directamente responsables de las diversas actividades y políticas comunitarias quienes planifican y llevan a cabo los trabajos de evaluación"[599]. Esto es, son estos Servicios Centrales de la Comisión los que "publican directrices y guías prácticas, organizan cursos de formación y coordinan los estándares de calidad de las evaluaciones" que se preparan en el seno de la propia Comisión"[600]. Más en concreto, se encargan de formular recomendaciones y de asegurarse de que los resultados y recomendaciones de la evaluación son utilizados en la formulación de nuevas políticas. Para ello, dentro de cada Servicio hay unidades especializadas que se encargan de dar apoyo técnico a los servicios operativos cuyas actividades son objeto de evaluación, existiendo diferencias notables de un servicio a otro[601].

Y, por otro lado, las Direcciones Generales, que son las estructuras básicas de referencia en el funcionamiento de la Comisión, preparan sus propios programas de evaluación y realizan de forma interna o con apoyo exterior los informes de evaluación[602]. De hecho, como señala KARPEN[603], las Direcciones Generales son quienes "aplican el listado de comprobación, analizan las consecuencias, añaden ideas a las propuestas al Consejo y el Parlamento como parte del objetivo ('exposé des motifs'), un balance financiero ('fiche financière') y una evaluación de las consecuencias ('fiche d'impact')"[604]. Esto es,

[598] Por ello existe una acertada propuesta "de lege ferenda", cual es la de DORBECK-JUNG, dirigida a sustituir a la Comisión en esta labor con la creación de un específico "Consejo de Evaluación Europeo" que se encargara de, entre otras tareas, desarrollar unas normas europeas para la evaluación de la calidad de legislación (DORBECK-JUNG, B.: "Evaluation of Draft...", *ob. cit.*, p. 86).

[599] "A nivel central hay una coordinación de estos trabajos que lleva a cabo la Secretaría General de la Comisión en el caso de los estudios de impacto, porque estos trabajos están ligados en buena medida a la planificación y programación de actividades de la Comisión. En el caso de la evaluación 'ex post', es la Dirección General de Presupuestos quien realiza esta tarea de coordinación" (CABALLERO SANZ, F.: "La evaluación...", *ob. cit.*, p. 151).

[600] CABALLERO SANZ, F.: "La evaluación...", *ob. cit.*, p. 152.

[601] CABALLERO SANZ, F.: "La evaluación...", *ob. cit.*, p. 152.

[602] CABALLERO SANZ, F.: "La evaluación...", *ob. cit.*, p. 152.

[603] KARPEN, U.: "La implantación...", *ob. cit.*, p. 64.

[604] Como señala MONTORO CHINER, "en el caso de las instituciones europeas, el método generalmente admitido es el de las 'check list', aunque también se reca-

son las Direcciones Generales de la Comisión quienes aplican, a la hora de formular una propuesta normativa en sus respectivos ámbitos materiales, el contenido del "Manual de orientaciones generales sobre política legislativa" que se elaboró en el seno de la Comisión en 1996 para uso interno. En concreto, el listado de comprobación que se incluye en el mismo como Anexo III (páginas 78 y 79), está compuesto por diez "ítems" que han de ser cumplimentados, alguno de los cuales acaba de ser mencionado[605]:

1. justificación y objetivo (esto es, la referencia al programa de trabajo de la Comisión de que se trate);
2. base normativa;
3. el texto debe ser accesible y manejable (redactado con claridad, sencillo en su presentación y contenido, conciso);
4. subsidiariedad y proporcionalidad (test de subsidiariedad: dimensión comunitaria; test de necesidad; test de efectividad; test de proporcionalidad);
5. simplificación, tanto legislativa como administrativa (ventajas e inconvenientes de la medida propuesta);
6. consistencia con otras políticas comunitarias;
7. consultas externas;
8. evaluación (los procedimientos y técnicas empleados deben ser especificados);
9. evaluación sobre el riesgo de fraude;
10. "fiche financière" o informe financiero (implicaciones, recursos humanos y administrativos requeridos).

Como vemos, en conclusión, son diversos los documentos e instrumentos que se han venido formulando y aplicando en el seno de la Unión Europea para mejorar la calidad de la legislación a través

ban consultas externas, asesoramiento; y la ficha financiera, conocida como 'ficha de impacto', que versa sobre la situación presupuestaria, y la implicación de los recursos humanos y administrativos". Además, "los proyectos con importante impacto en la economía son identificados y sometidos a un control sistemático por aplicación del método 'Business Impact Assessment System', BIAS" (MONTORO CHINER, Mª.J.: *La evaluación de..., ob. cit.*, p. 131). Por ejemplo, a través del BIAS, que es considerado como "un sistema de evaluación bien estructurado", se analiza el impacto de una determinada norma sobre el empleo (GALLAS, T.: "Evaluation of legislation in European Institutions", en KARPEN, U. (ED.): *Evaluation of legislation..., ob. cit.*, p. 28).

[605] *http://ec.europa.eu/smart-regulation/better_regulation/documents/legis_draft_comm_en.pdf.*

de su evaluación, sobre todo "ex ante", pero también continua y "ex post", con lo que en este punto se presenta como imprescindible estudiar si en el caso del Estado español se ha hecho patente esa preocupación supranacional y, en su caso, cómo se ha venido aplicando, prestando especial atención, claro está, al ámbito legislativo penal.

2. EXPOSICIÓN Y ANÁLISIS DE LA EVALUACIÓN DE NORMAS EN ESPAÑA

2.1. La fase prelegislativa: el predominio de la iniciativa legislativa ejercida por el Gobierno en España

Para SOTO NAVARRO, un examen a fondo del proceso legislativo en España[606] permite alcanzar una conclusión de trascendencia (y de sobra conocida en la doctrina jurídico-pública) acerca del tema que nos ocupa: "el Poder Ejecutivo ejerce un fuerte control sobre la actividad legislativa parlamentaria". En efecto, en nuestro sistema legislativo ocurre que los proyectos de ley (fruto de la iniciativa gubernamental) "representan el mayor porcentaje de las iniciativas legislativas y tienen muchas más posibilidades de convertirse en ley que las proposiciones de ley", mientras que, por el contrario, "el poder de enmiendas y el trabajo en Comisiones representan un débil contrapeso, sobre todo si el Gobierno cuenta con mayoría absoluta en el Parlamento"[607].

2.1.1. El "deber ser" de la fase prelegislativa: la articulación de consensos sobre los intereses sociales afectados

Así pues, a juicio de la autora mencionada, en la fase preparatoria de un Proyecto de Ley es donde deberían articularse "los distintos intereses sociales afectados por el mismo, pues, una vez que éste

---

[606] Igualmente ocurre en Alemania, como se extrae de la investigación empírica llevada a cabo por FLOERECKE, P.: *Anatomie der Strafgesetzgebung. Eine vergleichende soziologische Analyse der Normsetzungsprozesse zur Führungsaufsicht und zum Demonstrationsstrafrecht Forschung*, Centaurus, Pfapffenweiler, 1992, pp. 48–51, así como pp. 53 y ss.

[607] SOTO NAVARRO, S.: *La protección penal de los bienes jurídicos colectivos en la sociedad moderna,* Comares, Granada, 2003,p. 130. Véase a este respecto el minucioso estudio cuantitativo, relacionando las iniciativas legislativas gubernamentales emprendidas y las efectivamente aprobadas, referido al período 1989-2008, realizado por BECERRA MUÑOZ, J.: *La toma de decisiones…, ob. cit.*, pp. 436-441.

llega al Congreso, las posibilidades de negociación con grupos parlamentarios representativos de opciones diferentes son muy limitadas", ya que el paso de un proyecto legislativo por el Parlamento se ha llegado a convertir en un mero trámite que simplemente se lleva a cabo para investir de legitimidad formal las decisiones legislativas del Gobierno[608]. Sobre la base de estos argumentos, pues, se dice, y con razón, que el objetivo de esta fase debería ser "la construcción de consensos sobre lo que se espera de la norma jurídica"[609].

Dicha fase, denominada "*prelegislativa*" (también llamada "proceso legislativo interno" o "procedimiento interno de elaboración de las normas"[610]), debería dar inicio en cuanto alcance el estatus de problema social, "una falta de relación entre una realidad social o económica y su correspondiente respuesta jurídica", concluyendo "con la presentación de un proyecto o proposición de ley ante las Cortes"[611].

En la primera parte de dicho proceso, la "problematización social" comenzaría con la constatación de una "disfunción social"[612],

---

608 SOTO NAVARRO, S.: *La protección penal…, ob. cit.*, p. 130.

609 RODRÍGUEZ, R.: "El proceso de producción legislativa. Un procedimiento de diseño institucional", en *Isonomía: Revista de Teoría y Filosofía del Derecho*, núm. 13, 2000, p. 198.

610 Echando un breve vistazo al plano teórico, se ha afirmado que "el iter del proceso legislativo interno no se produce de una manera lineal, pues sus fases actúan y se producen conforme el impulso político mismo; de ahí que la doctrina tampoco esté de acuerdo al marcar las fases de tal proceso conforme clasificaciones más o menos fijas" (MONTORO CHINER, Mª.J.: *Adecuación al ordenamiento y factibilidad: presupuestos de calidad de las normas*, Centro de Estudios Constitucionales, Madrid, 1989, p. 90). Así, por ejemplo, para KINDERMANN (KINDERMANN, H.: *Rechtstheorie*, Duncker & Humblot, Berlin, 1976 (2ª edición), p. 299), inspirándose en el modelo de NOLL (NOLL, P.: *Gesetzgebungslehre*, Rowohlt, Reinbek bei Hamburg, 1973, pp. 72 y ss.), este proceso estaría compuesto por las siguientes fases: impulso; definición del problema; proyecto de los fines a conseguir; proyecto de las diversas alternativas de regulación; reducción de alternativas; y control "ex post".

Como vemos, se incluye aquí una operación propia de lo que a continuación denominaremos "fase postlegislativa", como es el control "ex post" de la norma creada; pero no es el único modelo que lo contempla, pues HASSEMER, STEINERT y TREIBER (HASSEMER, W./STEINERT, H./TREIBER, H.: "Strafgesetzgebung. Soziale Reaktion auf Abweichung und Kriminalisierung durch den Gesetzgeber", en HASSEMER, W./LÜDERSSEN, K. (EDS.): *Sozialwissenschaften im Studium des Rechts. Vol. III: Strafrecht*, Beck, München, 1978, p. 13) incluyen en su propuesta para el ámbito penal, además de las anteriores, las fases de planificación de la ejecución, verificación y control del éxito de la norma.

611 DÍEZ RIPOLLÉS, J.L.: *La racionalidad…, ob. cit.*, pp. 18-19.

612 DÍEZ RIPOLLÉS apunta que debe tratarse de una disfunción social acreditada, lo cual supone que se han de rechazar disfunciones sociales aparentes, esto es, no contrastadas empírico-socialmente (DÍEZ RIPOLLÉS, J.L.: *La racionalidad…, ob. cit.*, p. 21).

que pasaría a ser considerada propiamente un "problema social" a través del "proceso comunicativo de intercambio de opiniones e impresiones", en el que son "instrumentos imprescindibles" los medios de comunicación de masas[613].

Todo ello desembocaría en el nacimiento de un programa de acción para resolver tal problema social, en cuyo alumbramiento intervienen "grupos de presión mediáticos" en lugar de "grupos de presión expertos"[614]. Ello, no obstante, redunda en una aproximación simplista a la realidad y en la pérdida de posibilidades de reelaboración reflexiva y compartida de los análisis que se deben realizar al respecto[615], al restringirse "el espectro de actores sociales intervinientes en la consecución [o en el intento de consecución] de la racionalidad legislativa"[616] que cabe esperar que esté presente en el proceso de creación de la ley penal.

Finalmente, se llegaría a la formulación de la "respuesta jurídica"[617] correspondiente, llevada a cabo mediante la elaboración del pertinente proyecto o proposición de ley, etapa en la que entra en juego un nuevo agente social, las burocracias gubernamentales o partidistas[618], pudiéndose constatar en esta fase la existencia de, como señalaba SOTO NAVARRO, una indiscutible preeminencia de la burocracia gubernamental y, por tanto, de los proyectos de ley[619].

Pues bien, a la luz de esta sucesión de fases con este punto como meta, y ya que hemos señalado al inicio de este epígrafe sobre el contenido de la fase prelegislativa que el peso específico de la iniciativa

---

[613] DÍEZ RIPOLLÉS, J.L.: *La racionalidad..., ob. cit.*, p. 27.

[614] DÍEZ RIPOLLÉS, J.L.: *La racionalidad..., ob. cit.*, p. 34.

[615] DÍEZ RIPOLLÉS, J.L.: *La racionalidad..., ob. cit.*, pp. 36 y anteriores.

[616] DÍEZ RIPOLLÉS, J.L.: *La racionalidad..., ob. cit.*, p. 40.

[617] Como ha señalado GALIANA SAURA, "respecto a la decisión de intervenir normativamente, el legislador ha de determinar previamente si existe o no una 'necesidad' o problema social que deba ser regulado. Un problema normativo existe cuando ciertos actores sociales perciben una tensión entre una situación existente y una situación deseable, y cuando imputan al legislador la eliminación de esta tensión" (GALIANA SAURA, Á.: *La Ley..., ob. cit.*, pp. 162-163, citando a MADER, L.: *L'evaluation législative. Pour une analyse empirique des effects de la législation*, Payot, Lausanne, 1995, pp. 66-67).

[618] DÍEZ RIPOLLÉS, J.L.: *La racionalidad..., ob. cit.*, p. 43.

[619] SOTO NAVARRO, S.: *La protección penal..., ob. cit.*, p. 130. Igualmente, DÍEZ RIPOLLÉS constata que "más de dos tercios de las decisiones legislativas proceden de proyectos de ley" (DÍEZ RIPOLLÉS, J.L.: *La racionalidad..., ob. cit.*, p. 45).

legislativa por parte del Gobierno es preponderante, nos centraremos a partir de ahora en el estudio de cómo se desenvuelve la elaboración de los proyectos de ley en España.

2.1.2. El "ser" de la fase prelegislativa en España

Puestos a ello, lo primero que constatamos es que la redacción material de todo Proyecto de Ley corresponde en general a los Ministerios competentes en razón de la materia y, en particular, si hablamos de materia penal, al Ministerio de Justicia, de conformidad con el artículo 22 de la Ley 50/1997, de 27 de noviembre, del Gobierno, norma complementada por algunos Acuerdos del Consejo de Ministros, como el de 26 de enero de 1990 (al que nos volveremos a referir un poco más adelante) y el de 22 de julio de 2005, que deroga al anterior de 18 de octubre de 1991 (sobre la necesidad de que los proyectos de ley se ajusten a ciertos requisitos lingüísticos y jurídico-formales).

Dicha regulación tiene su base en el artículo 88 CE 1978, a la luz del cual:

> "Los proyectos de ley serán aprobados en Consejo de Ministros, que los someterá al Congreso acompañados de una exposición de motivos y de los antecedentes necesarios para pronunciarse sobre ellos".

Esta previsión constitucional de que los proyectos normativos del Gobierno vayan acompañados de los "antecedentes necesarios para pronunciarse sobre ellos" es una novedad en nuestra historia constitucional y en el Derecho comparado (con la única excepción de la Constitución de Grecia de 9 de junio de 1975, cuyo artículo 74 dispone que "todo proyecto y toda proposición de ley irán obligatoriamente acompañados por una exposición de motivos") [620].

Al parecer de Sainz Moreno, dicha novedad se introdujo "con el propósito de romper la vieja tradición de remitir los proyectos de ley acompañados por una 'exposición' en la que el Gobierno exponía a la Cámara las razones del cambio cuya introducción proponía, sin

[620] Sainz Moreno, F.: "Antecedentes necesarios para pronunciarse sobre un proyecto de ley (Artículo 88 CE)", en Sainz Moreno, F./Da Silva Ochoa, J.C.: *La calidad de las leyes*, Parlamento Vasco, Vitoria-Gasteiz, 1989, p. 25.

aportar datos objetivos (encuestas, informes de expertos, estadísticas, consultas, etc.) que permitiesen juzgar la veracidad de los hechos ni la necesidad y viabilidad de la reforma"[621]. Y es que algunas "exposiciones de motivos", individualmente consideradas, si bien han tenido, como se ha reconocido con frecuencia, "un alto valor dogmático" y han servido para interpretar, después, las leyes[622], desgraciadamente "no han aportado o completado la prueba de lo que en ellas se dice, de modo que las Cámaras discuten las reformas con un conocimiento muy pobre de la realidad sobre la que actúan"[623].

En cualquier caso, dicha obligación de aportar antecedentes establecida por la norma constitucional fue, después, incorporada a los Reglamentos del Congreso (artículos 109 y 124) y del Senado (artículo 108), así como a los Reglamentos de los Parlamentos de las Comunidades Autónomas. Todos estos Reglamentos "se han pronunciado a favor de exigir la obligación de aportar antecedentes no sólo en relación a los proyectos de ley, sino también, en relación a las proposiciones de ley"[624].

No obstante, según denuncia SAINZ MORENO, "pese a la gran influencia que una correcta aplicación de este precepto hubiera podido tener en la vida parlamentaria y, especialmente, en la calidad de las leyes, el hecho es que una serie de factores lo han reducido, por lo general, a una norma sin eficacia real apreciable", situación en cuya mejora no han colaborado ni la academia jurídica, ni tampoco la jurisprudencia de nuestro Tribunal Constitucional[625]. En concreto, de la STC 198/1986, de 26 de julio, "parece deducirse que la falta de antecedentes o la inconsistencia de estos es un defecto que debe ser

---

621 SAINZ MORENO, F.: "Antecedentes necesarios...", *ob. cit.*, p. 26.

622 Sobre el valor de las "exposiciones de motivos", véase, por ejemplo, EZQUIAGA GANUZAS, J.: "Concepto, valor normativo y función interpretativa de las exposiciones de motivos y de los preámbulos", en *Revista Vasca de Administración Pública*, núm. 20, 1988, y la bibliografía allí citada.

623 SAINZ MORENO, F.: "Antecedentes necesarios...", *ob. cit.*, p. 26.

624 SAINZ MORENO, F.: "Antecedentes necesarios...", *ob. cit.*, pp. 29-31.

625 SAINZ MORENO, F.: "Antecedentes necesarios...", *ob. cit.*, p. 27. En efecto, "desgraciadamente el Tribunal Constitucional no ha dado al artículo 88 de la Constitución el valor que sin duda tiene para que el legislador se entere adecuadamente del asunto del que está tratando" (SAINZ MORENO, F.: "Evaluación de las políticas públicas y evaluación legislativa", en PARDO FALCÓN, J./PAU I VALL, F. (COORDS.): *La evaluación de las leyes: XII Jornadas de la Asociación Española de Letrados de Parlamentos*, Tecnos, Madrid, 2006, p. 27).

denunciado por las Cámaras antes de aprobar el proyecto sin que el Tribunal Constitucional 'pueda interferir en la valoración de la relevancia que un elemento de juicio tuvo para los parlamentarios' (FJ 3)"[626]. O, más propiamente, ello supone, a juicio del Tribunal Constitucional, "que la 'ausencia de un determinado antecedente sólo tendrá trascendencia si se hubiera privado a las Cámaras de un elemento de juicio necesario para su decisión', pero, ello sólo si el defecto hubiera sido denunciado ante las mismas Cámaras por los parlamentarios, durante la tramitación del proyecto o proposición"[627].

El caso es que la Ley 50/1997, de 27 de noviembre, del Gobierno, recogió la previsión constitucional del artículo 88, si bien estableciendo adicionalmente la previa elaboración de un anteproyecto por el Ministerio correspondiente, a presentar al Consejo de Ministros, tal y como recoge en su artículo 22.2 y 3:

> "2. El procedimiento de elaboración de proyectos de ley a que se refiere el apartado anterior, se iniciará en el ministerio o ministerios competentes mediante la elaboración del correspondiente anteproyecto, que irá acompañado por la memoria, los estudios o informes sobre la necesidad y oportunidad del mismo, un informe sobre el impacto por razón de género de las medidas que se establecen en el mismo, así como por una memoria económica que contenga la estimación del coste a que dará lugar. En todo caso, los anteproyectos de ley habrán de ser informados por la Secretaría General Técnica.
>
> 3. El titular del Departamento proponente elevará el Anteproyecto al Consejo de Ministros a fin de que éste decida sobre los ulteriores trámites y, en particular, sobre las *consultas, dictámenes e informes* que resulten convenientes, así como sobre los términos de su realización, sin perjuicio de los legalmente preceptivos".

Finalizados los trámites que se acaban de transcribir, y a resultas del artículo 22.4 de la Ley del Gobierno, "el titular del Departamento proponente someterá el Anteproyecto, de nuevo, al Consejo de Ministros para su aprobación como Proyecto de Ley y su remisión al Congreso de los Diputados o, en su caso, al Senado, acompañándolo

---

[626] SAINZ MORENO, F.: "Evaluación de las políticas públicas y evaluación legislativa", en PARDO FALCÓN, J./PAU I VALL, F. (COORDS.): *La evaluación...*, p. 27.

[627] SAINZ MORENO, F.: "Antecedentes necesarios...", *ob. cit.*, p. 27.

de una Exposición de Motivos y de la Memoria y demás antecedentes necesarios para pronunciarse sobre él".

Nótese que cuando habla del Anteproyecto, la Ley del Gobierno hace referencia como documentos adjuntos al mismo a la memoria, los estudios o informes sobre la necesidad y oportunidad del mismo, el informe sobre el impacto por razón de género y la memoria económica (más el correspondiente informe de la Secretaría General Técnica, de uso interno); en cambio, cuando habla del Proyecto, únicamente hace referencia a (la introducción de mayúsculas es literal) una Exposición de Motivos, a la Memoria y a los demás antecedentes necesarios.

De este modo, no es extraño en absoluto que BECERRA MUÑOZ haya calificado de "caótico" este precepto, el cual había sido "supuestamente ideado para esclarecer y desarrollar el contenido del precepto constitucional", y de cuya lectura "surge la impresión de que el legislador ha decidido incluir todos los informes que se le han ocurrido, utilizando además cualquier sinónimo y expresión análoga de que ha podido disponer", con lo que acaba siendo "extremadamente complicado [...] distinguir entre todos estos tipos de documentos a los que se alude de forma indistinta y genérica, salvo en algunos casos"[628]. Además, la confusión se acentúa si se recurre al contenido de las Instrucciones para la tramitación de asuntos en los órganos colegiados del Gobierno, aprobadas por Acuerdo del Consejo de Ministros de 26 de julio de 1996[629].

Por ello, y es de agradecer, el propio BECERRA MUÑOZ intenta arrojar luz sobre la cuestión clasificando todos los documentos controvertidos en expositivos (exposición de motivos, memoria y antecedentes necesarios[630]) y justificativos (estudios e informes sobre la necesidad y oportunidad del Anteproyecto, estudios de impacto

---

[628] BECERRA MUÑOZ, J.: *La toma de decisiones..., ob.cit.*, p. 385.

[629] BECERRA MUÑOZ, J.: *La toma de decisiones..., ob. cit.*, pp. 393-394.

[630] En opinión del autor, "para una mayor transparencia del proceso de toma de decisiones deberían suprimirse las referencias a los 'antecedentes necesarios' y aludir exclusivamente a la 'memoria', documento que habría de incluir:

• un relato de los actos impulsores de la redacción del proyecto. No se tratará de repetir la relación de antecedentes de hecho y de Derecho que establecíamos en la exposición de motivos, sino de referir de quién ha surgido la *iniciativa* de llevar a cabo el proyecto (una orden del Consejo de Ministros, un compromiso electoral Gobierno, una petición de un ministerio concreto, etc.);

–en particular el de género, que es el único obligatorio en nuestro Ordenamiento, aunque el autor incluiría aquí también la memoria económica–, informe de la Secretaría General Técnica, ulteriores trámites[631] y legalmente preceptivos[632]).

En cualquier caso, la clave respecto a todos estos documentos, y estamos totalmente de acuerdo con BECERRA MUÑOZ, estriba en realidad "en el nivel de exigencia de su contenido y en la disposición de los medios adecuados para elaborarlos"[633].

Pues bien, a todo esto se le ha de añadir que, en época reciente, se aprobó el Real Decreto 1083/2009, de 3 de julio, por el que se regula la memoria del análisis de impacto normativo[634], norma inspirada

• una explicación de las actuaciones llevadas a cabo desde la constatación de tal necesidad, que incluirá la petición de informes a organismos públicos o privados, así como a sujetos o colectivos tanto de dentro como fuera de la administración, las reuniones mantenidas, las investigaciones realizadas o encargadas;

• un cronograma de actuaciones en el que se vaya describiendo la relación de las actuaciones realizadas con el paso del tiempo desde que se iniciaron los trabajos sobre el asunto" (BECERRA MUÑOZ, J.: *La toma de decisiones…, ob. cit.*, pp. 394-395).

Según el autor, "una configuración como la señalada facilita un mapa documental en el que, incluida la exposición de motivos, todos los elementos tienen un espacio propio y valor intrínseco por la información que contienen. Al mismo tiempo, con ello evitamos la desidia del legislador, abocado a rellenar documentos cuyo contenido se superpone y cuya vaguedad en la regulación le permiten, además, no afrontar su responsabilidad a la hora de crear normas respaldadas por un proceso de toma de decisiones adecuadamente construido" (BECERRA MUÑOZ, J.: *La toma de decisiones…, ob. cit.*, pp. 395-396).

631 Esto es, las "consultas, dictámenes e informes" referidas en particular en el artículo 22.3 de la Ley de Gobierno, "que podrían solicitarse a científicos, expertos, organismos públicos, administraciones, órganos consultivos de la Administración central o autonómica, asociaciones públicas o privadas, colectivos, colegios profesionales o, incluso, a la población general mediante encuestas, sondeos de opinión o referéndum. Todo ello cabe perfectamente en la citada expresión". En particular, el autor hace referencia a la conveniencia de incluir aquí "estudios de Derecho comparado" (BECERRA MUÑOZ, J.: *La toma de decisiones…, ob. cit.*, pp. 406-407).

632 "En lo referido a la materia penal se trata de dos informes elaborados por órganos constitucionales, como son el Consejo General del Poder Judicial y el Consejo de Estado" (BECERRA MUÑOZ, J.: *La toma de decisiones…, ob. cit.*, p. 409).

633 BECERRA MUÑOZ, J.: *La toma de decisiones…, ob. cit.*, p. 386.

634 Dicha norma introduce también un cambio competencial, cual es el de atribuir las competencias correspondientes al análisis de impacto normativo a la Dirección General de Organización Administrativa y Procedimientos, de la Secretaría de Estado para la Función Pública del Ministerio de la Presidencia, desposeyendo de tales competencias a la AGENCIA ESTATAL DE EVALUACIÓN DE LAS POLÍTICAS PÚBLICAS Y LA CALIDAD EN LOS SERVICIOS. En concreto, pasa a corresponder a la Dirección General la responsabilidad para impulsar y fomentar la realización del análisis de im-

sin duda en el "Regulatory Impact Analysis" (RIA)[635]. Mediante este norma se pretendía seguir lo establecido en la Comunicación de la Comisión al Consejo y al Parlamento Europeo, de 16 de marzo de 2005, titulada "Legislar mejor para potenciar el crecimiento y el empleo en la Unión Europea" (mencionada al comienzo del presente Capítulo), en la que la Comisión recomendaba que todos los Estados miembros estableciesen estrategias para legislar mejor y, en particular, sistemas nacionales de evaluación de impacto que permitiesen determinar las consecuencias económicas, sociales y medioambientales de una norma, así como las estructuras de apoyo adaptadas a sus circunstancias nacionales.

Pero, en realidad, lo que se ha hecho, en general, no es introducir la exigencia de un documento distinto y adicional a la hora de elaborar los Anteproyectos y Proyectos de Ley tal y como acabamos de ver que están recogidos en la Ley del Gobierno (salvo por lo que respecta a los apartados de "Objetivos" y "Alternativas", a los que me referiré seguidamente), sino que únicamente se ha pretendido, por un lado, concretar o precisar "el contenido de las memorias, estudios e informes sobre la necesidad y oportunidad de las normas proyectadas, así como de la memoria económica y del informe sobre el impacto por razón de género"[636] y, por otro, agrupar toda esa documentación en un único documento, bajo el título "Memoria del análisis de impacto normativo". Para ello, se elaboró una Guía Metodológica, que determina que la Memoria en cuestión se deba estructurar conforme al siguiente índice:

---

pacto normativo de los nuevos proyectos, y ello sin perjuicio de la colaboración que se pueda recabar de la Agencia en materia de fomento de la calidad y mejora de los servicios públicos.

[635] Esto es, "un método empleado para valorar los costes y consecuencias de la promulgación de cada ley y evaluar los anteproyectos de nuevas leyes que aplican organismos e instituciones de todos los Estados miembros de la UE" (KARPEN, U.: "La implantación de la evaluación legislativa en Europa: modelos y tendencias actuales", en PARDO FALCÓN, J./PAU I VALL, F. (COORDS.): *La evaluación...*, p. 57).

[636] Con el objetivo de "garantizar que a la hora de elaborar y aprobar un proyecto se cuente con la información necesaria para estimar el impacto que la norma supondrá para sus destinatarios y agentes. Para ello, resulta imprescindible motivar la necesidad y oportunidad de la norma proyectada, valorar las diferentes alternativas existentes para la consecución de los fines que se buscan y analizar detalladamente las consecuencias jurídicas y económicas, especialmente sobre la competencia, que se derivarán para los agentes afectados, así como su incidencia desde el punto de vista presupuestario, de impacto de género, y en el orden constitucional de distribución de competencias" (Exposición de Motivos del Real Decreto 1083/2009, de 3 de julio).

I. INTRODUCCIÓN
II. OPORTUNIDAD DE LA PROPUESTA
  1) Motivación
  2) Objetivos
  3) Alternativas
III. CONTENIDO, ANÁLISIS JURÍDICO Y DESCRIPCIÓN DE LA TRAMITACIÓN
  1) Contenido[637]
  2) Análisis jurídico[638]
  3) Descripción de la tramitación
IV. ANÁLISIS DE IMPACTOS
  1) Consideraciones Generales
  2) Adecuación de la norma al orden de distribución de competencias
  3) Impacto económico y presupuestario[639]
  4) Impacto por razón de género[640]
  5) Otros impactos
V. LA MEMORIA ABREVIADA[641]

ANEXOS
  I. Ficha resumen ejecutivo
  II. Indicadores
  III. Derecho de la Unión Europea
  IV. Identificación de efectos sobre la competencia
  V. Método simplificado de medición de cargas administrativas
  VI. Análisis de los gastos de personal
  VII. Impacto presupuestario en las Comunidades Autónomas y/o Entidades Locales

---

637 Aquí se viene a incluir el texto articulado del Proyecto de Ley de que se trate.

638 Que incluirá el listado pormenorizado de las normas que quedarán derogadas como consecuencia de la entrada en vigor de la norma.

639 Que comprenderá el impacto sobre los sectores, colectivos o agentes afectados por la norma, incluido el efecto sobre la competencia, así como la detección y medición de las cargas administrativas.

640 Donde se analizarán y valorarán los resultados que se puedan seguir de la aprobación del proyecto desde la perspectiva de la eliminación de desigualdades y de su contribución a la consecución de los objetivos de igualdad de oportunidades y de trato entre mujeres y hombres, a partir de los indicadores de situación de partida, de previsión de resultados y de previsión de impacto recogidos en la Guía Metodológica.

641 Cuando se estime que de la propuesta normativa no se derivan impactos apreciables en alguno de los ámbitos, de forma que no corresponda la presentación de una memoria completa, se realizará una memoria abreviada que deberá incluir, al menos, los siguientes apartados: oportunidad de la norma; listado de las normas que quedan derogadas; impacto presupuestario e impacto por razón de género.

Dentro del epígrafe II, los subepígrafes 1 y 2 vienen a corresponderse con el contenido de la denominada "memoria justificativa". Constituye una novedad el subepígrafe 3, dedicado a las "Alternativas".

En cuanto al epígrafe III, en el subepígrafe 1 se suele transcribir simplemente el texto articulado del Proyecto, en el 2 se hace referencia a la normativa a la que afecta el Proyecto, y en el 3 se relata el "iter" seguido por el Proyecto de Ley hasta ser aprobado como tal, con indicación de los organismos que evacuaron informes al respecto (aunque no de su contenido íntegro), además del Consejo de Estado.

Es el epígrafe IV el que parece plantear el mayor número de novedades en cuanto a la forma de elaborar los Proyectos de Ley en nuestro Estado, aunque en realidad, como apunta BECERRA MUÑOZ, lo único novedoso es la "exigencia de la adecuación de la norma a la distribución de competencias", ya que el resto de los informes incluidos en dicho epígrafe "continúan la línea vigente hasta el momento", incluyéndose el legalmente exigido informe de impacto de género, así como otro de carácter económico-presupuestario (lo que hasta ahora era denominado "memoria económica")[642].

En definitiva, se puede decir que la regulación de la memoria del análisis de impacto normativo aporta, en primer lugar, "mayor precisión" a la hora de describir los "muchos documentos implicados", así como, en segundo lugar, la "exigencia de algunos que antes no se encontraban expresamente recogidos" y, finalmente, en tercer lugar, la "unificación de todos ellos en un dossier, creando un instrumento único, lo que sin duda tendrá un efecto psicológico al no tratarse ya de documentos sueltos que pueden ir incorporándose sucesivamente a la tramitación parlamentaria"[643]; no obstante, también es cierto que ofrece dudas en cuanto a su carácter vinculante[644], más aún si tenemos en cuenta los Proyectos de Ley para la reforma del Código Penal que se han tramitado bajo la vigencia del Real Decreto 1083/2009, aunque esto lo veremos un poco más adelante.

---

642 BECERRA MUÑOZ, J.: *La toma de decisiones…, ob. cit.*, p. 416.

643 BECERRA MUÑOZ, J.: *La toma de decisiones…, ob. cit.*, p. 417.

644 BECERRA MUÑOZ, J.: *La toma de decisiones…, ob. cit.*, p. 417.

2.1.3. Conclusión parcial

En conclusión, y tratando de focalizar la cuestión, explicando el porqué hemos realizado todas estas referencias normativas hasta ahora dentro de la denominada fase **"prelegislativa"**, lo que realmente nos interesa destacar es que la realidad, la práctica, demuestra que para las reformas penales, que es lo que esencialmente nos interesa en este trabajo, la exigencia de la documentación contemplada en la Ley del Gobierno como obligatoriamente adjunta a un Proyecto de Ley, se cumple por parte de los órganos competentes de manera "formal o superficial"[645], de tal modo que ni siquiera esta nueva norma sobre el impacto normativo introducida mediante el Real Decreto 1083/2009 ha tenido incidencia, como ya hemos adelantado, sobre las últimas reformas penales, pese a que se encontraba en vigor (aunque esto, repito, lo corroboraremos más adelante).

Así, pues, se puede decir, como afirma Becerra Muñoz, que "la clave de una mayor racionalidad y calidad de nuestra legislación no está en el número de documentos que obligatoriamente hayan de elaborarse al tiempo que se redacta un Proyecto de Ley, sino en la voluntad política existente para su real cumplimentación y en el establecimiento de mecanismos de control adecuados para asegurar la sanción frente al incumplimiento de las normas"[646]. Vamos a ver en su momento cómo esta afirmación no puede ser más acertada.

2.2. Breve apunte crítico sobre la fase legislativa en España

Tras la anterior fase, vendría propiamente la fase **"legislativa"** (o, en otra terminología, el "proceso legislativo externo"), que "comenzaría con la recepción en las Cortes de la propuesta legal, y tendría su fin con la aprobación y publicación de la ley"[647], siguiendo el procedimiento constitucionalmente establecido para la aprobación de las leyes. Díez Ripollés echa en falta en este momento del "iter" legislativo reforzar o potenciar el trámite que el Proyecto de Ley ha de superar ante la correspondiente Comisión integrada por diputados, pues, en opinión de este autor, "el periodo de trabajo de la Comisión

---

645 Díez Ripollés, J.L.: *La racionalidad..., ob. cit.*, p. 64.
646 Becerra Muñoz, J.: *La toma de decisiones..., ob. cit.*, p. 418.
647 Díez Ripollés, J.L.: *La racionalidad..., ob. cit.*, p. 19.

y su ponencia constituye el momento procedimental decisivo de toda la fase legislativa, aquél, por consiguiente, en el que debieran centrarse los esfuerzos para incrementar los componentes de racionalidad". Por ello, considera que debería "profundizarse en el fomento de la competencia legislativa plena en ciertas leyes penales o de desarrollo de leyes penales", reservando "para las comisiones un buen número de decisiones, tales como la formulación de tipos especialmente complejos, la configuración de los aspectos más técnicos del sistema de responsabilidad y buena parte del sistema de ejecución de penas"[648]. Esta propuesta de distribución de las labores de confección de las normas penales sigue, ciertamente, un razonamiento muy lógico y que suscribimos totalmente.

2.3. La fase postlegislativa en España

2.3.1. ¿En qué debería consistir?

Finalmente, el proceso concluye con la fase **"postlegislativa"**, que "arranca con la publicación de la norma y terminaría, cerrando el círculo, con el cuestionamiento por la sociedad en general, o por grupos relevantes de ella, de que la ley guarde una adecuada relación con la realidad social y económica que pretende regular"[649]; dicha fase estaría compuesta "por el conjunto de actividades de evaluación de los diversos efectos de la decisión legal tras su entrada en vigor, y perdura hasta el momento en que se cuestiona de modo socialmente creíble su adecuación a la realidad social o económica que pretende regular. En ese momento se inicia una nueva fase prelegislativa"[650]. Pero, ¿se realizan estas actividades en nuestro Ordenamiento?

2.3.2. ¿En qué consiste realmente y con qué instrumentos se cuenta?

Con un enfoque externo, y bastante optimista por cierto, KARPEN afirma que "la evaluación de las leyes en España se ve profundamente

[648] Eso sí, sin "sustraer al Pleno el establecimiento del catálogo de delitos y de sus correspondientes penas, la determinación del sistema básico de responsabilidad, o el sistema de penas" (DÍEZ RIPOLLÉS, J.L.: *La racionalidad…, ob. cit.*, p. 55).

[649] DÍEZ RIPOLLÉS, J.L.: *La racionalidad…, ob. cit.*, p. 19.

[650] DÍEZ RIPOLLÉS, J.L.: *La racionalidad…, ob. cit.*, p. 58.

influida por la tradición latina y la cultura y experiencias legales de los países de habla alemana", aunque "el país sigue con gran interés el modo en que británicos y estadounidenses presentan sus anteproyectos y leyes"[651].

Describe este autor nuestro sistema de evaluación de las leyes destacando que "no existe una oficina parlamentaria central del Consejo, como la existente en el Parlamento Británico, y las burocracias de los Ministerios preparan los anteproyectos de ley, que finalmente aprueba el gabinete y envía al parlamento español"[652]. En concreto, "el Ministro de Justicia español es, en el fondo, el Ministro de la legislación (y siempre ha sido así) por el hecho de que está a cargo de la redacción y modificación de los principales códigos existentes"[653].

Puntualiza adicionalmente el autor alemán que las Directrices de técnica normativa, sobre la forma y estructura de los anteproyectos de ley, anteriormente de 1991, y derogadas por las aprobadas mediante Acuerdo del Consejo de Ministros de 22 de julio de 2005, "únicamente abarcan los aspectos formales y conceptuales de la legislación". Pero también hace referencia a que a principios de los noventa, el Gobierno español, "con el apoyo de los legisladores catalanes [sic], aprobaron un cuestionario que era prácticamente un listado de comprobación inspirado en el 'Blaue Prüffragen' alemán (1986)"[654], continente de, como apunta FERNÁNDEZ CARNICERO, "criterios relativos a las pautas de necesidad, que fundamentalmente tra-

---

651 KARPEN, U.: "La implantación...", *ob. cit.*, p. 71.

652 KARPEN, U.: "La implantación...", *ob. cit.*, p. 71. Hay que tener en cuenta también que "en el ámbito institucional existen procedimientos que, de alguna manera, devuelven al Parlamento ciertas informaciones sobre el grado de efectividad de las decisiones tomadas. Sin ánimo de exhaustividad, se pueden señalar los siguientes: rendición de cuentas ante el Parlamento del grado de cumplimiento formal de las leyes presupuestarias por parte de los órganos (tipo Tribunal de Cuentas), específicamente previstos al respecto; informes al Parlamento por parte de comisionados de las Cámaras (tipo Defensor del Pueblo), en los que se analizan los problemas que algunos ciudadanos denuncian en relación a los incumplimientos normativos o bloqueos administrativos; los propios parlamentarios (esencialmente desde los grupos de la oposición), que canalizan, vía preguntas, interpelaciones o intervenciones en debates parlamentarios, aquellos aspectos que, a su juicio, representan falta de acomodo entre el programa legislativo del Gobierno y aquello que realmente sucede; así como las peticiones que llegan a las Cámaras surgidas de las iniciativas de colectivos o de ciudadanos singulares" (GALIANA SAURA, Á.: *La Ley...*, *ob. cit.*, p. 288).

653 KARPEN, U.: "La implantación...", *ob. cit.*, p. 72.

654 KARPEN, U.: "La implantación...", *ob. cit.*, pp. 71-72.

tan de evitar que se legisle en blanco", y que actúa como complemento de aquellas Directrices de técnica normativa[655].

En efecto, nos estamos refiriendo al "Cuestionario de evaluación que deberá acompañar los proyectos normativos a elevar al Consejo de Ministros" (aprobado mediante sendos Acuerdos del Consejo de Ministros de 29 de diciembre de 1989 y de 26 de enero de 1990)[656] que, más que de un instrumento de evaluación en fase postlegislativa, está configurado como una herramienta de evaluación "ex ante", en fase prelegislativa. En todo caso, el contenido del Acuerdo del Consejo de Ministros de 26 de enero de 1990, bajo el título ya señalado, es el siguiente:

> "Dentro del ámbito de lo que se conoce como 'Técnica Legislativa', varios países europeos han elaborado y aplican cuestionarios o bloques de preguntas destinados a controlar la necesidad y las cualidades formales y materiales de los proyectos normativos. A este respecto, cabe destacar que es la República Federal de Alemania el país que ha desarrollado de forma más intensa esta técnica (CHECKLISTEN o PRÜFFRAGEN) tanto a nivel federal como en los diversos Länder, técnica que se utiliza también en países como Suiza, Austria e Italia y que, con otras modalidades, se aplica asimismo en el Reino Unido y en los Estados Unidos de América.
>
> A esta creciente sensibilización por buscar, analizar y estudiar sistemas de comprobación y valoración de las normas, a ser posible antes de su entrada en vigor, responde el intento de diseñar un cuestionario de evaluación de los proyectos normativos que se eleven a Consejo de Ministros, con el fin de implantar en nuestro país una técnica que redunde en beneficio de la calidad y eficacia de la producción normativa.
>
> Con este objetivo se ha elaborado un cuestionario diseñado, sobre todo, en función de su aplicación a proyectos normativos, ya

---

[655] FERNÁNDEZ CARNICERO, C.J.: "La evaluación legislativa en España: posibilidades de articulación y límites constitucionales o estatutarios", en PARDO FALCÓN, J./ PAU I VALL, F. (COORDS.): *La evaluación..., ob. cit.*, p. 163.

[656] MONTORO CHINER, Mª.J.: *La evaluación de..., ob. cit.*, p. 16. Según recoge KARPEN, "el responsable de preparar esas dos directrices fue el Ministro de la Presidencia" (KARPEN, U.: "La implantación...", *ob. cit.*, p. 72). Ello le lleva a afirmar al autor que "la situación actual es que España cuenta con dos centros administrativos responsables de controlar el sistema descentralizado de redacción de los textos prelegislativos y otras normas generales" (KARPEN, U.: "La implantación...", *ob. cit.*, p. 72), refiriéndose tanto al Ministerio de la Presidencia como al Ministerio de Justicia, lo cual sólo se puede predicar de éste último en el presente año 2011.

que éstos constituyen un ámbito de referencia más apropiado. Con este fin, el bloque de preguntas que figura como anexo está ideado para la evaluación, de la forma más operativa posible, de los proyectos de disposiciones con rango legislativo y de aquellos proyectos de disposiciones con rango reglamentario que se dictan en desarrollo de los textos legislativos.

En una primera fase parece aconsejable esta limitación a los anteproyectos de ley y a los anteproyectos de Reglamentos de ejecución de las Leyes, por cuanto estas normas son las que más trascendencia poseen en nuestro ordenamiento y porque, en el marco de éste, son las que requieren mayor coherencia interna a fin de asegurar un exquisito respeto al sistema constitucional de fuentes.

En virtud de cuanto antecede, se eleva al Consejo de Ministros el siguiente acuerdo

Primero

Los anteproyectos de las Leyes y los proyectos de los Reglamentos que hayan de dictarse en ejecución de normas con rango de Ley se elevarán a la consideración del Consejo de Ministros, acompañados del correspondiente 'Cuestionario de evaluación de proyectos normativos que se elevan al Consejo de Ministros'. Este cuestionario deberá ser cumplimentado por el Departamento o Departamentos autores de la propuesta.

Segundo

Si el anteproyecto de Ley o proyecto de Real Decreto tuviese carácter conjunto, se elaborará un solo cuestionario, que habrá de ser elaborado de forma igualmente conjunta por todos los Departamentos proponentes.

ANEXO
CUESTIONARIO DE EVALUACIÓN DE PROYECTOS NORMATIVOS QUE SE ELEVAN AL CONSEJO DE MINISTROS

1. **Necesidad.**
   1.1. Responde el proyecto a una exigencia de orden jurídico como:
      a. ¿Un mandato constitucional y/o legislativo?
      b. ¿La necesidad de desarrollar el Derecho comunitario? ¿Su aprobación está sometida a un plazo concreto?

c. ¿La ausencia de regulación específica?
d. ¿La conveniencia de modificar una disposición anterior?
e. ¿Un vacío normativo derivado de la anulación de otra disposición por los Tribunales?

1.2. ¿Existen previsiones en el Programa de gobierno sobre la materia?

1.3. ¿Qué objetivos básicos pretende alcanzar el proyecto?

2. Repercusiones jurídicas e institucionales.

2.1. Respecto a las Comunidades Europeas:
a. ¿Incide el proyecto sobre otro de las mismas?
b. ¿Ha sido el proyecto comunicado previamente a la Comisión de las Comunidades Europeas, cuando así lo exige el Derecho comunitario?
c. ¿Cuál ha sido el resultado de la consulta?

2.2. En relación con las Comunidades Autónomas
a. ¿Qué títulos competenciales fundamentan la competencia estatal?
b. ¿Es previsible un conflicto competencial?

2.3. En relación a los órganos de la Administración del Estado
a. ¿Se atribuyen en el proyecto nuevas competencias al Consejo de Ministros?
b. ¿Modifica la actual distribución de competencias entre los distintos Departamentos ministeriales?

2.4. En relación al ordenamiento jurídico vigente
a. ¿Qué normas son derogadas total o parcialmente por el proyecto?
b. ¿Qué informes preceptivos son necesarios? ¿Se han cumplimentado todos?
c. Para la plena eficacia del proyecto, ¿se requieren disposiciones que desarrollen su contenido?

3. Efectos sociales y económicos.

3.1. ¿Cuáles son las principales repercusiones económicas y presupuestarias del proyecto? (Memoria económica).

3.2. ¿Puede hacerse frente a la aplicación del proyecto con los medios humanos actualmente disponibles? En caso contrario, ¿qué medidas están previstas para solucionar las insuficiencias detectadas?

3.3. De aprobarse el actual proyecto, ¿qué efectos pueden preverse en cuanto a su aceptación o rechazo por los agentes sociales y sus organizaciones representativas?”.

Considera KARPEN que este listado de comprobación "ha resultado muy útil para que los políticos y funcionarios españoles sean más conscientes de la necesidad de controlar el flujo de nuevas normativas"[657], aunque personalmente consideramos que el autor es, como ya hemos dicho, bastante optimista en su apreciación. ¿Por qué? Pues sencillamente porque (dejando de lado otros ámbitos normativos que no hemos examinado) no hemos encontrado, al menos en lo que se refiere al ámbito penal, rastro de la utilización de este Cuestionario en las reformas llevadas a cabo en nuestro Estado desde su aprobación allá por los años 1989 y 1990.

Desde luego lo que está claro es que, por su contenido, puede interpretarse sin problemas que, tras la aprobación del Real Decreto 1083/2009, la Memoria del análisis de impacto normativo puede cumplir perfectamente la función que se pretendía que desempeñara este Cuestionario, que en realidad buscaba que el Gobierno realizara un examen de la legislación vigente antes de llevar a cabo la aprobación de una nueva normativa. De ahí que mezclara (y que en la práctica se mezclen) el punto de vista retrospectivo y el prospectivo, el de análisis "ex post" de la regulación existente y el de análisis "ex ante" de la nueva norma creada, porque un análisis evaluativo en fase postlegislativa irá seguido en la mayoría de casos, cerrando el círculo del proceso de creación de leyes, de un análisis evaluativo en fase prelegislativa de la nueva norma que, en su caso, se proyecte para reformar la ya aplicada. De hecho, ya hemos afirmado en el Capítulo II que las fases evaluativas se retroalimentan y refuerzan mutuamente, de tal modo que no sólo una evaluación "ex ante" detallada facilitará la evaluación "ex post" de la norma de que se trate, sino también, enfocando la interrelación entre estas etapas en el sentido ne que lo estábamos haciendo, una buena evaluación "ex post" permitirá crear unas bases más sólidas para una evaluación "ex ante" de la reforma legislativa que, en su caso, se pretenda abordar.

[657] KARPEN, U.: "La implantación...", *ob. cit.*, p. 72.

3. CONCLUSIONES SOBRE LA EVALUACIÓN DE LOS EFECTOS DE LAS NORMAS EN ESPAÑA

3.1. Un proceso legislativo deficitario en una verdadera evaluación de los efectos de las leyes

Así pues, en realidad, se puede decir que la "institucionalización de una fase evaluadora de las decisiones legislativas" en España es "limitada" (quizá no tanto ya "inexistente")[658], y que tampoco disponemos "de análisis sociológicos sobre su desarrollo en la práctica"[659], pese a que sería recomendable que se evaluaran "los efectos sociales de una nueva ley penal así como los aspectos relativos a su aplicabilidad por los jueces y tribunales"[660]. Así, sin ir más lejos, por ejemplo, "la evaluación *ex post* de una ley penal serviría para corregir déficits que debieron detectarse en la fase inicial de preparación de un proyecto o proposición de ley o durante la tramitación parlamentaria"[661].

Para un análisis y control de este tipo sobre la eficacia de las leyes, sería fundamental "el aporte de la criminología, junto a otras disciplinas como la psicología, la sociología, el análisis económico del Derecho, etc.". De este modo, los estudios empíricos resultantes permitirían "analizar factores tales como el grado de conocimiento y aceptación de una norma penal, su efecto intimidatorio, el nivel de éxito o fracaso de los fines pretendidos, los efectos colaterales que desencadena la nueva ley penal, la infraestructura así como los recursos económicos y humanos necesarios para su correcta aplicación, etc."[662].

En efecto, estamos de acuerdo con BARBERET HAVICAN en que sería interesante evaluar científicamente en el ámbito de la legislación penal, en particular con el apoyo de la Criminología, por las siguientes razones[663]:

— En primer lugar, porque el proceso científico es riguroso, sistemático y objetivo. En este sentido se puede decir que, en tanto la Criminología forma parte de las Ciencias sociales, persigue

658 DÍEZ RIPOLLÉS, J.L.: *La racionalidad...*, *ob. cit.*, pp. 58-59.
659 SOTO NAVARRO, S.: *La protección penal...*, *ob. cit.*, pp. 146 y 148.
660 SOTO NAVARRO, S.: *La protección penal...*, *ob. cit.*, p. 163.
661 SOTO NAVARRO, S.: *La protección penal...*, *ob. cit.*, p. 165.
662 SOTO NAVARRO, S.: *La protección penal...*, *ob. cit.*, pp. 163-164.
663 BARBERET HAVICAN, R.: "Evaluación de reformas penales y...", *ob. cit.*, p. 108.

llevar a cabo procesos de evaluación rigurosos y en consonancia con los objetivos científicos, a diferencia de lo que normalmente ocurre a nivel de los programas gubernamentales.

— En segundo lugar, se evalúa científicamente para saber si lo que se hace sirve realmente para algo. Así, en nuestro caso, el de la legislación penal, si se cumplen los requisitos científicos exigibles de la misma desde un punto de vista criminológico, ello nos permitirá afirmar que una reforma penal, un proyecto de prevención de la delincuencia o de prevención de victimación realmente da el resultado que se buscaba cuando fue diseñado.

— Finalmente, en tercer lugar, se evalúa también científicamente para modificar o mejorar un programa de intervención. Es decir, la evaluación criminológico-científica serviría para introducir mejoras en un programa que ya está en marcha (así como también, como apunta la autora, lo cual es especialmente importante en los tiempos de austeridad en que nos encontramos, para justificar de forma científica un gasto público).

No obstante, para acometer una evaluación legislativa en el ámbito penal se debería contar con los medios personales, materiales y metodológicos adecuados para llevarla a cabo. Y, como se encarga de poner de manifiesto DÍEZ RIPOLLÉS, en nuestro Ordenamiento no se cuenta ni con lo primero, ni con lo segundo, ni con lo tercero.

Respecto a lo primero, los profesionales que se deberían encargar de analizar si las leyes son eficaces o si se hacen efectivos los fines de las mismas, "están desconectados o poco conectados con la problemática de las intervenciones legislativas penales"[664], principalmente por causa, o bien debido a la "la inexistencia de disciplinas autónomas que dirijan directamente su conocimiento experto al fenómeno de la delincuencia [...] –el escaso reconocimiento social y académico del criminólogo es un ejemplo paradigmático–", o bien por "la escasa apertura de las instituciones sociales que se ocupan de la creación y aplicación del Derecho a profesionales no juristas"[665]. Complementariamente, también se puede constatar la inexistencia de servicios relacionados con la delincuencia y la legislación penal

---

664 DÍEZ RIPOLLÉS, J.L.: *La racionalidad..., ob. cit.*, p. 62.

665 DÍEZ RIPOLLÉS, J.L.: *La racionalidad..., ob. cit.*, p. 62.

que permitan una actuación interdisciplinar, bien coordinada y estructurada, de los profesionales cuya aportación podría ser útil; del mismo modo que cabe echar en falta la existencia de una "*actuación* profesional *de acuerdo a objetivos externos*", lo cual es, lamentablemente (por las razones que hemos apuntado en el Capítulo I sobre cuál debería ser la estrategia de afrontamiento de la actual situación político-criminal por parte de la doctrina penal), "especialmente significativo en el ámbito universitario, donde la elección de las actividades expertas a realizar está sustancialmente regida por las perspectivas de progreso en la carrera académica, y no por las demandas sociales a satisfacer con la pericia obtenida"[666].

En segundo lugar, como hemos dicho siguiendo a DÍEZ RIPOLLÉS, los medios materiales también brillan por su ausencia, en la medida que "hay poca tradición de asignar *partidas presupuestarias* para la evaluación de intervenciones penales legislativas, y no hay precedentes de una ley penal que lleve incorporada una partida presupuestaria para proceder a su evaluación, ni partidas presupuestarias finalistas en el Ministerio de Justicia, Consejo General del Poder Judicial u organismos semejantes destinadas a tal fin"[667]. Además, en paralelo a esa inexistencia, señalada anteriormente, de servicios que permitan una actuación interdisciplinar, bien coordinada y estructurada, acontece una consecuencia lógica, cual es que no existan en nuestro país "*instalaciones* diseñadas para el desenvolvimiento en ellas de estudios de evaluación de leyes", lo que da lugar a que no sea posible "la acumulación de experiencias, materiales, bases de datos propias, etc., con la correspondiente optimización de recursos"[668].

Finalmente, en tercer lugar, carecemos de lo que DÍEZ RIPOLLÉS ha venido a denominar, en general, un "*sustrato experimental no programado* sobre el que edificar las evaluaciones concretas"[669]. Como puntos concretos de esta carencia el autor enumera "la pobreza de nuestras estadísticas policiales y judiciales sobre la delincuencia"[670], no obstante lo cual hay quien matiza este argumento y considera que, al menos en lo que a las estadísticas judiciales se refiere, contamos

---

666 DÍEZ RIPOLLÉS, J.L.: *La racionalidad…, ob. cit.*, pp. 62-63.
667 DÍEZ RIPOLLÉS, J.L.: *La racionalidad…, ob. cit.*, p. 63.
668 DÍEZ RIPOLLÉS, J.L.: *La racionalidad…, ob. cit.*, p. 63.
669 DÍEZ RIPOLLÉS, J.L.: *La racionalidad…, ob. cit.*, p. 63.
670 DÍEZ RIPOLLÉS, J.L.: *La racionalidad…, ob. cit.*, p. 63.

con "mucha más información de la que se aprovecha", siendo realmente el problema que "la información estadística disponible [...] apenas está explotada y raramente es utilizada"[671].

También señala DÍEZ RIPOLLÉS, entre otros aspectos concretos, la inexistencia de instrumentos cuantitativos de investigación social estructurados en series (pues, si se aplican tales instrumentos o técnicas, se hace meramente de forma aislada, de tal suerte que sus contenidos no suelen ser homologables e impiden extraer conclusiones fiables), o de "indicadores no estrictamente delincuenciales pero con directas aplicaciones político-criminales", o, por supuesto, de "*referencias experimentales* sobre las decisiones legislativas concretas", etc.[672].

En definitiva, la carencia de unos mínimos necesarios en nuestro Ordenamiento para llevar a cabo una verdadera evaluación legislativa, antes de implementar cualquier reforma penal que encontrara justificación material, empírica, en los resultados obtenidos con aquélla, es flagrante y evidente, como demuestran las dos grandes últimas reformas penales emprendidas en nuestro Estado, tal y como trataremos de poner de manifiesto en los siguientes subepígrafes.

3.2. Por ejemplo, el caso de la reforma penal operada por Ley Orgánica 5/2010, de 22 de junio

Esta gran (pen)última reforma penal, la vigesimoséptima desde que fue aprobado el Código penal de 1995, traía causa de un

---

671 DE BENITO, J.L./PASTOR PRIETO, S.: "La estadística como instrumento de la Política Judicial", en DÍEZ RIPOLLÉS, J.L./CEREZO DOMÍNGUEZ, A.I. (EDS.): *Los problemas..., ob. cit.*, pp. 57-58. Apuntan estos autores que "a veces, lo que se aporta por los departamentos competentes es información 'a palo seco', sin sistematización ni análisis alguno, ante lo cual, el abrumado usuario puede hacer poco más que prescindir de ella. En conclusión, hay que aprovechar, optimizar el uso de la información disponible, explotando las posibilidades de los sistemas de información que ya poseemos, y proporcionar sólo resultados útiles y de manera ordenada, clara y analizada" (DE BENITO, J.L./PASTOR PRIETO, S.: "La estadística...", *ob. cit.*, p. 58). A pesar de la actitud optimista de estos autores, hay que reconocer que los datos incluidos en las estadísticas judiciales "sólo representan una fracción de un fenómeno del que no se conoce la totalidad", ya que "lo que se judicializa es una muestra casi siempre sesgada del universo de incidentes criminales, y la gravedad del sesgo es proporcional al acceso diferencial de ciertos grupos a los juzgados" (RUBIO, M.: "La evaluación de las leyes: lecciones de la Criminología", en *Revista de Economía Institucional*, vol. 10, núm. 19, 2008, p. 141).

672 DÍEZ RIPOLLÉS, J.L.: *La racionalidad..., ob. cit.*, p. 63.

Proyecto de enero de 2007 que fue aparcado ante las elecciones generales de 2008, y reformulado en noviembre de ese mismo año como Anteproyecto, para desembocar en un nuevo Proyecto en diciembre de 2009. Es digno de destacar que, entre un Proyecto de Ley y otro, el de 2007 y el de 2009, se produjeron, como ha demostrado SERRANO GÓMEZ[673], innumerables modificaciones, a las que hubo que sumar en sede legislativa, a su vez, innumerables enmiendas con incidencia (o no) sobre el texto final de la Ley Orgánica 5/2010, de 22 de junio.

Dicho esto, nos centraremos ahora en examinar cuál fue el contenido de la documentación que se adjuntó a esa reforma penal[674] cuando el Proyecto de Ley fue remitido por el Gobierno a las Cortes Generales (y publicado en el BOCG el 27 de noviembre de 2009).

Lo primero que nos encontramos es que, pese a la gran oportunidad que suponía la voluntad europea (que inspiró la aprobación del Real Decreto 1083/2009, de 3 de julio, por el que se regula la memoria del análisis de impacto normativo) de crear sistemas nacionales de evaluación de impacto que permitiesen determinar las consecuencias económicas, sociales y medioambientales de una norma, así como la creación de una estrategia global para evaluar la delincuencia y la justicia penal, la reforma penal de 2010 no se vio imbuida de ese espíritu.

Y eso a pesar de que el Real Decreto mencionado estaba en vigor, aunque también es cierto que la Guía Metodológica a cuya elaboración dicha norma instaba, fue aprobada por el Consejo de Ministros el 11 de diciembre de 2009 (es decir, unas dos semanas después de la remisión del Proyecto de Ley a las Cortes). Pese a que esto último podría constituir una excusa justificante, también es cierto que el Proyecto de Ley sobre Economía Sostenible, elaborado en esa misma época, advertía al inicio de su texto que su Anteproyecto se había elaborado con anterioridad al Real Decreto de julio de 2009, pese a lo cual el Proyecto en cuestión fue finalmente aprobado bajo la forma de Memoria de análisis de impacto normativo. Precisamente por ello, creemos que la vigencia de tal norma imponía de alguna

[673] SERRANO GÓMEZ, A.: "Legislación líquida. Una nota sobre el Proyecto de Ley de 2009 de Reforma del Código penal", en *Revista Electrónica de Ciencia Penal y Criminología,* núm. 12, 2010, pp. 3-6.

[674] Dicha documentación ha sido obtenida a través del "Departamento de Documentación" del Congreso de los Diputados.

forma una voluntad de cumplimiento con la misma que brilló por su ausencia en el caso del Proyecto de Ley Orgánica para la reforma del Código penal.

Así las cosas, la documentación que se remitió al Congreso junto al Proyecto de Ley Orgánica (con su Exposición de Motivos y su texto articulado) fue la "Memoria justificativa", y (por llamarlas en el modo en que fueron denominadas en sus respectivos encabezamientos), la "Memoria económica" y la "Memoria de impacto por razón de género"[675].

3.2.1. Memoria justificativa

Este documento, con una extensión de once páginas, contenía dos apartados básicos: el primero, dedicado a hacer una síntesis sobre cuál era el "objeto de la reforma" y el segundo, dedicado a hacer unos breves "comentarios" sobre cada una de las novedades que pasarían a formar parte del articulado de los Libros I y II del Código penal.

Así, en dicha Memoria se hacía referencia a que "la experiencia aplicativa del Código [...] ha ido poniendo en evidencia algunas carencias o desviaciones que es preciso tratar de corregir". Por las referencias que se hacían posteriormente, dentro de la misma, en el apartado de comentarios al articulado, parece ser que el Gobierno se refería en este punto, en concreto, a la tipificación del acoso inmobiliario, con la que "se pretende tutelar el derecho al disfrute de la vivienda por parte de propietarios o inquilinos frente a los ataques dirigidos a obligar a unos o a otros a abandonarla para así alcanzar, en la mayoría de los casos objetivos especuladores", a lo que añadía que "distintos pronunciamientos judiciales habían venido poniendo de manifiesto las dificultades que para la represión de estas conductas se derivaba de la ausencia hasta el momento de una específica regulación penal de este fenómeno", **pero sin hacer una recopilación de cuántos ni de cuál había sido su contenido**.

Igualmente parece que podía situarse en esta referencia que el Gobierno hacía a "carencias o desviaciones aplicativas del Código

[675] Más los dictámenes e informes de, primero, Consejo General del Poder Judicial (ciento cincuenta y seis páginas), Consejo Fiscal en segundo lugar (doscientas cuarenta y ocho páginas) y, finalmente, el único vinculante, el del Consejo de Estado (doscientas diecinueve páginas), que tuvo que informar ante la presencia en el Proyecto de modificaciones relacionadas con la transposición del Derecho comunitario.

Penal" la reestructuración de los delitos de trata de seres humanos e inmigración clandestina, razón por la que se decidía con la reforma propuesta separar "la regulación de estas dos realidades criminológicas", bajo la argumentación de que "el tratamiento penal unificado de los delitos de trata de seres humanos e inmigración clandestina que contenía el artículo 318 bis resultaba a todas luces inadecuado, en vista de las grandes diferencias que existen entre ambos fenómenos delictivos". No obstante, **no se adjuntaba estudio alguno que justificara esa afirmación**, que no por ello consideramos que fuera falsa. Simplemente decimos que no se justificaba suficiente y convenientemente la afirmación realizada.

En último lugar, el Gobierno anunciaba que también se habían abordado reformas "en ámbitos como el de la falsificación de certificados, a la que se ha de añadir en todas sus modalidades, la de documentos de identidad que se ha transformado en una práctica intolerablemente extendida", pero, de nuevo, no era posible encontrar en toda la documentación adjuntada por el Gobierno al Proyecto de Ley Orgánica ni un solo documento que refrendara tan categórica afirmación.

También se hacía referencia a que mediante dicha reforma se pretendía "resolver los inevitables problemas interpretativos que se han puesto de manifiesto por la doctrina y jurisprudencia y que es tarea que corresponde al legislador". Quizá aquí, de nuevo por las referencias que el Gobierno hace en el segundo apartado de la Memoria, se esté refiriendo en concreto a las siguientes modificaciones:

— En primer lugar, en cuanto a la medida de expulsión de extranjeros, decía el Gobierno que había optado "huyendo del actual automatismo en su aplicación, porque los tribunales, en atención a las circunstancias concurrentes, puedan valorar la oportunidad de acordarla, lo que ha sido puesto de manifiesto reiteradamente por el Tribunal Supremo"; si bien al menos se identificaba el origen de la jurisprudencia con la que se pretendía justificar la modificación, a nuestro juicio se deberían haber recopilado tales "reiterados" pronunciamientos como material justificativo de la reforma de esta medida;

— En segundo lugar, se señalaba en la Memoria (y transcribimos íntegramente los párrafos correspondientes) que "en la fijación de la pena a imponer en la modalidad básica de estafa los Tribunales han de disponer de un suficiente margen de arbitrio para tener en consideración aspectos del hecho como pueden ser el quebranto económico causado al perjudicado, las relaciones precedentes entre éste y el defraudador, los medios empleados por éste, en donde por supuesto eventualmente tendrían cabida los instrumentos cambiarios y cuantas otras circunstancias se den en el caso. Todas ellas pueden tener sentido agravatorio o no tenerlo, y eso sólo los Jueces podrán determinarlo en cada caso concreto. El sistema de cualificaciones o agravantes específicas propio de la estafa ha venido planteando problemas interpretativos en la praxis, pues da lugar a que se superpongan dobles valoraciones jurídicas sobre unos mismos elementos del hecho, cosa que es particularmente evidente cuando se trata de la modalidad de uso de cheque, pagaré, letra de cambio en blanco o negocio cambiario ficticio –que, además, puede tropezar y confundirse con alguna modalidad de falsedad documental– que son, a su vez, instrumento y materialización del engaño, y no algo que se sume al ardid defraudatorio, por lo cual su valoración separada es innecesaria"; si bien se explicaban muy correctamente desde el punto de vista técnico esos "problemas interpretativos en la praxis" relativos a la estafa, se echaba en falta una recopilación de los pronunciamientos jurisprudenciales (o incluso doctrinales) donde se hubieran detectado.

— Finalmente, en materia de tráfico de drogas, el Gobierno afirmó acoger en el texto que presentaba a las Cortes para su aprobación "la previsión contenida en el Acuerdo del Pleno No Jurisdiccional de la Sala 2ª del Tribunal Supremo, de 25 de octubre de 2005, en relación con la posibilidad de reducir la pena respecto de aquellos supuestos de escasa entidad y siempre que no concurra ninguna de las circunstancias a que se hace referencia en los artículos 369, 369 bis y 370 y siguientes"; aquí sí, al contrario que en los casos anteriores, quizá podríamos encontrarnos ante una justificación suficiente de esta modificación en materia de tráfico de drogas, ya que se hace una identificación técnica del problema y se incorpora una directriz muy clara y concreta del Tribunal Supremo para solventarlo.

En último lugar, también señalaba el Gobierno, o más bien el Ministerio de Justicia, que con la reforma se pretendía "dar respuesta al reclamo social de un tratamiento individualizado para los delincuentes responsables de delitos sexuales y terrorismo". Respecto esto, se afirmaba en el apartado de comentarios de la Memoria que "nuestro ordenamiento penal no preveía ningún mecanismo para abordar los supuestos de peligrosidad subsistente al cumplimiento de la pena en el caso de delincuentes con perfiles criminológicos resistentes al efecto rehabilitador, como suele suceder en el caso de delitos contra la libertad y la indemnidad sexual o terroristas. Por ello la presente ley introduce una nueva medida de seguridad denominada libertad vigilada". No obstante, se echaba en falta en toda la documentación adjunta al Proyecto alguna referencia a estudios empíricos, que seguramente los hay, sobre cuál es el porcentaje en concreto de sujetos rehabilitados que se pueden conseguir en este tipo de delitos con tratamientos específicos, con el objeto de que se pudiera decidir fundadamente si realmente presentaban o presentan ese tipo de delincuentes un perfil tan resistente que justificara esa reforma. Sin ello, pudiera parecer que, en realidad, el Gobierno se estaba basando en percepciones no contrastadas empíricamente.

Además, había un punto adicional en la Memoria respecto a los delincuentes sexuales, y es el que se refiere a la propuesta de reforma del artículo 36 para el cumplimiento efectivo de las penas aplicadas a los mismos, de acuerdo "con lo solicitado por la Proposición no de Ley aprobada por el Congreso de los Diputados el día 3 de junio de 2008", que, recordemos, se formuló al hilo del caso "Mari Luz". Por ello precisamente no es descartable que nos encontráramos en este punto ante una nueva reforma "mediática", como creemos que también puede considerarse la propuesta de tipificación del delito de piratería. Y es que, pese a que se aseguraba en la Memoria que este último delito se tipificaba en el texto de la reforma "recogiendo los postulados del Convenio de Montego Bay de 10 de diciembre de 1982 sobre el Derecho del mar y de la Convención sobre la navegación marítima firmado en Roma el 10 de marzo de 1988", sin dejar de ser eso cierto, no lo es menos que seguro que tuvo un mayor peso en la impulsión de dicha propuesta de reforma el caso "Alakrana" (candente todavía en la agenda mediática en los meses previos a la remisión del Proyecto al Congreso), que dos Convenios internacionales aprobados más de veinte años atrás.

3.2.2. Memoria económica

Decíamos anteriormente que llamamos "Memoria económica" a uno de los documentos que se adjuntaron al Proyecto de Ley Orgánica para la modificación del Código penal que acabó siendo aprobada como Ley Orgánica 5/2010 porque ésas fueron las dos palabras que figuraban en su encabezamiento, no existiendo ningún argumento en su texto que justificara tal denominación. En efecto, este documento no podía ser considerado bajo ninguna circunstancia una "Memoria económica", ni mucho menos un "informe de impacto económico y presupuestario" (en la nueva nomenclatura empleada por la Guía Metodológica de la memoria de impacto normativo). Un documento de estas características debería haber hecho referencia a los siguientes aspectos relacionados con cualquier Proyecto de Ley que se quisiera presentar ante las Cortes Generales, según la mencionada Guía Metodológica:

— impacto económico general, de tal modo que "junto a las repercusiones de carácter general deberá tenerse especialmente en cuenta los efectos sobre los agentes o colectivos directamente afectados por la propuesta"; ninguna referencia se hacía al respecto;

— análisis de las cargas administrativas, entendiendo por tales "todas aquellas tareas de naturaleza administrativa que deben llevar a cabo las empresas y los ciudadanos y ciudadanas para cumplir con las obligaciones derivadas de la norma". Así, se dice que se deberían indicar "con una estimación de su cuantificación económica, las cargas administrativas que introduce la norma y/o que se han suprimido o reducido con respecto a la regulación anterior. Las cargas administrativas que se hayan mantenido o introducido se motivarán relacionándolas con los objetivos de la norma, y se cuantificarán cuando sea posible". Además se indica que en el Anexo V de la Guía (pp. 68-79) se "recoge el método de medición aprobado para España, y que se aplicará para identificar las cargas y determinar la referida valoración económica"; dado lo que se acaba de explicar, resulta muy difícil entender cómo un Proyecto normativo, como el de 2010, que configuraba un nuevo sistema para instaurar la denominada responsabilidad penal de las personas jurídicas, y que ha llevado de hecho a las empresas a encargar y pagar la elaboración de planes o programas de cumplimiento ("compliance plans"), no contemplaba ni el más mínimo análisis ni estimación respecto a las cargas administrativas que estaba imponiendo claramente, como tampoco lo hace, por cierto, la reforma actualmente en trámite que después analizaremos, que mantiene en el texto del artículo 31 bis la consideración de los programas de cumplimiento como circunstancia atenuante;

— impacto presupuestario, que "mide el efecto que el proyecto normativo tendrá previsiblemente sobre los gastos y los ingresos públicos, tanto no financieros como financieros" (sobre los Presupuestos Generales del Estado, de las Comunidades Autónomas o de las Entidades Locales), y que deberá seguir, entre otros, los siguientes pasos:
  - Cuantificación e identificación de gastos e ingresos: "se cuantificarán los costes que se derivan del proyecto normativo, identificando las partidas presupuestarias que pueden verse afectadas, siguiendo para ello la clasificación vigente en la Ley General Presupuestaria, tal como se concreta en la Ley anual de Presupuestos Generales del Estado. Ello permitirá conocer los órganos afectados, la naturaleza económica del gasto o ingreso y la finalidad que persigue, entre otros aspectos".
  - También se contempla que "en el caso de que la aplicación de la norma propuesta no tenga impacto presupuestario, se indicará así en la Memoria, debiéndose justificar adecuadamente"; ello dejaba claro que la mención, en la Memoria económica del Proyecto de reforma del Código penal, al hecho de que "la incorporación de nuevas infracciones" no suponía "repercusión económica alguna", era a todas luces insuficiente, pues no se hacía ninguna justificación sobre tal extremo.
  - Además, se indica que "en el caso de que la aplicación de la norma propuesta tenga impacto presupuestario y se considere que el coste puede ser asumido con los

créditos disponibles sin necesidad de modificaciones presupuestarias, se hará constar así en la Memoria, identificando las partidas presupuestarias afectadas y especificando la respectiva valoración monetaria. Se expresará al menos el importe máximo que puede representar"; cuando se hacía referencia en la Memoria económica del Proyecto de Código penal a que la introducción de la "libertad vigilada" permitía, "desde el punto de vista económico, aprovechar los avances tecnológicos, así como otros medios de los que ya dispone la Administración", quizá se debería haber hecho esa requerida identificación de partidas presupuestarias afectadas o, en todo caso, como se indica en la Guía, una valoración monetaria.

- En último lugar, también se recoge la previsión de que "cuando no sea posible la cuantificación del impacto presupuestario, se harán constar las causas que lo impiden y los motivos por los que se considera que, pese a ello, el impacto presupuestario puede ser asumido sin necesidad de modificaciones presupuestarias".

En definitiva, y esto es especialmente reprochable, afirmar finalmente, como se hizo en tal Memoria, que la aplicación del Proyecto "no exigirá que la Administración de Justicia asuma obligaciones adicionales de gasto" y que para la Administración Penitenciaria "no va a suponer ni un incremento del gasto, ni una disminución de los ingresos, resultando, desde el punto de vista económico, neutro para los recursos públicos" (¡!), sin hacer el más mínimo cálculo o, en su caso, sin justificar motivadamente por qué no se podría hacer (como establece la previsión enumerada anteriormente en último lugar), hacía que esta Memoria "económica" careciera del más mínimo o elemental rigor. Quizá ello se deba a que, como apunta Ortiz de Urbina Gimeno, "el legislador, especialmente cuando se ocupa de materia político-criminal, se siente liberado de todo análisis de costes y beneficios"[676], lo cual, siguiendo al mismo autor, sin duda ha de resultarnos "peculiarmente llamativo", dados "los (relativamente) elevados costes de la política criminal"[677].

[676] Ortiz de Urbina Gimeno, Í.: "La Economía...", *ob. cit.*, p. 105.
[677] Ortiz de Urbina Gimeno, Í.: "La Economía...", *ob. cit.*, p. 80.

3.2.3. Memoria sobre el impacto por razón de género

La cumplimentación de la Memoria (o "Informe", como fue propiamente titulado este documento al ser remitido a las Cortes Generales) sobre el impacto por razón de género, con una extensión también de dos páginas, pero con unos cuatro párrafos menos, fue solventada de nuevo superficialmente por parte del Gobierno[678]. De hecho, no hay más que echar un vistazo al apartado correspondiente de la Guía Metodológica para la elaboración de la Memoria del análisis de impacto normativo (pp. 30-33, extensión superior incluso a la del documento que analizamos) para darse cuenta de que este Informe sobre el impacto por razón de género que se presentó era absolutamente insuficiente.

---

[678] Éste fue su texto íntegro:

"De conformidad con el párrafo segundo del apartado 2 del artículo 22 de la Ley 50/1997, de 27 de noviembre, del Gobierno, introducido por la Ley 30/2003, de 13 de octubre, los Proyectos de Ley deberán ir acompañados de un informe sobre el impacto por razón de género de las medidas que se establecen en el mismo.

Al respecto es necesario poner de manifiesto que a través del Proyecto de reforma del Código penal, actualmente en trámite, se procede a reforzar la protección penal de mujeres y niños. Esta circunstancia se evidencia a través de numerosas medidas que se señalan a continuación.

Si bien es cierto que sujeto pasivo de delitos contra la libertad e indemnidad sexual puede serlo tanto el hombre como la mujer, resulta indudable que será la mujer la afectada en mayor medida por este tipo de conductas. Por tanto, el aumento de penas y la tipificación de nuevas conductas que atentan contra la libertad e indemnidad sexual, a las que se procede con esta reforma, inciden de forma directa en una mayor protección de la mujer a través del Código penal. Esta situación se repite con la tipificación expresa del delito de trata de seres humanos.

También es necesario destacar la especial protección penal dispensada a mujeres y niñas a partir de las modificaciones realizadas en los delitos que se cometan durante conflictos armados, ya que se castigará expresamente a quienes atenten contra la libertad sexual de una persona protegida cometiendo actos de violación, esclavitud sexual, prostitución inducida o forzada, embarazo forzado, esterilización forzada o cualquier otra forma de agresión sexual y, a aquellos que recluten o alisten a menores de 18 años o los utilicen para participar directamente en dichos conflictos.

Debe destacarse también que la incriminación de la conducta del cliente de la prostitución de los menores de edad redundará en una mayor protección de las jóvenes y las mujeres menores de edad, dado que es mucho mayor el porcentaje de población femenina, respecto de la masculina, que es víctima de las redes de explotación sexual.

En conclusión, la norma proyectada tiene un impacto positivo puesto que va a contribuir a una mayor protección de las mujeres y las niñas".

3.3. Un nuevo ejemplo: el Proyecto de Ley remitido a las Cortes Generales en septiembre de 2013 y finalmente aprobado como Ley Orgánica 1/2015, de 30 de marzo

El día 24 de septiembre de 2013 (publicado en el BOCG el 4 de octubre de 2013) se remitió desde el Gobierno a las Cortes Generales un nuevo Proyecto de Ley Orgánica para la reforma del Código penal (sobre la base de un Anteproyecto elaborado en 2012). Pese a que dicho texto languideció durante meses, con continuas ampliaciones del plazo semanal para la presentación de enmiendas, en la Comisión de Justicia del Congreso de los Diputados, a finales de noviembre de 2014 se puso fin a esta fase y se retomó la tramitación (coincidiendo con el cambio de titular en el Ministerio de Justicia), con el inicio de la elaboración del correspondiente Informe final por parte de tal Comisión legislativa sucediéndose a partir de ahí los diversos trámites que llevaron a su aprobación y publicación definitiva como Ley Orgánica 1/2015, de 30 de marzo, en vigor desde el 1 de julio de 2015.

El caso es que, en lo que ahora nos interesa, la fundamentación empírica de tal Proyecto, al ser presentado para su aprobación a las Cortes Generales fue, de nuevo, inexistente a la luz de la documentación que el Gobierno remitió anexa al texto de la norma[679], debido a un cumplimiento laxo del Real Decreto 1083/2009 (al menos esta vez no obviado como en 2010) a la hora de confeccionar dicha documentación. En efecto, así lo hemos podido comprobar al poder consultar la memoria, elaborada, esta vez sí, siguiendo las directrices de la Guía Metodológica de la memoria de impacto normativo, aunque, como era de esperar, de una manera excesivamente superficial o poco profunda.

En concreto, comparando la documentación que, elaborada por el Gobierno[680], se adjuntó al Proyecto de reforma de 2010 y la que se adjuntó al nuevo Proyecto de finales de 2013, podemos afirmar

---

[679] Dicha documentación ha sido obtenida a través del "Departamento de Documentación" del Congreso de los Diputados.

[680] Excluyo de nuevo por tanto de esta consideración el Dictamen del Consejo de Estado (esta vez con una extensión de ciento treinta y ocho páginas), el Informe del Consejo General del Poder Judicial (ciento setenta y cuatro páginas) y el Informe del Consejo Fiscal (también con una extensión de ciento setenta y cuatro páginas).

en primer lugar que, cuantitativamente, hay una diferencia significativa pues, mientras en 2010 (como hemos visto anteriormente) la Memoria justificativa, la Memoria económica y el Informe sobre el impacto por razón de género apenas alcanzaban las quince páginas de extensión sumadas en conjunto, la Memoria del análisis del impacto normativo de la reforma iniciada en 2013 tenía una extensión de noventa y nueve páginas. No obstante, hay que tener en cuenta que cuarenta y dos de las mismas se dedicaban a exponer las principales objeciones realizadas por Consejo General del Poder Judicial, Consejo Fiscal y Consejo de Estado en sus respectivos informes y dictámenes.

Ahora bien, en segundo lugar y como ya venimos advirtiendo, cualitativamente la documentación analizada no es más profunda desde el punto de vista empírico que la presentada en 2010 y ya analizada en el anterior subepígrafe. El Gobierno ha cumplido en esta última ocasión en su elaboración con los aspectos formales, pero desde el punto de vista material es exactamente igual de incompleta. Así lo demuestra el encontrar, ya en la ficha inicial con los datos identificativos y esenciales del Proyecto, que las "Principales alternativas consideradas" fueron "Ninguna", o que el "Impacto económico" del mismo era o es "No cuantificable". En efecto, sobre lo primero, cuando en la Memoria se procede a abordar el obligatorio apartado dedicado al análisis de las posibles alternativas a la nueva regulación que se pretende proponer, el escueto contenido del mismo, en un clarísimo desprecio por el cumplimiento del principio de intervención mínima (al que se alude expresamente, como vamos a ver, como argumento justificativo para la supresión del Libro III), es el siguiente: "Dada la materia cuya regulación se modifica, no existen alternativas a la modificación del Código Penal". En cuanto a lo segundo, en el apartado correspondiente se explica que "El impacto económico de esta reforma es difícil de cuantificar y de medir, por lo que el examen se centrará en la repercusión de esta reforma sobre la Administración de Justicia, la Administración Penitenciaria y los propios operadores jurídicos afectados por la reforma", fórmula muy parecida a la utilizada para pasar de puntillas por el cumplimiento de una estimación económica (sea difícil o no de realizar) que obliga a realizar el Real Decreto 1083/2009.

Profundizando en alguno de los aspectos sustantivos de la reforma (no podemos hacerlo en todos por limitaciones de espacio), elegimos, por ser una de las cuestiones más destacadas que aborda la misma, la relativa a la supresión del Libro III del Código Penal, dedicado a las faltas. Parece que se trata de uno de los puntos fuertes de la misma, en el sentido de que presenta la apariencia de una reforma justificada empíricamente y acometida desde argumentos basados en la racionalidad. Y digo "parece" porque, a poco que se profundice en la concreta propuesta de reforma sobre esta cuestión, nos encontramos nuevamente con algunos defectos e incoherencias. La Exposición de Motivos del Proyecto de Ley Orgánica (por cierto, bastante más exhaustiva a la hora de explicar el contenido de la reforma en esta materia que la propia Memoria sobre el impacto normativo) nos da los argumentos utilizados por el Gobierno para proponer la supresión del Libro III: por un lado, "la notoria desproporción que existe entre los bienes jurídicos que protegen y la inversión en tiempo y medios que requiere su enjuiciamiento"; y, por otro lado, y relacionado con ello, "la dudosa necesidad de que conductas carentes en muchos casos de gravedad suficiente, deban ser objeto de un reproche penal". Respecto al primer argumento, se dice en la Memoria que se busca "reducir el número de asuntos de trascendencia menor que actualmente absorben gran parte de los medios materiales y personales disponibles"[681], en orden al logro de una "racionalización en el uso del servicio público de la Administración de Justicia, con la supresión de las infracciones penales constitutivas de falta para su derivación hacia vías alternativas para la solución de conflictos". Ahora bien, no hay ni rastro en la reforma de un regulación sobre la mediación penal, que sería la vía alternativa adecuada para la solución de los conflictos que se plantean en las actuales faltas, y tan sólo se hace referencia, ya en el texto de la Exposición de Motivos, a que las conductas que finalmente se eliminan del Código Penal[682] (no las que

[681] En el capítulo dedicado al impacto económico y presupuestario se da un dato empírico para hacernos una idea de la magnitud de esta "sobrecarga" que supone la tramitación de las faltas: "la supresión de las faltas, por su parte, es una reforma de la que es previsible derivar un impacto económico positivo. Recientemente, el Consejo General del Poder Judicial ha propuesto la despenalización de las faltas como una de las vías que debía ser ensayada para reducir la litigiosidad penal y liberar así recursos inmovilizados en los tribunales de justicia. Según las estadísticas disponibles, casi un 71% del total de los asuntos ingresados en el año 2010 en todas las jurisdicciones eran de naturaleza penal y, a su vez, en los Juzgados de Instrucción –que conocen del enjuiciamiento de la mayoría de las faltas– les había correspondido el conocimiento de 3.448.548 de los 6.639.356 asuntos ingresados en el orden penal en 2010".

[682] Por ejemplo, las faltas de homicidio y lesiones por imprudencia leve (aunque se pasan a castigar como delito leve los supuestos de ambas conductas cometidos con

pasan a ser delitos leves en el Libro II, claro[683]), "pueden encontrar respuesta a través del sistema de sanciones administrativas y civiles", lo cual, no obstante, es justo reconocer que no es incorrecto o inadecuado. Por otro lado, respecto al segundo argumento, que relaciona el principio de intervención mínima con la pretendida descarga del trabajo de los sobresaturados Juzgados de Instrucción, la Memoria persevera en esa línea cuando, al explicar el impacto económico y normativo que tendrá la supresión del Libro III, afirma que, no sólo "no se prevé ninguna innovación procedimental ni exigencia de medios nuevos", sino que, incluso, se logrará "una reducción de la carga actual de trabajo y permitirán un mejor aprovechamiento de los recursos disponibles". Pues bien, es cierto que hay faltas que se "despenalizan" (las indicadas en nota al pie), pero son pocas, son de

---

imprudencia "menos grave" en los artículos 142.2 y 152.2, respectivamente), buena parte de las faltas contra las relaciones familiares (anteriores artículos 618.1 y 2, 619 y 622), las injurias leves y las vejaciones injustas (salvo cuando se cometen sobre alguna de las personas a que se refiere el artículo 173.2), la falta de receptación, las faltas consistentes en el deslucimiento de bienes muebles e inmuebles del artículo 626, así como la causación de daños de escasa entidad en bienes de valor cultural ("que –como decía la Exposición de Motivos del Proyecto– pueden reconducirse al delito de daños u otras figuras delictivas cuando revistan cierta entidad, o acudir a un resarcimiento civil; en el caso de bienes de dominio público, también puede acudirse a la sanción administrativa"), las faltas contra los intereses generales que aparecían tipificadas en los artículos 630, 631.1 y 632.1, o, finalmente, dentro de las faltas contra el orden público, los supuestos de alteraciones leves del orden público o la realización de actividades sin seguro obligatorio.

683 Y que son las siguientes: delito de lesiones de escasa gravedad (artículo 147.2); maltrato de obra (artículo 147.3); amenazas leves (artículo 171.7); coacciones leves (artículo 172.3); entrar o mantenerse en domicilio público, de escasa gravedad (artículo 203.2); hurto de de menos de 400€ (artículo 234.2); hurto de cosas propia de menos de 400€ (artículo 236.2); alteración de lindes de menos de 400€ (artículo 246.2); distracción de aguas de menos de 400€ (artículo 247.2); estafa de menos de 400€ (artículo 249); administración desleal de menos de 400€, que antes ni siquiera era falta (artículo 252.2); apropiación de cosa perdida o abandonada de menos de 400€ (artículo 253.2); apropiación de cosa recibida de menos de 400€ (artículo 254.2); defraudación eléctrica de menos de 400€ (artículo 255.2); defraudación en telecomunicaciones de menos de 400€ (artículo 256.2); daños de menos de 400€ (artículo 263); delito de propiedad intelectual, de escasa gravedad (artículo 270.2, párrafo 2°); delito contra la propiedad industrial, de escasa gravedad (artículo 274.3, párrafo 2°); maltrato de animales (artículo 337.4); abandono de animales (artículo 337 bis), distribución de moneda falsa de menos de 400€ (artículo 386); distribución de sellos o efectos timbrados de menos de 400€ (artículo 389);el uso de uniforme o la atribución pública de la condición de profesional (artículo 402 bis); y la falta de respeto y consideración a la autoridad en el ejercicio de sus funciones (artículo 556, párrafo 2°).

las que menos se aplican y el grueso de las faltas más importantes pasan a ser consideradas como delitos leves. Esto último implica que, naturalmente, se tendrán que seguir incoando procedimientos por estas infracciones, ya como delitos leves, por parte de los Juzgados de Instrucción[684], a quienes además corresponderá el enjuiciamiento de los mismos, siendo el trámite prácticamente idéntico al del antiguo Juicio de Faltas. Y a ello hay que sumarle "la impretendida conversión en delitos leves de algunos delitos menos graves" denunciada por GONZÁLEZ RUS tras la publicación de la Ley Orgánica 1/2015[685]. En definitiva, ¿seguro que se producirá "una reducción de la actual carga de trabajo"?

El colofón al defectuoso cumplimiento material del Real Decreto 1083/2009 y, por tanto, de las directrices sobre el contenido adecuado que ha tener una "Memoria del análisis de impacto normativo" de un Proyecto de Ley, nos lo da el palmario inicio del capítulo dedicado al "Análisis de impactos" con la siguiente frase: "Esta reforma del Código Penal tendrá un importante impacto sobre la sociedad española" (¡!), acompañada en el párrafo subsiguiente de un "en consecuencia, será la sociedad en su conjunto la que verá mejorada la seguridad con la que discurre su vida cotidiana, tanto desde un punto de vista jurídico, como desde un punto de vista sociológico, al tratarse de una reforma dirigida especialmente a prevenir los delitos percibidos como especialmente graves para la convivencia". Afirmación seguida, finalmente, de un "asimismo, con la reforma, se mejora técnicamente el código y se incrementa su eficacia, lo que redunda en beneficio de los profesionales del Derecho"... Las cuestiones que plantea esta redacción empiezan a surgir una detrás de otra: ¿acaso define el Gobierno qué entiende por eficacia? ¿Cómo la mide para decir que se incrementa con la reforma? ¿Cómo ha logrado determinar empíricamente cuáles son "los delitos percibidos como especialmente graves" por la sociedad? ¿Cómo de "importante" va a ser el impacto de la

---

684 Aunque se prevé sobre este punto la introducción de "criterios de oportunidad que permitan a Jueces y Tribunales, a petición del Ministerio Fiscal, renunciar a la persecución de conductas que, si bien pueden resultar típicas, resulten sin embargo de ínfima gravedad y con relación a las cuales no existe interés público en la persecución".

685 GONZÁLEZ RUS, J.J.: "La supresión del Libro III y los delitos leves", en MORILLAS CUEVA, L. (DIR.): *Estudios sobre el Código Penal reformado (Leyes Orgánicas 1/2015 y 2/2015)*, Dykinson, Madrid, 2015, pp. 28-32. No obstante, el legislador tomó conciencia del error técnico cometido para proceder a su subsanación legislativa.

reforma sobre la sociedad española? ¿De verdad que sólo existirá ese impacto desde el punto de vista de "mejora de la seguridad"? ¿Qué hay del impacto sobre la libertad de los ciudadanos? ¿No existe? ¿Es difícil de cuantificar? ¿Tanto como el existente sobre la seguridad, o más acaso? Y, por otro lado, volviendo a lo visto más arriba: ¿cómo que no existen alternativas a la modificación del Código Penal en la materia que el Proyecto se regula? ¿Qué hay entonces de la dimensión de "ultima ratio", dentro del principio de intervención mínima, del Derecho Penal?

4. REFLEXIONES FINALES

En definitiva, todas estas cuestiones sin respuesta, junto a lo analizado en las páginas precedentes, nos dan una primera e importante conclusión, y es que, pese a que actualmente hay mimbres normativos en España para la evaluación legislativa (desde luego más que hace veinte o treinta años), no existe, como decíamos al principio de este trabajo, una cultura de la evaluación de normas arraigada en términos generales[686]. No en vano se ha afirmado acertadamente que España, tradicionalmente, ha sido "ajena a la cultura de la evaluación" existente en otros países y que es un Estado en el que ni se prevén ni se dotan medios "para la elaboración de evaluaciones de las reformas introducidas según criterios de independencia y seriedad científica"[687].

Desde luego que, en lo que se refiere al ámbito de las normas penales, se puede hablar igualmente de una tradición legislativa alejada de la cultura evaluativa, pero también, más actualmente, de una escasa voluntad política de aplicar los incipientes instrumentos evaluativos con los que cuenta actualmente nuestro Ordenamiento jurídico. Respecto a lo primero, en efecto, la elaboración de todos los documentos prelegislativos que han ido acompañando a las sucesi-

---

[686] Ni de normas, ni de políticas públicas, como reconoce la propia AGENCIA ESTATAL DE EVALUACIÓN DE LAS POLÍTICAS PÚBLICAS Y LA CALIDAD EN LOS SERVICIOS, que subraya la "necesidad de generar cultura de la evaluación" en nuestro Estado, destacando los condicionantes y limitaciones que ello implica, así como los requisitos imprescindibles para acometer esa labor (AGENCIA ESTATAL DE EVALUACIÓN DE LAS POLÍTICAS PÚBLICAS Y LA CALIDAD EN LOS SERVICIOS: *Fundamentos... ob. cit.*, pp. 44-45).

[687] TAMARIT SUMALLA, J.Mª.: "Política criminal con bases empíricas en España", en *Política Criminal*, núm. 3, 2007, pp. 3-4.

vas reformas penales realizadas sobre el Código penal de 1995 hasta la fecha (una treintena ya), no se ha realizado ni un solo "estudio previo de detección de problemas y planteamiento de estrategias"[688] (ya hemos dicho anteriormente que no hemos encontrado ni rastro del Cuestionario existente desde 1989-1990 en las reformas aprobadas desde entonces hasta 2009), ni tampoco han sido sometidos los textos "a un procedimiento transparente y público de consulta a la comunidad científica y a los sectores profesionales relacionados con el sistema penal"[689], como sí ocurre en otros Estados. Respecto a lo segundo, esto es, en lo concerniente a la escasa voluntad política de aplicar los incipientes instrumentos evaluativos con los que cuenta actualmente nuestro Ordenamiento jurídico, ha quedado acreditado en este trabajo lo que avanzamos al concluir parcialmente el análisis de la denominada fase prelegislativa en España: la práctica demuestra que, en las últimas grandes reformas penales, la exigencia de la documentación que obligatoriamente debe adjuntarse a un Proyecto de Ley se cumple por parte de los órganos competentes de manera "formal o superficial", de tal modo que ni siquiera la nueva norma sobre el impacto normativo que introdujo el Real Decreto 1083/2009 ha tenido incidencia sobre las últimas reformas penales emprendidas. O, por ser más rigurosos en la descripción del fenómeno, se puede hablar de un evidente incumplimiento frontal de tales exigencias en la reforma de 2010, y de un cumplimiento descuidado en la reforma sometida a la aprobación de las Cortes Generales a finales del año 2013 y que ha desembocado en la Ley Orgánica 1/2015. Falta, por tanto, una firme voluntad por parte de los poderes ejecutivo (y también legislativo, que no reprocha al Gobierno su actitud) de comprobar los efectos de sus normas en la sociedad, lo cual es especialmente grave en el caso de las normas penales, si tenemos en cuenta que son las que inciden más intensa y gravemente en las libertades de los ciudadanos, restringiéndolas.

---

688 En realidad sólo una de las múltiples reformas penales señaladas contempla "una norma de evaluación" en una de sus Disposiciones adicionales: la Ley Orgánica 7/2000, de 22 de diciembre, de reforma de la Ley Orgánica 5/2000, de 12 de enero, de responsabilidad penal del menor. Norma que TAMARIT SUMALLA tilda, con razón, de "anécdota sarcástica", al contener "un esperpéntico mandato al futuro legislador de sancionar con mayor firmeza determinados delitos, dando a entender que ya se sabe de antemano cuáles van a ser los resultados de la evaluación" (TAMARIT SUMALLA, J.Mª.: "Política criminal...", *ob. cit.*, p. 4).

689 TAMARIT SUMALLA, J.Mª.: "Política criminal...", *ob. cit.*, p. 4.

Así las cosas, la principal prioridad ha de ser la de encontrar vías para inculcar esa voluntad política de cumplimiento adecuado de los instrumentos evaluativos existentes, a la hora de emprender sucesivas reformas penales. Una de esas vías, sin duda, puede ser la que encarna este "Grupo Español de Política Legislativa Penal" (GEPLP) que se ha presentado ante la comunidad científica colectivamente con la publicación de una obra conjunta que sido consultada y citada en el presente trabajo, y que tiene muchas y muy variadas propuestas para la potenciación y mejora de la actividad evaluativa de nuestras normas penales[690]. De entre ellas, las que se encuentran más pulidas o avanzadas han sido dadas a conocer en la obra mencionada. Las más incipientes serán dadas a conocer en los próximos años. Tenemos la esperanza de que, al menos algunas de ellas, puedan ser acogidas más pronto que tarde por los responsables de tramitar la elaboración de las reformas penales en nuestro país, pues somos plenamente partícipes de la opinión que en su día formulara SOTO NAVARRO, en torno a la urgencia de replantear el proceso legislativo en su conjunto, con el objetivo de que el legislador, antes de aprobar una reforma penal, disponga "previamente del necesario conocimiento y valoración acerca de la realidad social sobre la que se pretende intervenir con una decisión legislativa, como garantía de que, por un lado, la ley será reconocida por la sociedad como legítima y, por otro, será efectiva en su aplicación"[691]. Sobre las bases teóricas que deberían fundamentar este propósito, trabajaremos en el siguiente Capítulo.

---

[690] NIETO MARTÍN, A./MUÑOZ DE MORALES ROMERO, M./BECERRA MUÑOZ, J. (DIRS.): *Hacia una evaluación racional de las leyes penales*, Marcial Pons, Madrid, 2016.

[691] SOTO NAVARRO, S.: *La protección penal…*, *ob. cit.*, pp. 142 y 145.

CAPÍTULO V.
LA RACIONALIDAD Y LA LEGITIMIDAD MATERIAL COMO ASPIRACIONES DEL SISTEMA PENAL Y DE LAS NORMAS PENALES. EL PAPEL DE LA EVALUACIÓN DE LAS CONSECUENCIAS DE LAS LEYES EN SU LOGRO

SUMARIO:

1. EVALUACIÓN DE LAS CONSECUENCIAS DE LAS LEYES Y CIENCIAS PENALES: MODELOS DE RACIONALIDAD LEGISLATIVA PENAL EXISTENTES

1.1. Introducción

A continuación nos centraremos en la construcción y cimentación de un modelo de racionalidad y legitimidad de las leyes penales sobre el que llevar a cabo la potenciación en nuestro Ordenamiento jurídico de la evaluación de las consecuencias o efectos de las mismas, tanto en prospectiva o "ex ante", como en retrospectiva o "ex post".

Hemos de partir de que en un proceso legislativo racional o racionalizado deberían incardinarse pasos tales como "fijación de objetivos; examen de los recursos disponibles; selección de alternativas posibles; elección de indicadores de gestión; y creación de mecanismos de cuantificación como medida de éxito o de consecución del objetivo"[692]. Frente a ello, como hemos visto en el Capítulo I, "el modo de regular de nuestro legislador actual no es precisamente la planificación de antemano, racionalizado y previamente analizado desde el punto de vista económico, social y jurídico, sino que se basa ante todo en necesidades de normación de carácter urgente". O, en otras palabras, hablando en términos generales, "las leyes se elaboran más por la necesidad inminente del momento, que no tanto por una voluntad legislativa previamente pensada, discutida y planificada en un calendario legislativo"[693].

No han faltado las aportaciones doctrinales que hayan buscado una mayor racionalidad en las leyes penales a través de, en particular, la evaluación. En esta línea, sin ir más lejos, el malogrado catedrático alemán Joachim VOGEL realizó, en la búsqueda de una política criminal más racional, una aproximación a la evaluación de los sistemas penales, constatando la existencia en la actualidad de evaluaciones en concretos ámbitos materiales en las que lo que se plantea es si el sistema penal evaluado cumple las obligaciones inter- o supranacionales vigentes en dicho particular ámbito[694].

---

[692] GALIANA SAURA, Á.: *La Ley…*, *ob. cit.*, p. 99.

[693] GALIANA SAURA, Á.: *La Ley…*, *ob. cit.*, p. 101.

[694] VOGEL, J.: "Evaluación de los sistemas penales: contribución a una política criminal racional", en DÍEZ RIPOLLÉS, J.L./PRIETO DEL PINO, A.Mª./SOTO NAVARRO, S.: *La política legislativa penal en Occidente. Una perspectiva comparada,* Tirant lo Blanch, Valencia, 2005, p. 260.

Partía el autor del hecho de que, siendo como es la evaluación de los sistemas penales un fenómeno nuevo y poco discutido, no existe aún un marco teórico convincente para la misma[695]. Así, para él, una teoría elaborada de la evaluación de los sistemas penales debería construirse de modo interdisciplinar y, junto a la doctrina penal y procesal penal, habrían de colaborar también la teoría del Derecho y la teoría de la legislación penal, conectadas con la Ciencia Política y las Ciencias Sociales[696]. Ante la imposibilidad de lograr ese propósito en un breve artículo, VOGEL se limitaba a fijar una estructura básica, que abarcara sobre todo el método y los criterios materiales para la evaluación de los sistemas penales[697].

Es destacable lo que el autor recomendaba en cuanto al **método**, pues, para él, la base de la evaluación no debe apoyarse exclusivamente en los criterios u opiniones de los Gobiernos o de los profesores de Derecho penal. Más bien considera que debe contarse para ello con los prácticos del Derecho penal, los criminólogos, los politólogos y los sociólogos, así como con los abogados defensores y los imputados, los procesados o condenados, y por último con las organizaciones no gubernamentales y las asociaciones de derechos humanos o de víctimas[698].

En cuanto a los **criterios materiales**, VOGEL hacía dos importantes observaciones críticas que se deberían tener en cuenta a la hora de construir esta estructura básica para la evaluación de los sistemas penales como guía para el logro de una política criminal racional:

— primero que, en la actualidad, la *justicia material* es desplazada cada vez más por la justicia *procedimental*. Esto es, para el autor, bajo la influencia pragmática y utilitarista se ha sobredimensionado la utilidad, y la eficiencia se ha convertido en criterio rector[699]. Y es que, en opinión de VOGEL, también el paradigma económico "se expande" en el Derecho penal, ya que con él "se somete el sistema penal a un análisis de costes-beneficios"[700];

---

695 VOGEL, J.: "Evaluación de...", *ob. cit.*, p. 265.

696 VOGEL, J.: "Evaluación de...", *ob. cit.*, p. 266.

697 VOGEL, J.: "Evaluación de...", *ob. cit.*, pp. 266-272.

698 VOGEL, J.: "Evaluación de...", *ob. cit.*, p. 268.

699 VOGEL, J.: "Evaluación de...", *ob. cit.*, p. 269.

700 VOGEL, J.: "Evaluación de...", *ob. cit.*, p. 270. Sobre la aplicación del análisis coste-beneficio (ACB) al ámbito de la política criminal, véase ORTIZ DE URBINA GIMENO, Í.: "La Economía...", *ob. cit.*, pp. 94-100.

— y, en segundo lugar, que, así mismo, se ha producido en la actualidad la decadencia del valor jurídico de la *seguridad jurídica*, cada vez más desplazado por la seguridad *social*. Es decir, la línea directriz de la política criminal de un Estado "es ahora el garantizar la protección lo más extensa posible de la sociedad y de los ciudadanos (como potenciales víctimas) frente a la delincuencia, mientras que la protección de los imputados, de los procesados y de los condenados se relega a un segundo plano"[701].

¿Dónde habría que buscar entonces los criterios materiales que debieran regir un sistema evaluativo de este tipo? Para VOGEL, una solución residiría en el entendimiento de los objetivos jurídico-penales como cristalización de decisiones de política criminal, de tal modo que, cuanto más alto sea el rango de los objetivos jurídico-penales, mayor será el consenso político-criminal. Así, en concreto, y en especial, para el autor podrían concebirse como criterios materiales para una política criminal racional, por ejemplo, los objetivos jurídico-penales que se incluyen en los instrumentos jurídicos inter- o supranacionales, por su progresivo mayor consenso y nivel de reconocimiento (por encima de las fronteras estatales), lo que los hace idóneos para la evaluación de los sistemas penales[702]. Es decir, por ejemplo, podrían hacer las veces de criterios materiales (y ser los indicadores de las posteriores evaluaciones que permitieran establecer comparativas entre sistemas penales), objetivos tales como el respeto a los derechos fundamentales, la persecución consistente de los fines declarados y puesta en funcionamiento de los medios adecuados, u objetivos políticocriminales que no han cristalizado jurídicamente por completo pero que gozan de un consenso o de un reconocimiento universal[703].

Ha caminado en pos de este objetivo el desarrollo de una estrategia global de la Unión Europea para evaluar la delincuencia y la justicia penal[704] formulada mediante Comunicación de la Comisión

---

701 VOGEL, J.: "Evaluación de…", *ob. cit.*, p. 270.

702 VOGEL, J.: "Evaluación de…", *ob. cit.*, pp. 270-271.

703 VOGEL, J.: "Evaluación de…", *ob. cit.*, pp. 271-272.

704 Siguiendo las conclusiones de la estrategia para el próximo milenio en materia de delincuencia organizada, la declaración de la conferencia de Dublín recomendó la elaboración de estadísticas exactas y coordinadas sobre la delincuencia en la UE, con el fin de evaluar los riesgos y las tendencias de la delincuencia organizada. El denominado programa de La Haya (Comunicación de la Comisión al Consejo y al Parlamento Europeo, de 10 de mayo de 2005, "Programa de La Haya: Diez prio-

al Parlamento Europeo, al Consejo y al Comité Económico y Social Europeo, de 7 de agosto de 2006 (COM(2006) 437 final)[705]. Mediante ésta, la Comisión propuso un Plan de Acción de cinco años (2006–2010) y la creación de un grupo de expertos para remediar la falta de estadísticas en la Unión Europea sobre la delincuencia y la justicia penal, grupo cuyo cometido se pretendía que fuera ayudar a la Comisión a determinar las necesidades políticas en materia de datos sobre delincuencia y justicia penal (Decisión de la Comisión 2006/581/CE), así como optimizar la puesta en común de los recursos, evitando la duplicación del trabajo sobre la delincuencia organizada y la delincuencia común, tanto por la Comisión como por otros organismos.

La meta era que el nuevo sistema de estadísticas[706] respondiera a dos necesidades básicas:

- establecer estadísticas fiables sobre las tendencias y niveles, así como sobre la estructura de la delincuencia y el terrorismo y las medidas adoptadas para evitar y combatir estos problemas en los Estados miembros, a nivel comunitario y en el resto del mundo;
- armonizar las definiciones y los procedimientos de recopilación de datos, pues las estadísticas nacionales se elaboran según criterios y procedimientos que pueden diferir de un país a otro. Así, pues, se trataba de definir un marco común para la elaboración a nivel comunitario de estadísticas comparables, basadas en definiciones y procedimientos de recopilación armonizados.

El objetivo general era, por tanto, en definitiva, poder elaborar estadísticas que posibilitaran la comparación de las estructuras, niveles y tendencias de la delincuencia, así como de las medidas de justicia penal entre Estados miembros y regiones de los Estados miembros. Así, con

---

ridades para los próximos cinco años. Una asociación para la renovación europea en el ámbito de la libertad, la seguridad y la justicia" [COM (2005) 184 final – Diario Oficial C 236 de 24.9.2005]) acogió favorablemente la iniciativa de la Comisión destinada a dotar a la UE de instrumentos de medidas adecuados relativos al terrorismo y a la delincuencia organizada.

705 *http://eur-lex.europa.eu/smartapi/cgi/sga_doc?smartapi!celexplus!prod!DocNumber&lg=es&type_doc=COMfinal&an_doc=2006&nu_doc=437.*

706 Véase el completo trabajo de PÉREZ CEPEDA, A.: "Estadísticas sobre criminalidad en la Unión Europea", en NIETO MARTÍN, A./MUÑOZ DE MORALES ROMERO, M./BECERRA MUÑOZ, J. (DIRS.): *Hacia…, ob. cit.*, en particular pp. 52-61, en el que recopila todas las estadísticas oficiales de delitos registrados a nivel de la Unión Europea en la actualidad.

esta base, en un futuro próximo, se pretendía que los datos nacionales disponibles se recogieran y sometieran a una evaluación cualitativa para constituir las primeras estadísticas de la Comunidad sobre delincuencia y justicia penal. Y es que, en efecto, la elaboración de estadísticas comparables sólo puede realizarse si los Estados miembros recogen los datos de manera armonizada. Esta armonización requiere numerosos recursos y suele ser complicada. Por tanto, se consideró tal empresa como un objetivo a medio plazo que sólo podría lograrse con la participación de los Estados miembros y la Comisión Europea, sobre la base de una valoración de la urgencia de las informaciones, o bien basándose en actos jurídicos vinculantes (es decir, en cualquier Decisión Marco, Directiva o Reglamento que incluyera medidas comunes para evitar y combatir la delincuencia mediante definiciones o convenciones comunes), de modo que para cada instrumento jurídico que se redactase, destinado a prevenir o a combatir la delincuencia, la Comisión introduciría, como iniciativa racionalizadora, el requisito de que las estadísticas apropiadas se facilitasen con posterioridad en una forma adaptada a las prácticas del Sistema Estadístico Europeo. Y ello porque y esto es muy importante, la información cuantitativa sobre la estructura, nivel y tendencias del problema regulado por el instrumento o acto jurídico del que se tratase, así como sobre su aplicación, son elementos necesarios para evaluar ulteriormente su eficacia, efectividad y eficiencia.

Pues bien, tal Plan de Acción 2006-2010 se ejecutó y sus principales logros los recogió la Comisión en su día en una Comunicación de 18 de enero de 2012[707]. En ese mismo documento la Comisión vino a considerar que, dado que el principal objetivo de tal Plan de Acción era "el establecimiento de los mecanismos necesarios" (en particular, de "un mecanismo funcional para que circule bien la información desde los Estados miembros y hacia ellos"), debía ser entonces considerado como "la primera etapa de un proceso a largo plazo", siendo por tanto ahora el objetivo principal del nuevo Plan de acción 2011-2015 (implementado sobre la base del mencionado más arriba Programa de Estocolmo) aplicar tales mecanismos "de manera más eficaz", dada la "necesidad de desarrollar datos fiables sobre el crimen como un requisito previo para adoptar decisiones sobre el espacio de libertad, seguridad y justicia"[708].

---

[707] Comunicación de la Comisión al Parlamento Europeo y al Consejo, de 18 de enero de 2012 (COM(2011) 713 final).

[708] PÉREZ CEPEDA, A.: "Estadísticas...", *ob. cit.*, p. 61.

En cualquier caso, habiéndonos desviado un poco del tema principal que ahora nos ocupa, de lo que estamos hablando es de lograr construir en el ámbito de la legislación penal las bases para que se lleve a cabo, antes de cada reforma penal que se pretenda iniciar como proyecto de ley, un análisis sobre la eficacia (así como, por qué no, de la efectividad y de la eficiencia) de la misma, a través de la evaluación "ex ante" y "ex post" de sus efectos o consecuencias, lo cual redundará en una legislación penal más racional.

Ello porque, hablando en términos generales y no específicamente penales, en el Estado de Derecho se exige y se ha de exigir, como proclama MONTORO CHINER, "un cierto juicio de constitucionalidad sobre la racionalidad de las leyes", sin equiparar necesariamente racionalidad con justicia, sino entendiéndola como una exigencia de que "la ley, como acto político libre en su fin, establece unos supuestos y unas consecuencias jurídicas que han de ser comprensibles por todos los destinatarios, inteligibles para la Administración, e interpretables por los Tribunales"[709]. Se da por supuesto que "la política puede no ser racional", pero es imprescindible asumir que "la ley, al menos, debe intentar serlo"[710]. Y ello porque, como afirma LAPORTA, la irracionalidad de la ley "acaba por defraudar su propia razón de ser", de tal modo que "demandar racionalidad del legislador no es tratar de imponer sobre él un conjunto de criterios externos que interfieran en su actividad, sino contribuir a hacer más sólidos los fundamentos mismos en los que se basa esa actividad; es decir, recordarle al legislador que si no es racional se está traicionando a sí mismo"[711].

Partiendo de estas premisas, en las que más adelante profundizaremos, nos centraremos en este punto en las aportaciones de tres penalistas que han estudiado la idea de racionalidad aplicada a la legislación penal y, dentro de ella, como vamos a ver, han tratado de alguna u otra forma la evaluación de los efectos o consecuencias de la legislación penal como un componente a tomar en consideración.

Comenzaremos con una breve referencia a la propuesta de racionalidad legislativa más reciente, la de PAREDES CASTAÑÓN, para seguir con la del ya citado VOGEL y, acto seguido, analizaremos la propuesta de DÍEZ RIPOLLÉS, inspirada en el modelo de racionalidad legislativa construido por el filósofo del Derecho Manuel ATIENZA.

---

[709] MONTORO CHINER, Mª.J.: *La evaluación de...*, *ob. cit.*, p. 48.

[710] FERNÁNDEZ CARNICERO, C.J.: "La evaluación legislativa...", *ob. cit.*, p. 161.

[711] LAPORTA SAN MIGUEL, F.J.: "Teoría y realidad...", *ob. cit.*, p. 83.

1.2. Paredes Castañón: la justificación del contenido de las leyes penales

Distingue este autor, en su espléndida monografía, entre cuatro formas de justificar, desde la racionalidad, el contenido de las leyes penales, que son los siguientes[712]:

— Justificación moral o de justicia, que se refiere a la "justificación última (moral) de la racionalidad del contenido directivo de la la ley", a la cual dedica buena parte de su obra[713].

— Justificación jurídica o de validez, que entraña la "justificación de la compatibilidad del contenido directivo dc la ley con el sistema jurídico al que pretende incorporarse", con la Constitución esencialmente y, en particular, con la protección de los derechos fundamentales y humanos[714].

— Justificación política o de legitimidad, que supone la "justificación de la adecuación del contenido directivo de la ley a la estructura social en la que ha de ser aplicada y a las bases del sistema político del que surge", que en realidad se circunscribe a "algunos límites en la incoherencia"[715].

— Justificación instrumental o de eficiencia o eficacia (también, en realidad, de efectividad), que se refiere a la "justificación de los efectos del contenido directivo de la acción legislativa, en términos de costes y de resultados".

En concreto, respecto a ésta última, Paredes Castañón la identfica con el cumplimiento de cinco condiciones por parte de la norma penal[716]:

1. La "realizabilidad de los fines perseguidos a través de la acción".
2. La "compatibilidad" entre tales fines, en el caso de que "sean varios y distintos".
3. Obtener el "conocimiento suficiente" de aquellos medios que sean "causalmente idóneos" para conseguir los fines.

---

712 Paredes Castañón, J.M.: *La justificación de las leyes penales*, Tirant lo Blanch, Valencia, 2013, p. 31.

713 Paredes Castañón, J.M.: *La justificación…, ob. cit.*, pp. 89-338.

714 Paredes Castañón, J.M.: *La justificación…, ob. cit.*, pp. 51-68.

715 Paredes Castañón, J.M.: *La justificación…, ob. cit.*, pp. 69-88.

716 Paredes Castañón, J.M.: *La justificación…, ob. cit.*, pp. 340-341.

4. Seleccionar de entre tales medios aquellos que sean "técnicamente más adecuados" en orden a su aplicación para lograr los fines.
5. Y, para el caso de que los fines a conseguir tengan diferente "valor" o importancia, dar prioridad al logro de los "fines últimos" sobre los "fines más inmediatos" en el momento de "fijar las intenciones" y de "seleccionar los medios a emplear".

Tales condiciones, a juicio del autor, pueden sintetizarse en dos: "realizabilidad y coherencia en los fines perseguidos (de protección del bien jurídico) e idoneidad técnica de los medios (prohibición de acciones, criterios de imputación de infracciones, contenidos y criterios de imputación de la sanción) elegidos para lograr aquellos" [717], idoneidad técnica en los medios que PAREDES CASTAÑÓN analiza desde los criterios de eficacia (con el contenido que nosotros damos a la efectividad) y eficiencia[718].

Siendo la propuesta del autor muy sugerente y mereciendo por su completitud un análisis crítico de mayor profundidad que no se puede abordar en este trabajo, en tanto nos desviaría demasiado de nuestro objetivo principal en este punto, valga al menos destacar que la aportación de PAREDES CASTAÑÓN supone un vívido ejemplo de la creciente preocupación de la doctrina penalista por aportar argumentaciones racionales-normativas que sustenten un modelo de legislación penal acorde con las garantías y límites que impone el Estado social y democrático de Derecho.

1.3. VOGEL: legislación penal y Ciencia del Derecho penal

El autor alemán destacó en su momento la necesidad de que la elaboración de la legislación penal tenga lugar con el asesoramiento de la Ciencia del Derecho penal en su conjunto[719], pero en particular de la denominada "Teoría de la legislación penal", una disciplina

---

717 PAREDES CASTAÑÓN, J.M.: *La justificación..., ob. cit.*, p. 341.

718 PAREDES CASTAÑÓN, J.M.: *La justificación..., ob. cit.*, pp. 351-355.

719 Entendiendo que la Ciencia del Derecho penal es una "Ciencia cultural, empírico-social, valorativa y normativa, que supone un saber práctico que tiene por objeto de estudio el conocimiento del Derecho positivo" (MORILLAS CUEVA, L.: *Derecho penal. Parte general. Fundamentos conceptuales y metodológicos del Derecho penal. La Ley penal*, Dykinson, Madrid, 2005 (1ª edición), p. 163).

que, "hasta ahora, y en el mejor de los casos, ha sido considerada como marginal dentro de la Ciencia del Derecho penal", y que se distingue de la Política criminal por su marcado carácter formal, ya que "afecta al procedimiento legislativo y la forma de la ley", mientras que aquélla "trata la cuestión material de cómo deben configurarse los contenidos de las leyes penales" [720].

Vogel defendía que "las leyes penales deben estar racionalmente fundadas, y su fundamentación debe ser comprensible y racionalmente comprobable"[721] y que racionalidad debe estar garantizada desde dos puntos de vista[722]:

— por un lado, "en atención a la aceptación empírica" que fundamenta al Derecho penal, refiriéndose a la exigencia de una lesividad social en la conducta prohibida penalmente, así como la necesaria adecuación de la intervención del Derecho penal como medio de control social, esencialmente;
— por otro lado, "debe ser precisa una evaluación normativa de la voluntad de la legislación penal según criterios científico-racionales", tales como:
    - los principios fundamentales de la Política criminal como "el principio de exclusiva protección de bienes jurídicos, de subsidiariedad y de *ultima ratio*", los cuales, al disfrutar de "dignidad constitucional", permitirán además que el Derecho constitucional se erija como un criterio de evaluación normativa vinculante para el legislador;
    - la Dogmática penal, en la medida que "el proyecto de una ley penal debe también confrontarse y determinar en qué medida satisface la exigencia de adecuación sistemática y dogmática, y puede ser incorporado 'coherentemente' en el sistema del Derecho penal vigente".

Estas bases de la propuesta de Vogel para el logro de una legislación penal más racional, encuentran su sustrato teórico además en

[720] Vogel, J.: "Legislación penal y Ciencia del Derecho penal (Reflexiones sobre una doctrina teórico-discursiva de la legislación penal)", en *Revista de Derecho penal y Criminología*, núm. 11, 2003, p. 252.

[721] Vogel, J.: "Legislación penal...", *ob. cit.*, p. 253.

[722] Vogel, J.: "Legislación penal...", *ob. cit.*, pp. 253-254.

el pensamiento "habermasiano"[723], ya que, sin ir más lejos, defiende que "la teoría del discurso tiene frente a su gran rival, la teoría de sistemas, la ventaja de que no observa la democracia y el Derecho como un procedimiento de legitimación –funcional-instructivo-teóricamente entendido– a través del proceso desde la perspectiva extraña del observador sociológico", sino que "refleja el sentido de normatividad presente en el lenguaje desde la perspectiva del participante"[724]. Así, VOGEL considera que el modelo de HABERMAS, desde la perspectiva de la Teoría de la legislación penal, "puede ser traducido sin dificultades en categorías jurídico-penales"[725], de tal modo que existirían los siguientes tres niveles de racionalidad legislativa penal:

— el discurso o "la cuestión ético-política sobre los 'fines colectivos' perseguidos" se corresponde para el autor con "la cuestión de los bienes jurídicos a proteger";
— en segundo lugar, "la pregunta pragmática por la relación medio-fin" se corresponde con "la cuestión de la subsidiariedad del Derecho penal como *ultima ratio*";
— y, finalmente, el discurso o "la cuestión jurídica en sentido estricto de la 'coherencia'" se viene a corresponder con "la cuestión de la validez constitucional y de la adecuación político-criminal y dogmática de la propuesta de legislación".

De este modo, a juicio de VOGEL, la "legítima influencia" de la Ciencia del Derecho penal en la legislación penal que él propugnaba, podría ser ubicada en este tercer discurso jurídico, "cuyo objeto es la coherencia jurídico-constitucional, político-criminal y dogmática y la adecuación de la propuesta de legislación penal", mención aparte de que "en el peldaño del discurso pragmático", el segundo enumerado, estaría llamada la Criminología "a pronosticar y evaluar las consecuencias directas e indirectas de la criminalización"[726].

---

723 HABERMAS, J.: *Facticidad y validez. Sobre el Derecho y el Estado democrático de Derecho en términos de teoría del discurso* (traducido por Manuel JIMÉNEZ REDONDO), Trotta, Madrid, 1998.

724 VOGEL, J.: "Legislación penal...", *ob. cit.*, p. 257.

725 VOGEL, J.: "Legislación penal...", *ob. cit.*, p. 260.

726 VOGEL, J.: "Legislación penal...", *ob. cit.*, p. 261.

Así, pues, consideraba el autor que se evitarían los problemas de legitimación para las leyes que conllevaría "la falta de discursividad en el procedimiento legislativo", en la medida en que "la pretensión de validez formal de la ley se resiente materialmente cuando no está fundamentada y realizada discursivamente", dando lugar en el plano empírico a una mera "law in the books", que "ni es observada en público, teniendo por ello apenas función de orientación de conductas, ni aceptada por los profesionales del Derecho"[727], desembocando en una ley penal simbólica[728].

En definitiva, para VOGEL, "una intención legislativa que carece de todo interés general o utilidad pública es arbitraria", pues "las leyes deben estar fundamentadas de forma que puedan convencer a la generalidad", lo cual se puede lograr "a través del discurso introducido en el procedimiento legislativo"[729].

1.4. DÍEZ RIPOLLÉS: un modelo para la racionalidad de las leyes penales

1.4.1. El modelo de racionalidad legislativa de ATIENZA como antecedente e inspiración

Para el brillante catedrático de Filosofía del Derecho de la Universidad de Alicante, existen cinco niveles de racionalidad en su teoría sobre la legislación, que se pasan a resumir gráficamente reproduciendo la integridad de la obra original en la que los expone[730]:

---

727 VOGEL, J.: "Legislación penal...", *ob. cit.*, p. 262.

728 Sobre ello, véase el Capítulo I del presente trabajo. Monográficamente al respecto VOSS, M.: *Symbolische Gesetzgebung. Fragen zur Rationalität von Strafgesetzgebungsakten*, Rolf Gremer, Ebelsbach, 1989, autora que considera que la teoría de la acción comunicativa de HABERMAS es plenamente extrapolable al ámbito de la legislación penal (VOSS, M.: *Symbolische...*, *ob. cit.*, pp. 208 y ss.), tal y como se encarga de exponer sintéticamente SOTO NAVARRO, S.: *La protección penal...*, *ob. cit.*, nota 4, p. 146).

729 VOGEL, J.: "Legislación penal...", *ob. cit.*, p. 259, citando a LERCHE, P.: *Übermaß und Verfassungsrecht*, Carl Heymanns, Köln, 1961, p. 224.

730 ATIENZA RODRÍGUEZ, M.: *Contribución...*, *ob. cit.*, p. 54.

	Edictores	Destinatarios	Sistema jur.	Fines	Valores
R1	Emisor.	Receptores del mensaje (legal).	Conjunto de enunciados (mensajes) y de canales para transmitirlos.	Claridad, precisión.	Comunicación.
R2	Organo al que se atribuye capacidad de producir D. legislado.	Individuos y órganos a los que se dirigen las leyes.	Conjunto de normas (en sentido amplio) válidamente establecidas.	Sistematicidad: plenitud y coherencia.	Seguridad, previsibilidad.
R3	Organo al que se presta obediencia (soberano).	Burocracia e individuos que prestan obediencia (súbditos).	Conjunto de normas eficaces (o bien de comportamientos).	Cumplimiento del D. (traducción de las normas en acciones).	Mantenimiento del orden, eficacia.
R4	Portadores de intereses sociales (particulares, grupos de presión, etc.).	Afectados por la regulación del interés o necesidad social.	Conjunto de medios (conocimiento psicológico, sociológico, económico, etcétera) para conseguir fines sociales.	Cumplimiento de objetivos sociales: redistribución de la riqueza, aumento o disminución de la protección social, reducción del desempleo, mantenimiento de ventajas políticas, económicas, etcétera.	Eficacia social o efectividad.
R5	Autoridad legítima.	Obligados moralmente a obedecer las leyes.	Conjunto de normas, acciones e instituciones evaluables éticamente.	Libertad, igualdad, justicia.	Naturaleza, dignidad humana, consenso, etc.

Tales niveles de racionalidad pueden ser desarrollados de la siguiente manera:

a. Una *racionalidad comunicativa o lingüística* (R1), "en cuanto que el emisor (edictor) debe ser capaz de trasmitir con fluidez un mensaje (la ley) al receptor (destinatario)"[731].

En este nivel el fin de la actividad legislativa sería "la comunicación fluida de mensajes normativos", y se podría decir que ley es irracional "(o no es racional, o no plenamente racional) si y en la medida en que fracasa como acto de comunicación"[732].

---

731 ATIENZA RODRÍGUEZ, M.: *Contribución…, ob. cit.*, p. 27.
732 ATIENZA RODRÍGUEZ, M.: *Contribución…, ob. cit.*, p. 29.

b. Una *racionalidad jurídico-formal* (R2), "pues la nueva ley debe insertarse armoniosamente en un sistema jurídico"[733].

Aquí el fin de la actividad legislativa será "la sistematicidad, esto es, el que las leyes constituyan un conjunto sin lagunas, contradicciones y redundancias, lo que hace que el Derecho pueda verse como un mecanismo de previsión de la conducta humana y de sus consecuencias, esto es, como un sistema de *seguridad*"[734]. Y la ley sería irracional "si y en la medida en que la misma contribuye a erosionar la estructura del Ordenamiento jurídico"[735].

c. Una *racionalidad pragmática* (R3), "pues la conducta de los destinatarios tendría que adecuarse a lo prescrito en la ley"[736]; es decir, la ley debe ser efectiva, según lo que planteamos en el Capítulo II.

En este nivel el fin "es conseguir que las leyes sean obedecidas o, dicho quizás en forma más general, que las leyes no sean sólo enunciados lingüísticos, sino también 'Derecho en acción'"[737]. Aquí una ley es irracional "si, y en la medida en que fracasa como directiva, esto es, en su propósito de influir en el comportamiento humano"[738].

d. Una *racionalidad teleológica* (R4), "pues la ley tendría que alcanzar los fines sociales perseguidos"[739]; esto es, la ley debe ser eficaz, tal y como hemos sostenido en el Capítulo II.

El fin de la actividad legislativa "podrá serlo la eficiencia económica, el aumento del nivel educativo de la población, la mejora de las condiciones sanitarias, la redistribución de la riqueza, la reducción del desempleo, el mantenimiento de ventajas políticas o económicas, etc.", es decir, "fines sociales"[740]. De este modo, una ley será irracional "si y en la medida en que no produce efectos o produce efectos no previstos y que no puedan tampoco considerarse como deseados o deseables"[741].

Para Atienza, la racionalidad teleológica es aquélla con la que "opera el jurista –digamos, el dogmático no tradicional: el jurista re-

---

733 Atienza Rodríguez, M.: *Contribución..., ob. cit.*, p. 27.
734 Atienza Rodríguez, M.: *Contribución..., ob. cit.*, p. 32.
735 Atienza Rodríguez, M.: *Contribución..., ob. cit.*, p. 33.
736 Atienza Rodríguez, M.: *Contribución..., ob. cit.*, pp. 27-28.
737 Atienza Rodríguez, M.: *Contribución..., ob. cit.*, p. 36.
738 Atienza Rodríguez, M.: *Contribución..., ob. cit.*, p. 37.
739 Atienza Rodríguez, M.: *Contribución..., ob. cit.*, p. 28.
740 Atienza Rodríguez, M.: *Contribución..., ob. cit.*, p. 38.
741 Atienza Rodríguez, M.: *Contribución..., ob. cit.*, p. 38.

alista o de orientación sociológica, por ejemplo–, quien considera al Derecho como un medio para conseguir ciertos fines, y a su labor como semejante a la del científico o técnico social que manipula las normas para conseguir determinados objetivos"[742].

e. Una *racionalidad ética* (R5), "pues las conductas prescritas y los fines de las leyes presuponen valores que tendrían que ser susceptibles de justificación ética"[743].

Los fines de la actividad legislativa "considerados valiosos variarán naturalmente, según el sistema ético que se tome como referencia aunque, abstractamente, puede decirse que son los de libertad, igualdad y justicia"[744]. Y una ley será considerada irracional "si no está justificada éticamente, bien porque la haya dictado quien carece de legitimación ética, bien porque prescriba comportamientos inmorales (o porque no prescribe lo que moralmente sería obligatorio que prescribiese), bien porque persiga fines ilegítimos"[745].

Para ATIENZA, los cuatro primeros niveles son instrumentales y el último tiene un carácter justificador[746], a la vez que "cada nivel de racionalidad es jerárquicamente superior al anterior, en el sentido de que los conflictos entre niveles de racionalidad deben resolverse dando la prioridad a los niveles superiores"[747]. Además, cada uno de ellos predominará en cada una de las fases del proceso legislativo, dado su contenido y características, de tal manera que la racionalidad teleológica (R4) y la ética (R5) estarán presentes en la fase prelegislativa, la racionalidad lingüística (R1) y de nuevo la ética (R5) en la fase legislativa, y, por último, la racionalidad jurídico-formal (R2) y, sobre todo, la racionalidad pragmática (R3) y la teleológica (R4) en la fase postlegislativa. Así lo expresa el propio autor en el siguiente cuadro sinóptico[748], que contempla el proceso legislativo como un proceso de carácter "circular", en tanto "el resultado a que lleva una operación posterior siempre es posible que repercuta en una anterior"[749]:

---

742 ATIENZA RODRÍGUEZ, M.: *Contribución..., ob. cit.*, p. 61.
743 ATIENZA RODRÍGUEZ, M.: *Contribución..., ob. cit.*, p. 28.
744 ATIENZA RODRÍGUEZ, M.: *Contribución..., ob. cit.*, p. 39.
745 ATIENZA RODRÍGUEZ, M.: *Contribución..., ob. cit.*, p. 39.
746 DÍEZ RIPOLLÉS, J.L.: *La racionalidad..., ob. cit.*, p. 90.
747 ATIENZA RODRÍGUEZ, M.: *Contribución..., ob. cit.*, p. 92.
748 ATIENZA RODRÍGUEZ, M.: *Contribución..., ob. cit.*, p. 69.
749 ATIENZA RODRÍGUEZ, M.: *Contribución..., ob. cit.*, p. 70.

Fases	PRELEGISLATIVA	LEGISLATIVA	POSTLEGISLATIVA
Inicio	Planteamiento de un problema social	Recepción o planteamiento de un problema por un órgano legislativo	Entrada en vigor de una ley
Operaciones intermedias	Análisis del problema → Determinación de objetivos → Propuesta de medios legales y no legales para alcanzar el objetivo → Justificación ética del objetivo y de los medios	Análisis del problema → Determinación de objetivos → Propuesta de medios legales (contenido de la ley) → Justificación ética de objetivos y medios → Análisis lingüístico / Análisis sistemático / Análisis pragmático → Redacción del texto articulado Realización de las operaciones de acuerdo con su regulación jurídica (en la medida en que estén reglamentadas)	Examen de la adecuación de la ley en sus dimensiones: Lingüística, Sistemática, Pragmática, Teleológica, Ética
Fin	Propuesta de una solución legislativa	Promulgación de una ley	Propuestas de modificación de la ley
Conocimientos y técnicas utilizables para controlar la racionalidad	Método científico, conocimiento objetivo disponible, criterios y reglas de la argumentación práctica racional	Control de legalidad, directrices legislativas, checklisten, técnicas de implementación, técnicas reticulares, análisis costes-beneficios, técnicas de redacción de documentos, dogmática y teoría del Derecho.	Estudios sobre impacto de las normas jurídicas, técnicas de implementación, dogmática jurídica, investigaciones KOL, checklisten
Niveles de racionalidad implicados preferentemente	R4 y R5	R1-R5	R2, R3 y R4

Para ATIENZA, la Sociología del Derecho[750] desempeña un importante papel en los dos niveles propios de la fase postlegislativa: en el de la racionalidad pragmática (R3) y en el de la racionalidad teleológica (R4)[751]. De hecho, el autor señala que "las técnicas para reducir la irracionalidad en el nivel R3 tendrán que provenir de disciplinas como la ciencia política, la psicología y, sobre todo, la sociología"[752], y que en caso del R4 "habrá que acudir a la sociología de la organización, a la sociología del Derecho, a las teorías de la implementación, etc."[753].

Pues bien, tal y como han sido definidos estos dos últimos niveles de racionalidad (R3 y R4), también resulta evidente que el análisis de la eficacia y de la efectividad de las leyes (dos temas que, como apunta ATIENZA, son "eminentemente sociológicos y estrechamente conectados entre sí", además de entrañar "una enorme complejidad"[754]), se incardinarán precisamente en estos niveles R3 y R4, y tal análisis se llevará a cabo dando respuesta a los siguientes interrogantes, correspondiendo los incluidos por encima de la línea de puntos representada gráficamente al nivel de racionalidad pragmática (R3), y los situados por debajo de ella al nivel de racionalidad teleológica (R4)[755]:

---

[750] A esta disciplina nos referimos al comenzar el Capitulo II.

[751] ATIENZA RODRÍGUEZ, M.: *Contribución...*, *ob. cit.*, p. 41. Reiterándolo en ATIENZA RODRÍGUEZ, M.: *Contribución...*, *ob. cit.*, p. 72.

[752] ATIENZA RODRÍGUEZ, M.: *Contribución...*, *ob. cit.*, p. 37.

[753] ATIENZA RODRÍGUEZ, M.: *Contribución...*, *ob. cit.*, p. 38.

[754] ATIENZA RODRÍGUEZ, M.: *Contribución...*, *ob. cit.*, p. 42.

[755] ATIENZA RODRÍGUEZ, M.: *Contribución...*, *ob. cit.*, p. 43.

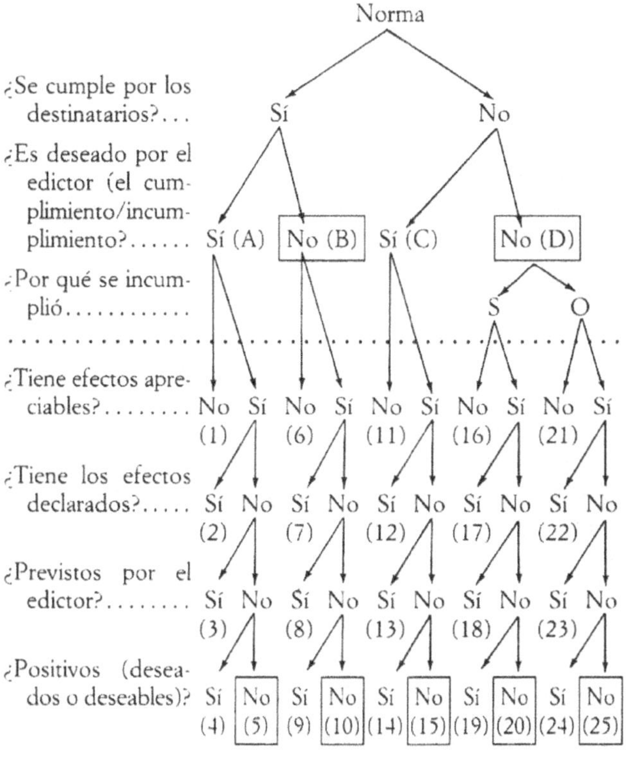

S = Motivos subjetivos.
O = Factores objetivos.

Así, la *irracionalidad pragmática* de la ley (esto es, su incumplimiento por parte de sus destinatarios), puede traer causa de factores subjetivos y objetivos[756]:

— En cuanto a los factores subjetivos, se podrían identificar con "la falta de motivación de los destinatarios, lo cual debería dar lugar a un replanteamiento sobre la adecuación de las sanciones tipificadas en su momento", en tanto "la obediencia no está garantizada por el

[756] Atienza Rodríguez, M.: *Contribución..., ob. cit.,* pp. 44-46.

mero hecho de la formulación de la ley, sino que las normas deben incentivar a los individuos a su cumplimiento"[757].

En dicha labor, por cierto, como señala SOTO NAVARRO, "serían de gran ayuda las investigaciones empíricas sobre los efectos reales de la pena y los estudios comparativos de la sanción penal con otras formas de reacción", tomando los instrumentos técnicos ofrecidos por las "diversas ciencias jurídico-sociales implicadas"[758].

GALIANA SAURA ha tenido la oportunidad de destacar sobre este concreto asunto de los factores subjetivos que entran en juego en el cumplimiento de las normas (o, lo que es lo mismo, lo que algunos autores denominan "socialización jurídica"[759]), que "el grado de aceptación de la norma se manifiesta en su obediencia y depende, en gran parte, de su comprensión por parte de los destinatarios"[760], así como "de la opinión que ellos posean al respecto", erigiéndose ambas en "dos variables que los sociólogos del Derecho suelen examinar conjuntamente, por medio de los llamados KOL (*Knowledge and Opinión about Law*), pero que en realidad se encuentran sólo parcialmente conectadas entre sí"[761]. No obstante, en opinión de la autora, en la sociedad actual "dicha conformidad de las conductas sociales a las exigencias de los enunciados jurídicos es, en la mayoría de los

---

757 CALSAMIGLIA, A.: "Justicia, eficiencia y...", *ob. cit.*, pp. 113-151.

758 SOTO NAVARRO, S.: *La protección penal...*, *ob. cit.*, p. 164. En este sentido, tuvimos la oportunidad de colaborar en un proyecto de investigación estatal, en el cual la evaluación legislativa objeto del mismo se llevaba a cabo a través de un análisis sobre la eficacia preventiva real de las normas penales y la determinación de las características de la comunicación y construcción normativa que refuerzan el cumplimiento de la norma. Se trataba, pues, de un estudio de evaluación con elementos jurídicos, al exigir un análisis normativo, pero también psicológicos, al tratar de estudiar si las personas se guían por determinados mensajes normativos, así como criminológicos, pues es esta Ciencia la que puede ofrecer las herramientas principales para comprender el comportamiento del conductor peligroso. Uno de los resultados del mismo fue la siguiente publicación, en la que se puede consultar el estudio empírico que se llevó a cabo: MIRÓ LLINARES, F./BAUTISTA ORTUÑO, R.: "¿Por qué cumplimos las normas penales? Sobre la disuasión en materia de seguridad vial", en *Indret. Revista para el análisis del Derecho*, núm. 4, 2013. Más recientemente, como continuación de aquel primer trabajo, BAUTISTA ORTUÑO, R./MIRÓ LLINARES, F.: "¿Por qué algunos siempre incumplen? Infractores y multi-infractores en seguridad vial", en *Indret. Revista para el análisis del Derecho*, núm. 4, 2015.

759 BARBERET HAVICAN, R.: "La prevención general y especial", en *Cuadernos de Derecho Judicial*, núm. 15, 1997, p. 139.

760 GALIANA SAURA, Á.: *La Ley...*, *ob. cit.*, pp. 184-185.

761 GALIANA SAURA, Á.: *La Ley...*, *ob. cit.*, p. 193.

casos, mero cumplimiento; no es –en la mayoría de los casos– cumplimiento consciente, no es obediencia" [762].

Sobre este particular TYLER[763] ha señalado que el comportamiento de los sujetos, desde una perspectiva instrumental, está modelado por los incentivos y castigos tras el cumplimiento o incumplimiento de la norma; así, por ejemplo, en la medida en que se incremente la certeza y severidad del castigo la norma tendrá un mayor grado de cumplimiento. Para TYLER, cuando el legislador crea una ley, adopta implícitamente una perspectiva instrumental. Sin embargo, existe otra perspectiva, la normativa, es decir, aquélla en la que se percibe la norma como justa y moral, incluso aunque sea opuesta a los propios intereses, asumiendo su cumplimiento de manera voluntaria, independientemente del riesgo de castigo. Desde esta perspectiva, los ciudadanos perciben que las autoridades están legitimadas y por tanto, la probabilidad de incumplir la ley es menor. Por otra parte, desde el punto de vista de las autoridades, el cumplimiento voluntario de la norma presenta grandes ventajas. Si es necesario hacer cumplir las leyes resulta imprescindible recurrir a la policía y a los jueces, será necesario emplear la fuerza e invertir grandes recursos. El cumplimiento voluntario tiene un costo mucho menor y en consecuencia, aumenta la valoración de los gobernantes y la legitimidad de la norma.

En cualquier caso, es importante también tener en consideración en cuanto al (in)cumplimiento subjetivo de las normas que "una norma conocida pero no compartida puede inducir a la transgresión, pero también puede ser cumplida por inercia, o por temor a la sanción, o por respeto hacia el sistema normativo en su conjunto, si es considerado como legítimo en sí mismo"[764].

Precisamente en este punto, al estar tratando la relación existente entre obediencia o cumplimiento subjetivo del Derecho y legitimidad del sistema normativo, nos parece interesante traer a colación el trabajo de LAPPI-SEPPÄLÄ sobre confianza, Estado del Bienestar

---

762 GALIANA SAURA, Á.: *La Ley…*, *ob. cit.*, p. 194.

763 TYLER, T.R.: *Why people obey the law*, Princeton University Press, Princeton/ Oxford, 2006.

764 Incluso, prosigue la autora citando a V. FERRARI, una norma propia de un sistema jurídico considerado como "ilegítimo o injusto" puede llegar a ser cumplida en tanto existe "una tendencia social dominante a obedecer incluso las leyes no valoradas positivamente en el plano ético-político, aunque no sea más que por la ausencia de alternativas viables" (GALIANA SAURA, Á.: *La Ley…*, *ob. cit.*, p. 195).

y cultura política[765]. En este artículo el autor finlandés mide la legitimidad social (confianza entre los conciudadanos) y la legitimidad institucional (confianza en las instituciones/partidos políticos) mediante instrumentos tales como el "European Social Survey"[766] y el "World Value Survey"[767] y los relaciona con las tasas de personas en prisión. A resultas de esta investigación, LAPPI-SEPPÄLÄ concluye en la existencia de una relación inversa "entre represión penal, legitimidad y confianza social", de tal manera que en "sociedades, como las escandinavas o Suiza, con mayor índice de confianza y legitimidad, son aquéllas con menores índices de encarcelamiento". Además, se puede decir que la alta legitimidad institucional de los Estados sociales "se relaciona también con políticas penales menos punitivas"[768]. Por el contrario, España, que en la fecha del estudio mostraba "poca confianza en sus instituciones" correlacionada, por entonces, con un gran índice de encarcelamiento (junto a Portugal y Reino Unido)[769], índice que, todo sea dicho, en los últimos años, posteriores a ese estudio, se ha ido reduciendo[770]. A juicio de LAPPI-SEPPÄLÄ, "en las sociedades menos legítimas el gobierno parece tener una mayor necesidad de recurrir a actos 'propagandísticos' de combate del delito

---

765 LAPPI-SEPPÄLÄ, T.: "Trust, Welfare and Political Culture. Explaining differences in national penal policies", en TONRY, M. (ED.): *Crime and Justice: a review of research. Vol. 37*, Chicago University Press, Chicago, 2008, pp. 313-387. También publicado como LAPPI-SEPPÄLÄ, T.: "Trust, Welfare and Political Economy. Cross-comparative perspectives in penal severity", en TRÄSKMAN, P.O. (ED.): *Rationality and emotion in European penal policy. Nordic perspectives*, DJOF Publishing, Copenhagen, 2007 (disponible en *http://www.rsf.uni-greifswald.de/fileadmin/mediapool/lehrstuehle/duenkel/LappiSeppala_PenalSeverity.pdf*).

766 *http://www.europeansocialsurvey.org.*

767 *http://www.worldvaluessurvey.org.*

768 LARRAURI PIJOAN, E.: "La economía política del castigo", en *Revista Electrónica de Ciencia Penal y Criminología*, núm. 11, 2009, pp. 11-12.

769 LARRAURI PIJOAN, E.: "La economía…", *ob. cit.*, pp. 11-12.

770 Efectivamente, hay que puntualizar que, a julio de 2016 (último dato disponible consultado en *http://www.institucionpenitenciaria.es* y *http://www.ine.es*), la población reclusa en España es de un total de 61.073 internos, cifra que procede de un descenso considerable durante en el último lustro, pues en 2011 se contaban 73.576, tras haber alcanzado el máximo histórico de 76.079 reclusos en 2009; esos datos han de ser puestos en conexión con el que también nos dice que el índice de delincuencia en España es "sensiblemente inferior al de los países de nuestro entorno" (REBOLLO VARGAS, R.: "Oleadas…", *ob. cit.*, p. 82), el cual también ha experimentado un pronunciado descenso en los últimos tiempos pues, como publicó el Ministerio del Interior a principios de 2016, durante 2015 se alcanzó la tasa de criminalidad más baja de los últimos doce años (*http://www.interior.gob.es/prensa/noticias/-/asset_publisher/GHU8Ap6ztgsg/content/id/5607116*).

para ganar legitimidad entre la población", a la par que "una menor confianza quizás produce un mayor miedo, el cual a su vez ocasiona una mayor demanda de castigo[771]. Por otro lado, en estas sociedades el hecho de que el gobierno sea menos legítimo tiende además a incrementar las facilidades para realizar delitos, al suministrar mayores justificaciones y menor control informal"[772].

— En cuanto a los factores objetivos de incumplimiento normativo, ATIENZA destaca por ejemplo el hecho de que "no existiera una suficiente cobertura de medios financieros u organizativos para que la ley fuera aplicada de forma efectiva".

En este sentido sería importante evaluar dentro de las Fuerzas y Cuerpos de Seguridad del Estado los medios con los que son dotados para la persecución de las conductas tipificadas como delito, así como, dentro de la Administración de Justicia, los medios personales con los que cuenta cada jurisdicción territorial al aplicar la ley (por ejemplo, jueces por cien mil habitantes, número de personal no judicial por cien mil habitantes, rotación del personal, etc.), a la par que los medios materiales que son proporcionados para ello por la Administración autonómica o la estatal, según el caso (por ejemplo, dentro de cada jurisdicción territorial, si se cuenta con bases de datos jurisprudenciales, grados de utilización y capacidad de los equipos informáticos, etc.).

Por otro lado, pero en conexión con todo lo que se acaba de decir sobre la irracionalidad pragmática, la *irracionalidad teleológica* de la ley (es decir, "el fracaso de los fines sociales declarados por el legislador penal, [...] que deben estar vinculados a la prevención y represión de conductas socialmente dañosas"[773]), traerá causa normalmente del hecho de que "el legislador sólo pretendía una solución aparente de efecto inmediato, cual es tranquilizar a la sociedad con el recurso

---

771 Esto encaja perfectamente con lo apuntado por SUBIRATS respecto a que "la legitimidad de la acción de los poderes públicos se basa hoy más en su capacidad de dar respuesta a las demandas de los sectores implicados en sus ámbitos de actuación que en su teórica legitimidad ideológica o constitucional. Si ello es así, quiere decir que el centro de atención se ha ido desplazando de la legitimidad formal de la actuación de los poderes públicos, que es importante pero que básicamente sólo garantiza su posterior control judicial, a la capacidad de saciar las demandas que de manera creciente se le dirigen desde todos los sectores y esferas de la sociedad. El acento deberá situarse, pues, en la mejora de esa capacidad, que, en última instancia, garantizará, dará legitimidad a la acción de gobierno" (SUBIRATS I HUMET, J.: *Análisis de políticas públicas...*, *ob. cit.*, p. 10).

772 LARRAURI PIJOAN, E.: "La economía...", *ob. cit.*, p. 12.

773 SOTO NAVARRO, S.: *La protección penal...*, *ob. cit.*, p. 164.

al instrumento más grave del poder sancionador del Estado"[774]. Así, para SOTO NAVARRO (y en estrecha relación con los factores objetivos, recién señalados, que inciden también en la irracionalidad pragmática), "en la medida en que ello no vaya acompañado de los recursos económicos necesarios, estaremos ante una ley penal inaplicable, con la que se obvia el desarrollo de una política social a medio y a largo plazo, más beneficiosa para la comunidad pero de coste mucho más elevado que la aprobación de leyes penales simbólicas"[775].

Para concluir, el propio ATIENZA plantea que se le podría objetar a su modelo de racionalidad que "no incorpora –o no incorpora suficientemente– la noción de racionalidad como eficiencia; esto es, para ser racional, una ley no debiera ser sólo eficaz (R3) y efectiva (R4), sino también eficiente [en la medida en que] los fines sociales perseguidos deben alcanzarse con un coste razonable"[776]. De este modo, el autor explica que, pese ser entendida así la eficiencia, ésta "vendría a ser un aspecto interno al nivel de la racionalidad R4"; en efecto, a su juicio, y siguiendo a RESCHER[777], "la eficiencia debería consolidarse, más bien que como un nivel de racionalidad, como una dimensión 'transversal' de la misma, como un componente de la idea de racionalidad que atraviesa todos los otros niveles"[778], afectándolos a cada uno de ellos dentro de sus límites[779]. Así, pues, para ATIENZA, como explica SOTO NAVARRO, la eficiencia "exige una ponderación de costes y beneficios (no sólo en sentido económico) dentro de cada nivel y en la relación entre los distintos niveles", de tal manera que, por ejemplo, como apunta la propia autora, "no se absolutice el logro de ciertos fines sociales (racionalidad teleológica) a costa de descuidar los aspectos formales de la ley (racionalidad lingüística y jurídico-formal). De este modo, la eficiencia modera la tendencia a maximizar cada nivel de racionalidad y busca un equilibrio óptimo entre ellos"[780].

---

[774] SOTO NAVARRO, S.: *La protección penal…, ob. cit.*, p. 164.

[775] SOTO NAVARRO, S.: *La protección penal…, ob. cit.*, pp. 164-165. Y aquí la autora pone como ejemplo de ley penal inaplicable la legislación penal en materia de medio ambiente, ante la falta de recursos en las Fiscalías especiales para sufragar informes técnicos con valor probatorio (SOTO NAVARRO, S.: *La protección penal…, ob. cit.*, nota 72, p. 164).

[776] ATIENZA RODRÍGUEZ, M.: *Contribución…, ob. cit.*, p. 93.

[777] RESCHER, N.: *La racionalidad*, Tecnos, Madrid, 1993, p. 117.

[778] SOTO NAVARRO, S.: *La protección penal…, ob. cit.*, p. 93.

[779] DÍEZ RIPOLLÉS, J.L.: *La racionalidad…, ob. cit.*, p. 90.

[780] SOTO NAVARRO, S.: *La protección penal…, ob. cit.*, pp. 154-155.

1.4.2. *La racionalidad ética como clave de bóveda en el modelo "dinámico" de Díez Ripollés. Reenvío a la cuestión de la legitimidad material del Derecho penal*

Una vez estudiado este modelo de racionalidad legislativa trazado por ATIENZA, el penalista DÍEZ RIPOLLÉS, inspirándose en él, construye su modelo "dinámico" de "racionalidad legislativa penal"[781], entendiendo tal racionalidad como "la capacidad para elaborar en el marco [del] control social [que ejerce el Derecho penal] una decisión legislativa atendiendo a los datos relevantes de la realidad social y jurídica sobre los que aquélla incide"[782].

Descartando propuestas como la de FERRAJOLI[783], DÍEZ RIPOLLÉS destaca la existencia de otras más completas, tanto en el ámbito de la Sociología jurídica (la de HABERMAS[784]), como en el ámbito de la Ciencia penal (tales como la de AMELUNG[785], la de PALAZZO[786] o la de

---

781 Modelo que veía desarrollando desde tiempo atrás en diferentes trabajos: DÍEZ RIPOLLÉS, J.L.: "Exigencias sociales y política criminal", en *Claves de Razón Práctica,* núm. 85, 1998, pp. 48 y ss.; DÍEZ RIPOLLÉS, J.L.: "Un modelo dinámico de legislación penal", en DÍEZ RIPOLLÉS, J.L./ROMEO CASABONA, C.Mª./GRACIA MARTÍN, L./HIGUERA GUIMERÁ, J.F. (EDS.): *La ciencia del Derecho penal..., ob. cit.*, pp. 291 y ss.; DÍEZ RIPOLLÉS, J.L.: "Presupuestos de...", *ob. cit.*, pp. 485 y ss.

782 DÍEZ RIPOLLÉS, J.L.: *La racionalidad..., ob. cit.*, p. 86.

783 Para el Profesor de la Universidad de Málaga, "la racionalidad legislativa que se desprende del Derecho penal mínimo de FERRAJOLI, aun cuando está dotada de unas sólidas bases éticas, resulta en extremo incompleta [...] porque el enfoque estrictamente garantista de los criterios identificados sólo permite averiguar aquello de lo que el legislador debe abstenerse, pero no aquello que debe hacer" (DÍEZ RIPOLLÉS, J.L.: *La racionalidad..., ob. cit.*, p. 90).

784 Sobre ella, apunta el Catedrático de Málaga que "en el campo de la sociología jurídica hay que destacar sin duda la postura de HABERMAS, quien ha manifestado contundentemente que todo procedimiento legislativo democrático debe atender a contenidos morales y éticos, a intereses, a cuestiones pragmáticas y a fórmulas de coherencia jurídica" (DÍEZ RIPOLLÉS, J.L.: *La racionalidad..., ob. cit.*, p. 90).

785 En AMELUNG, K.: "Strafrechtswissenschaft und Strafgesetzgebung", en *Zeitschrift für die gesamte Strafrechtswissenschaft,* núm. 91, 1980, pp. 19-72, "ha propuesto vincular la política criminal a los modelos racionales de planificación desarrollados por la Ciencia política, que contemplan muy diversos criterios de racionalidad, tanto de naturaleza material como instrumental" (DÍEZ RIPOLLÉS, J.L.: *La racionalidad..., ob. cit.*, p. 91).

786 Quien en PALAZZO, F.: "Scienza penale e produzione legislativa: paradossi e contraddizioni di un rapporto problemático", en *Rivista italiana di diritto e procedura penale,* fasc. 3, 1997, pp. 694-735, "ha defendido la involucración de la doctrina jurídicopenal en el desarrollo de un método de creación de leyes que garantice tanto una racionalidad lingüística o jurídicoformal, como una racionalidad de fines, orientada en las corrientes políticocriminales subyacentes, y una racionalidad instrumental que procure asegurar las condiciones empíricas para su obtención" (DÍEZ RIPOLLÉS, J.L.: *La racionalidad..., ob. cit.*, p. 91).

VOGEL que acabamos de exponer, al estar basada en la de HABERMAS), pero muestra su predilección por el modelo de racionalidad legislativa construido por ATIENZA desde la Filosofía del Derecho[787], tomándolo como base, al considerar que "identifica y reparte de manera convincente los diferentes contenidos de racionalidad a tener en cuenta en la legislación"[788].

No obstante, traza, en lo que nos interesa y para comenzar, un diferente punto de partida respecto al modelo del filósofo del Derecho, como es el de proponer realizar el estudio de las diversas racionalidades de modo inverso a como lo hace aquél, pues "si lo que queremos es establecer un procedimiento racional de elaboración de leyes, y no simplemente un instrumental de análisis racional de leyes ya existentes, la racionalidad ética marcaría el ámbito de juego de las restantes racionalidades, la teleológica establecería los objetivos a satisfacer dentro de ese marco, y las restantes se sucederían en un orden de proyección decreciente de instrumentalidad"[789].

> También es reseñable la objeción que el autor plantea respecto al contenido de la racionalidad teleológica en el modelo de ATIENZA, cuando éste argumenta que se ha de ocupar de la eficacia de la ley, esto es, de si se pueden lograr los objetivos sociales perseguidos por ella". Para DÍEZ RIPOLLÉS, "sin duda éste es un importante aspecto que deberá ser sometido a consideración en alguna racionalidad, pero creo que hacerlo ya en este momento [es decir, con la inversión en el orden de racionalidades, en segundo lugar] supone obviar el debate sobre los objetivos legales mismos"[790].

---

787 DÍEZ RIPOLLÉS, J.L.: *La racionalidad…*, *ob. cit.*, p. 90.

788 DÍEZ RIPOLLÉS, J.L.: *La racionalidad…*, *ob. cit.*, p. 91.

789 DÍEZ RIPOLLÉS, J.L.: *La racionalidad…*, *ob. cit.*, p. 91.

790 En el modelo de DÍEZ RIPOLLÉS, este nivel de racionalidad se dedicaría ahora a "sentar las bases para un discurso éticopolítico en el que, presupuestos los principios anteriores, se produzca una confrontación racional entre contenidos éticos de segundo orden, es decir, carentes de una aceptación libre de cualquier desacuerdo en la colectividad, e intereses particulares y sectoriales muy diversos, procedentes todos ellos de agentes sociales y grupos de presión de amplio espectro", debiendo dar lugar a "una formulación de los objetivos perseguidos por esa concreta decisión legislativa penal, que determine, cuando menos, el objeto de tutela, su grado de protección deseable y los correspondientes niveles de exigencia de responsabilidad y de sanción aplicable que se estiman procedentes en caso de incumplimiento de la norma. De este modo se reflejará el acuerdo ético-político alcanzado sobre la importancia de lo protegido, la intensidad de la obediencia exigida, las repercusiones negativas deri-

En el nivel subsiguiente, el de la racionalidad pragmática, el objetivo será "ajustar los objetivos trazados por la racionalidad teleológica a las posibilidades reales de intervención social que están al alcance de la correspondiente decisión legislativa. Ello implica, en el ámbito jurídicopenal, asegurar lo más posible una respuesta positiva a una serie de exigencias mutuamente entrelazadas planteadas a la norma"[791].

ATIENZA ha tratado con posterioridad someramente la reordenación de los niveles de racionalidad de su modelo por parte de DÍEZ RIPOLLÉS, afirmando que la ordenación que propuso originariamente "está hecha *in abstracto,* siguiendo un orden de complejidad creciente", aceptando, respecto a la revisión del penalista, que "es razonable" pensar que "en la elaboración de un trabajo de dogmática legislativa (en la medida en que no trata fundamentalmente de analizar o de evaluar, sino más bien de proponer una ley con determinados contenidos) debe invertirse (o cambiarse) ese orden" de la siguiente manera: "se comienza por discutir qué objetivos deben perseguirse con la ley y si estos están justificados; luego, qué medios objetivos y subjetivos (sanciones) deben usarse a fin de lograrlo; qué sistemática debe tener la ley a fin de que resulte completa y consistente; y, finalmente, cómo deben estar redactados sus artículos"[792].

Dejando aparcada esta cuestión sobre la reordenación de los niveles de racionalidad del modelo de ATIENZA para el momento oportuno, en cualquier caso, retomando la exposición del Catedrático de Derecho penal de la Universidad de Málaga, en ese primer y principal nivel de racionalidad ética se encontrarían los "contenidos éticos que condicionarían la intervención jurídicopenal", que se desglosarían en los siguientes principios[793]:

— principios *estructurales de primer nivel,* divididos a su vez en tres grandes grupos, y que serán considerados como los principios fundamentadores del Derecho penal, en la que medida que establecerían los contornos básicos de una intervención penal

vadas de tal desobediencia y su interrelación" (DÍEZ RIPOLLÉS, J.L.: *La racionalidad…, ob. cit.*, pp. 94-95).

791 Desarrolladas en DÍEZ RIPOLLÉS, J.L.: *La racionalidad…, ob. cit.*, p. 95.

792 ATIENZA RODRÍGUEZ, M.: "Argumentación y legislación", en MENÉNDEZ MENÉNDEZ, A./PAU PEDRÓN, A. (DIRS.): *La proliferación…, ob. cit.*, p. 111.

793 DÍEZ RIPOLLÉS, J.L.: *La racionalidad…, ob. cit.*, p. 92-93 y 136-137.

legítima, al corresponderse con las tres decisiones político-criminales básicas que fundamentan el Derecho penal[794]:

- respecto a la decisión de mantener el orden social básico mediante la evitación de los daños o riesgos más graves para bienes fundamentales para la convivencia, los principios de la *protección* atenderían a las pautas delimitadoras de los contenidos de tutela del Derecho penal:
  - lesividad (nunca equiparable al principio de protección exclusiva de bienes jurídicos);
  - esencialidad o fragmentariedad;
  - interés público;
  - y correspondencia con la realidad;
- respecto a la decisión de intervenir socialmente sobre personas responsables o susceptibles de ser responsables de la producción de esos daños o riesgos, como uno de los factores decisivos en la producción de tales perjuicios, los principios de la *responsabilidad* se ocuparían de los requisitos que deben concurrir en un comportamiento para que se pueda exigir responsabilidad criminal por él, y de algunos aspectos de su verificación:
  - certeza o seguridad jurídica;
  - responsabilidad por el hecho;
  - imputación (objetiva y subjetiva);
  - reprochabilidad o culpabilidad;
  - y jurisdiccionalidad (como "monopolio estatal de la exigencia de responsabilidad penal, independencia e imparcialidad del órgano encargado de determinarla, el proceder contradictorio en su determinación y actividad probatoria empírica");
- y, respecto a la decisión de neutralizar las conductas anteriores mediante el control social y, dentro de él, el control social penal, los principios de la *sanción* destacarían los fundamentos de la reacción con sanciones a la conducta criminalmente responsable:

[794] Paralelamente, además, habrá que tener en cuenta "los elementos integrantes del subsistema de control social que es el Derecho penal, es decir, las normas, las sanciones y el procedimiento de verificación de la infracción de aquéllas y de la determinación e imposición de éstas" (DÍEZ RIPOLLÉS, J.L.: *La racionalidad…*, *ob. cit.*, p. 137).

- humanidad de las penas;
- teleológico o de los fines de las penas ("en cuanto a los efectos sociopersonales a producir, no en cuanto a eficacia o eficiencia de las mismas");
- proporcionalidad de las penas;
- monopolio punitivo estatal;

— y, en segundo lugar, como criterio de legitimación, esto es, como punto de referencia que legitima las decisiones concretas, encontraríamos el *criterio democrático* (o "criterio de las convicciones generales o de la opinión pública"[795]), es decir, "el criterio que, una vez aseguradas con los principios estructurales las referencias éticas, va a permitir legitimar decisiones concretas controvertidas en las subsiguientes racionalidades o en la interrelación entre ellas"[796]; o, en otras palabras, se trata del criterio "que ha de legitimar, en el desarrollo de las subsiguientes racionalidades, la adopción de concretas decisiones controvertidas, cuando éstas ya no se pueden apoyar en el consenso propio del sistema de creencias"[797], adquiriendo, generalmente, relevancia operativa a partir de la racionalidad teleológica.

De este modo, para Díez Ripollés, bajo la denominación de criterio democrático "se pueden incluir todas aquellas propuestas que acuden, llegada la hora de tomar una decisión político-criminal controvertida, a las opiniones y valoraciones en ese momento mayoritarias en la sociedad sobre el tema en cuestión"[798].

La irracionalidad de la ley penal, por tanto, acontecerá, según las exigencias de cada nivel de racionalidad, de la siguiente manera[799]:

— existirá irracionalidad ética en una ley si ésta "no se ajusta en su contenido a los criterios o principios éticos incuestionados del sector jurídico en el que nos movamos, en el caso del Derecho penal, los principios estructurales anterior-

[795] Díez Ripollés, J.L.: *La racionalidad...*, *ob. cit.*, p. 183. Previamente descartados criterios de legitimación tales como los criterios ideales, expertos y constitucionalistas.

[796] Díez Ripollés, J.L.: *La racionalidad...*, *ob. cit.*, p. 93.

[797] Díez Ripollés, J.L.: *La racionalidad...*, *ob. cit.*, pp. 165 y ss.

[798] Díez Ripollés, J.L.: *La racionalidad...*, *ob. cit.*, p. 183.

[799] Díez Ripollés, J.L.: *La racionalidad...*, *ob. cit.*, pp. 96-97.

mente esbozados"; o, también, será irracional desde este punto de vista "si renuncia al criterio democrático como principio último de resolución de las controversias dentro y entre las subsiguientes racionalidades, o si prescinde de una estructura de racionalidad legislativa equivalente a la vigente en un determinado momento histórico y cultural";

— se podrá hablar de irracionalidad teleológica cuando "los objetivos a perseguir por la ley no hayan sido acordados en el marco de un empleo discursivo del criterio democrático, que haya prestado la debida atención a todos los componentes ético-políticos relevantes, o no reflejen tal acuerdo";
— en tercer lugar, la irracionalidad pragmática "surgirá tanto ante leyes penales que no son susceptibles de un apreciable cumplimiento por los ciudadanos o de una significativa aplicación por los órganos del control social jurídico sancionador, cuanto ante leyes que, en cualquier caso, no logran los objetivos pretendidos";
— en cuarto lugar, la irracionalidad jurídico-formal será predicable de "leyes inconsistentes consigo mismas o que introducen o dejan sin resolver incoherencias en el sector jurídico en el que se insertan o en el conjunto del Ordenamiento";
— y, finalmente, la irracionalidad lingüística "afectará a leyes cuya formulación impide o dificulta la transmisión de sus contenidos a los destinatarios de su cumplimiento o aplicación".

Finalmente, DÍEZ RIPOLLÉS repara en que existe una correspondencia o superposición de los niveles de racionalidad legislativa con los criterios de interpretación de las leyes, lo cual, en opinión del autor, "no ha de extrañar", ya que "si a través de los diversos niveles de racionalidad legislativa se deciden los contenidos de la ley, es justamente la determinación de esos contenidos lo que persiguen los criterios de interpretación"[800]. Además, a juicio de DÍEZ RIPOLLÉS, "tal coincidencia parcial refuerza la consistencia del Derecho penal como instrumento de control social, al dotarle de un sustrato epistemológico equivalente en diferentes niveles operacionales, asegurando la continuidad de una misma estructura de racionalidad en la creación y en la aplicación del Derecho", de tal manera que[801]:

---

800 DÍEZ RIPOLLÉS, J.L.: *La racionalidad..., ob. cit.*, p. 106.
801 DÍEZ RIPOLLÉS, J.L.: *La racionalidad..., ob. cit.*, p. 106.

— la racionalidad lingüística se aproximaría al criterio gramatical;
— la racionalidad jurídico-formal al criterio sistemático;
— la racionalidad pragmática, "en alguna medida", al criterio histórico;
— y la racionalidad teleológica al criterio teleológico-valorativo;
— e, incluso, "podría decirse que de algún modo la racionalidad ética tendría algo que ver con el criterio de interpretación conforme a la Constitución".

En definitiva, éste es el modelo dinámico de racionalidad legislativa penal formulado por DÍEZ RIPOLLÉS, que, una vez estudiado, nos permitirá, en primer lugar, profundizar en el concepto de "racionalidad" de cuya aplicación a las leyes penales somos partícipes, y, en segundo lugar, más en particular, a través de su estudio diferenciado, nos facilitará profundizar en el importantísimo concepto de "legitimidad material" que, estimamos, debe presidir la creación de la legislación penal contemporánea.

2. LEGISLACIÓN PENAL RACIONAL PARA EL LOGRO DE UNA MAYOR LEGITIMIDAD MATERIAL

2.1. Hipótesis esencial: la diferenciación racionalidad versus legitimidad. Definición y contenido

Ya hemos visto que DÍEZ RIPOLLÉS, entiende la **racionalidad legislativa penal** como el proceso a través de cual se adopta una decisión legislativa "atendiendo a los datos relevantes de la realidad social y jurídica sobre los que aquélla incide"[802].

Actuar bajo los postulados de dicha racionalidad, orientará al creador de la ley sobre cómo lograr que la decisión legislativa sea (siguiendo a ATIENZA), **efectiva** (de tal forma que el comportamiento de los destinatarios se adecúe a lo prescrito en la ley –*racionalidad pragmática*–) y **eficaz** (que los efectos por ella producidos se correspondan con los fines sociales que se perseguían con su creación –*racionalidad teleológica*–), sin renunciar a que la ley así creada cumpla estas dos características a un coste razonable, esto es, que sea **eficiente** (como *dimensión transversal* de la racionalidad), lo que, en este caso, será medido en términos de restricción de libertad.

[802] DÍEZ RIPOLLÉS, J.L.: *La racionalidad...*, *ob. cit.*, p. 86.

Pero no basta con ello, sino que, también, la ley penal creada, habiendo adoptado desde la racionalidad las medidas necesarias para asegurar su eficacia, efectividad y eficiencia, ha de ser también **legítima**, no sólo formalmente, sino también, y de modo mucho más importante por su plausible olvido en la creación legislativa ya desde hace tiempo, **materialmente**, aspecto que podrá ser examinado también desde la racionalidad, pero ya no directamente desde el nivel pragmático o el teleológico (aunque indirectamente en cierto modo sí), sino desde el nivel de la *racionalidad ética* (esto es, desde el cumplimiento de unos valores o principios por parte de las leyes, y, tratándose de leyes penales, de los contenidos éticos que condicionarán la intervención jurídico-penal).

> En efecto, podemos y debemos hablar tanto de un fundamento, justificación o legitimación formal, como de un fundamento, justificación o legitimación material del Derecho penal. Como sostiene MIRÓ LLINARES, "en el primer plano, hablar del fundamento del Derecho penal es hablar de si está legitimada, conforme al sistema normativo establecido, la utilización del Derecho penal. Aquí, la respuesta afirmativa es evidente, puesto que nuestra Constitución y el resto de normas del Ordenamiento jurídico regulan y permiten la creación de normas definitorias de delitos y de penas aplicables a quienes realicen los mismos. Mientras se cumplan estas normas (formales) será legítimo el Derecho penal, pero sólo en un sentido formal, por supuesto"[803].
>
> Cuestión distinta "es si, además, es posible encontrar una justificación no formal, esto es, no basada en las normas dadas sino en valoraciones sobre la necesidad o innecesariedad del Derecho penal. Esto es, aunque el Ordenamiento jurídico permita la utilización del Derecho penal, ¿está justificado el recurso al mismo? [...] Ha sido y sigue siendo mayoritaria en la actualidad la consideración de que el Derecho penal en un Estado social y democrático de Derecho es necesario. Y lo es tanto en un sentido funcional, por la necesidad que representa el Derecho penal para garantizar la protección de la sociedad tutelando los bienes jurídicos más importantes, como porque nuestro modelo de Estado legitima la pena cuando ésta sea imprescindible para proteger los derechos y libertades esenciales de todos"[804].
>
> Así, pues, es plausible que, por ello, el Derecho penal sea considerado necesario como un "medio de control social que trata de disciplinar

---

803 MIRÓ LLINARES, F.: *Proyecto...*, *ob. cit.*, p. 28.

804 MIRÓ LLINARES, F.: *Proyecto...*, *ob. cit.*, p. 28.

el comportamiento de los individuos y socializarlos, con determinados fines", no obstante lo cual, dicha constatación todavía "no conlleva inmediatamente una legitimación material del Derecho penal"[805], como veremos a continuación, pues faltaría un último paso en la argumentación sobre la justificación o legitimación material del Derecho penal.

Como acabamos de ver, DÍEZ RIPOLLÉS ha propuesto unas concretas bases sobre las que debería fundamentarse el análisis de la racionalidad ética de la ley, es decir, lo que consideramos como su legitimidad material, pero, sosteniendo nosotros una propia definición y concepto del Derecho penal, siendo muy válida y completa la del Catedrático de la Universidad de Málaga, nos vemos obligados a definir nuestros propios parámetros de lo que, a nuestro entendimiento, es una ley penal legítima desde el punto de vista material.

Así, pues, hemos de partir de que entendemos el Derecho penal como "el sector normativo del Ordenamiento jurídico regulador del poder punitivo del Estado que, mediante la tipificación de delitos y estados peligrosos a los que asocia consecuencias jurídicas consistentes en penas o medidas de seguridad, trata de proteger los bienes jurídicos que conforman la identidad social y que requieren para su tutela de una intervención estatal formalizada, proporcionada y última"[806].

Esta definición que sostenemos nos lleva a aceptar sólo la utilización del "ius puniendi" por parte del Estado cuando pretenda la protección de bienes básicos para la vida de las personas en sociedad y sólo si ese objetivo no puede lograrse de otro modo y, por tanto, nos lleva a considerar legítimo el Derecho penal como forma de control social mientras cumpla los caracteres de tratarse de un medio formalizado[807], necesario, proporcionado y último.

En realidad, la cuestión del fundamento material del Derecho penal no puede apartarse de la cuestión de las funciones del Derecho penal, dado que la cohonestación entre éstas últimas y los principios inspiradores de un Estado social y democrático de Derecho, es lo que nos llevará, como sostiene MIRÓ LLINARES, a fundamentar materialmente esta rama

---

805 MIRÓ LLINARES, F.: *Proyecto…, ob. cit.*, p. 29.

806 MIRÓ LLINARES, F.: *Proyecto…, ob. cit.*, p. 23.

807 Respecto al carácter formal o informal que puede tener el control social de respuesta frente al comportamiento desviado, y el encuadre en el primero de ellos del Derecho penal, véase BUSTOS RAMÍREZ, J.J./HORMAZÁBAL MALARÉE, H.: *Nuevo sistema de Derecho penal*, Trotta, Madrid, 2004, pp. 20-21.

del Ordenamiento positivo[808]. Es decir, el que estemos en un Estado social y democrático de Derecho justifica la intervención penal, pero también la define, concreta y limita materialmente a la consecución de ciertos fines (esencialmente la prevención de la realización de conductas dañosas para los bienes más importantes de la sociedad) bajo el ejercicio de determinadas funciones que, cuando son realmente ejercidas por el Derecho penal, pueden justificar la aplicación de esta rama del Ordenamiento jurídico[809].

Así, en este marco sociopolítico, se puede decir que la función del Derecho penal es confirmar normas, pero debe hacerlo para proteger bienes jurídicos, en el sentido de intervenir cuando sea necesario para tutelar los intereses que conforman la vida en sociedad de los ciudadanos, respetando su dignidad, y siempre que no sea posible intervenir con otros medios.

Es decir, nosotros creemos, con MIRÓ LLINARES, que el Derecho penal es "un sistema al servicio de las necesidades de los seres humanos", esto es, "un sistema normativo al servicio de los sistemas biológicos representados por los individuos", lo cual "nos obliga a exigir a las normas penales para su legitimidad material, que no formal, una correspondencia con las exigencias de tutela real (principio de necesidad), con la inexistencia de otros medios aptos de protección (principio de intervención mínima), con la relación entre lo causado y lo valorado normativamente (principio de proporcionalidad), todo lo cual suele resumirse en el dogma, quizás por repetido no concretado y especificado, tal y como debería hacerse y he tratado de hacer, de que el Derecho penal debe proteger bienes jurídicos"[810].

Estas condiciones de legitimidad material del Derecho penal se concretarían empíricamente, a juicio de MIRÓ LLINARES, "en un mandato al legislador para que la decisión de la intervención penal se realice sobre la base de completos análisis político-criminales, primero, y criminológicos, sociológicos, psicológicos y económicos, después, que relacionen los valores dignos de protección con la constatación de que la tutela no puede realizarse por otros medios, y de que puede resultar efectiva y lo menos lesiva posible para la dignidad de las personas"[811/812].

---

808 MIRÓ LLINARES, F.: *Proyecto..., ob. cit.*, pp. 29-30.

809 MIRÓ LLINARES, F.: *Proyecto..., ob. cit.*, p. 30.

810 MIRÓ LLINARES, F./GARCÍA MORENO, E.: "Artículo 384", *ob. cit.*, pp. 834-835. El texto resaltado se ha añadido a la cita

811 MIRÓ LLINARES, F.: *Proyecto..., ob. cit.*, pp. 54-55.

812 Así lo exigía ya FIANDACA, que, aceptando la escasa capacidad limitadora de la intervención del bien jurídico, acudía al principio de subsidiariedad para estos fines, y

En tanto la evaluación legislativa puede aportar esos "análisis político-criminales, criminológicos, sociológicos, psicológicos y económicos", creemos que puede ser una herramienta de gran utilidad para dibujar en la realidad las concretas condiciones de legitimidad material de las normas penales.

2.2. ¿Qué se necesita para cada una?: análisis de las consecuencias de las normas

En efecto, en opinión de KARPEN, la evaluación técnica tiene un gran valor para el funcionamiento mismo de la democracia, en tanto supone una garantía de transparencia en el proceso de promulgación de las leyes y, consecuentemente, una garantía de los principios democráticos fundamentales[813]. Y es que, pese a que la evaluación tiene una "finalidad tecnocrática", es posible que vaya "mucho más allá", en la medida en que "puede servir a dar nuevo sentido a principios constitucionales como el principio de igualdad ante la Ley, la protección contra la arbitrariedad y sobre todo el principio de proporcionalidad"[814].

Por ello mismo, a nuestro juicio, la evaluación legislativa puede servir para dar sentido y contenido a los tres principios básicos que componen la concepción que compartimos sobre el Derecho penal en el marco de un Estado social y democrático de Derecho, y que acabamos de señalar citando anteriormente a MIRÓ LLINARES:

- el principio de necesidad (correspondencia con las exigencias de tutela real);
- el principio de intervención mínima (inexistencia de otros medios aptos de protección);

---

de allí derivaba la exigencia al legislador de acudir a la criminología social para adquirir datos empíricos que le informen sobre la dañosidad social de un comportamiento y las necesidades de intervención penal (FIANDACA, G.: "Il «bene giuridico»..., *ob. cit.*, p. 74). Limitado a la Criminología, y dirigido a la Dogmática más que al legislador, podríamos recordar lo que señalaba BOTTKE respecto a que "la Dogmática del Derecho penal podría recabar de la Criminología, como ciencia empírica e interdisciplinar, información sobre cuáles puedan ser los efectos secundarios útiles para los fines de la pena" (BOTTKE, W.: "La actual discusión sobre las finalidades de la pena" (traducido por Guillem BENLLOCH PETIT), en SILVA SÁNCHEZ, J.Mª. (ED.): *Política criminal y nuevo Derecho penal. Libro Homenaje a Claus Roxin*, Bosch, Barcelona, 1997, p. 53).

813 KARPEN, U.: "La implantación...", *ob. cit.*, p. 74.

814 MONTORO CHINER, Mª.J.: *La evaluación de...*, *ob. cit.*, p. 124.

— el principio de proporcionalidad (relación entre lo causado y lo valorado normativamente).

Estaríamos hablando, pues, de evaluar la legitimidad material de las leyes penales, o lo que es lo mismo, su racionalidad ética, pero también de evaluar su racionalidad pragmática (eficacia), su racionalidad teleológica (efectividad) y su eficiencia (como dimensión transversal que afecta a todos estos niveles de racionalidad legislativa).

Y ello porque, como ya hemos advertido al finalizar el primer Capítulo de este trabajo, consideramos que el jurista, y en especial el penalista, no puede ceñirse a "aplicar sin remedio" lo querido por el legislador, sino que hay que acercarse a él e intentar hablar con él en un mismo lenguaje para intentar reconducir de alguna manera su conducta, labor que deberá iniciarse con la previa valoración y posterior evaluación empírica del producto legislativo, sobre la base de estos parámetros de racionalidad y legitimidad material, cuyo contenido pasamos a desglosar en las siguientes líneas.

3. LA RACIONALIDAD (EL PASO PREVIO DE LA LEGITIMIDAD)

3.1. La adopción de una decisión racional

Según los principios que rigen el Estado social y democrático de Derecho, el proceso de creación de las leyes debe estar inspirado "por criterios de racionalidad", mediante los cuales se ha de determinar "la necesidad de regular un supuesto de hecho concreto, la afirmación de los objetivos de la ley y la búsqueda de las alternativas para alcanzar tales fines, ponderando cuidadosamente todos los argumentos"[815].

En efecto, siguiendo a FIGUEROA, "la noción de racionalidad que aquí nos interesa es la que tiene como objeto y por función mejorar los fundamentos de las decisiones legislativas y la pertinencia de éstas últimas en relación a los problemas a resolver"[816]. De este modo, aplicándola al Derecho penal, por racionalidad podría entenderse, siguiendo a ZIPF, "la serena orientación de la concepción fundamental políticocriminal y de sus cuestiones de configuración particulares, según la misión de la

---

[815] MONTORO CHINER, Mª.J.: *Adecuación al...*, *ob. cit.*, p. 88.

[816] FIGUEROA, A.: "La evaluación...", *ob. cit.*, p. 23.

lucha contra el delito"[817], es decir, la decisión legislativa reflexionada y analizada para alcanzar el fin de prevenir comportamientos delictivos.

Y es que hemos de tener en cuenta también que "cuanto más racional es una norma, más posibilidades hay de que sea aceptada socialmente", ya que al incidir toda norma en la libertad, lo que el ciudadano procura al aceptarla es evitar a la vez sus desventajas[818].

En este sentido ha apuntado GALIANA SAURA que la decisión legislativa "debe resultar justificable desde el punto de vista racional y desde los objetivos que se persiguen al conferir un poder de decisión", o, como explica la propia autora con otras palabras, "dentro de la esfera definida de poder, el operador que adopta una decisión debe reflejar los objetivos y propósitos que la guían, y establecer a partir de ahí los criterios para su realización". Habrá que revisar el cumplimiento de esto caso por caso, "y, para ello, habrá que interrogarse sobre cuáles son los criterios o principios que provee la capacidad de decisión y cómo los realiza, y atender a las razones concretas a partir de las cuales se motiva una decisión"[819]. Por tanto, se puede decir que "la racionalidad legislativa tendrá por objeto y función mejorar los fundamentos de la decisión"[820].

Así, pues, como sostiene ATIENZA, desde el enfoque que brinda la metódica de la legislación[821], el proceso legislativo "se considera como un proceso de decisión, de manera que se pueden diseñar modelos de la legislación (digamos, modelos de legislador racional) siguiendo, de manera más o menos explícita, los elaborados por la teoría de la decisión racional"[822]. De hecho, son buen ejemplo de ello los modelos construidos por NOLL[823] y WROBLEWSKI[824], y que presentan la siguiente estructura[825]:

---

817 ZIPF, H.: *Introducción a la Política criminal* (traducido por Miguel IZQUIERDO MACÍAS-PICAVEA), Edersa, Madrid, 1979, p. 45.

818 MONTORO CHINER, Mª.J.: *Adecuación al..., ob. cit.*, p. 93.

819 GALIANA SAURA, Á.: *La Ley..., ob. cit.*, p. 105.

820 GALIANA SAURA, Á.: *La Ley..., ob. cit.*, p. 337.

821 Véase sobre su definición y contenido el Capítulo II del presente trabajo.

822 ATIENZA RODRÍGUEZ, M.: *Contribución..., ob. cit.*, p. 64.

823 NOLL, P.: *Gesetzgebungslehre..., ob. cit.*

824 WROBLEWSKI, J.:"A model of racional law-making", en *Archiv für Rechts- und Sozialphilosophie*, t. LXV/2, 1979, pp. 187-201.

825 Según la reconstrucción de VAN DER VELDEN, W.: "Methodologies of legislation", en AARNIO, A./VAN HOECKE, M. (EDS.): *On the utility of legal theory*, A-Tieto Oy, Tampere, 1985, pp. 149-168, citado y reproducido, tal cual lo recogemos en texto principal, por ATIENZA RODRÍGUEZ, M.: *Contribución..., ob. cit.*, p. 65. El propio cate-

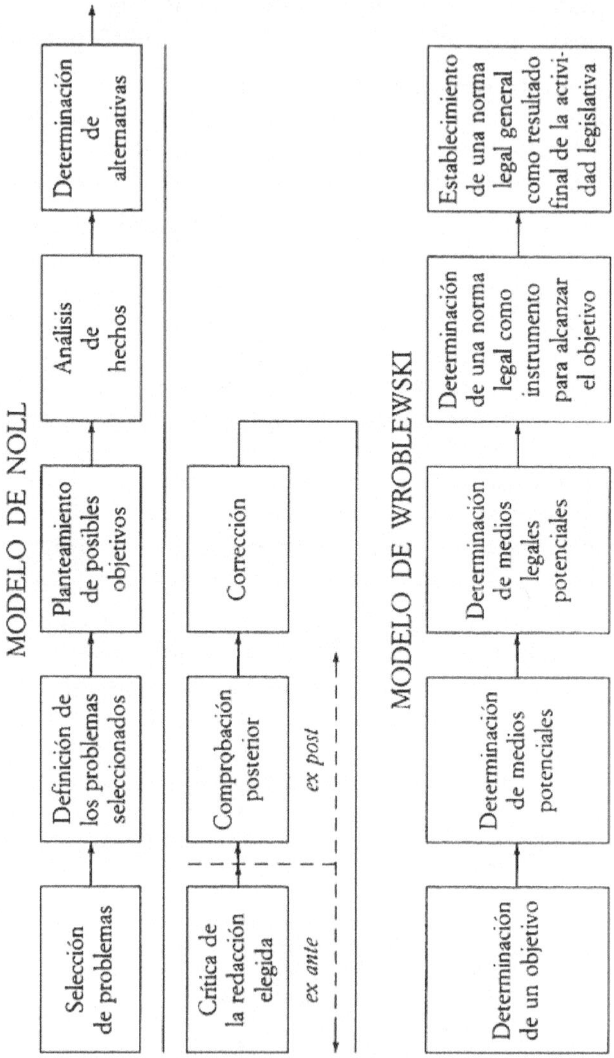

drático de Filosofía del Derecho de la Universidad de Alicante añade que "VAN DER VELDEN prefiere el modelo de NOLL al de WROBLEWSKI, básicamente porque este último sólo considera el proceso de la legislación *ex ante*, y NOLL lo hace *ex ante* y *ex post*, y porque el modelo de WROBLEWSKI es lineal y el de NOLL circular" (ATIENZA RODRÍGUEZ, M.: *Contribución…*, *ob. cit.*, p. 66).

En definitiva, racionalizar el proceso de toma de decisiones legislativas no sólo es posible y oportuno, sino también propiciador de "una mayor seguridad jurídica"; y esa racionalización se puede llevar a cabo "mediante la ayuda de diferentes mecanismos, como pueden ser los análisis de factibilidad, de eficiencia, de efectividad y de eficacia, y los sistemas de evaluación legislativa", los cuales "no indican la decisión a tomar, pues ésta siempre es, en última instancia, dependiente de la voluntad de un legislador político, y como tal voluntad no se puede imponer científicamente, pero sí se puede perfilar una ayuda a la toma de decisiones de forma más adecuada para la sociedad y para el Estado de Derecho"[826].

> Además, para GALIANA SAURA, "se puede también determinar un cierto orden racional en el debate parlamentario previo a la adopción de la norma, a partir de una serie de 'reglas' que deben regir el curso"[827]. Y ello porque "un intento por racionalizar el proceso decisional ha de partir de unas reglas discursivas y argumentativas, utilizadas a través de un procedimiento predeterminado"[828].

La utilización de dichos mecanismos, por tanto, en lo que nos interesa, podría dar lugar a que la decisión político-criminal, se sustente, para ser racional, como apunta FERNÁNDEZ CRUZ, "en la previa posesión de la información sobre la realidad social y en la autoconsciente decisión tomada en base a esa información", ya que el "principio de correspondencia con la realidad constituye uno de los principios penales estructurales de la Política criminal"[829].

3.2. La evaluación de normas penales como herramienta para el logro de la racionalidad y, por extensión, para el logro de la legitimidad material de las mismas

Lo importante, pues, es que sólo un legislador que disponga de buena información, obtenida a través de la evaluación legislativa[830], es decir, "sólo un legislador que conoce bien las consecuencias de

---

826 GALIANA SAURA, Á.: *La Ley…*, *ob. cit.*, p. 108.

827 GALIANA SAURA, Á.: *La Ley…*, *ob. cit.*, p. 108.

828 GALIANA SAURA, Á.: *La Ley…*, *ob. cit.*, p. 337.

829 FERNÁNDEZ CRUZ, J.Á.: "La legitimación social de las leyes penales: límites y ámbito de su aplicación", en *Revista de Derecho de la Pontificia Universidad Católica de Valparaíso*, núm. XXXIII, 2009, p. 236.

830 GALIANA SAURA, Á.: *La Ley…*, *ob. cit.*, p. 109.

sus acciones", va a poder "actuar racionalmente"[831], lo cual "dependerá en gran parte de la cantidad y de la calidad de las informaciones" que recabe "a través de la evaluación y análisis de factibilidad legislativa"[832].

> Así, en el ámbito de las leyes penales, el legislador mejoraría la racionalidad de sus decisiones si se preguntara por los efectos de la aplicación de las mismas. Esto es, como apunta LARRAURI PIJOAN, "si el legislador ha considerado necesario la introducción de un nuevo tipo penal, parecería lógico que después se preocupase de examinar cuáles han sido los efectos de su aplicación. ¿Ha disminuido el delito que se pretendía? Y si no, ¿qué ha fallado en la aplicación de la ley? ¿Se están aplicando las nuevas penas? Y si no, ¿por qué?"[833].

Finalmente, hay que tener en cuenta que la búsqueda de la racionalidad en la legislación, a través de la evaluación de sus efectos y consecuencias, tiene una repercusión directa sobre la legitimidad material, pues, aparte de que hemos identificado racionalidad ética con legitimidad material, resulta que la evaluación pretende no limitarse al simple análisis descriptivo y a la explicación teórica, esto es, al plano formal; antes al contrario, tiene la vocación de ayudar a la toma de decisión en la práctica legislativa, contribuyendo a evitar las disfunciones en la acción de las normas sobre la realidad, y reduciendo de este modo, los posibles déficits de legitimidad material que pudieran acarrear[834]. Y ello porque, si nos referimos al ámbito de las normas penales, si la aprobación de una ley penal se justifica materialmente en la búsqueda de cumplir su fin primordial de prevenir comportamientos delictivos, resulta que, de la realización de este objetivo, comprobada empíricamente a través de la correspondiente evaluación, deviene la propia legitimidad material de la ley penal aprobada.

---

831 FIGUEROA, A.: "La evaluación...", *ob. cit.*, p. 23 y GALIANA SAURA, Á.: *La Ley...*, *ob. cit.*, pp. 109 y 337.

832 GALIANA SAURA, Á.: *La Ley...*, *ob. cit.*, p. 337.

833 LARRAURI PIJOAN, E.: "Aportación de las ciencias sociales a la elaboración de reformas en la legislación penal", en DÍEZ RIPOLLÉS, J.L./CEREZO DOMÍNGUEZ, A.I. (EDS.): *Los problemas...*, *ob. cit.*, p. 99.

834 FIGUEROA, A.: "La evaluación...", *ob. cit.*, pp. 24-25, citando a CAPO GIOL, J.: *La legislación estatal en la España democrática. Una aproximación politológica*, Centro de Estudios Constitucionales, Madrid, 1990.

4. LA LEGITIMIDAD. EN CONCRETO, LA BÚSQUEDA DE LA LEGITIMIDAD MATERIAL DE LAS NORMAS PENALES

4.1. ¿Qué hay del bien jurídico como criterio de legitimidad material de la intervención del Derecho penal?

4.1.1. El bien jurídico como argumento tradicional de legitimidad material de la intervención penal

Tradicionalmente se viene ligando por parte de la doctrina la cuestión del merecimiento de la intervención penal frente a determinadas conductas con la consideración de que las mismas afectan a, en el sentido de lesionar o poner en peligro, un bien jurídico protegido. En efecto, parece como si la mera afirmación de que una conducta atente contra un interés categorizable dentro de este concepto de bien jurídico (penalmente) protegido, pueda legitimar la punición penal de tal conducta y que, consecuentemente, únicamente cuando esto sea así podremos fundamentar tal intervención punitiva. Evidentemente la que parece ofrecer el bien jurídico protegido sería una justificación (más allá de lo formal) de la correspondencia de la intervención penal con las normas del Estado de Derecho en el que se enmarcan; concretamente, pareciera ofrecer una legitimación material, basada en valoraciones sobre la necesidad o innecesariedad de intervención del Derecho penal.

Admitida la consideración del Derecho penal como medio de control social que trata de disciplinar el comportamiento de los individuos y socializarlos, cumpliendo con determinados fines, parece obvio que no cualquier intervención legitimada formalmente tendrá por qué estarlo también materialmente. Siendo el Derecho penal no un fin en sí mismo, sino un instrumento al servicio de determinados fines sociales[835], y existiendo, además, otros medios de control social como la propia familia y la educación, o como otras ramas del propio Derecho que, pudiendo ser igual o más efectivos que el Derecho penal para lograr los objetivos propuestos, prácticamente siempre re-

[835] Alcácer Guirao, R.: "Prevención y garantías: conflicto y síntesis", en *Doxa. Cuadernos de Filosofía del Derecho*, núm. 25, 2002, p. 141.

sultan menos dañosas para las personas (cuya dignidad y libertad son la base de nuestro Ordenamiento jurídico, según marca nuestra propia CE 1978), parece obligado argumentar que la utilización del más grave medio punitivo, en cuanto restrictivo de derechos fundamentales básicos, sólo estará materialmente legitimada cuando pretenda la protección de bienes básicos para la vida de las personas en sociedad y, además, sólo si ese objetivo no puede lograrse de otro modo.

Esto es en lo que, ni más ni menos, pues, ha pretendido un importante sector doctrinal convertir al bien jurídico: en criterio de legitimación material de la intervención penal, para lo cual se le define como elemento nuclear del tipo de injusto y, así, en el elemento capaz de lograr una conexión interna entre Dogmática y Política criminal[836] en la construcción de un sistema teleológico del Derecho penal.

Dejando de lado la evolución de esta institución en el seno de la doctrina[837], en la actualidad, la discusión sobre el bien jurídico-penal protegido parece haberse clarificado, al focalizarse en torno a la polémica entre posiciones constitucionales[838] y funcionalistas sobre la

---

836 No nos resistimos a hacer en este punto un breve apunte sobre la plausible y necesaria interrelación entre Dogmática penal y Política criminal, advirtiendo que los criterios político-criminales se elaboran sobre la base del conocimiento que del Derecho positivo ofrece la Dogmática jurídica, mientras que ésta tiene en consideración los criterios de Política criminal y el fundamento material del Derecho penal a la hora de interpretar el Derecho positivo. Así, pues, se puede afirmar que "la Política criminal debe orientar racionalmente su misión [del Derecho penal] de tratamiento del fenómeno criminal en el ámbito de la reforma de la legislación penal considerando los principios e instituciones que durante décadas ha ido elaborando la Dogmática penal. Es así como se puede alcanzar un fin común perseguido por estos dos sectores del conocimiento: lograr la convivencia pacífica de los individuos y de los grupos que estos integran en la moderna sociedad" (BORJA JIMÉNEZ, E.: *Curso de Política Criminal*, Tirant lo Blanch, Valencia, 2003, pp. 36-37).

837 Véase, por ejemplo, FERNÁNDEZ, G.D.: *Bien jurídico y sistema del delito*, Bdef, Montevideo/Buenos Aires, 2004, pp. 11-72.

838 Es especialmente crítico con las teorías constitucionalistas DÍEZ RIPOLLÉS, al considerar que "por muchos contenidos implícitos o inmanentes que se incluyan en la Constitución, en ella no se contiene algún modelo penal, ni un catálogo de bienes jurídicos, ni una estructura principal acabada, ni, mucho menos, una teoría jurídica del delito. Ella traza, sin duda, unas líneas de avance en torno a un modelo de sociedad determinado, configurado a grandes trazos, y establece unos principios, derechos fundamentales y criterios rectores sobre los que estructurarlo. Pero a la hora de descender al plano políticocriminal no ofrece más que previsiones fragmentarias, desde luego de gran trascendencia, pero incapaces de sustentar por sí mismas o de derivar directamente de ellas cualquier programa políticocriminal perfilado". De este modo,

concepción del mismo, dependiendo de si se entiende que el concepto de bien jurídico-penal deriva de la Constitución como Norma que define los intereses y valores fundamentales del Estado[839], o simplemente se entiende que deriva de la propia función social, en el sentido de acudir al concepto de dañosidad social para delimitar cuáles son las funciones sociales que deben ser efectivamente protegidas[840].

---

en su opinión, "las tesis constitucionalistas ignoran la complejidad y mutabilidad de las actuales sociedades, así como la pluralidad de frentes sociales a los que se ha de atender, datos ambos que no se pueden pasar por alto aun cuando se parta de un escrupuloso respeto de los principios de lesividad, esencialidad o fragmentariedad, y subsidiariedad del Derecho penal. Proponen un modelo rígido de sociedad, escasamente dinámico o, todo lo más, sometido al arbitrio de las interpretaciones judiciales [...]. El escaso, y siempre desconfiado, margen de autonomía otorgado al legislador ordinario constituye un freno a la acomodación del subsistema de control social penal a la evolución de las necesidades colectivas y a la toma en consideración de modificaciones valorativas de importancia que van teniendo lugar en el seno de la sociedad, frente a las que la Constitución se convierte, mediante su sobreinterpretación, en buena medida en una rémora" (DÍEZ RIPOLLÉS, J.L.: *La racionalidad..., ob. cit.*, p. 182). En definitiva, el autor descarta que la Constitución pueda tener algún tipo de potencialidad en su modelo dinámico de racionalidad legislativa penal, "más allá de una predeterminación genérica, con frecuencia negativa, de los principios que han de inspirar la racionalidad legislativa, singularmente una vez que se supera el nivel elemental de la racionalidad ética. Y eso es, por lo demás, lo que refleja la práctica de nuestro actual Estado, con un legislador ordinario que se siente libre, una vez desarrollada la mayor parte de la estructura institucional constitucionalmente prevista, de tomar decisiones legislativas asentadas sobre la mayoría electoral de la que dispone, aun cuando siempre respetuoso con las posibles objeciones de inconstitucionalidad que nuestro Tribunal Constitucional tramita con cautela. La tesis constitucionalista debiera también decir si discrepa de esa arraigada práctica política" (DÍEZ RIPOLLÉS, J.L.: *La racionalidad..., ob. cit.*, p. 183).

[839] BRICOLA, F.: "Teoria generale del reato", en AZARA, A./EULA, E. (DIRS.): *Novissimo Digesto Italiano, XIX*, Unione Tipografico-Editrice Torinese, Torino, 1973, p. 16. En sentido similar es particularmente interesante el trabajo monográfico de ANGIONI, quien recuerda que una teoría tal no supone una negación total de las aportaciones de la sociología jurídica como fundamento básico de la Política criminal (ANGIONI, F.: *Contenuto e funzioni del concetto di bene giuridico*, Giuffrè, Milano, 1983, p. 162). Sobre las distintas aportaciones de otros autores como MUSCO o ROMANO, véase especialmente el trabajo y las referencias de FIANDACA, G.: "Il «bene giuridico» come problema teorico e come criterio di politica criminale", en *Rivista Italiana di Diritto e Procedura Penale*, 1982, pp. 56 y ss. También en un sentido similar, pero limitando la incidencia de la Constitución, por sus propios condicionamientos históricos, en la selección de bienes jurídico-penales, MARINUCCI, G.: "Costituzione e politica dei beni giuridici", en *Rivista Italiana di Diritto e Procedura Penale*, 1994, pp. 333 y ss. Véase en defensa de las tesis de BRICOLA, ÁLVAREZ GARCÍA, F.J.: "Bien jurídico y Constitución", en *Cuadernos de Política Criminal*, núm. 43, 1991, pp. 20 y ss.

[840] CUELLO CONTRERAS, J.: *El Derecho penal español. Parte general. Nociones introductorias. Teoría del delito*, Dykinson, Madrid, 2002, p. 54.

En esta tesitura, la posición de JAKOBS[841] sobre la finalidad del Derecho penal, y su identificación del "Rechtsgut" con la norma[842] ha adquirido el mérito (para otros demérito), de poner en duda el bien jurídico-penal protegido como elemento suficiente para la legitimación de la intervención penal frente a una conducta. Conforme a su forma de comprensión de la sociedad y del Derecho penal, pues, el bien jurídico-penal no tiene ningún papel si no es que se le identifica con la norma: el bien jurídico-penal es "el bien a proteger, la firmeza de las expectativas normativas esenciales frente a la decepción, firmeza frente a las decepciones que tiene el mismo ámbito que la vigencia de la norma puesta en práctica"[843]. Esta aparente contradicción de planos no es tal en la concepción sistémica de JAKOBS, donde la confirmación de la identidad normativa realizada por el Derecho penal resuelve un problema social, dado que la propia sociedad se ha constituido a través de normas. Así, pues, "misión de la pena es el mantenimiento de la norma como modelo de orientación para los contactos sociales"[844], y la misión del Derecho penal no es la de proteger bienes jurídicos, sino la de confirmar normas.

Sin entrar todavía en una valoración de esta forma de comprensión de la sociedad, lo que no puede negarse es que tan formalista es sostener que la finalidad de la norma es confirmar la identidad

[841] JAKOBS, G.: *Derecho penal. Parte general. Fundamentos y teoría de la imputación* (traducido de la 2ª edición alemana por Joaquín CUELLO CONTRERAS y José Luis SERRANO GONZÁLEZ DE MURILLO), Marcial Pons, Madrid, 1997.

[842] De acuerdo con una concepción incluida dentro del pensamiento funcionalista penal, y que algunos han denominado "funcionalismo estratégico", y otros "funcionamismo radical", inspirada en el enfoque sociológico del funcionalismo sistémico. Para JAKOBS, el Derecho penal está orientado a garantizar la identidad normativa, la Constitución y la sociedad. A partir de ahí, la consideración funcionalista tradicional del bien jurídico-penal como condición de la posibilidad de participar en la interacción social, es para JAKOBS insatisfactoria. El bien jurídico-penal arroja escaso rendimiento práctico: ni el bien jurídico-penal posee suficiente potencial crítico como para limitar eventuales excesos del legislador, ni tampoco la pena ha logrado nunca recomponer un bien jurídico-penal lesionado. Es la norma la estructura de la sociedad, y, por tanto, el bien jurídico-penal protegido no es más que la vigencia de la norma, su validez y estabilidad, ya que un orden normativo sólo es real cuando dirige la comunicación. Para JAKOBS, pues, el Derecho penal no protege bienes jurídicos, en el sentido de intereses sociales distintos a lo normado, sino que busca simplemente confirmar la vigencia de las normas para garantizar la identidad normativa, la Constitución y la sociedad.

[843] JAKOBS, G.: *Derecho penal..., ob. cit.*, p. 45.

[844] JAKOBS, G.: *Derecho penal..., ob. cit.*, p. 14.

normativa, como decir, desde otras posiciones, que lo es el proteger bienes jurídicos mientras no se concrete qué es un bien jurídico[845]. Esto es lo que ha dado lugar a que otros autores desde posiciones cercanas a JAKOBS, como FEIJOO SÁNCHEZ, afirmen que puede ser válida la consideración de que el Derecho penal proteja bienes jurídicos, pero ése no puede ser nunca su sentido material, sino que más bien su función primordial es mantener la confianza y el respeto a las normas esenciales de convivencia y, así, se protegen los bienes jurídicos como elementos básicos del orden social[846].

Como decimos, lo interesante de las posiciones funcionalistas más aparentemente radicales es que las mismas han servido para poner de manifiesto la debilidad actual del dogma del bien jurídico-penal protegido como supuesto referente de legitimación material de la intervención penal. En efecto, el dogma sobre el que se han cimentado la mayoría de las argumentaciones de engarce de la Dogmática y la Política criminal de los últimos años, en torno a que la legitimidad del Derecho penal estriba en su carácter protector de bienes jurídicos, se ha empezado a ver en "crisis" en los últimos años, básicamente porque si este elemento tenía que convertirse en un instrumento para eliminar del Derecho penal aquello que no tiene una relevancia lesiva material, está fracasando claramente en su objetivo. Y es que el bien jurídico, que nació con vocación limitadora, sirve hoy para todo lo contrario: para legitimar científicamente cualquier nueva incriminación, en cuanto que siempre que se quiere sancionar un nuevo comportamiento, basta con buscar un concepto de bien jurídico, aunque sea abstracto, para que esté justificado actuar penalmente. Como señala SILVA SÁNCHEZ, el paso del tiempo modificó la impresión inicial de que la exigencia de que el Derecho penal cumpliera funciones socio-terapéuticas restringiría su uso, hasta el punto de que hoy estas mismas funciones son el punto de partida de las tendencias expansionistas del Derecho penal[847].

> En este sentido ha apuntado atinadamente PALIERO, que, en vez de haber desarrollado algún tipo de "función de desincrimina-

---

845 JAKOBS, G.: *Sociedad, norma y persona en una teoría de un Derecho penal funcional*, Civitas, Madrid, 1996, nota 10, p. 25.

846 FEIJOO SÁNCHEZ, B.J.: *El injusto penal y su prevención ante el nuevo Código penal de 1995*, Colex, Madrid, 1997, p. 80.

847 MIRÓ LLINARES, F./GARCÍA MORENO, E.: "Artículo 384", en COBO DEL ROSAL, M. (DIR.): *Comentarios al Código penal*, t.XI, CESEJ, Madrid, 2008, pp. 827-828.

ción en sentido reequilibrador", el bien jurídico ha servido como "instrumento para el impulso o propaganda de campañas que siempre tienden a ampliar los márgenes de la criminalización"[848], algo propiciado por la propia ambivalencia que, según el autor italiano, encierra el criterio de necesidad constitucional de protección de bienes jurídicos, que ha pasado de ser entendido como "tutela necesaria" (en el sentido limitativo o "selectivo" de "tutela estrictamente necesaria") a serlo como "necesidad de tutela". De este modo, "la ambivalencia del criterio de necesidad se salda con la expansión post-moderna del sistema de los bienes jurídicos, dando vida a un ensanchamiento global de lo penalmente relevante"[849] con, añadiríamos, una apariencia de legitimidad[850].

Esto es lo que algunos han llamado "parábola involutiva"[851] y que también podríamos denominar como "crisis del bien jurídico-penal protegido", debida, entre otros factores, a la vaguedad y amplitud conceptual de un elemento que parece expandirse o contraerse[852] por parte del intérprete de que se trate, sirviendo así para la incriminación de casi cualquier comportamiento[853] y, también, para la crítica de cualquier incriminación según se elija como objeto de protección

---

848 PALIERO, C.E.: "La 'doble función' del bien jurídico en el ordenamiento constitucional italiano", en MIR PUIG, S./QUERALT JIMÉNEZ, J.J. (DIRS.); FERNÁNDEZ BAUTISTA, S. (COORD.): *Constitución y principios del Derecho penal: algunas bases constitucionales*, Tirant lo Blanch, Valencia, 2010, p. 153.

849 PALIERO, C.E.: "La 'doble función' del...", *ob. cit.*, p. 154.

850 PALIERO concluye su estudio estudiando las "condiciones de legitimación" de esta expansión, identificando entre ellas, aparte del "concepto de relevancia constitucional" implícito en el bien jurídico y de las "nuevas exigencias de tutela de la sociedad del riesgo" (pp. 154-156), "la crisis del principio de laicidad y el uso propagandístico del bien jurídico en la 'moral crusades'" (pp. 156-157), y "la internacionalización del marco legal y las obligaciones de penalización de fuentes comunitarias" (pp. 157-162).

851 FERRAJOLI, L.: *Derecho y razón. Teoría del garantismo penal*, Trotta, Madrid, 2001 (5ª edición), pp. 467-469; también sobre ello, véase FERNÁNDEZ, G.D.: *Bien jurídico y...*, *ob. cit.*, pp. 5 y ss.

852 En este sentido, afirma acertadamente FEIJOO SÁNCHEZ que el bien jurídico en el plano político-criminal "resulta inaprensible conceptualmente porque es un concepto vago y maleable que carece de contenido material" (FEIJOO SÁNCHEZ, B.J.: "Funcionalismo y teoría...", *ob. cit.*, p. 190).

853 Encontrando así, literalmente, bienes jurídicos "hasta debajo de las piedras con los que crear nuevas infracciones o justificar nuevas penas" (CANCIO MELIÁ, M.: "Dogmática y Política criminal en una teoría funcional del delito", en MONTEALEGRE LYNETT, E. (COORD.): *Libro homenaje al profesor Günther Jakobs. El funcionalismo en el Derecho penal*, t. I, Universidad Externado de Colombia, Bogotá, 2003, p. 115).

uno u otro. Ello ofrece, en definitiva, un panorama "desconsolador y frustrante para cualquiera que pretenda encontrar en la teoría del bien jurídico las bases de una política-criminal legítima más allá de tópicos o afirmaciones genéricas o superficiales"[854].

Así, pues, en palabras de MUÑOZ CONDE, "poco se gana, pues, con decir que el Derecho penal protege bienes jurídicos, si antes no nos ponemos de acuerdo sobre lo que entendemos como tales"[855]. Si a tal indefinición le sumamos "la teoría del bien jurídico no sólo no nos sirve para identificar las patologías del Derecho penal moderno, sino que contribuye a dichas patologías", aunque sea involuntariamente[856], concretadas en la tendencia político-legislativa de expansión del Derecho penal, y, dentro de ésta, en la aparición de los delitos de peligro abstracto y de los bienes jurídicos supraindividuales difusos[857], puede entenderse la crisis de la función garantista del concepto de bien jurídico-penal y el que hoy, desde voces distintas al funcionalismo sistémico, se empiece a sostener que la premisa de la protección de bienes jurídicos es insuficiente para definir este sector del Ordenamiento jurídico[858].

---

854 FEIJOO SÁNCHEZ, B.J.: "Funcionalismo y teoría...", *ob. cit.*, p. 192.

855 MUÑOZ CONDE, F.: "Prólogo", en HORMAZÁBAL MALARÉE, H.: *Bien jurídico y Estado social y democrático de Derecho (el objeto protegido por la norma penal)*, Promociones y Publicaciones Universitarias, Barcelona, 1991, p. II.

856 FEIJOO SÁNCHEZ, B.J.: "Funcionalismo y teoría...", *ob. cit.*, p. 186. Para este autor, "la concepción preventivo-instrumental de la pena orientada básicamente a la prevención de lesiones o puestas en peligro de bienes jurídicos es, en mi opinión, una de las principales responsables teóricas de la denominada tendencia expansionista e intervencionista del Derecho penal" (FEIJOO SÁNCHEZ, B.J.: "Funcionalismo y teoría...", *ob. cit.*, p. 204), cuestión que analiza a través del ejemplo de la expansión y la administrativización de las tipificaciones penales (FEIJOO SÁNCHEZ, B.J.: "Funcionalismo y teoría...", *ob. cit.*, pp. 204-210).

857 Lejos queda ya la exclusiva tipificación de comportamientos lesivos para con bienes jurídicos individuales, respecto a los cuales la discusión se ceñía a si con ello el Derecho penal protegía sustratos materiales o facultades de disposición (en torno a esta cuestión, véase DEL ROSAL BLASCO, B.: "El homicidio y sus formas en el Código penal de 1995", en CEREZO MIR, J./SUÁREZ MONTES, R.F./BERISTAIN IPIÑA, A./ ROMEO CASABONA, C.Mª. (EDS.): *El nuevo Código Penal: presupuestos y fundamentos. Libro Homenaje al Profesor Doctor Don Ángel Torío López*, Comares, Granada, 1999, p. 679).

858 GIL GIL, A.: "Prevención general positiva y función ético-social del Derecho penal", en DÍEZ RIPOLLÉS, J.L./ROMEO CASABONA, C.Mª./GRACIA MARTÍN, L./HIGUERA GUIMERÁ, J.F. (EDS.): *La ciencia del Derecho penal ante el nuevo siglo: libro homenaje al Profesor Doctor Don José Cerezo Mir*, Tecnos, Madrid, 2003, nota 9, p. 13), quien señala que a ello hay que añadir que el Derecho penal protege, de los bienes jurídicos cuya suma constituye el orden social creado y protegido por el Derecho, aquellos bienes vitales más

La crisis del bien jurídico es, por tanto, doble o, quizás mejor dicho, tiene un doble origen: por una parte el concepto de bien jurídico-penal se ve puesto en duda por un concreto entendimiento teórico del Derecho penal, el funcionalismo sistémico de JAKOBS, que entiende que este sector del Ordenamiento no protege bienes jurídicos, en el sentido de intereses sociales distintos a lo normado, sino que busca simplemente confirmar la vigencia de las normas para garantizar la identidad normativa, la Constitución y la sociedad. Por otra parte, y aun por parte de quienes defienden que el Derecho penal debe proteger bienes jurídicos, se reconoce que tal concepto ya no ejerce la función garantística con la que fue creado, en cuanto que no sirve para limitar la intervención penal dada la amplitud con la que se interpreta el mismo, que permite entender como tal cualquier interés aun coincidente con el mero propósito incriminador con el que actúa el legislador de turno; o, dicho con otras palabras, "se ha abusado tanto de sus potencialidades que se le puede considerar en buena medida como un fetiche, cuya sola mención tiene capacidad para justificar casi cualquier cosa"[859].

Se trata, en todo caso, de dos crisis procedentes de dos críticas distintas que, a nuestro parecer, deben merecer diferente valoración. La crisis del bien jurídico producida por la crítica funcionalista supone la argumentación de que no es posible una orientación teleológica de las normas penales sobre la base de los intereses que se pretenden tutelar, y nos podría llevar a reconocer un formalismo normativo en el que cualquier decisión de intervención penal socialmente aceptada a partir de las reglas formales establecidas sería válida. La otra conlleva el reconocimiento de que los objetivos para los que debía servir el bien jurídico ya no son cumplidos por él y, quizá, apenas lo han sido nunca, pero no pone en duda que los mismos (concretamente la necesidad de limitar la intervención penal a lo necesario) sean imprescindibles en el Derecho penal de un Estado democrático de Derecho. Es el momento de tomar posición al respecto de todas estas consideraciones.

---

importantes frente a las formas más graves de agresión. Y es que, en efecto, a nuestro parecer, que nos encontremos ante un bien jurídico dependerá de que, en primer lugar, nos encontremos un interés social digno de tutela, y de que, en segundo lugar, podamos afirmar que tal interés se protege efectivamente en vía penal.

[859] DÍEZ RIPOLLÉS, J.L.: *La racionalidad..., ob. cit.*, pp. 139-140.

4.1.2. El bien jurídico, elemento de legitimación material necesario pero insuficiente en un Estado democrático de Derecho

Pues bien, a nuestro parecer debemos comenzar por manifestar que la constatación fáctica de que hoy no exista acuerdo sobre lo que es el bien jurídico-penal, y el que ello se utilice para expandir y no para restringir el uso del Derecho penal, no convierte inmediatamente en inexistente la función de protección de bienes jurídicos como fundamento legitimador del Derecho penal, sino que simplemente ahonda en la necesidad de definir y concretar dicha función.

La negación por parte del funcionalismo, y las teorías sistémicas del Derecho penal más radicales, de la validez del concepto de bien jurídico-penal y su consideración como innecesario en cuanto referente material de legitimidad, puede ser acertada, pero cae en el riesgo, quizá de algún modo directamente buscado, de incurrir en el más absoluto formalismo. En otras palabras, si se destruye el bien jurídico-penal y no se sustituye por ningún criterio distinto, pero con contenido material, ello supondrá, ni más ni menos, la eliminación en el delito de cualquier exigencia de legitimación fuera de la propiamente formal, referida a la construcción normativa[860], y, por tanto, la eliminación de cualquier posibilidad de juicio crítico, salvo el de carácter meramente técnico-formal, sobre lo sancionado o lo no sancionado[861]. En realidad detrás de todo ello está la cuestión de si entendemos nuestro Ordenamiento jurídico en un sentido normativo-formal, tal y como lo hacen JAKOBS, y quizá LUHMANN, en el que el Derecho penal adquiere sentido por el mantenimiento de sus

---

[860] Así, PORTILLA CONTRERAS, G.: "La supuesta crisis de la teoría del bien jurídico: la tensión entre el iuspositivismo y positivismo, entre la necesidad de referencias externas y la inmanencia del Derecho: especial atención a la legitimidad de ciertos bienes colectivos", en GURDIEL SIERRA, M./OCTAVIO DE TOLEDO Y UBIETO, E./ CORTÉS BECHIARELLI, E. (COORDS.): *Estudios penales en recuerdo del Profesor Ruiz Antón*, Tirant lo Blanch, Valencia, 2003, pp. 900 y ss.

[861] En este sentido señala HORMAZÁBAL MALARÉE que "si se asiente el funcionalismo sistémico con su postulado que la misión del Derecho penal es asegurar por [sic] sobre todas las cosas simplemente la vigencia de la norma sin otra referencia material legitimadora que la defensa del sistema social, posiblemente el Derecho penal pierda con la teoría del bien jurídico, como señala MUÑOZ CONDE [...], *'el último apoyo que le queda para la crítica del Derecho penal positivo*" (HORMAZÁBAL MALARÉE, H.: *Bien jurídico..., ob. cit.*, p. 7).

propias normas[862]; o, por el contrario, exigimos a las normas penales para su legitimidad material, que no formal, una correspondencia con los fines de las mismas, así como de estos con los legítimamente aceptables en un Estado social y democrático de Derecho.

Con otros términos y utilizando el concepto procedimental de bien jurídico-penal de VIVES ANTÓN, si el mismo es básicamente "un momento del proceso de justificación racional de la limitación de la libertad"[863], lo primero que debemos aceptar es, precisamente, su existencia, esto es, que el Estado está obligado a justificar, a argumentar en términos racionales, una privación de libertad de modo tal que no cualquiera de ellas será legítima simplemente porque lo acepte. Como señala PORTILLA CONTRERAS, a menos que queramos aceptar "un estado de tecnicismo jurídico permanente en el que se confunde la facticidad y legitimidad del Derecho y no es posible la crítica externa"[864], es necesario algo más que la confirmación de la vigencia de la norma para dar un fundamento material al Derecho penal. Cuestión distinta es, a nuestro parecer, que tal fundamento material pueda ofrecerlo por sí mismo el concepto de bien jurídico-penal protegido.

La exigencia de que el Derecho penal castigue únicamente ataques a bienes jurídicos es, por tanto, y sobre todo, la manifestación de un planteamiento político-criminal que trata de limitar el uso del Derecho penal a cuando sea necesario[865]. El problema es, sin embargo, que el bien jurídico-penal, como criterio descriptor de la existencia de un interés social que puede ser protegido, es completamente

---

862 Lo que SCHÜNEMANN críticamente denomina "círculo vicioso a través de la eliminación de fines externos fuera de la confirmación de la validez de la norma" (SCHÜNEMANN, B.: "La relación entre ontologismo y normativismo en la dogmática jurídico-penal" (traducido por Mariana SACHER), en CEREZO MIR, J. (COORD.): *Modernas tendencias..., ob. cit.*, p. 652).

863 VIVES ANTÓN, T.S.: "Constitución, sistema democrático y concepciones del bien jurídico protegido", en *Revista Jurídica de la Comunidad Valenciana*, núm. 26, 2005, p. 26.

864 PORTILLA CONTRERAS, G.: "La supuesta crisis...", *ob. cit.*, p. 901. Añade el autor, y compartimos totalmente su parecer, que "el estado actual de la discusión sobre el bien jurídico demuestra la absoluta incapacidad de delimitar el *ius puniendi* estatal por la vía de reemplazar el concepto de bien jurídico así como las dificultades de encontrar un consenso sobre la legitimación externa al propio Derecho, alejada del positivismo imperante".

865 MIR PUIG, S.: "*Bien jurídico y bien jurídico-penal...*", *ob. cit.*, p. 205.

insuficiente para definir la necesidad de intervención penal y, por tanto, para, mediante el juicio de si una conducta afecta o no a un bien jurídico, llevar a cabo una valoración político-criminal en términos de racionalidad o, incluso de legitimidad (material)[866], sobre una concreta norma penal. La razón es que la auténtica cuestión política del Derecho penal no es si se protegen bienes o normas, sino qué normas o bienes deben protegerse[867] e, incluso, más allá de ello, frente a qué comportamientos en concreto es legítimo hacerlo por medio del Derecho penal. La primera conclusión fundamental es, por tanto, que para llevar a cabo esta función crítica no es válido o, si se prefiere, suficiente, el criterio del bien jurídico-penal protegido[868].

Ahora bien, tampoco con lo anterior estamos afirmando que no existan los bienes jurídicos penalmente protegidos, sino que sólo estamos limitando su alcance. La intervención penal deberá llevarse a cabo frente a comportamientos que atenten contra bienes jurídicos,

---

866 Para FEIJOO SÁNCHEZ "la teoría del bien jurídico desde la perspectiva político-criminal o crítica sirve en exclusiva para descubrir los fines protectores de una norma determinada de la parte especial y discutir, de partida, la legitimidad tuitiva de una norma concreta. Sin embargo, aunque se llegue a la conclusión de que el fin tuitivo es legítimo ello no significa automáticamente que la norma sea legítima, Por tanto, la teoría del bien jurídico sólo puede resolver algunos aspectos con respecto a la legitimidad de la norma, el problema es que se trata de una teoría que ha tenido el efecto pernicioso de hacer creer que resolvía la mayor parte de los problemas de legitimidad cuando no es así. La teoría del bien jurídico sólo sirve como criterio con respecto a la legitimidad del fin de una norma concreta, pero no con respecto a su contenido" (pp. 202-203). En sentido similar, BACIGALUPO ZAPATER, E., "Sobre el Derecho penal y su racionalidad", en GÓMEZ-JARA DÍEZ, C. (ED.), *Teoría de sistemas…, ob. cit.*, p. 339, quien advierte de la necesidad de no confundir en este punto el "problema dogmático" con el "problema político" del Derecho Penal; de este modo, ocurre que la teoría del bien jurídico "no puede dar respuesta al problema político del Derecho penal en una sociedad democrática", que es decidir "*qué* bienes o *qué* normas es legítimo proteger".

867 BACIGALUPO ZAPATER, E., "Sobre el Derecho penal y su racionalidad", en GÓMEZ-JARA DÍEZ, C. (ED.).: *Teoría de sistemas y Derecho penal. Fundamentos y posibilidades de aplicación,* Comares, Granada, 2005, p. 339.

868 Ha apuntado también en los últimos tiempos PAREDES CASTAÑÓN que "la teoría tradicional del bien jurídico, tal y como ha sido formulada y desarrollada en los discursos político-criminales más al uso entre los penalistas que se basan en la dogmática jurídico-penal de raigambre alemana […] resulta notoriamente insuficiente", sobre todo porque, en su oipinión, se renuncia a la tarea de teorizar sobre el concepto de bien jurídico "apoyándose, explícitamente, en una teoría moral sustantiva y en una filosofía política que sean sólidas y específicas (que se confronten, pues, a otras alternativas)" (PAREDES CASTAÑÓN, J.M.: *La justificación…, ob. cit.*, pp. 175-176), lo cual, precisamente, trata de llevar a cabo el autor dentro de su obra (pp. 177-202).

intereses sociales dignos de protección. Lo que sucede es que la mera afirmación de que algo es un bien jurídico no permitirá justificar, sin más, la intervención penal. Pero eso sí, es obvio pretender que la intervención penal deberá serlo para tutelar intereses sociales, e incluso es posible imponer unas exigencias, aunque sea mínimas, a los mismos.

Pues bien la primera de ellas, obvia a nuestro parecer, es que esos intereses sociales dignos de protección han de ser constitucionalmente aceptables. Es decir, nos debemos encontrar ante intereses sociales que no choquen contra los derechos, garantías y valores recogidos en el texto constitucional que, como cúspide del Ordenamiento jurídico, condiciona el contenido de todas las normas que lo integran. En este sentido se puede decir que la importancia actual de la discusión entre la naturaleza constitucional, sociológica o funcional del bien jurídico-penal protegido es prácticamente fútil, básicamente porque nadie desde posiciones sistémicas o funcionalistas niega que en los Estados democráticos la Constitución es la Norma Suprema y, del mismo modo, tampoco desde posiciones constitucionales no pueden evitar reconocer la necesidad de definir los intereses desde el punto de vista de sus funciones sociales. Evidentemente los bienes jurídicos son intereses que deben definirse sociológicamente. Es más, como afirma CUELLO CONTRERAS, "la propia exigencia del daño como requisito del bien jurídico a proteger penalmente, y la del comportamiento lesivo" que entraña todo delito, "sólo se explica por el hecho de que el bien jurídico y el comportamiento que lo daña han sido extraídos de la realidad social, no de la Constitución"[869]. Ahora bien, ese bien jurídico, definido o explicado conforme a la realidad social, no puede ser contrario a la Constitución. Por ejemplo, pensemos en el caso de que se creara un delito que protegiera únicamente los rituales y creencias de la Iglesia católica; ello iría frontalmente contra la igualdad de trato respecto a las demás confesiones religiosas existentes, con lo que, tratándose de interés social protegible, su protección excluyente por parte del Derecho penal sería inadmisible, por inconstitucional. Así, pues, se puede decir que la Constitución marca un límite máximo, pero no nos referimos tanto al sentido en el que ha apuntado ÁLVAREZ GARCÍA que lo que no esté en ella no puede

---

[869] CUELLO CONTRERAS, J.: *El Derecho penal español…, ob. cit.*, p. 60.

ser protegido[870], como a que simplemente lo que es contraria a ella y, por tanto, a la propia configuración normativa de la sociedad, como Estado democrático de Derecho, no puede ser protegido penalmente. Y ello, fundamentalmente, porque la utilización del Derecho penal está condicionada por el modelo de Estado en el cual se enmarca y, en nuestro caso, el Derecho penal ha de respetar los límites que impone, en cuanto que supone la consagración de determinados valores y derechos, el Estado social y democrático de Derecho.

Cuestión distinta y de diferente calado, a nuestro parecer, es si, como sostiene un sector doctrinal, los bienes jurídicos dignos de protección, para serlo, deben tener como referente algún interés o bien individual. HASSEMER rechaza de plano la pura protección del sistema social y delimita el bien jurídico-penal en torno a los intereses humanos que requieren protección penal. Es lo que se conoce como la teoría personalista del bien jurídico-penal, que es definido como todo interés humano necesitado de protección jurídico-penal. En efecto, en el contexto de la discusión sobre los bienes jurídicos supraindividuales o colectivos (o "universales", en la terminología empleada por el autor), HASSEMER considera imprescindible "funcionalizar" este tipo de intereses generales a partir del individuo, de manera que los bienes jurídicos colectivos sólo pueden fundamentarse y legitimarse "en la medida en que se corresponden con intereses –conciliados– del individuo"[871]. Así, los bienes jurídicos sólo pueden ser considerados como tales en la medida que estén referidos a intereses de la persona, es decir, que "brinden la posibilidad de servir a los intereses del hombre"[872]. Para este autor, esto no supondría limitar a los bienes jurídicos individuales la consideración de dignos de tutela penal, dado que, en efecto, existen bienes jurídicos colectivos con clara referencia individual como, por ejemplo, el medio ambiente. Conforme a esta concepción, en todo caso, sólo, sin embargo, si la tienen y sólo, de entre todos los intereses sociales, aquellos intereses

---

[870] El autor ha señalado en este sentido que no es lo mismo decir que existe un límite máximo para el legislador en la elección de las sanciones penales, cual es su reconocimiento constitucional, que admitir la existencia de "obligaciones constitucionales de penalización", lo cual supondría una evidente distorsión entre los papeles que tienen que jugar las Cortes legislativas y el Tribunal Constitucional (ÁLVAREZ GARCÍA, F.J.: "Bien jurídico y...", *ob. cit.*, pp. 28 y ss., así como en ÁLVAREZ GARCÍA, F.J.: *Introducción a la Teoría jurídica del delito,* Tirant lo Blanch, Valencia, 1999, pp. 16-20).

[871] HASSEMER, W.: "Lineamientos...", *ob. cit.*, p. 281.

[872] HASSEMER, W.: "Lineamientos...", *ob. cit.*, p. 282.

sociales que contacten con la propia persona individual, aun de forma mediata, merecerían una protección por vía penal.

En todo caso, el intento de reconducir todos los bienes jurídicos a la persona individual y a su dignidad como elemento definitorio del Estado democrático de Derecho es tan obvio como, a la vez, poco útil. Es evidente que sólo merecerán protección penal aquellos intereses sociales, individuales o colectivos que, de un modo más o menos directo, sean esenciales para la vida digna del hombre en sociedad. Pero esto, como tal, ni limita a bienes individuales la protección penal ni impide la configuración de cualquier interés social como digno de tutela por vía penal, siempre que se pueda argumentar que el mismo es esencial para la vida colectiva. En otras palabras: el bien jurídico-penal no puede configurarse, en ningún caso, como un catálogo cerrado de bienes o intereses dignos de protección, y ello tampoco en lo relativo a una posible referencia individual de los intereses penalmente protegibles.

El único límite en la consideración por parte del legislador de los intereses sociales dignos de protección es, pues, a nuestro humilde parecer, el que debe tratarse de intereses constitucionalmente aceptables. En términos "jakobsianos" equivaldría a decir que el Derecho penal sólo puede servir para confirmar la identidad normativa de la sociedad, de tal modo que, fuera de ello, el legislador puede decidir tutelar cualquier interés social (o norma). Nada le impide hacerlo penalmente mientras cumpla las **formalidades**. Cuestión distinta es si estará legitimado a hacerlo **materialmente** sea cual sea la forma de intervención y sea cual sea la conducta sancionada y la pena impuesta. Ante tal cuestión ya hemos señalado que la respuesta ha de ser negativa. También hemos dicho, y vamos a volver sobre ello seguidamente, que el bien jurídico-penal no es el elemento que nos sirve para valorar tal cuestión.

Siguiendo a SILVA SÁNCHEZ, el fin último del Derecho penal, que es la prevención de comportamientos delictivos, "no se limita a sí misma", sino que es necesaria la introducción de una serie de criterios limitadores sobre ella, de carácter formal y material, que tienen que ver con el "modelo de Estado"[873]. Si, como decimos, el bien jurídico-penal no puede ejercer esa función desde el punto de vista material

---

[873] SILVA SÁNCHEZ, J.Mª.: *Aproximación…, ob. cit.*, p. 249.

en nuestro Estado social y democrático de Derecho, habrá que buscar y determinar qué garantías, límites o principios pueden hacerlo.

4.2. Punto de partida de la legitimidad material: intereses sociales dignos de protección y constitucionalmente aceptables

¿Dónde buscar entonces la legitimidad material de las normas penales? Estamos de acuerdo con Soto Navarro en que no puede ser la Constitución la que exclusivamente suministre los criterios de legitimación material de las normas penales. Nos parece acertado que dichos criterios se extraigan más bien de las convicciones sociales mayoritarias[874], de aquellos intereses que la sociedad considere especialmente valiosos y, en consecuencia, dignos de protección.

---

[874] Para esta autora, "las convicciones sociales que resulten mayoritarias según las reglas del debate público deben constituir el referente normativo fundamental para la concreción legislativa de las formas de conducta intolerables por su dañosidad social" (Soto Navarro, S.: *La protección penal..., ob. cit.*, p. 82). Ya su maestro había reparado paralelamente en la conveniencia de [...] eludir la tentación de atribuir sistemáticamente a las propuestas populares o mediáticas un carácter irracional; además de lo injustificado que con frecuencia resulta tal calificativo, deberíamos ser conscientes de que una descalificación permanente de las opiniones populares cuestiona directamente el modelo de sociedad democrática y pluralista con el que nos identificamos y por cuya preservación nos esforzamos" (Díez Ripollés, J.L.: *La racionalidad..., ob. cit.*, p. 175, con crítica incluida a Silva Sánchez en p. 169 en cierto modo por esa descalificación). Además, al parecer de Díez Ripollés, "tampoco conviene descuidar el incontrovertible hecho de que, sin perjuicio del modelo de sociedad hacia el que caminemos, la relevancia contemporánea que las cuestiones de seguridad ciudadana, y de delincuencia en general poseen, así como la tendencia a resolver un buen número de conflictos sociales mediante el Derecho penal, imposibilitan en la práctica aislar a la opinión pública de la política criminal". Así, pues, en su opinión, "parece tácticamente preferible concentrarse en la mejora de los requisitos participativos y discursivos que debiera satisfacer todo debate público sobre estos temas, que en ignorar o desacreditar, ilusoriamente, a tal opinión pública" (Díez Ripollés, J.L.: *La racionalidad..., ob. cit.*, p. 189). De hecho, frente a las críticas de falta de estabilidad y de falta de fiabilidad o representatividad de la opinión pública, contraargumenta Díez Ripollés que "debe asegurarse, en primer lugar, que estemos ante opiniones compartidas de manera generalizada por la población, de modo que sólo queden fuera de esa visión minorías muy reducidas. En segundo lugar, debe tratarse de pareceres que muestren una persistencia notable, esto es, que se hayan mantenido sustancialmente inmodificados por encima de circunstancias sociales pasajeras o acontecimientos aislados. En tercer lugar, su método de concreción ha de ser uno de inclusión y no de acumulación, o lo que es lo mismo, las decisiones sobre el contenido de tutela, el ámbito de responsabilidad o la configuración de las sancio-

Así, pues, como hemos señalado, mientras los intereses sociales dignos de protección sean constitucionalmente aceptables, esto es, mientras se trate de intereses sociales que no choquen contra los derechos, garantías y valores recogidos en el texto constitucional que, como cúspide del Ordenamiento jurídico, condiciona el contenido de todas las normas que lo integran, se puede decir que todo interés que pase a ser protegido penalmente es de libre elección por el legislador. Generalmente lo que esto supone es una libertad de incriminación casi total, pues difícilmente el legislador va a pretender tutelar un interés contrario a la Constitución, la cual, por otro lado, tiene un ámbito de incidencia en esa libertad legislativa cuantitativamente limitado. Bien es cierto que, en todo caso, la Constitución y, por ende, su concreta forma de regulación, el sistema democrático, establecen como pilares inquebrantables tanto los valores superiores del Ordenamiento jurídico (destacando entre ellos en lo que nos interesa la libertad y la igualdad), como la dignidad de la persona (art. 10) erigida en fundamento del orden político y de la paz social. Ello obliga al legislador, en nuestra opinión, a someter el consenso social también al respeto a estos principios esenciales de nuestro Estado, en tanto éste reviste la concreta forma política de Estado social y democrático de Derecho. Es decir, que la mera formulación de la mayoría o del consenso social como base de legitimidad sigue siendo, a nuestro parecer, insuficiente como construcción de una legitimación del sistema penal: la mera constatación de que un interés es considerado digno de tutela por la mayoría de la sociedad, incluso que la mayoría de la sociedad está completamente de acuerdo en la forma de protección de un interés y en la concreta tipificación de su infracción, no puede convertir la intervención penal en legítima (materialmente) si se demuestra que la misma es completamente ineficaz, inefectiva o ineficiente y conlleva la privación de derechos fundamentales, pues la dignidad de la persona está por encima de otros intereses sociales dignos de protección.

Si lo que pretendemos es exigir al Derecho penal una legitimidad material junto a la formal, y la misma deviene de los fines del

---

nes, sean de carácter general sean referidas a supuestos especiales, responderán a lo que prácticamente todos piensan que es lo correcto, y no a transacciones mediante las cuales se toman ciertas decisiones apoyadas por determinados sectores sociales como contrapartida por la adopción de otras impulsadas por sectores distintos" (DÍEZ RIPOLLÉS, J.L.: *La racionalidad..., ob. cit.*, p. 191).

Derecho penal en una determinada configuración social y política, en el Estado social y democrático de Derecho, la legitimidad debería reconducirse a las ideas citadas de necesidad, intervención mínima y proporcionalidad, así como de dignidad humana como criterio fundamental de orientación de la intervención penal[875] en la medida en que la Constitución la proclama como fundamento del orden político y de la paz social, por lo que no bastará con el acuerdo de intervención para la definición de un objeto de protección para hablar de racionalidad o legitimidad de la norma, sino que será preciso algo más: que la intervención sea, además, necesaria, en el sentido de intervenir cuando sea **necesario** para tutelar los intereses que conforman la vida en sociedad de los ciudadanos, respetando su **dignidad**, **proporcionadamente** y siempre que **no sea posible intervenir con otros medios**[876].

Este parecer es consecuente con la convicción de que los fines legítimos del Derecho penal en un Estado social y democrático de Derecho (o, en otras palabras, la eficacia del Derecho penal en este marco político), no están identificados sólo con la prevención de comportamientos delictivos sino, también, con la propia autolimitación de la violencia estatal. Sólo si se entiende que esto es así podrá reconocerse que, aunque una norma trate de prevenir comportamientos que pongan en riesgo un interés social digno de protección, conforme a la convicción social mayoritaria, la intervención no es racional si no es necesaria o, incluso, no es legítima si priva de derechos fundamentales de forma innecesaria.

Aquí es donde entran en juego, aparte de la eficacia, la efectividad y la eficiencia, como referentes del cumplimiento de los fines del Derecho penal: la eficacia es, pues, la correspondencia de los efectos de la norma penal con sus fines y, por tanto, relaciona la intervención penal con los fines preventivos de comportamientos delictivos; la efectividad de la norma penal vendrá dada por la constatación de que el comportamiento de los ciudadanos, destinatarios de la norma, se desarrolla conforme a lo establecido por ésta; y, por último, la eficiencia es la eficacia al menor coste, y relaciona la intervención con los fines de reducción de la violencia estatal, al considerar la prohibición de conductas y la propia sanción penal como costes sociales, en tanto restrin-

---

875 Miró Llinares, F.: *Proyecto…*, *ob. cit.*, p. 54.

876 Miró Llinares, F.: *Proyecto…*, *ob. cit.*, p. 54.

gen la libertad de los individuos. Todo ello será desarrollado con más profundidad a continuación en los subepígrafes que siguen.

4.2. Las "bases" de la legitimidad material de la decisión legislativa adoptada para la protección de bienes jurídico-penales

A la hora de sentar las "bases" de lo que, entendemos, debe constituir el sustrato de la legitimidad material de la intervención legislativa penal, es imprescindible desmenuzar el contenido de cada uno de los tres principios que, según venimos señalando, han de constituir en nuestra opinión el fundamento de la legitimidad material del Derecho penal[877]. Lo haremos sucesivamente a lo largo de las siguientes páginas.

4.2.1. El principio de necesidad de protección

En nuestra concepción, el principio de necesidad hace referencia a que la decisión legislativa de castigar a través del Derecho penal un determinado comportamiento debe corresponderse con unas exigencias de tutela que sean reales.

Así definido, y tal y como ha considerado nuestro Tribunal Constitucional a la hora de desarrollar los componentes del principio de proporcionalidad que veremos casi seguidamente, este principio tiene que ver mucho no sólo con dicha proporcionalidad, sino también, en su formulación tradicional, con el principio de intervención mínima y con el de exclusiva protección de bienes jurídicos.

Si bien aceptamos la relación del principio de necesidad con el primero de estos dos principios (el de intervención mínima, tal y

---

[877] Cada uno de ellos aparece de alguna forma referenciado dentro de la sugerente y mucho más completa y detallada propuesta de SÁNCHEZ-OSTIZ GUTIÉRREZ, P.: *Fundamentos de Política criminal. Un retorno a los principios*, Marcial Pons, Madrid, 2012, que ha agrupado en tres (con sus correspondientes subprincipios, encontrando reflejo de todos y cada uno de ellos en preceptos de nuestro Ordenamiento jurídico-positivo) los presupuestos materiales de la Política criminal: seguridad en la vida social, legalidad y respeto de la dignidad (pp. 96-116). El principio de seguridad se subdividiría en prevención pública, necesidad y subsidiariedad (pp. 131-159); el de legalidad en mandato de determinación, aplicación de la Ley y sometimiento al proceso (pp. 162-194); y, finalmente, el de respeto a la dignidad en interdicción de la desproporcionalidad, utilidad y culpabilidad (pp. 195-224).

como será definido a continuación), consideramos más adecuado hablar, para la segunda relación señalada, de un **principio de lesividad** que de un principio exclusiva protección de bienes jurídicos, que viene a hacer referencia "a la necesidad de encontrar en una conducta algún grado de peligro o daño a un bien jurídico"[878]. Por esto mismo incluso podríamos denominarlo también **principio del daño**, en tanto podemos aceptar e, incluso, compartir, la concepción del angloamericano "harm principle" (cuyos presupuestos fueron formulados por J.S. MILL en el siglo XIX[879] y que en la década de los ochenta fueron desarrollados extensa y brillantemente a lo largo de una magistral obra de cuatro tomos por J. FEINBERG[880]), que está "orientado prioritariamente a asegurar las condiciones de la convivencia social, en cuanto los intereses primordiales del individuo son protegidos frente a injerencias externas, y ello de modo que intente asegurarse la mayor optimización posible de las esferas de libertad de todos"[881], lo cual implica que "no toda conducta lesiva ha de ser prohibida penalmente"[882], sino que para adoptar tal decisión antes hay que analizar y comparar daños teniendo en cuenta una serie de lo que FEINBERG denominó "mediating maxims for the application of the harm principle"[883] (o "mediating principles" en la denomi-

---

[878] RANDO CASERMEIRO, P.: *La distinción…, ob. cit.*, p. 160. Apunta ORTIZ DE URBINA GIMENO que la expresión "exclusiva protección de bienes jurídicos" se hizo popular "en el transcurso de la exitosa campaña operada en los años sesenta para purgar el Derecho penal alemán de elementos que servían a una concreta concepción de la moral, campaña que se apoyó en el eslogan 'separación de Derecho y moral'", pero en realidad, en su opinión, "lo que se quería atacar era la pretensión de imponer *una específica caracterización* de la moral por medio del Derecho penal, lo cual es algo muy distinto" (ORTIZ DE URBINA GIMENO, Í.: *La excusa del positivismo. La presunta superación del "positivismo" y el "formalismo" por la dogmática penal contemporánea*, Thomson-Civitas, Madrid, 2007, pp. 62-63).

[879] MILL, J.S.: *On liberty*, The Walter Scott Publishing, London, 1859, disponible en *http://www.gutenberg.org/ebooks/34901*.

[880] FEINBERG, J.: *The Moral Limits of the Criminal Law. Vol. 1, Harm to Others*, Oxford University Press, New York, 1984; *Vol. 2, Offense to Others*, Oxford University Press, New York, 1985; *Vol. 3, Harm to Self*, Oxford University Press, New York, 1986; *Vol. 4, Harmless Wrongdoing*, Oxford University Press, New York, 1988.

[881] VON HIRSCH, A.: "El concepto de bien jurídico y el *principio del daño*" (traducido por Rafael ALCÁCER GUIRAO), en HEFENDEHL, R. (ED. alemana); ALCÁCER GUIRAO, R./MARTÍN LORENZO, M./ORTIZ DE URBINA GIMENO, Í. (ED. española): *La teoría del bien jurídico. ¿Fundamento de legitimación del Derecho penal o juego de abalorios dogmático?*, Marcial Pons, Madrid/Barcelona, 2007, pp. 39-40.

[882] VON HIRSCH, A.: "El concepto…", *ob. cit.*, p. 41.

[883] FEINBERG, J.: *The Moral Limits of the Criminal Law. Vol. 1, Harm to Others, ob. cit.*, pp. 187 y ss.

nación más sintética que se utiliza usualmente por la doctrina para referirse a los mismos[884]), entre los que se incluyen "la intensidad y probabilidad del daño, la relevancia de los intereses a proteger, el grado de limitación de la libertad personal del autor y el valor social del comportamiento"[885].

En cualquier caso, refiriéndonos a este principio aquí como principio de lesividad, el mismo (que DÍEZ RIPOLLÉS niega que sea equiparable o identificable en su modelo con el principio de protección exclusiva de bienes jurídicos) implica "que tan sólo podemos emplear los medios punitivos del Estado frente a conductas que sean dañosas para la sociedad"[886].

> Simplemente añadiríamos a todo lo dicho que, para DÍEZ RIPOLLÉS, relacionado con el principio de lesividad, pero independiente de él, se encuentra otro "principio de protección"[887], cual es el de interés público. Para este autor, "la identificación de aquello cuya dañosidad social afecta de modo grave a los presupuestos imprescindibles para la convivencia externa precisa de un punto de referencia" y, en su opinión, "éste se obtiene mediante la remisión al interés público". Así, pues, "los comportamientos frente a los que ha de intervenir el Derecho penal deben afectar a las necesidades del sistema social en su conjunto", lo cual exige[888]:
>
> - por un lado, que nos encontremos "ante conductas cuyos efectos trasciendan el conflicto entre autor y víctima", ya que se atribuye al Derecho penal, frente a otras ramas del Ordenamiento jurídico, "la función de intervenir cuando el conflicto tiene una potencialidad de *generalización* tal que, si no se reacciona de manera adecuada a él, puede generar unos efectos perturbadores que van más allá de los que ya produce en la concreta interacción social afectada". O, en otras palabras, "la pasividad ante el conflicto pondría en serio peligro la misma pervivencia del orden social";

---

[884] Así, por ejemplo, véase VON HIRSCH, A./SEELMANN, K./WOHLERS, W.: "Introducción. ¿Qué son los *mediating principles*?", en VON HIRSCH, A./SEELMANN, K./WOHLERS, W. (ED. alemana); ROBLES PLANAS, R. (ED. española): *Límites al Derecho penal. Principios operativos en la fundamentación del castigo*, Atelier, Barcelona, 2012, pp. 50-61.

[885] VON HIRSCH, A.: "El concepto...", *ob. cit.*, p. 41.

[886] RANDO CASERMEIRO, P.: *La distinción...*, *ob. cit.*, p. 160.

[887] Según su modelo de racionalidad legislativa penal visto al principio del presente Capítulo.

[888] DÍEZ RIPOLLÉS, J.L.: *La racionalidad...*, *ob. cit.*, pp. 144-145.

- por otro lado, que "ese conflicto que trasciende a la interacción entre autor y víctima se percib[a] como socialmente dañoso desde la perspectiva de los *intereses generales,* y no desde intereses exclusivos de ciertos grupos sociales", debiéndose tratar de asegurar "simplemente que se atiende a los intereses del conjunto social, y no a intereses parciales, ni siquiera a intereses contrapuestos compatibles".

Ello excluye la intervención del Derecho penal frente a conductas que no afecten a la "convivencia social externa", lo cual ocurrirá principalmente en dos casos, tal y como apunta DÍEZ RIPOLLÉS[889]:

— cuando dichas conductas no obstaculicen "la realización de los planes vitales individuales ajenos –la autorrealización personal de terceros–";

— cuando, "aun incidiendo en tales planes de vida, se estima que tales incidencias son inherentes a la interacción social y no exigen ningún tipo de reacción, o al menos ningún tipo de reacción colectiva".

El análisis de la dañosidad social, o, en otras palabras, "la identificación de los comportamientos socialmente dañosos", requerirá ineludiblemente "la colaboración de las ciencias sociales y, en particular, de la sociología, en cuanto disciplinas que pueden aportar una descripción empírica de los problemas de organización de la convivencia social y de los instrumentos arbitrados para su solución"[890]. En efecto, las Ciencias sociales y la Criminología pueden dar un conocimiento cierto de la realidad que se pretende regular a través de una ley penal, y ello porque, pudiendo ser los procesos de cambio social reales o aparentes, si el legislador prescindiera de su constatación empírica a través esas disciplinas, correría el riesgo de regular problemas ficticios, promovidos artificialmente o de asumir una función promotora del cambio social que no le corresponde[891]. Y es que, tal y como asevera NOLL, a mayor información empírica de que se disponga, más se reduce el ámbito de las decisiones valorativas arbitrarias[892], esto es, más se avanza hacia decisiones racionales, que podrían ser

---

889 DÍEZ RIPOLLÉS, J.L.: *La racionalidad…, ob. cit.,* p. 138.

890 SOTO NAVARRO, S.: *La protección penal…, ob. cit.,* p. 81.

891 SOTO NAVARRO, S.: *La protección penal…, ob. cit.,* p. 158.

892 NOLL, P.: "Strafrechtswissenschaft und Strafgesetzgebung", en *Zeitschrift für die gesamte Strafrechtswissenschaft,* núm. 91, 1980, p. 77.

adoptadas en esta concreta materia a través de árboles de decisión de criminalización de conductas ofensivas, tal y como ha propuesto recientemente de un modo muy original MIRÓ LLINARES[893].

Así, pues, a través de un análisis sociológico deberá verificarse empíricamente la dañosidad social de una forma de conducta, de modo que queden determinadas sus consecuencias negativas para el conjunto del sistema social. Para SOTO NAVARRO nos encontramos ante "un presupuesto imprescindible, que, corregido por los juicios valorativos a realizar en fases sucesivas, permitirá justificar, en su caso, la decisión de incriminar un comportamiento". Si se diera el caso de que no sea posible la constatación empírica de la dañosidad social de una conducta, para esta autora "deberá optarse en favor de la impunidad o de la descriminalización de dicha conducta (principio *in dubio pro libertate),* en coherencia con un orden social en el que la libertad de los ciudadanos constituye un valor superior"[894].

Pero, en todo caso, como apunta SILVA SÁNCHEZ, hay que tener claro que "no basta con la 'necesidad' de la intervención penal", sino que es necesario, además, "que el hecho en sí de la intervención jurídico-penal, así como la medida de su intensidad, resulten adecuados y proporcionados"[895].

Ello lo veremos posteriormente, una vez que examinemos las exigencias que conlleva en un Estado social y democrático de Derecho poder afirmar que existe una insuficiencia de "mecanismos extrapenales", ante una determinada conducta constatada empíricamente ya como socialmente dañosa, para poder recurrir al Derecho penal.

4.2.2. El principio de intervención mínima

El principio de intervención mínima, denominado así en nuestra doctrina por primera vez por MUÑOZ CONDE[896], afecta de forma

---

[893] MIRÓ LLINARES, F.: "La criminalización de conductas 'ofensivas'. A propósito del debate anglosajón sobre los 'límites morales' del Derecho penal", en *Revista Electrónica de Ciencia Penal y Criminología,* núm. 17, 2015, especialmente pp. 56-60.

[894] SOTO NAVARRO, S.: *La protección penal..., ob. cit.,* p. 158.

[895] SILVA SÁNCHEZ, J.Mª.: "El populismo punitivo", en *Escritura Pública,* núm. 55, 2009, p. 15.

[896] MUÑOZ CONDE, F.: *Introducción al Derecho penal,* Bosch, Barcelona, 1975, pp. 59 y ss.

directa al contenido y extensión del "ius puniendi"[897] y aparece inspirado por el logro de una mayor racionalidad y efectividad de su ejercicio por parte del Estado. De este modo, según este principio, el Derecho penal sólo tutela aquellos derechos, libertades y deberes imprescindibles para la conservación de la paz social, frente a las agresiones más intolerables que se realizan contra el mismo. Por tanto, siempre que existan otros medios diferentes al Derecho penal para la defensa de los derechos individuales, éstos serán preferibles, por ser menos lesivos.

Tradicionalmente se viene aceptando en el principio de intervención mínima un doble contenido[898]:

— Por un lado, supone la **intervención fragmentaria** del "ius puniendi"[899], lo cual significa que el Derecho penal "no protege todos los bienes jurídicos, sino los más fundamentales, y ni siquiera protege a éstos frente a cualquier clase de atentados, sino tan sólo frente a los ataques más intolerables"[900].

La paternidad de la enunciación del carácter "fragmentario" del Derecho penal corresponde a BINDING[901], que lo hizo a principios del siglo XX para referirse al carácter incompleto de la Parte especial, lo cual constituía, a juicio de aquél, una "gran deficiencia del Derecho penal". En definitiva, se trataba de "un importante vicio del Derecho penal que debía subsanarse dando una protección completa a los bie-

---

[897] GARCÍA-PABLOS DE MOLINA, A.: *Derecho penal. Introducción*, Servicio de Publicaciones de la Facultad de Derecho de la Universidad Complutense de Madrid, Madrid, 2000 (2ª edición), p. 378.

[898] Expresado sintéticamente con maestría por DEL ROSAL BLASCO del siguiente modo: "El carácter fragmentario y subsidiario del Derecho penal exigen que éste no extienda sus conminaciones penales a todos los bienes, valores o intereses protegibles sino sólo a los más importantes, dignos y necesitados de protección; y, además, que esa protección no se extienda a todos los ataques sino únicamente a aquellos que sean más graves e intolerables" (DEL ROSAL BLASCO, B.: "La regulación legal de los actos preparatorios en el Código penal de 1995", en JORGE BARREIRO, A./BAJO FERNÁNDEZ, M./SUÁREZ GONZÁLEZ, C.J. (COORDS.): *Homenaje…, ob. cit.*, pp. 953-954).

[899] Véase MAIWALD, M.: "Zum fragmentarischen Charakter des Strafrechts", en SCHROEDER, F.C./ ZIPF, H. (COORDS.): *Festschrift für Reinhart Maurach zum 70. Geburtstag*, CF Müller, Karlsruhe, 1972, pp. 9-23.

[900] RODRÍGUEZ MOURULLO, G.: *Derecho penal. Parte general*, Civitas, Madrid, 1978, p. 19.

[901] BINDING, K.: *Lehrbuch des Gemeinen Deutschen Strafrechts. Besonderer Teil*, vol. 1, Wilhelm Engelmann, Leipzig, 1902 (2ª edición), p. 20.

nes jurídicos"[902]. La utilización originaria del término, por tanto, no se corresponde con la actual, tal y como lo acabamos de definir. De ahí que DÍEZ RIPOLLÉS considere que hablar de "fragmentariedad" supone emplear una locución no "especialmente afortunada", en la medida que "aporta un contenido semántico indicador de una cierta falta de perspectiva valorativa o de coherencia ordenadora, lo que ciertamente no corresponde al uso que del concepto ahora se hace", por lo que considera preferible hablar en este caso de "esencialidad", por reflejar "mejor lo que se quiere expresar"[903].

— Por otro lado, el principio de intervención mínima conlleva además uno de los denominados y ya mencionados "mediating principles": que el Derecho penal sólo ha de **intervenir subsidiariamente**[904], es decir, que "no será legítimo acudir a medios de especial severidad, como los 'penales', si cabe utilizar, con éxito, medios de naturaleza 'no penal', menos devastadores"[905], lo cual significa, en definitiva, que "la política 'penal' –la prevención del delito a través de la pena– debe ocupar el último lugar ['ultima ratio'] en los planes de política 'criminal' del Estado"[906].

DÍEZ RIPOLLÉS pone importantes objeciones a la configuración tradicional del carácter "subsidiario" del Derecho penal. De hecho, para empezar, niega que deba estar en estrecha conexión con la vertiente de fragmentariedad (o esencialidad), al considerar que "la integración de ambos principios en un metaprincipio de intervención mínima ha originado muchas confusiones conceptuales en las que algunos hemos caído durante demasiado tiempo"[907]. Además, considera que, pese a su importancia, en su modelo no debe tenerse en cuenta la "ultima ratio" del Derecho penal en el nivel de racionalidad ética, ya que, por un lado, en dicho carácter subsidiario "el componente de instrumentalidad es lo suficientemente predominante

---

902 OCTAVIO DE TOLEDO Y UBIETO, E.: *Sobre el concepto de Derecho penal*, Servicio de Publicaciones de la Facultad de Derecho de la Universidad Complutense de Madrid, Madrid, 1981, p. 362.

903 DÍEZ RIPOLLÉS, J.L.: *La racionalidad..., ob. cit.*, nota 106, p. 141.

904 Véase KAUFMANN, ARTH.: "Subsidiaritätprinzip und Strafrecht", en ROXIN, C./BRUNS, H.J./JÄGER, H. (COORDS.): *Grundfragen der gesamten Strafrechtswissenschaft. Festschrift für Heinrich Henkel zum 70. Geburtstag*, Walter de Gruyter, Berlin, 1974, pp. 103 y ss.

905 GARCÍA-PABLOS DE MOLINA, A.: *Derecho penal..., ob. cit.*, p. 382.

906 GARCÍA-PABLOS DE MOLINA, A.: *Derecho penal..., ob. cit.*, p. 383.

907 DÍEZ RIPOLLÉS, J.L.: *La racionalidad..., ob. cit.*, p. 143.

como para que sea más aconsejable insertarlo en racionalidades ulteriores", y, por otro lado, "su indudable componente ético queda reflejado debidamente"[908], dentro de su modelo, en el principio de correspondencia con la realidad como principio de protección.

Dicho principio viene a significar el predominio de una aproximación empírica a la hora de analizar la realidad social para ser consistente desde el punto de vista ético. Ello viene a suponer, pues, que "toda conducta gravemente dañosa para los intereses públicos en el mantenimiento de determinada convivencia social externa ha de ser accesible a su constatación mediante las ciencias empíricosociales"[909].

Estas dos vertientes, fragmentariedad y subsidiariedad, se unen, al fin y al cabo, en la exigencia de que el Derecho penal debe conseguir su propia racionalidad, como señaló BRICOLA, conteniendo su tendencia "inflacionista" y procurando que su papel de instrumento excepcional, de "extrema ratio", sirva para la tutela "fragmentaria" de los bienes jurídicos esenciales para la existencia y desarrollo de la comunidad estatal[910].

Es cierto, sin embargo, que las exigencias derivadas del principio de intervención mínima chocan frontalmente desde hace mucho tiempo con la tendencia "neocriminalizadora" del Derecho penal a la que nos hemos referido en el Capítulo I, que ha puesto en evidente crisis la vigencia real del principio de intervención mínima mismo[911]. Ya advertía en su día MIR PUIG, respecto al carácter fragmentario de la protección de bienes jurídicos, que "las últimas reformas del Código penal parecen olvidar lo positivo del carácter fragmentario de la protección penal, inspiradas por lo general en el principal afán de *completar* la protección de ciertos bienes jurídicos", resultando

---

908 DÍEZ RIPOLLÉS, J.L.: *La racionalidad…, ob. cit.*, p. 144.

909 DÍEZ RIPOLLÉS, J.L.: *La racionalidad…, ob. cit.*, p. 145.

910 BRICOLA, F.: "Carattere 'sussidiario' del diritto penale e oggetto della tutela", en DEL MISMO: *Politica criminale e scienza del diritto penale*, Società editricie il Mulino, Bologna, 1997, p. 189. MARTOS NÚÑEZ, con una enunciación esencialmente formal, concibe el principio de intervención mínima como aquél por el que "el Derecho penal sólo tutela aquellos derechos, libertades y deberes imprescindibles para la conservación del Ordenamiento jurídico, frente a los ataques más intolerables que se realizan contra el mismo" (MARTOS NÚÑEZ, J.A.: "Principios penales en el Estado social y democrático de Derecho", en *Revista de Derecho Penal y Criminología*, núm. 1, 1991, pp. 219-220).

911 GARCÍA-PABLOS DE MOLINA, A.: *Derecho penal…, ob. cit.*, p. 389.

"curioso" el "observar que en nuestro país las Leyes penales más recientes han perseguido el objetivo de crear nuevos delitos, agravar las penas de otros ya existentes, o ampliar la esfera de estados peligrosos y medidas de seguridad"[912].

Pues bien, como ya hemos visto en el Capítulo I, dicha tendencia persevera en la actualidad[913], y podría decirse que ha ido mucho más allá de lo nadie pensaba cuando MIR PUIG la detectó. En efecto, como describen MUÑOZ CONDE y GARCÍA ARÁN, "actualmente se advierte una tendencia a ampliar el ámbito de intervención penal a la protección de *bienes jurídicos universales* cada vez más inaprensibles y, por eso mismo, difíciles de delimitar", bienes que son de "importancia" en las "sociedades modernas", no obstante lo cual "ello en ningún caso debería significar la pérdida de identidad del Derecho penal y su conversión en una *soft law* haciéndole cumplir funciones más propias del Derecho civil o administrativo o utilizándolo simplemente como 'tapadera' de los déficit de funcionamiento de otras ramas del Derecho"[914].

En cualquier caso, nos interesa destacar, a modo de conclusión, que el principio de intervención mínima se explicita en un mandato consistente en que el Derecho penal sólo debe tutelar aquellos intereses sociales que se consideren más valiosos (según el antedicho principio del consenso social), y lo debe hacer, en primer lugar, frente a las agresiones y riesgos más graves que se puedan producir

---

912 MIR PUIG, S.: *Introducción a las bases del Derecho penal*, Bdef, Montevideo/Buenos Aires, 2002 (2ª edición), nota 249, p. 111. Así mismo, apuntaba dicho autor, respecto a la naturaleza subsidiaria del Derecho penal, que "abandonada la mera posición de árbitro de las fuerzas sociales propia del Estado liberal clásico, el actual Estado social tiende a invadir progresivamente nuevos ámbitos de la vida de la sociedad. En nuestra parcela ello tiende a reflejarse en la ampliación de la protección penal, que se extiende a nuevas esferas e intensifica su rigor. Tal tendencia sólo será admisible si no cabe imponer medios de protección menos lesivos que la pena o la medida de seguridad" (MIR PUIG, S.: *Introducción a las bases...*, *ob. cit.*, p. 110).

913 Es recomendable en este punto, por esclarecedora y por ser plenamente aplicable a nuestro país, la lectura de PRITTWITZ, C.: "El Derecho penal alemán: ¿fragmentario? ¿subsidiario? ¿*ultima ratio*? Reflexiones sobre la razón y límites de los principios limitadores del Derecho penal" (traducido por María Teresa CASTIÑEIRA PALOU), en INSTITUTO DE CIENCIAS CRIMINALES DE FRANKFURT (ED.)/ÁREA DE DERECHO PENAL DE LA UNIVERSIDAD POMPEU FABRA (ED. española): *La insostenible...*, *ob. cit.*, pp. 427 y ss.

914 MUÑOZ CONDE, F./GARCÍA ARÁN, M.: *Derecho penal. Parte General*, Tirant lo Blanch, Valencia, 2004 (6ª edición), pp. 82-83.

contra ellos y, en segundo lugar, sólo en el caso de que no existan otros medios distintos a través de los que se pueda conseguir una protección igualmente eficaz de dichos intereses sociales valiosos. El principio de intervención mínima afecta, por tanto, al fundamento del Derecho penal en el marco de un Estado social y democrático de Derecho, de tal manera que, de incumplirse con lo que dicta su contenido, será descartable (irracional e ilegítima materialmente) la intervención penal conforme a este principio si, mediante la misma, se produce una restricción innecesaria de la libertad de los ciudadanos por no cumplirse los fines relacionados con la prevención de los más graves riesgos para los más importantes intereses sociales (se infringiría lo que desde la doctrina penalista anglosajona se ha denominado el "derecho a no ser criminalizado sin una razón sustancial")[915], y, además, no se produce dicha intervención con la misma eficacia que ofrecería cualquier otro medio distinto de protección que estuviera al alcance del Estado. Ello exigirá, en lo que nos interesa, una valoración empírica, de carácter procedimental, de las posibilidades de intervención existentes, con el objeto de poder dictaminar cuál de todas ellas, incluida la penal, resulta más eficaz para la prevención y evitación de comportamientos riesgosos para con los intereses sociales dignos de protección.

4.2.3. El principio de proporcionalidad penal. Anticipo sobre el papel del Tribunal Constitucional respecto a la legitimidad material del Derecho penal

Dice Silva Sánchez con razón que, aunque se cumpliera con todas las exigencias que conlleva la vigencia del principio de intervención mínima, esto es, que el Derecho penal apareciera como último recurso ante el fracaso de todas las demás instancias, ello no implicaría que su utilización supusiese una respuesta adecuada ni, mucho menos, proporcionada[916]. Es decir, "una conducta socialmente lesiva no se convierte en delictiva por el hecho de que no se hallen –[aunque lo que suele ocurrir es que] no se busquen sufi-

[915] Husak, D.: *Sobrecriminalización. Los límites del Derecho penal* (traducido por Rocío Lorca Ferreccio), Marcial Pons, Madrid, 2013, pp. 205 y ss. Véase, con mayor detalle y profusión, Baker, D.J.: *The right not to be criminalized. Demarcating Criminal Law's authority*, London, Oxford, 2011.

[916] Silva Sánchez, J.Mª.: "El populismo punitivo", *ob. cit.*, p. 15.

cientemente– mecanismos fuera del Derecho penal para su razonable contención", sino que "para ser caracterizada como delictiva, la conducta debe merecer la sanción penal como reacción justa"[917], proporcionada.

El principio de proporcionalidad surgió en el ámbito del Derecho de policía, como un límite frente a la arbitrariedad administrativa, expandiéndose posteriormente a todos los ámbitos del Derecho[918]. Actualmente se erige en un auténtico imperativo propio del Estado de Derecho, ya que ha llegado a ser "algo más que un criterio, regla o elemento de juicio utilizable técnica y asépticamente para afirmar consecuencias jurídicas", pues se puede decir que en la actualidad "constituye un principio inherente al Estado de Derecho con plena y necesaria operatividad en cuanto su exigida utilización se presenta como una de las garantías básicas que han de observarse en todo caso en que se vean lesionados derechos y libertades fundamentales"[919] (así lo afirma también nuestro Tribunal Constitucional, que establece que este principio opera no sólo en el ámbito penal y en el administrativo, sino siempre que estemos ante medidas restrictivas de derechos fundamentales –SSTC 56 y 207/1996–). De hecho, el juicio de proporcionalidad se ha ido precisando en la jurisprudencia del Tribunal Constitucional, no como canon de constitucionalidad autónomo sino como juicio potencialmente afectante a otros principios constitucionales (STC 161/1997) y derechos individuales[920].

Así, pues, con carácter general, como apunta GARCÍA ALBERO, el principio de proporcionalidad impone un límite general a la tendencia del Estado a castigar "'comportamientos puramente racionales respecto de los fines' perseguidos, exigiendo además una adecuación de aquéllos con referencia a valores"[921].

En nuestro ámbito, el jurídico-penal, dice SILVA SÁNCHEZ que el principio de proporcionalidad, que es en su opinión el "mediating

---

[917] SILVA SÁNCHEZ, J.Mª.: "El populismo punitivo", *ob. cit.*, p. 15.

[918] PEDRAZ PENALVA, E./ORTEGA BENITO, V.: "El principio de proporcionalidad y su configuración en la jurisprudencia del Tribunal Constitucional y literatura especializada alemanas", en *Poder Judicial*, núm. 17, 1990, nota 7, p. 69.

[919] PEDRAZ PENALVA, E./ORTEGA BENITO, V.: "El principio…", ob. cit., p. 79.

[920] Sobre ello, véase DE LA MATA BARRANCO, N.J.: *El principio de proporcionalidad penal*, Tirant lo Blanch, Valencia, 2007, p. 73.

[921] GARCÍA ALBERO, R.: "La relación entre…", *ob. cit.*, p. 349.

principle" más paradigmático y decisivo"[922], permite conectar los fines del Derecho penal con el hecho cometido por el delincuente, impidiendo el establecimiento de conminaciones penales o la imposición de penas de forma abstracta, sin relación valorativa con el hecho[923]. En efecto, según este principio, también llamado por algunos autores de "prohibición de exceso" ("Übermassverbot") o de "proporcionalidad en sentido amplio" ("Verhältnismässigkeit")[924], la gravedad de la pena ha de ser proporcional a la gravedad del hecho antijurídico, a la gravedad del injusto"[925] (lo cual "aparece como una exigencia de justicia"[926]), debiendo tenerse en cuenta sobre todo la gravedad intrínseca del hecho, por el grado de desvalor del resultado y de la acción –importancia y número de bienes jurídicos afectados, entidad del daño, peligrosidad de la acción y desvalor de la intención–, así como, en menor medida, "la gravedad 'extrínseca' del hecho, esto es, el peligro de frecuencia de su comisión y consiguiente alarma social, que también cabe incluir en el desvalor objetivo de la acción"[927].

Puede decirse, por tanto, que el principio de proporcionalidad penal tiene un doble destinatario[928]: por una parte, el poder legislativo, que está obligado a establecer penas proporcionadas, en abstracto, a la gravedad del delito, y, por otra parte, el poder judicial,

---

922 SILVA SÁNCHEZ, J.Mª.: "Prólogo a la edición española", en VON HIRSCH, A./SEELMANN, K./WOHLERS, W. (ED. alemana); ROBLES PLANAS, R. (ED. española): *Límites al Derecho penal…*, *ob. cit.*, p. 16.

923 SILVA SÁNCHEZ, J.Mª.: *Aproximación al Derecho penal contemporáneo*, Bosch, Barcelona, 1992, p. 260.

924 COBO DEL ROSAL, M./VIVES ANTÓN, T.S.: *Derecho penal. Parte general*, Tirant lo Blanch, Valencia, 1999 (5ª edición), pp. 81 y ss.; CUERDA ARNAU, Mª.L.: "Aproximación al principio de proporcionalidad en Derecho penal", en ORTS BERENGUER, E. (ED.): *Estudios jurídicos: Libro Homenaje al Profesor José Ramón Casabó Ruiz. Volumen I*, Servicio de Publicaciones de la Universidad de Valencia, Valencia, 1997, pp. 452 y ss.

925 LUZÓN PEÑA, D.M.: *Curso de Derecho penal. Parte general I*, Universitas, Madrid, 1996, p. 85. Y, en el caso de la medida de seguridad, ésta debe corresponderse "con la peligrosidad del sujeto" (MORILLAS CUEVA, L.: *Derecho penal…*, *ob. cit.*, p. 131).

926 HIRSCH, A. V.: *Censurar y castigar*, (traducido por Elena LARRAURI PIJOAN), Trotta, Madrid, 1998, p. 31.

927 LUZÓN PEÑA, D.M.: *Curso de Derecho penal…*, *ob. cit.*, p. 85.

928 Véase CUERDA RIEZU, A.: "Proporcionalidad, efecto desaliento y algunos silencios en la Sentencia del Tribunal Constitucional 136/1999, que otorgó el amparo a los dirigentes de Herri Batasuna", en DÍEZ RIPOLLÉS, J.L./ROMEO CASABONA, C.Mª./GRACIA MARTÍN, L./HIGUERA GUIMERÁ, J.F. (EDS.): *La ciencia del Derecho penal…*, *ob. cit.*, pp. 246-248.

que debe regirse por la proporcionalidad a la hora de determinar, en concreto, la pena a imponer a cada conducta.

Y es que el principio de proporcionalidad sirve en la actualidad a muchos autores y Cortes Constitucionales para integrar toda una serie de criterios, hasta ahora dispersos, como la construcción de una jerarquía de bienes jurídicos intrasistemática (principio de necesidad), la "ultima ratio" (principio de intervención mínima)[929], o también, por ejemplo, el criterio "favor libertatis", o el de "no más daño que utilidad"[930].

Todo esto, en la actualidad, supone que la doctrina entienda el principio de proporcionalidad, por influencia fundamental de la jurisprudencia de nuestro Tribunal Constitucional, como principio de proporcionalidad en sentido amplio que, a su vez, se descompone en tres subprincipios, condiciones de aplicación o requisitos "intrínsecos"[931]: el de idoneidad, el ya apuntado de necesidad, y el de proporcionalidad en sentido estricto[932]:

— El subprincipio de idoneidad supone la exigencia de que la intervención por medio del Derecho penal sea requerida para la tutela del bien jurídico, y que la medida adoptada (sea pena o sea medida de seguridad), sea la adecuada –de ahí que también se le denomine a este subprincipio como

---

[929] Como, por ejemplo, PRIETO DEL PINO, A.Mª.: "Los contenidos de racionalidad del principio de proporcionalidad en sentido amplio: el principio de subsidiariedad", en NIETO MARTÍN, A./MUÑOZ DE MORALES ROMERO, M./BECERRA MUÑOZ, J. (DIRS.): *Hacia...*, *ob. cit.*, pp. 288-294.

[930] Desde estos dos últimos puntos de vista, LASCURAÍN SÁNCHEZ postula que "la evaluación de la norma que en términos de libertad exige el principio de proporcionalidad es una evaluación global de sus costes y de sus beneficios. Así, el carácter coactivo de la norma no se circunscribe al de la sanción, sino que incluye también el de la propia limitación de la autonomía que el propio precepto supone; su carácter gravoso comprende también los costes económicos que su efectiva aplicación genera. Por su parte, el cómputo de los beneficios de protección de la norma habrá de tomar en cuenta no sólo el valor del concreto bien jurídico protegido, sino también la medida en la que se le protege, y, con ello, el grado de amenaza del comportamiento incriminado para el orden social" (LASCURAÍN SÁNCHEZ, J.A.: "La proporcionalidad de la norma penal", en *Cuadernos de Derecho Público*, núm. 5, 1998, p. 188).

[931] PERIS RIERA, J.M./CUESTA PASTOR, P.J.: "Comentario a la Sentencia del Tribunal Constitucional 136/1999, de 20 de julio (proporcionalidad de los sacrificios en la aplicación de las penas)", en *Diario jurídico La Ley*, núm. 4970, 2000, p. 2.

[932] Véase, por todos, AGUADO CORREA, T.: *El principio de proporcionalidad en Derecho penal*, Edersa, Madrid, 1999, pp. 147-148.

de "adecuación" ("Geeignetheit")– para conseguir la finalidad o el resultado que se persigue.

— Por su parte, como ya hemos afirmado anteriormente, el subprincipio de necesidad –también llamado de "exigencia de intervención mínima", del "mínimo ataque posible" o "principio del medio relativamente más suave"[933] ("Erforderlichkeit")–, dentro del principio de proporcionalidad, se concreta en el ámbito del Derecho penal en dos principios tratados de alguna forma anteriormente: por una parte, el principio de exclusiva protección de bienes jurídicos (o de lesividad, como preferimos) y, por otra, el principio de intervención mínima, con las exigencias de "ultima ratio" y carácter fragmentario del Derecho penal. Por ello, aquí se trataría de considerar que la intervención del legislador es necesaria o exigible, desde el prisma de la proporcionalidad, cuando éste no haya no podido optar por un medio distinto, igualmente eficaz, que no limitara o que lo hiciera en menor grado.

— Finalmente, el principio de proporcionalidad en sentido estricto ("Proportionalität") viene a coincidir con el principio de proporcionalidad de las penas y el principio de proporcionalidad de las medidas de seguridad, tal y como ha sido entendido tradicionalmente por la doctrina; es decir, supone que las consecuencias jurídicas derivadas del delito sean proporcionadas a la gravedad del mismo[934].

En cualquier caso, consideramos que la necesidad de proporcionalidad constituye también una exigencia del Estado democrático. Como dijo Mir Puig, "un Derecho penal democrático debe ajustar la gravedad de las penas a la trascendencia que para la sociedad tienen los hechos a que se asignan"[935], a lo cual ha añadido con posterioridad "según el grado de la 'nocividad social' del ataque al bien jurídico"[936].

Concluyendo con el principio de proporcionalidad como exigencia de legitimidad material del Derecho penal en el marco de un

---

933 Prieto del Pino, A.Mª.: "Los contenidos…", *ob. cit.*, p. 281.

934 Aguado Correa, T.: *El principio…*, *ob. cit.*, p. 148.

935 Mir Puig, S.: *Introducción a las bases…*, *ob. cit.*, p. 142.

936 Mir Puig, S.: *Derecho penal. Parte general*, Reppertor, Barcelona, 2004 (7ª edición), p. 137.

Estado social y democrático de Derecho, la idea básica a extraer sobre su contenido es que, como hemos visto que apuntaba anteriormente SILVA SÁNCHEZ, proscribe tanto el establecimiento de conminaciones penales como la imposición de penas sin guardar una relación valorativa (proporcionada) con el hecho. Pero, ¿cómo se podría examinar, analizar o, en nuestra terminología, evaluar el cumplimiento de este principio? El propio SILVA SÁNCHEZ apuntó[937] la existencia de, al menos, dos tipos de criterios que podrían ser de ayuda en esta labor:

— Por un lado, hablaba en su momento de la posibilidad de acudir a **criterios absolutos**, que darían lugar a la comparación entre el daño producido por el hecho y el daño que produce la imposición de la pena sobre el autor o partícipe del hecho. Así, nos estaríamos moviendo, para SILVA SÁNCHEZ, en un contexto conmutativo (tanto haces, tanto recibes) en el que se buscaría una pretensión de legitimación del castigo. Sin embargo, nos podemos encontrar con problemas a la hora de establecer comparaciones entre hechos. Además, también hay que tener en cuenta que el daño a considerar no es únicamente el daño material, sino que también comprende otros aspectos de carácter intelectual, como los daños desde la perspectiva de la psicología social (al provocar el delito inseguridad en la población, en tanto los ciudadanos se ven como víctimas potenciales), o el daño ideal (dada la negación de la norma que supone el hecho dañoso).

— Por otro lado, y superando el anterior tipo de criterios, también señalaba SILVA SÁNCHEZ la posibilidad de emplear **criterios relativos**, que se concretarían en una comparación de la reacción punitiva a analizar, con otras reacciones punitivas emprendidas respecto de otros hechos. Así, por ejemplo, si lo que se está evaluando es si el delito de robo cumple con las exigencias del principio de proporcionalidad, se podrá dar una respuesta afirmativa si se constata que tiene aparejada una pena inferior a la prevista para otros delitos como las lesiones o el homicidio.

---

[937] SILVA SÁNCHEZ, J.Mª.: "El principio de proporcionalidad penal", ponencia presentada en el *I Seminario sobre Teoría jurídica del delito, Universidad Miguel Hernández de Elche*, Elche, 2006.

En todo caso, en opinión de SILVA SÁNCHEZ, en Derecho penal parece regir, como criterio de proporcionalidad, el criterio del coste-beneficio, que supone la adecuación entre el medio empleado respecto al fin buscado, aunque hay que aclarar que éste, cuando de penas se trata, es doble. Así, siguiendo el presente gráfico[938], se podría decir que existe en la sanción penal una conminación abstracta y

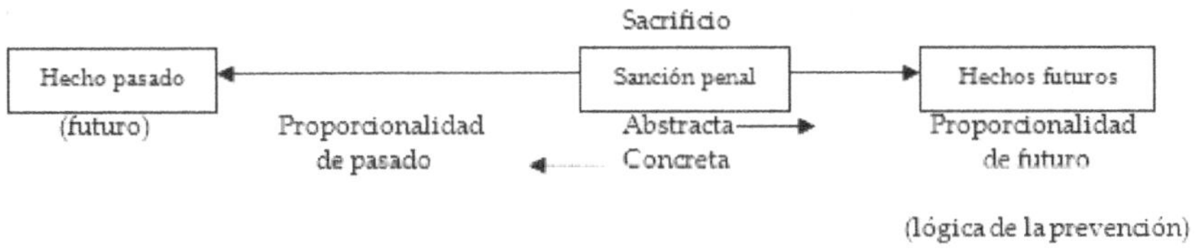

una imposición concreta, entre las que se da una "relación tensa" a la hora de centrar el examen de proporcionalidad de la norma penal. Así, por un lado, existe una "proporcionalidad pasada", respecto al hecho cometido, y que no es adecuada para el hecho futuro (y viceversa), en tanto la "proporcionalidad de futuro" tiene que ver con la concepción de la pena como un mecanismo disuasorio (un desincentivo proporcionado al incentivo que el posible delincuente tiene para cometer el delito), como un medio para lograr el fin de prevenir comportamientos delictivos.

Así, pues, la evaluación de la norma penal a los efectos que nos interesa, desde el prisma de la proporcionalidad, exigirá centrarse en el examen de la "proporcionalidad de futuro" desde la que el legislador enfocó la incriminación antes de ser adoptada ("ex ante") o una vez que lo haya hecho ("ex post"), pues, como hemos visto anteriormente, el legislador está obligado a establecer penas proporcionadas, en abstracto, a la gravedad del delito para prevenir la realización de comportamientos que lesionen o pongan en peligro intereses sociales valiosos.

La "proporcionalidad de pasado", es decir, aquélla por cuyo cumplimiento ha de velar el poder judicial a la hora de determinar, en concreto, la pena a imponer a cada conducta, no será objeto princi-

---

938 SILVA SÁNCHEZ, J.Mª.: "El principio de proporcionalidad penal", ponencia presentada en el *I Seminario sobre Teoría jurídica del delito, Universidad Miguel Hernández de Elche*, Elche, 2006.

pal de un proceso de evaluación legislativa respecto a la proporcionalidad de la norma; podrá ser un objeto de investigación accesorio (por ejemplo, a la hora de estudiar el contenido de las resoluciones judiciales aplicativas de una determinada norma penal), pero ya no el objeto principal, que se focalizará en la existencia de una proporción en abstracto entre la pena establecida por el legislador para la prevención de un delito y la gravedad de éste.

* * * *

Es este principio de proporcionalidad, precisamente, el que más presencia, de entre todos los que fundamentan materialmente el Derecho penal, ha tenido en la jurisprudencia de nuestro Tribunal Constitucional, en lo cual PRIETO DEL PINO ve una "vía particularmente prometedora" para intentar "ejercer un control formalizado y global de los procesos de incriminación", de su legitimidad[939], tal y como ya había sugerido MIR PUIG[940]. Y ello quizá se deba a que, como apunta LASCURAÍN SÁNCHEZ, el principio de proporcionalidad "organiza, relaciona y hace más comprensibles en el marco constitucional los tradicionales principios de exclusiva protección de bienes jurídicos, ultima ratio e intervención mínima"[941].

No obstante, como ha destacado entre nosotros LOPERA MESA, el Tribunal Constitucional ha venido aplicando el principio de proporcionalidad respecto a las leyes penales desde "el umbral más bajo de exigencia", presentando "una marcada deferencia hacia el

---

939 PRIETO DEL PINO, A.Mª.: "Los contenidos...", *ob. cit.*, p. 278. Ya antes en PRIETO DEL PINO, A.Mª.: *El Derecho penal ante el uso de información privilegiada en el Mercado de Valores*, Aranzadi, Cizur Menor, 2004.

940 MIR PUIG, S.: "El principio de proporcionalidad como fundamento constitucional de límites materiales del Derecho penal", en MIR PUIG, S./QUERALT JIMÉNEZ, J.J. (DIRS.)/ FERNÁNDEZ BAUTISTA, S. (COORD.): *Constitución y..., ob. cit.*, pp. 70-73.

941 LASCURAÍN SÁNCHEZ, J.A.: "El control constitucional de las leyes penales", en NIETO MARTÍN, A./MUÑOZ DE MORALES ROMERO, M./BECERRA MUÑOZ, J. (DIRS.): *Hacia..., ob. cit.*, p. 369. Véase también el estudio de ALCÁCER GUIRAO, R.: "El derecho a la legalidad penal y los límites de actuación del Tribunal Constitucional", en MIR PUIG, S./QUERALT JIMÉNEZ, J.J. (DIRS.)/ FERNÁNDEZ BAUTISTA, S. (COORD.): *Constitución y..., ob. cit.*, pp. 15-66.

legislador" en la medida que se ha venido a configurar hasta la fecha "como un cauteloso juicio de mínimos"[942], tal y como ha demostrado cuantitativamente LASCURAÍN SÁNCHEZ[943]; es decir, la intensidad del control de constitucionalidad en este ámbito por parte del Tribunal Constitucional español se ceñiría (se ciñe), en la clasificación desarrollada por su homólogo alemán[944], a un control leve o de evidencia, bajo la premisa de que aumentar el grado de exigencia "conduciría a despojar al legislador de la última palabra en tales cuestiones para conferirla a un órgano carente de legitimidad democrática directa"[945].

De ahí que la autora proponga en este trabajo que se está citando, en el que desarrolla planteamientos previamente presentados en su tesis doctoral[946], la necesidad de que se imponga en el juicio de pro-

---

942 LOPERA MESA, G.P.: "Posibilidades y límites del principio de proporcionalidad como instrumento de control del legislador penal", en MIR PUIG, S./ QUERALT JIMÉNEZ, J.J. (DIRS.)/ FERNÁNDEZ BAUTISTA, S. (COORD.): *Constitución y…, ob. cit.*, p. 126.

943 LASCURAÍN SÁNCHEZ, J.A.: "El control…", *ob. cit.*, pp. 360-366. Ya publicado anteriormente en LASCURAÍN SÁNCHEZ, J.A.: "¿Restrictivo o deferente? El control de la ley penal por parte del Tribunal Constitucional", en *Indret. Revista para el análisis del Derecho*, núm. 3, 2012.

944 En efecto, el Tribunal Constitucional alemán, inspirándose en la jurisprudencia del Tribunal Supremo de los Estados Unidos, distingue tres niveles en la intensidad del control de constitucionalidad (LOPERA MESA, G.P.: "Posibilidades y…", *ob. cit.*, pp. 126-127):

"Control leve o de evidencia: empleado frente a intervenciones leves en derechos fundamentales. En este caso la carga de la argumentación y de la prueba sobre la inconstitucionalidad de la medida recae sobre el demandante (atendiendo a la presunción de constitucionalidad de las leyes). La certeza de las premisas en las que debe apoyar su argumentación ha de ser elevada o, en sentido contrario, la constitucionalidad de la norma enjuiciada debe apoyarse sobre premisas 'no evidentemente falsas'.

Control intermedio o de justificabilidad: aplicable a intervenciones medias en derechos fundamentales, Al igual que en el nivel anterior, la carga de la argumentación y de la prueba sobre la inconstitucionalidad de la medida recae sobre el demandante. La certeza de las premisas en las que debe apoyar el reproche de inconstitucionalidad ha de ser media o, en sentido contrario, la intervención del legislador estará justificada si se apoya sobre premisas 'plausibles'.

Control estricto o control material intensivo: se aplica a intervenciones en derechos fundamentales especialmente intensas. En este caso la carga de argumentación y de prueba corresponde al legislador, quien debe apoyar la intervención sobre la base de premisas empíricas que tengan una certeza elevada".

945 LOPERA MESA, G.P.: "Posibilidades y…", *ob. cit.*, p. 127.

946 LOPERA MESA, G.P.: *Principio de proporcionalidad y ley penal*, Centro de Estudios Políticos y Constitucionales, Madrid, 2006.

porcionalidad de las normas penales "un control de constitucionalidad más riguroso del que en la actualidad se lleva a cabo y, más aún, del que cabe practicar en relación con otro tipo de intervenciones legislativas en derechos fundamentales dotadas de un menor contenido aflictivo"[947].

Por ello, propone un "control estricto o control material intensivo"[948] por parte del Tribunal Constitucional en el que se atribuyan al legislador las "cargas de argumentación y prueba, la adopción de una perspectiva *ex post* [nada impide adoptar también una perspectiva "ex ante"], la necesidad de respaldar las premisas empíricas en el conocimiento científico disponible y, finalmente, la exigencia de que dichas premisas cuenten con un alto grado de probabilidad"[949].

---

[947] LOPERA MESA, G.P.: "Posibilidades y...", *ob. cit.*, p. 129.

[948] Me atrevería a ubicar también como partidaria de esta propuesta la de VÉLEZ RODRÍGUEZ, L.A.: "El control de constitucionalidad de las leyes penales ante el embate irracionalista de la política criminal", en NIETO MARTÍN, A./MUÑOZ DE MORALES ROMERO, M./BECERRA MUÑOZ, J. (DIRS.): *Hacia...*, *ob. cit.*, pp. 386 y ss. Más extensamente en VÉLEZ RODRÍGUEZ, L.A.: *Política criminal y Justicia Constitucional*, Tirant lo Blanch, Valencia, 2016.

[949] LOPERA MESA, G.P.: "Posibilidades y...", *ob. cit.*, p. 130. Veamos cómo desarrolla la autora cada uno de estos elementos (LOPERA MESA, G.P.: "Posibilidades y...", *ob. cit.*, pp. 130-136):

1.- Respecto a la atribución de una carga de argumentación y de prueba al legislador, considera LOPERA MESA que exige que "una vez fijados los términos de la impugnación, aquél comparezca, por intermedio de sus representantes, a defender la constitucionalidad de la norma enjuiciada para lo cual debe, en primer lugar, poner a disposición del Tribunal y demás intervinientes en el proceso los estudios empíricos y demás información que sirvió como base para adoptar la decisión; en segundo lugar, debe ocuparse de señalar:

1) los fines que persigue con su intervención;

2) las razones por las cuales la medida adoptada constituye un medio idóneo para contribuir a su realización;

3) si fueron tenidas en cuenta otras posibles alternativas, entre ellas las propuestas por el impugnante, y las razones para optar por la finalmente elegida;

4) los argumentos que avalan la proporcionalidad entre beneficios y sacrificios ocasionados por la intervención".

Para la autora, y estamos totalmente de acuerdo, esta imposición de la carga de argumentación y de prueba viene a ser "una consecuencia insoslayable del reconocimiento de la resistencia normativa de los derechos fundamentales y de su carácter vinculante para el legislador, quien está obligado a justificar toda restricción de los mismos" y, en particular, añadimos, en el ámbito del Derecho penal, toda restricción de la libertad.

2.- En cuanto a la adopción de una perspectiva "ex post", Lopera Mesa considera que "las leyes penales deben ser enjuiciadas teniendo en cuenta los conocimientos existentes al momento de efectuar el juicio de constitucionalidad (perspectiva *ex post*) y no tan sólo a la luz de los conocimientos disponibles en el tiempo en que fue aprobada la ley (perspectiva *ex ante*). La diferencia entre ambas perspectivas adquiere relevancia en los supuestos de inconstitucionalidad sobrevenida, que tienen lugar cuando las estimaciones del legislador acerca de la idoneidad, necesidad o proporcionalidad de la medida adoptada, si bien eran acertadas a la luz de las circunstancias y del estado de los conocimientos existente al momento de aprobar la ley, han dejado de serlo al momento de juzgar su constitucionalidad, debido a un cambio de la realidad social o de la información disponible acerca de dicha realidad". La autora defiende que adoptar la perspectiva "ex post" en estos casos de constitucionalidad sobrevenida encuentra sentido en "la pretensión de efectividad de los derechos fundamentales, cuya fuerza vinculante sobre la ley no se contrae al momento de su aprobación sino que se prolonga durante todo el tiempo en que perdura su vigencia, imponiendo tanto al legislador como al juez constitucional el deber de velar para que la conformidad de la ley con los derechos fundamentales se mantenga a lo largo del tiempo". Además, y esto adquiere una especial relevancia en el marco de nuestra investigación, considera Lopera Mesa que, con el objeto de "hacer efectivo tal deber de vigilancia, es preciso que el Tribunal Constitucional pueda tener en cuenta los resultados de las investigaciones sobre los efectos de la medida llevados a cabo en la fase post-legislativa y demás información necesaria para llegar a establecer eventuales discrepancias entre el pronóstico efectuado por el legislador y los efectos reales de su intervención".

En todo caso, la autora aclara que una eventual declaración de "inconstitucionalidad y nulidad de una ley no tiene el sentido de un reproche que se formula al legislador sino más bien el de un mecanismo de depuración normativa orientado a garantizar la supremacía de la Constitución sobre el resto del Ordenamiento. En consecuencia, dado que la inconstitucionalidad no representa una sanción que se impone al legislador por haber errado en su pronóstico, no tiene sentido limitarse a considerar sólo aquello que éste pudo conocer y prever [que también se puede hacer en el caso de que el enjuiciamiento de constitucionalidad verse sobre una evaluación de impacto o "ex ante"], sino que es preciso tener en cuenta todo aquello que permita establecer si la norma conserva su legitimidad constitucional al momento de ser enjuiciada".

3.- En relación a la necesidad de respaldar las premisas empíricas en el conocimiento científico disponible (elemento revalorizado en el control de constitucionalidad de las leyes por los juicios sobre la idoneidad y necesidad de la norma del principio de proporcionalidad, y que exigen analizar la aptitud de la ley "para alcanzar determinados fines o a la inexistencia de otras medidas menos lesivas e igualmente efectivas para lograr la misma finalidad"), considera Lopera Mesa que "un modelo exigente de control de constitucionalidad requiere que el legislador apoye los argumentos a favor de la constitucionalidad de la ley penal en premisas empíricas respaldadas en el conocimiento científico disponible y no sólo en convicciones sociales generalmente aceptadas" (a las cuales se recurre tradicionalmente en esta instancia ante "las especiales dificultades que conlleva la acreditación empírica del tipo de hechos relevantes en el control de constitucionalidad de las leyes (hechos generales, predicciones del legislador)").

Además, ocurre que "este requisito de apoyar las premisas empíricas en conocimiento experto viene además a reforzar criterios de racionalidad legislativa ya exis-

Nos parece que la intervención del Tribunal Constitucional ha de ser ineludible en el examen de la racionalidad y legitimidad material de las leyes penales; de ahí que tomemos nota de la propuesta que esta autora hace para la construcción de un control intensivo de constitucionalidad material de las leyes penales en nuestro Ordenamiento jurídico, y nos emplacemos a desarrollarla, desde un propio y personal punto de vista, cuando abordemos nuestra particular propuesta de un modelo para la evaluación de las consecuencias de las normas penales al final del presente Capítulo.

---

tentes en el Derecho positivo español (exigencia de que los proyectos de ley en materia penal vayan precedidos de estudios sobre su necesidad, oportunidad y coste), al igual que estimula el interés por las consecuencias de las leyes penales y su evaluación en la fase postlegislativa".

No obstante, para LOPERA MESA, "el incumplimiento de tal exigencia no [es] un argumento suficiente para invalidar la intervención penal del legislador", [aunque] sí debilita el grado de certeza atribuible a las premisas empíricas que sustentan dicha intervención, y con ello, el peso de las razones a favor de su constitucionalidad".

4.- Finalmente, sobre la exigencia de que dichas premisas empíricas cuenten con un alto grado de probabilidad, apunta la autora que "las intervenciones graves en derechos fundamentales, entre ellas las que se efectúan a través del Derecho penal, han de ser sometidas a un control material intensivo, conforme al cual se exige que la medida enjuiciada venga respaldada en premisas dotadas del mayor grado de certeza posible, lo que ocurrirá sólo cuando concurran las condiciones que garantizan su máxima confirmación y su máxima resistencia a la refutación". Así:

si hablamos del grado idoneidad de la medida enjuiciada, la certeza de las premisas "depende de calidad de las pruebas que para el caso respalden su eficacia preventiva y de la inexistencia de datos que indiquen su nula utilidad o su carácter contraproducente para la protección del bien jurídico";

si nos referimos al grado de lesividad de la intervención penal, éste "depende de que la afectación de derechos fundamentales se produzca de modo necesario o sea sólo una consecuencia probable de la intervención legislativa;

en último lugar, "la seguridad de las premisas relativas a la necesidad de la medida enjuiciada será mayor cuando se acredite que antes de acudir al Derecho penal se implementaron otro tipo de medidas, que éstas resultaron insuficientes para lograr el efecto de protección deseado y existan estudios empíricos que corroboren la mayor eficacia de la norma enjuiciada respecto de las medidas menos lesivas implementadas con anterioridad; por el contrario, la certeza sobre la necesidad de la intervención será menor cuando no hayan existido tales medidas previas, cuantos más hayan sido los medios considerados como alternativas plausibles para reemplazar la intervención penal y cuando la comparación entre la medida legislativa y el medio alternativo desde la perspectiva de su idoneidad y menor lesividad haya dado como resultado un empate".

4.3. De nuevo sobre la distinción entre legitimidad formal y material. A su vez, sobre la existencia de dos niveles de legitimidad material: legitimidad "ex ante" y legitimidad "ex post"

Tal y como hemos puesto de manifiesto, podemos hablar tanto de una legitimación formal, como de una legitimación material[950] del Derecho penal. Así, como apunta JAKOBS, "el Derecho penal se legitima formalmente mediante la aprobación conforme a la Constitución de las leyes penales" y, por otro lado, "la legitimación material reside en que las leyes penales son necesarias para el mantenimiento de la forma de la sociedad y del Estado"[951]. O, en otras palabras, desde el punto de vista de la **legitimidad formal** se trata de examinar si está legitimada, conforme al sistema normativo establecido, la utilización del Derecho penal, bastando con constatar que nuestra Constitución y el resto de normas del Ordenamiento jurídico regulan y permiten la creación de normas definitorias de delitos y de penas aplicables a quienes realicen los mismos. Así, mientras se cumplan estas normas (formales) será legítimo el Derecho penal, pero sólo en un sentido formal, por supuesto. Por otro lado, desde el enfoque de la **legitimidad material**, se trata de abordar la cuestión con base en valoraciones sobre la necesidad o innecesariedad del Derecho penal, es decir, en preguntarse si, aunque el Ordenamiento jurídico permite la utilización del Derecho penal, está justificado el recurso al mismo. Esa pregunta ha encontrado respuesta acudiendo a la consideración de que el Derecho penal en un Estado social y democrático de Derecho

---

[950] Desde la Filosofía jurídica se habla con más asiduidad de "validez" que de "legitimidad" formal y material del Derecho, considerando que la primera estaría "garantizada por su forma reglada de producción y aplicación –esto es, por su legalidad–", mientras que la "validez material o valorativa" resultaría constatada tras la realización "de un juicio moral sobre los contenidos y funcionamiento de las normas jurídicas" (VERNENGO, R.J.: "Legalidad y legitimidad: los fundamentos morales del Derecho", en *Revista de Estudios Políticos*, núm. 77, 1992, p. 268). Además, se denuncia que "los juristas tienden a desatender [...] salvo en circunstancias alarmantes, los interrogantes por la legitimidad material de las normas formalmente legítimas, esto es: legalmente promulgadas o reconocidas" (VERNENGO, R.J.: "Legalidad y...", *ob. cit.*, p. 273).

NINO hablaba de validez "descriptiva" (en nuestra terminología, formal) y validez "normativa" (material), entendiendo por ésta última aquélla mediante la que se proveen "razones para justificar una acción o decisión (NINO, C.S.: *Introducción al análisis del Derecho*, Ariel, Barcelona, 1991 (4ª edición), p. 134).

[951] JAKOBS, G.: *Derecho penal...*, *ob. cit.*, p. 44.

es necesario, y al hecho de que esa concreta configuración social y política implica que la intervención penal sólo será legítima desde el punto de vista material, a nuestro entender, cuando se lleve a cabo cumpliendo con los principios de necesidad, intervención mínima y proporcionalidad, así como respetando la dignidad humana como criterio fundamental de orientación.

Dentro del plano de la legitimidad material, a su vez, podemos hablar paralelamente de dos niveles: legitimidad "ex ante" y legitimidad "ex post". Así, podemos decir que la **legitimidad "ex ante"** se da en un plano discursivo, que es aquél en el que se ha de examinar, en el proceso de su elaboración de la norma, si los motivos de la misma cumplen con los principios materiales del Derecho penal. Por el otro lado, la **legitimidad "ex post"** de una norma ya en vigor vendría dada por la corroboración empírica de que sus consecuencias se han producido conforme a esos principios de materiales del Derecho; si del examen empírico resultare que la norma penal en aplicación no ha cumplido con esos principios, el efecto automático debería ser el destierro de la misma del Ordenamiento jurídico.

Es decir, en realidad estaríamos hablando de la aplicación de una evaluación de legitimidad material legislativa "ex ante" y de una evaluación de legitimidad legislativa "ex post". Recordemos en este sentido que "el resultado de las evaluaciones puede ser considerado de dos maneras: antes de adoptar una legislación, **evaluación prospectiva, *ex ante***, o evaluación del proyecto normativo, en la que será "necesario tener en cuenta los problemas de aplicación posibles y los efectos virtuales"[952] del mismo; **evaluación retrospectiva, *ex post***, o evaluación cuyo objetivo es descubrir la acción real de las normas legales que ya se encuentran en vigor en la vida social[953], tratándose, por ende, de una evaluación "orientada a su posible modificación"[954].

En efecto, entendemos por **evaluación "ex ante"** aquélla que, "sobre la base de una herramienta técnica o conocimiento científico, entrega información objetiva acerca del probable funcionamiento de la norma antes de su vigencia y que, por esta vía, puede incrementar la posibilidad de lograr los objetivos del legislador"[955]. Por tanto, se efectúa antes de la

952 GALIANA SAURA, Á.: *La Ley…*, *ob. cit.*, p. 300.
953 GALIANA SAURA, Á.: *La Ley…*, *ob. cit.*, p. 300.
954 MONTORO CHINER, Mª.J.: *La evaluación de…*, *ob. cit.*, p. 123-124.
955 BRONFMAN VARGAS, A.: "El sentido de…", *ob. cit.*, p. 38.

ejecución del proyecto normativo, y tiene por objeto investigar el diseño del mismo, su coherencia interna, su grado de adaptabilidad al contexto, etc.[956]. Por el otro lado, se entiende por **evaluación "ex post"** aquélla "que, sobre la base de una herramienta o criterios técnicos o científicos, entrega información objetiva acerca de la aplicación efectiva de la norma y que, por esta vía, permite su corrección o perfeccionamiento"[957]. Es decir, es "la que se llevará a cabo una vez que la legislación se halle ya en vigor con el propósito de obtener un conocimiento detallado sobre los efectos de la legislación adoptada, efectuar su seguimiento y, si ello resulta necesario, plantear su reforma"[958].

Ahora bien, hay que tener en cuenta que, en el caso de la **evaluación "ex ante"**, "las técnicas de prospectiva para el manejo y dirección de comportamientos, han sido ya utilizadas y desarrolladas en la política económica, con resultados no siempre satisfactorios", y la explicación para ello es "la inseguridad de la prospectiva"[959]. Así, pues, resulta que "sobre el análisis de la decisión, mediante su evaluación 'ex ante', no hay unanimidad sobre los métodos a seguir para obtener la certeza del resultado elegido, ni sobre la valoración del comportamiento a seguir en la ejecución de tales métodos"[960]. Por el contrario, en la **evaluación "ex post"**, también denominada control de éxito o evaluación de resultados "se cuenta con la posibilidad de operar sobre hechos ciertos, ya consolidados, por lo que se elimina el factor discrepancia entre la prospectiva lanzada y la capacidad de creación y aplicación de la norma"[961].

De ello se deduce que una evaluación "ex ante" de la ley, a través de la cual se intente que el legislador adopte una decisión racional, es posible, pero es mucho más dificultosa técnicamente, a la par que

---

956 GALIANA SAURA, Á.: *La Ley…*, *ob. cit.*, p. 301. Hay que tener presente que "la evaluación de resultados ['ex post'] tiene menor interés y es más difícil si no ha venido precedida por un estudio de impacto previo" (CABALLERO SANZ, F.: "La evaluación…", *ob. cit.*, p. 151).

957 BRONFMAN VARGAS, A.: "El sentido de…", *ob. cit.*, p. 38.

958 MARTÍN CASALS, M.: "La estructura básica…", *ob. cit.*, p. 255.

959 MONTORO CHINER, Mª.J.: *Adecuación al…*, *ob. cit.*, p. 94.

960 MONTORO CHINER, Mª.J.: *Adecuación al…*, *ob. cit.*, p. 95. En efecto, para NOLL, técnicas de evaluación "ex ante" como la simulación o el "Planspiel", "resultan experimentos caros, si se quiere que produzcan efectos, debido al número ingente de especialistas que deben intervenir", y considera que "estos sistemas definen un problema en el marco de una realidad reconstruida, y el modelo se analiza en diferentes situaciones, que pueden o no coincidir con la realidad" (NOLL, P.: *Gesetzgebungslehre…*, *ob. cit.*, p. 121).

961 MONTORO CHINER, Mª.J.: *Adecuación al…*, *ob. cit.*, p. 95.

posiblemente más costosa económicamente, y, en consecuencia, menos probable su aceptación por parte de la clase política. En cambio, la potenciación e institucionalización de una evaluación "ex post", de las consecuencias, sobre la realidad, de la ley penal ya aprobada, es mucho más factible y viable, aunque no por ello absolutamente fácil técnicamente, o barata.

No obstante, ello no nos puede llevar a renunciar, a través de nuestro modelo, a lograr el control de la ley penal con anterioridad a su aprobación (dando por más sencilla, como decimos, la operación de controlar la ley penal ya aprobada). Así, tanto en el caso de actuar evaluativamente con carácter previo sobre una ley en formación, como en el caso de hacerlo sobre una ley penal ya vigente, se pueda concluir que tal norma no respeta los criterios de legítimidad material, por ser contraria al fundamento material del Derecho penal (necesidad, intervención mínima y proporcionalidad), dicha ley debería ser, según el caso, o descartada en cuanto a su aprobación, o expulsada del Ordenamiento jurídico por suponer tanto una vulneración de dignidad humana como criterio fundamental de orientación de la intervención penal, como una restricción de la libertad de los ciudadanos innecesaria en el marco de un Estado social y democrático de Derecho como el nuestro. Debería ser considerada, por ende, inconstitucional.

Profundizando un poco más en la cuestión, y concretando las implicaciones que imponen la vigencia de estos criterios de legitimidad material con los que dotamos a nuestro modelo de evaluación "ex ante" y "ex post" de las consecuencias de las leyes penales, cabría decir, en primer lugar, que la evaluación sobre el cumplimiento del **principio de necesidad**, por parte de una determinada norma, va a estar relacionado con lo apuntado más arriba respecto a la idea de dañosidad social. Es decir, será necesaria la utilización de técnicas de investigación social que permitan constatar empíricamente la dañosidad social de la forma de conducta incriminada y sometida a evaluación. De resultar, de dicha evaluación, que no se deriva dañosidad social alguna de la situación respecto a la que se plantea o se produjo la correspondiente intervención legislativa, o, incluso, si, como apuntaba Soto Navarro, se diera el caso de que no sea posible la constatación empírica de la dañosidad social, la conducta no deberá ser criminalizada, en coherencia con un orden sociopolítico en el que la libertad de los ciudadanos constituye un valor superior, y la dignidad humana su fundamento.

En segundo lugar, la evaluación del cumplimiento del **principio de intervención mínima** exigirá también una valoración empírica, de carácter procedimental, sobre las posibilidades de intervención existentes (en el momento en que se crea la norma y/o en el momento en que se evalúa su vigencia), con el objeto de poder dictaminar cuál de todas ellas, incluida la penal, resulta más eficaz para la prevención y evitación de comportamientos riesgosos para con los intereses sociales que se pretendían proteger. Así, pues, la intervención penal será ilegítima desde el punto de vista material cuando: 1.- existan esos otros medios menos graves y más eficaces pero, 2.- además, suponga una restricción innecesaria de la libertad. O, en otras palabras, puede ser que la intervención penal 1.- sea menos eficaz para la prevención de determinados comportamientos dañosos o riesgosos para con intereses sociales valiosos, aunque no mucho menos y, 2.- además, se haya llevado a cabo castigando dichos comportamientos con pena de multa (perfectamente respetuosa también con la dignidad humana), y no con pena de prisión. En ese caso, se podría aceptar como legítima desde el punto de vista material una norma penal que tuviera esas características.

Finalmente, la evaluación respecto al cumplimiento de lo establecido por el **principio de proporcionalidad** ha de estar centrada en la "proporcionalidad de futuro" según lo apuntado por SILVA SÁNCHEZ y reseñado aquí un poco más arriba, desde cuyo punto de vista el legislador pretende o pretendía, según el caso, que la pena funcionase como un medio para lograr el fin de prevenir comportamientos delictivos. Y, en concreto, analizaremos en ambos casos la decisión de intervenir penalmente para decidir si se puede decir que la pena que se quiere prever o se previó es proporcionada, en abstracto, respecto a la gravedad del delito tipificado, en orden a la prevención de comportamientos que lesionen o pongan en peligro intereses sociales valiosos. Así, la evaluación se podría concretar en una comparación de la reacción punitiva objeto del análisis, con otras reacciones punitivas emprendidas respecto de otros hechos igualmente tipificados, con mayor, igual o menor desvalor jurídico-penal. Si las exigencias derivadas de la vigencia del principio de proporcionalidad penal no se vieran cumplidas, por existir una desigualdad (igualdad como valor superior del Ordenamiento jurídico, y como principio constitucional) punitiva evidente a la luz de la comparación o comparaciones efectuadas, la norma sería ilegítima desde el punto de vista material, ya que, como apunta HIERRO SÁNCHEZ-PESCADOR, "un tratamiento desigual tiene que mantener una proporción entre el tratamiento desigual y la finalidad del mismo"[962].

4.4. Conclusión

Por tanto, en todo caso, estamos hablando de que, en un Estado social y democrático de Derecho como en el que nos encontramos, en el que rige lo establecido en el **art. 1.1 de la CE 1978**, a la luz del cual la libertad es un valor superior del Ordenamiento jurídico (junto a la mencionada igualdad[963], más la justicia y el pluralismo político), un "principium" que implica que cualquier limitación externa sobre la misma deba ser justificada[964], dicha libertad sólo puede restringirse en lo que resulte estrictamente necesario (STC 62/1982, de 15 de octubre, sobre el delito de escándalo público, que terminó por despenalizarse).

> DÍEZ RIPOLLÉS, desde la premisa de no otorgar un protagonismo exclusivo al principio de proporcionalidad (como sí hace LOPERA MESA[965]) en el juicio de constitucional sobre la racionalidad y legitimidad material de la ley penal, se lo otorga a otro artículo de la Norma Suprema, distinto a aquél al que recurrimos nosotros: no recurre, pues, al art. 1.1 (como en nuestro caso), sino al **art. 9.3 CE 1978**, que garantiza la interdicción de arbitrariedad de los poderes públicos (algo que ya vimos en el Capítulo III que hacía el Tribunal Constitucional alemán). Considera el autor que este principio "está en mejores condiciones que el principio de proporcionalidad" para llevar a cabo el control material de constitucionalidad de las leyes penales[966].

---

[962] HIERRO SÁNCHEZ-PESCADOR, L.L.: "Igualdad, generalidad...", *ob. cit.*, p. 468.

[963] Porque, como se está comprobando, compartimos la visión del "Derecho penal del futuro", trazada por MORILLAS CUEVA, como un "Derecho para la igualdad y para la libertad" (MORILLAS CUEVA, L.: "Reflexiones sobre el Derecho penal del futuro", en *Revista Electrónica de Ciencia Penal y Criminología,* núm. 4, 2002, p. 23).

[964] WINTGENS, L.J.: "Legisprudencia como...", *ob. cit.*, p. 27.

[965] Nosotros sólo se lo otorgamos parcialmente, en concreto, en una tercera parte.

[966] En su opinión, el principio de interdicción de arbitrariedad de los poderes públicos "dispone de un firme apoyo constitucional; se encuentra en una localización sistemática que le permite atender a una multiplicidad de enfoques; incorpora en su formulación literal la idea central que debe inspirar el control constitucional de la actuación de los poderes públicos, la evitación de la arbitrariedad; la referencia en

Esto es, en nuestra opinión, si resulta que se demuestra empíricamente que una ley penal que se vaya a crear, o que se encuentre ya creada y en vigor, para la prevención real de comportamientos delictivos, está restringiendo la libertad de los ciudadanos innecesariamente (principio de necesidad), probándose también que existen o existían otros instrumentos igualmente eficaces pero menos restrictivos (principio de intervención mínima), resultando ser, por tanto, una medida desproporcionada (principio de proporcionalidad), dicha ley, como hemos dicho, debe ser considerada ilegítima desde el punto de vista material y, en consecuencia, inconstitucional.

> Y es que, como afirma Miró Llinares "la aprobación de cualquier cambio normativo conlleva siempre la modificación de procesos sociales, bien por medio de la creación de nuevas instituciones o la modificación de las existentes, o bien por medio de la modificación de comportamientos de los ciudadanos mediante

---

plural a tales poderes le fuerza a ser cuidadoso en la delimitación de las competencias respectivas de cada uno de ellos; reúne las condiciones necesarias para que se le atribuya una potente autonomía conceptual, hoy por hoy ciertamente no reconocida, sin que sean obligadas vinculaciones estrechas con otros principios o previsiones constitucionales que puedan condicionar desde un principio esa autonomía; carece de una tradición de contenidos específicos que condicionen decisivamente su ulterior desarrollo, lo que le va a permitir acoger con generosidad construcciones conceptuales ya elaboradas procedentes de otros sectores jurídicos En suma, cabe confiar que pudiera tomar a su cargo la función de controlar la racionalidad legislativa" (Díez Ripollés, J.L.: "El control de constitucionalidad de las leyes penales", en *Revista Española de Derecho Constitucional*, núm. 75, 2005, pp. 102-103). Parece, aunque el autor sería el más indicado para afirmarlo así o no, que constituye un paso previo de esta construcción el análisis de Díez Ripollés sobre las posibilidades de fundamentar una vía de control de la racionalidad legislativa en torno a la responsabilidad patrimonial de las Administraciones Públicas por la aplicación a los particulares de actos legislativos "de naturaleza no expropiatoria de derechos y que éstos no tengan el deber jurídico de soportar, cuando así se establezcan en los propios actos legislativos y en los términos que especifiquen dichos actos" (art. 139. 3 de la Ley 30/1992, de 26 de noviembre de Régimen Jurídico de las Administraciones Públicas y del Procedimiento Administrativo Común) (Díez Ripollés, J.L.: "La racionalidad legislativa penal: contenidos e instrumentos de control", en Díez Ripollés, J.L./Prieto del Pino, A.Mª./Soto Navarro, S.: *La política..., ob. cit.*, pp. 313-319). El autor concluye el análisis de esta hipótesis señalando que "esta vía de control de las decisiones legislativas tiene una virtualidad muy escasa a los efectos de mejorar directamente la racionalidad legislativa. Sin embargo, un vigoroso asentamiento en nuestro Ordenamiento jurídico de la responsabilidad patrimonial de la administración por la aplicación de actos legislativos podría terminar constituyéndose en un estímulo significativo para el perfeccionamiento del quehacer legislativo de nuestras asambleas parlamentarias" (Díez Ripollés, J.L.: "La racionalidad...", *ob. cit.*, p. 319).

la imposición de nuevas obligaciones o permisiones. Todos estos procesos se pueden medir como costes, y no sólo en términos económicos, en cuanto al gasto patrimonial que conllevará la implantación de los mismos, sino también en términos de **intromisión en esferas de libertad**. En efecto, cualquier cambio normativo suele producir una intervención en la libertad de los ciudadanos, que puede ir desde una mera modificación en sus hábitos (coste mínimo) hasta una restricción de su libertad de obrar en aspectos específicos (coste alto). En una sociedad que parte de la libertad y la dignidad de la persona como pilares del sistema democrático, deberá evaluarse el coste en términos de intervención en la libertad de los ciudadanos que supone la implantación de una determinada política pública a través de una norma"[967]. El beneficio a compensar frente al coste vendría dados por "incrementos reales de seguridad general"[968].

Así, pues, en definitiva, "una norma será eficiente si consigue sus legítimos objetivos propuestos, de mejora de la vida social, con la menor restricción de libertad posible, y esto se relaciona con la propia legitimidad en aquellas normas que puedan suponer restricciones de derechos fundamentales, en cuanto que no será legítima una norma si existe otra que pueda lograr idénticos efectos con una menor afectación de la libertad de los ciudadanos. La medición de la eficiencia requerirá de la realización de estudios sociológicos y empíricos de diferente alcance según la temática de la norma de que se trate"[969].

---

967 MIRÓ LLINARES, F.: *Proyecto…*, *ob. cit.*, p. 462. El texto resaltado se ha añadido a la cita.

968 Como dice SILVA SÁNCHEZ, "no es del todo irrazonable, entonces, que la población dirija a los poderes públicos peticiones de intervenir de modo drástico a fin de garantizar la seguridad general. Los Estados vienen respondiendo a tales demandas de un modo doble. Por un lado, mediante una acelerada ampliación del espacio propio de la legislación penal. Por otro, con un incremento de la gravedad de las penas tradicionales, así como de la intensidad de los medios de intervención policial dentro y fuera del proceso penal. Esta política, que algunos denominan populismo punitivo, tiene un efecto claro: restringe las libertades públicas. Ahora bien, la cuestión es si cabe esperar que resulte eficiente, esto es: que los costes de libertad que comporta se vean compensados por incrementos reales de seguridad general" (SILVA SÁNCHEZ, J.Mª.: "El populismo punitivo", *ob. cit.*, p. 15).

969 MIRÓ LLINARES, F.: *Proyecto…*, *ob. cit.*, pp. 462-463. Además, "por otra parte, y para la valoración de la eficiencia de la norma resulta esencial no sólo evaluar la norma en sí misma, sino también las instancias o instituciones que hacen posible la aplicación de la misma. En efecto, las normas jurídicas son puestas en práctica por distintos agentes cuyo funcionamiento también puede repercutir en la eficacia [efec-

5. RECAPITULACIÓN

Por tanto, y en definitiva, consideramos que una verdadera evaluación "ex ante" y "ex post" de las normas penales, es decir, la evaluación de las consecuencias de las leyes penales, como proceso empírico de carácter objetivo e imparcial, es un proceso adecuado para analizar la racionalidad de la ley penal en sus distintos niveles y, en particular, en los que tienen que ver con su eficacia, su efectividad y su eficiencia, en orden a la afirmación de su legitimidad o ilegitimidad material, y, por ende, de su constitucionalidad material.

Y ello porque, como afirma MARCILLA CÓRDOBA, "tomarse en serio la normatividad de la Constitución implica reconocer que la legislación se encuentra en alguna medida vinculada a la primera y que, por tanto, el contenido de la ley no puede depender exclusivamente de la libérrima voluntad del legislador". Así, pues, para este autor, con el que coincidimos, "una teoría de la legislación en el Estado constitucional habría de ocuparse de los criterios que permiten justificar cuándo una ley se mantiene dentro de los límites constitucionales o, por el contrario, los infringe"[970].

Precisamente, hemos dedicado el presente Capítulo a desarrollar los fundamentos teóricos para el logro de una legislación penal racional y respetuosa con los límites materiales del Derecho penal (es decir, legítima desde el punto de vista material), y hemos traducido todos esos fundamentos en los criterios empleados en la evaluación legislativa, la cual nos proveería del material empírico necesario para poder enjuiciar la constitucionalidad de toda ley penal que se proyectara aprobar, o que se haya aprobado y aplicado en la realidad.

A la concreción del procedimiento específico a seguir para esto último, dedicaremos el siguiente Capítulo.

tividad] y eficiencia de una determinada normativa. Una correcta valoración sobre la norma no podrá, por tanto, realizarse si no se tiene en cuenta el funcionamiento y estructura de todas las instituciones que la ponen en práctica" (MIRÓ LLINARES, F.: *Proyecto…*, *ob. cit.*, p. 463).

[970] MARCILLA CÓRDOBA, G.: *Racionalidad legislativa. Crisis de la ley y nueva ciencia de la legislación*, Centro de Estudios Políticos y Constitucionales, Madrid, 2005, p. 335.

Capítulo VI.
PROPUESTA DE UN MODELO PARA LA EVALUACIÓN "EX ANTE" Y "EX POST" DE LAS CONSECUENCIAS DE LAS NORMAS PENALES

SUMARIO:

1. INTRODUCCIÓN: EXAMEN PREVIO DE ALGUNAS PROPUESTAS DOCTRINALES DE REFORMA EN NUESTRO CONTEXTO CULTURAL

1.1. Introducción

Han sido variadas las propuestas doctrinales que se han venido formulando en nuestro contexto cultural con la voluntad de mejorar la calidad (esto es, la racionalidad, así como, ligadas con este concepto, la eficacia, la efectividad y la eficiencia) de las leyes, principalmente para las producidas en el marco del Ordenamiento jurídico español.

Así, hay algunos autores que, como LÓPEZ AGUILAR, han puesto el acento en la necesidad de mejorar la denominada fase prelegislativa (entendiendo el autor por tal la conformada por el "estudio, análisis y negociación" de la ley), tras la constatación de que, en la línea de lo que pudimos exponer en el Capítulo I, se produce en la misma una "distorsión del tiempo de respuesta política, controlado a su vez por los medios", que redunda en la calidad de la respuesta política misma, dando lugar a "un proceso empobrecido, falto de tiempo de reflexión y distorsionado por la intermediación de medios de comunicación, con sus propios y privados intereses"[971]. Por ello, el autor propone, para lograr una "mayor racionalidad en la producción legislativa (que debe alcanzar tanto la actividad de legislar, como el resultado de legislar)", llevar a cabo una regulación "en detalle las fases prelegislativas del proceso, asegurando una mínima e imprescindible transparencia en el proceso de generación política", acompañada de un debate parlamentario de los elementos básicos de la ley de que se trate[972]. De hecho, LÓPEZ AGUILAR considera que "sólo con un resurgimiento y fortalecimiento del Parlamento como único órgano constitucional habilitado y competente de legislación cooperativa (junto con el Ejecutivo, claro, y mediante el control del ejecutivo), podemos garantizar la calidad y racionalidad debida en el proceso de producción normativa"[973].

---

971 LÓPEZ AGUILAR, J.F.: "La democracia mediática...", *ob. cit.*, p. 601.
972 LÓPEZ AGUILAR, J.F.: "La democracia mediática...", *ob. cit.*, p. 604.
973 LÓPEZ AGUILAR, J.F.: "La democracia mediática...", *ob. cit.*, p. 603.

Siendo ésta una propuesta válida, aunque un poco genérica o vaga en su formulación, encontramos propuestas doctrinales de mejora más concretas, centradas en la creación de nuevos organismos que vengan a mejorar la calidad de las leyes resultantes de nuestro actual proceso legislativo, tales como las que vamos a analizar a continuación.

1.2. Propuestas para el proceso legislativo en general

1.2.1. Instituto o Gabinete de Legística (GALIANA SAURA)

Así, GALIANA SAURA propone crear un **"Instituto o Gabinete de Legística"**, el cual "tenga como principal trabajo establecer un método científico de creación de la ley, y dispensar en esta materia una enseñanza a los 'legistas' que en el Parlamento, en los Gabinetes Ministeriales o en la Administración, toman parte en la redacción de los proyectos de ley o de los reglamentos"[974]. Si bien considera esta autora que el proyecto legislativo "debe ser redactado por expertos y juristas asesores de cada Ministerio", se trataría de que debiera "pasar necesariamente después por el filtro de un órgano central, donde se dialogase con los representantes de los intereses sociales en juego para, por último, llegar al procedimiento en sentido estricto, donde a través del discurso sea finalmente redactada y aprobada la ley en cuestión"[975].

En opinión de esta autora, "este método debería permitir elaborar disposiciones normativas que sean los instrumentos adecuados y eficaces de realización de la voluntad política". Pero, ¿cómo? Considera GALIANA SAURA que se debería reformar el Parlamento creando ese Instituto o Gabinete, como "oficina especializada en la redacción de leyes que esté compuesta no solamente por juristas, sino también por asesores técnicos en materias especializadas"[976]. Su principal objetivo sería "establecer métodos de mejora en la creación de leyes que permitan, a su vez, elaborar disposiciones normativas más adecuadas que llevan a realizar la voluntad política y social". Así, pues, en él se debería "estudiar la eficacia, efectividad y eficiencia potencial de la

---

974 GALIANA SAURA, Á.: *La Ley…*, *ob. cit.*, p. 73.
975 GALIANA SAURA, Á.: *La Ley…*, *ob. cit.*, p. 332.
976 GALIANA SAURA, Á.: *La Ley…*, *ob. cit.*, p. 332.

ley, el lenguaje jurídico, las posibilidades de la aceptación de la norma por sus destinatarios, las condiciones de su validez, su finalidad, su coherencia con el Ordenamiento jurídico, su viabilidad administrativa, y la evaluación de sus efectos"[977].

Y es que "para asegurar la confección de leyes adecuadas, se han de tomar en consideración los análisis relativos a las relaciones socioeconómicas que determinan la eficacia, la efectividad y la eficiencia potencial de las leyes, así como los estudios relativos al Derecho positivo, sobre las propiedades del lenguaje del Derecho y sobre la psicología de los destinatarios de la ley". En definitiva, concluye GALIANA SAURA, este nuevo órgano "debería permitir a los legistas evaluar los efectos de la legislación recurriendo, no solamente a los análisis jurisprudenciales, sino también a las investigaciones sociológicas, esclareciendo los factores de efectividad y de eficacia de las leyes" [978].

Reconoce no obstante la propia autora que "el principal problema con el que puede chocar este planteamiento se encuentra en determinar las características y funciones que han de desarrollar los expertos o técnicos especializados en materias jurídicas concretas, así como en encontrar los medios adecuados para la supervisión y el control de su actividad"[979].

1.2.2. Observatorio de Técnica y Evaluación Legislativa (FERNÁNDEZ CARNICERO)

También proponiendo la creación de un nuevo órgano, la propuesta de FERNÁNDEZ CARNICERO se encamina a colmar directamente la plausible laguna existente en nuestro Ordenamiento jurídico en el ámbito de evaluación de efectos o consecuencias de las leyes. Así, propone que la articulación del que él considera un necesario diálogo, entre la voluntad de representantes políticos y de expertos jurídicos cualificados para la evaluación legislativa, "debería llevarse a cabo a través de lo que a título orientativo y provisional" al que el autor da la denominación de **"Observatorio de Técnica y Evaluación Legislativa"**, el cual "puede ser un punto de encuentro interactivo, un sistema de evaluación flexible y permanente, configurado de

[977] GALIANA SAURA, Á.: *La Ley…*, *ob. cit.*, p. 333.
[978] GALIANA SAURA, Á.: *La Ley…*, *ob. cit.*, p. 73.
[979] GALIANA SAURA, Á.: *La Ley…*, *ob. cit.*, p. 333.

modo descentralizado, con dos niveles: estatal y autonómico"[980], órgano que tendría carácter interno y, por tanto, supondría descartar "modelos que externalizan la evaluación legislativa mediante agencias públicas, presuntamente autónomas"[981].

De este modo, propone este autor que dicho Observatorio se sitúe en el Congreso de los Diputados, y se trataría de llevar a cabo a través del mismo "un seguimiento externo de la elaboración de la ley", abriendo "periodos limitados en los que, tanto en fase gubernativa [entiéndase prelegislativa, para la confección del correspondiente proyecto de ley en sede ministerial] como en fase parlamentaria [...] los operadores jurídicos [...] puedan contribuir voluntariamente a mejorar la técnica normativa y a evaluar el alcance mismo de la iniciativa legislativa"[982].

A juicio de este autor, mediante el asesoramiento externo de la comunidad jurídica que tendría lugar en el seno de este nuevo órgano, se introduciría "solvencia y transparencia en un proceso de elaboración de las leyes", criticando que el mismo se halle normalmente "secuestrado por el decisionismo tecnocrático o por la consultoría privilegiada de despachos amigos del poder político de turno; despachos en los que suele medrar un lucrativo tráfico de influencias, por supuesto opaco y exento de la responsabilidad propia e intransferible del legislador"; por ello, sostenía FERNÁNDEZ CARNICERO que, "frente a este riesgo de corruptelas incontroladas, con la transparencia se introduce un grado notable de sinergia y de democracia participativa en la que el papel fundamental de quienes tienen legitimidad política para decidir se ve complementado por la colaboración o el auxilio de quienes tienen competencia para conocer y, por tanto, para debatir cada materia"[983].

¿Cómo funcionaría exactamente este Observatorio de Técnica y Evaluación Legislativa? En concreto, los distintos operadores jurídicos que desempeñaran esa tarea de asesoramiento podrían "enviar a los parlamentarios, individualmente o a través de los grupos respectivos, en los primeros días del plazo de presentación de enmiendas a un proyecto o proposición de ley, tras su publicación en la red,

980 FERNÁNDEZ CARNICERO, C.J.: "La evaluación legislativa...", *ob. cit.*, p. 165.
981 FERNÁNDEZ CARNICERO, C.J.: "La evaluación legislativa...", *ob. cit.*, p. 165.
982 FERNÁNDEZ CARNICERO, C.J.: "La evaluación legislativa...", *ob. cit.*, p. 166.
983 FERNÁNDEZ CARNICERO, C.J.: "La evaluación legislativa...", *ob. cit.*, p. 166.

las observaciones técnicas o de evaluación de la iniciativa que consideren oportunas; observaciones que, obviamente, podrán ser formalizadas o no, como enmiendas, por los legisladores"[984]. Y es que, además, para FERNÁNDEZ CARNICERO, el Observatorio creado podría "favorecer también el diálogo permanente de los operadores jurídicos con los parlamentarios individuales y con sus grupos, al ser unos y otros los destinatarios de toda información jurídica referida a posibles disfunciones, carencias técnicas de la legislación aprobada o incumplimiento de mandatos normativos", lo cual obligaría a su juicio, además, "como efecto indirecto, a superar la vieja inhibición o desinterés del Parlamento respecto del seguimiento de sus propias leyes" [985], lo cual es, precisamente, un defecto que pretendemos contribuir a eliminar mediante el presente trabajo.

1.2.3. Oficina de Evaluación Legislativa (OELCKERS CAMUS y BRONFMAN VARGAS)

Proponen los autores chilenos OELCKERS CAMUS y BRONFMAN VARGAS para el Ordenamiento jurídico de su Estado, la creación de una **"Oficina de Evaluación Legislativa"** dentro del Parlamento, inspirada en la "General Accounting Office" (GAO) de los Estados Unidos que ya estudiamos en el Capítulo III. Se trataría de configurarla como una "organización permanente" dentro del poder público, aunque no descartan la posibilidad de que se encomendaran "estudios evaluativos concretos a empresas privadas [consultora, sociedad profesional, centro de estudio, universidad, etc.], siempre que el encargo se realice bajo unas condiciones que garanticen el cumplimiento de las obligaciones establecidas para el consultor externo"[986].

Prefieren estos autores la adscripción, ya señalada, de esta Oficina al Parlamento antes que al Ejecutivo, bajo la consideración, para nada errónea, de que "la organización jerárquica del Ejecutivo y sus dependencias, y la uniformidad de los intereses políticos que suele defender, hacen difícil el funcionamiento de una oficina evaluadora independiente en su seno", ya que podría negarse a difundir su

[984] FERNÁNDEZ CARNICERO, C.J.: "La evaluación legislativa...", *ob. cit.*, p. 167.

[985] FERNÁNDEZ CARNICERO, C.J.: "La evaluación legislativa...", *ob. cit.*, p. 167.

[986] OELCKERS CAMUS, O./BRONFMAN VARGAS, A. (EDS.): *La evaluación..., ob. cit.*, pp. 119-120.

actividad en caso de ser contraria a tales intereses, si es que no ha tratado antes de influir en la ejecución de su actividad evaluadora o, en su defecto "desvirtuarla o impedirla[987]. Y, además, aun en el caso de que no se produzcan influencias directas, "siempre está el peligro de una autocomplacencia que justifique o encubra los errores cometidos (por ejemplo, reduciendo el análisis a aspectos presupuestarios formales o de gestión, sin estudiar el conjunto de problemas que se busca solucionar)"[988].

Todas estas inconveniencias o problemas, por tanto, "podrían ser subsanados con la adscripción del organismo evaluador a una institución pluralista como el parlamento", pues defienden estos autores que "la evaluación realizada desde el órgano parlamentario, sin duda, asegura un examen más completo y transparente", aunque, en todo caso, habría que asegurar que esta Oficina tenga "un claro carácter técnico, corporativo e independiente"[989], como caracterís-

---

[987] OELCKERS CAMUS, O./BRONFMAN VARGAS, A. (EDS.): *La evaluación..., ob. cit.*, pp. 120-121.

[988] OELCKERS CAMUS, O./BRONFMAN VARGAS, A. (EDS.): *La evaluación..., ob. cit.*, nota 86, p. 120.

[989] OELCKERS CAMUS, O./BRONFMAN VARGAS, A. (EDS.): *La evaluación..., ob. cit.*, p. 121. Para estos autores, "el **carácter técnico** es una exigencia que surge de las características de la función evaluadora. Las decisiones sobre la actividad legislativa son de exclusiva competencia de diputados y senadores y no cabe interferir en su relación de representación con la ciudadanía. Si se admite la participación en el proceso legislativo de grupos asesores que puedan funcionar, en la práctica, como representantes de un interés social, podría lesionarse la función representativa, mermando su capacidad de decisión. En consecuencia, no es posible aceptar la influencia de elementos de decisión que tengan un origen representativo o social, aun cuando pudiesen constituir un aporte efectivo a la elaboración de la ley. El apoyo que se ofrece a los legisladores tiene que estar lejos de la esfera política y social, y concebirse como una labor técnica, basada en los conocimientos que aportan distintas disciplinas, que pretende ilustrar el ejercicio de competencias encomendadas a diputados y senadores. No hay una influencia indebida sobre los legisladores si lo que se añade es una evaluación proveniente de una oficina evaluadora que actúa siguiendo criterios técnicos generalmente aceptados.

El **carácter corporativo** alude a los rasgos del vínculo que unen a la oficina evaluadora con el parlamento. Ella ha de ser un órgano interno del parlamento, carente de potestad jurídica para relacionarse en forma independiente con otros órganos del Estado o particulares. Es el servicio a los intereses colectivos del parlamento el que legitima formal y sustantivamente las competencias de la oficina evaluadora. En lo formal, la potestad parlamentaria es la que autoriza las actuaciones de esta oficina respecto de terceros [...]. En lo sustantivo, el desempeño de las competencias constitucionales por el parlamento es el que fundamenta la actividad de órganos que apoyan su ejercicio. Si bien las relaciones de una oficina de evaluación con la administración ticas básicas, pues "una oficina evaluadora que no tenga un carácter técnico, no tenga un vínculo orgánico fuerte con el parlamento o carezca de independencia, tendrá utilidad limitada para el proceso legislativo"[990].

1.3. Propuestas para el proceso legislativo penal

1.3.1. "Organismos encargados de recabar información sobre las pretensiones y necesidades reales de la sociedad" (Soto Navarro)

Centrándonos en el proceso legislativo en materia penal, pero todavía hablando también de propuestas de creación de nuevos órganos, Soto Navarro postuló en su momento la necesidad de crear "organismos encargados de recabar información sobre las pretensiones y necesidades reales de la sociedad", esto es, de recoger "información empírico-social", tal y como ocurre en otros ámbitos, como en el caso de "los Consejos económicos, sociales o culturales, que incluyen en su composición, junto a expertos en las materias correspondientes, también a representantes de sindicatos, de organizaciones empresariales, de consumidores o de grupos sociales directamente interesados en ciertas decisiones del Gobierno (sanidad, educación,

pública o con la sociedad no parecen requerir mandatos imperativos, es conveniente regular en la ley y en los reglamentos parlamentarios el preciso alcance de sus competencias, cuyo ejercicio, en todo caso, dependerá siempre de una autorización implícita o explícita de la autoridad política. Reiteremos que el servicio a toda la institución es el mejor fundamento para sus competencias, pues las labores realizadas para un grupo partidista o de parlamentarios no parecen suficientes para justificar competencias respecto de terceros.

El **carácter independiente** alude a la necesaria distancia de la oficina evaluadora respecto de intereses ajenos a los técnicos. En primer lugar, este órgano del parlamento debe ser independiente respecto del Ejecutivo, pues no tendría utilidad un servicio de evaluación que se limitase a analizar la información que el gobierno entrega al parlamento. En segundo lugar, es clara la necesidad de independencia de la oficina de evaluación de todo tipo de intereses privados y de instituciones ajenas al parlamento. La influencias externas podrían alterar de modo profundo la consecución de los fines de la evaluación. Por último, la oficina de evaluación debe ser no partidista y prestar un servicio equivalente y neutral a todos los miembros del parlamento" (Oelckers Camus, O./Bronfman Vargas, A. (Eds.): *La evaluación…*, *ob. cit.*, pp. 121-122).

[990] Oelckers Camus, O./Bronfman Vargas, A. (Eds.): *La evaluación…*, *ob. cit.*, pp. 122-123.

industria, agricultura, pesca, comercio exterior, etc.)"[991]. Así, a juicio de la autora, "la *seria* toma en consideración de sus análisis empírico-sociales y de sus propuestas de intervención contribuiría a una planificación racional de la política legislativa criminal del Gobierno"[992].

1.3.2. Nueva regulación de la burocracia gubernamental en fase prelegislativa y de las comisiones parlamentarias en fase legislativa (DÍEZ RIPOLLÉS)

Finalmente, y también en el marco del proceso legislativo penal, hay otros autores que, como DÍEZ RIPOLLÉS, proponen una nueva regulación a nivel organizativo y procedimental de la burocracia gubernamental que interviene en la fase prelegislativa de toda reforma penal, regulación que pivotaría sobre órganos ya existentes y que contemplaría la consecución de una serie de requerimientos ineludibles, relacionados –muy sintéticamente– con la creación de un grupo de trabajo que cumpla con las características de especialización e independencia, con el objeto de que sus estudios adquieran una cierta profundidad material[993]:

> "1) Consolidación de un *núcleo experto estable* en el Ministerio de Justicia, que no esté constituido exclusivamente por juristas o criminólogos, y que tenga a su cargo la elaboración de los anteproyectos de ley penal, sin que baste con el control puramente técnicojurídico de la Secretaría general técnica.
>
> 2) Reconocimiento de un *segundo nivel de pericia* estable u ocasional en el propio Ministerio, en el que intervengan expertos sin dependencia política directa, y que esté en condiciones de depurar los textos de contenidos especialmente circunstanciales, políticamente contingentes o defectuosos técnicamente[994]; la Comisión

---

991 SOTO NAVARRO, S.: *La protección penal…, ob. cit.*, pp. 133 y 159.

992 SOTO NAVARRO, S.: *La protección penal…, ob. cit.*, p. 133.

993 DÍEZ RIPOLLÉS, J.L.: *La racionalidad…, ob. cit.*, pp. 46-48.

994 Quizá en este "segundo nivel de pericia" encajaría la propuesta de SOTO NAVARRO de "confiar la defensa de los intereses de los afectados a los expertos con cualificación técnico-jurídica, que puedan tener acceso a la elaboración de los proyectos o proposiciones de ley", si bien "habría que garantizar la independencia de los asesores externos y un marco de colaboración no limitado al estrecho cauce de los informes en la fase preparatoria", pues "la práctica legislativa muestra, por un lado, que los expertos llamados a participar en cada proceso legiferante son seleccionados en función de los intereses políticos que predominen y, por otro, que sus dictámenes *ad hoc* tienen escasa incidencia en los textos preparados por la burocracia ministerial, porque se solicitan de-

general de Codificación[995] o las comisiones específicas creadas *ad hoc* podrían ser una buena base.

3) Obligatoriedad de un *tercer nivel de actividades de pericia* bajo iniciativa del Consejo de Ministros, con los siguientes contenidos:

a) Consideración potenciada de los *dictámenes preceptivos*, asegurándose que su emisión se prevé para un momento en el que sus propuestas estén a tiempo de tenerse en cuenta, que no

masiado tarde". Se hace eco la autora de la propuesta de Voss para "superar estas deficiencias del asesoramiento científico", basada en que "se le dote de una organización estable, de modo que se creen foros permanentes de reflexión, en los que no sólo se analicen las repercusiones de concretas medidas legales proyectadas, sino que también se aporten valoraciones fundamentadas sobre la dirección en que debe desenvolverse la política criminal a largo plazo"; explica la autora que "Voss pone como ejemplo el grupo de trabajo alemán, formado por profesores de Derecho penal, que, a iniciativa propia, acometió la tarea de elaborar un Proyecto Alternativo de Código penal en 1966. La influencia de sus propuestas legales, ampliamente difundidas en los medios de comunicación, desembocó en la creación de una comisión estable con un importante papel en el asesoramiento del Parlamento". Destacaba la autora que en España también existían iniciativas parecidas "como, por ejemplo, la Sección Penal de la Comisión General de Codificación, que tuvo notable influencia en el Proyecto de Código penal de 1980" y que "otro ejemplo actual es el Grupo de Estudios de Política Criminal, constituido en grupo permanente de trabajo, cuya pretensión es desarrollar propuestas político-criminales relativas a ámbitos sociales especialmente problemáticos". No obstante, la autora dejaba constancia de que "todos los grupos de trabajo mencionados se componen exclusivamente de juristas, echándose en falta la colaboración de expertos en otras disciplinas vinculadas a las materias concretas objeto de discusión" (SOTO NAVARRO, S.: *La protección penal…*, *ob. cit.*, pp. 159-160).

[995] Siguiendo los pasos de su maestro, BECERRA MUÑOZ propone potenciar en particular el papel de la Comisión General de Codificación en el proceso de creación de las leyes penales. Para ello propone la traslación para la misma de ciertos elementos de la "Comisión Superior de Codificación" francesa, de la "Comisión Legislativa Permanente" británica y de la "Oficina de Política Legal" (OPL) estadounidense, de tal modo que nuestra Comisión General de Codificación pasara a "gozar de cierta independencia a la hora de seleccionar los temas sobre los que pronunciarse, además de recibir requerimientos por parte de diferentes actores previamente delimitados. Su labor se realizaría al margen del proceso legislativo y podría generar informes y pronunciamientos acerca de la legislación vigente, proponiendo textos alternativos, modificaciones, fusiones, etc. de la normativa actual. Al no tratarse de un órgano con iniciativa legislativa propia, sus conclusiones tan sólo podrán motivar y proporcionar soporte experto a posibles iniciativas de los actores legitimados para ello. La recopilación de sus pronunciamientos podría constituir una interesante fuente de argumentación sobre determinados sectores de nuestro ordenamiento, siempre que este órgano fuera capaz de adquirir el prestigio y la independencia política necesarios para abordar los asuntos en toda su complejidad y al margen de las perentorias necesidades del proceso legislativo" (BECERRA MUÑOZ, J.: *La toma de decisiones…*, *ob. cit.*, p. 398). Parece decantarse por centralizar también en este órgano la evaluación de las leyes penales MUÑOZ DE MORALES ROMERO, M.: "Evaluación legislativa y…", *ob. cit.*, p. 48.

tienen vedado sistemáticamente el pronunciamiento sobre cuestiones políticojurídicas, o de oportunidad o conveniencia según la jerga administrativa, a favor de las técnicojurídicas, y cuyo carácter vinculante no debe negarse en todo caso.

b) Expresa toma en consideración de las opiniones de los agentes sociales ya sobrepasados, en concreto, grupos de presión, opinión pública y afectados, a cuyos efectos se deberán utilizar mecanismos ya previstos legalmente para la elaboración de reglamentos, como el trámite de audiencia a grupos o asociaciones con fines relacionados con el objeto de la ley, o incluso el trámite de información pública, sin olvidar estudios fiables demoscópicos.

c) Expresa valoración de la suficiencia del conocimiento experto adquirido durante la elaboración ministerial del anteproyecto, procediéndose a ulteriores estudios en caso contrario.

4) Aseguramiento de que el procedimiento decisional se va a mover en un plano sustancial y no meramente formal, lo que implica:

a) la toma en consideración de determinados aspectos materiales;

b) una adecuada secuenciación de la decisión que diferencie entre el análisis de la realidad social existente, los objetivos a perseguir y los medios a disponer para ello;

c) atender a los resultados de disciplinas especializadas, sea en el ámbito empíricosocial sea en el jurídico;

d) la concreción y desarrollo de las habituales referencias a necesidad, oportunidad y coste en función de las racionalidades que les sirven de referencia;

e) una vinculación expresa de los contenidos técnicojurídicos a las racionalidades lingüística y jurídicoformal, y

f) una motivación individualizada de cada una de las decisiones de cierta relevancia contenidas en la norma propuesta, lo que habría de posibilitar su eventual cuestionamiento en la fase legislativa, además de sentar las bases para impugnaciones posteriores de la validez de la ley".

Además, DÍEZ RIPOLLÉS también considera necesario potenciar el papel de las Comisiones en sede parlamentaria, esto es, ya en la fase legislativa, llevando a cabo una reforma de los Reglamentos de ambas Cámaras que reforzaran "las actividades de pericia y audiencia de agentes sociales que podrían ser llevadas a cabo por las comisiones", por ejemplo, estableciendo como obligatorio el "acompañamiento al dictamen de la comisión de determinados estudios sobre impacto social, costes económicos, viabilidad... de la iniciativa legislativa", los cuales "debieran realizarse en sede parlamentaria en contraste a los aportados por los promotores, por lo general gubernamentales, de la iniciativa legislativa"[996].

1.3.3. División de Política Criminal (Becerra Muñoz)

Aparte de su propuesta de potenciar el papel de la Comisión General de Codificación[997] que se ha explicitado en nota al pie en el subepígrafe anterior, es muy destacable la propuesta de este autor en torno a la creación de una específica **"División de Política Criminal"**[998]. Ésta se adscribiría al Ministerio de Justicia, dentro de una "Subdirección de Políticas Públicas" que sustituyera a la actual "Subdirección de Política Legislativa", y que contara con tantas Divisiones como materias estimara necesarias el Ministerio. Su personal debería ser "estable y especializado en materia político-criminal", contando por tanto con "conocimientos jurídicos así como criminológicos", pero sin descartar "otros perfiles profesionales relacionados"[999], como ocurre, según señala el propio autor, en la "Office of Policy and Legislation" (OPL) estadounidense, a la que nos hemos referido en su momento en el Capítulo III.

El papel de esta División sería fundamental, por un lado, a la hora de abordar la fase inicial de "definición del problema", y, por otro, contro-

---

996 Añade el autor no obstante que "Sería sensato no exigirles el detalle y minuciosidad que debieran tener estos últimos, pero deberían estar en condiciones de funcionar como una validación de los trabajos contenidos en la iniciativa legislativa (Díez Ripollés, J.L.: *La racionalidad..., ob. cit.*, p. 55).

997 Sobre la progresiva pérdida de relevancia del papel de este órgano en materia legislativa penal desde su creación en el siglo XIX hasta nuestros días, con una breve reaparición en el período 2005-2006 a través de una Sección especial para la revisión del Código penal, véase González Hurtado, J.A.: *Aproximación a la fase prelegislativa en la elaboración de normas penales. La Comisión General de Codificación y el Derecho penal en la actualidad*, Dykinson, Madrid, 2013.

998 Inicialmente en Becerra Muñoz, J.: *La toma de decisiones..., ob.cit.*, pp. 529-591. Posteriormente en Becerra Muñoz, J.: "Propuestas...", *ob. cit.*, pp. 141-176.

999 Becerra Muñoz, J.: "Propuestas...", *ob. cit.*, p. 146. Por ejemplo, "expertos en informática para la construcción de nuevas redes de comunicación, bases de datos o registros; en materia financiera o económica para realizar evaluaciones coste-beneficio o coste-eficiencia de las diferentes alternativas; con conocimientos relacionados con el ámbito de las ingenierías para la evaluación y mejora de los procesos; etc." (Becerra Muñoz, J.: "Propuestas...", *ob. cit.*, p. 151).

lando a continuación técnicamente el paso de asuntos "desde la agenda sistémica, donde se recogen las demandas de la sociedad, hasta la agenda institucional, formada por los asuntos en los que se decide tomar cartas"[1000]. Tras ambas tareas, la División debería tener un "papel relevante" a la hora de abordar "la descripción y selección de alternativas posibles" [1001] y, finalmente, coordinando globalmente todo el procedimiento de evaluación "ex ante" de la norma penal de que se trate[1002], esencialmente materializado en la confección de un "dossier de trabajo" que recoja "de manera ordenada todos los aspectos del proceso y al que se irán incorporando las distintas fuentes de información que vayan enriqueciéndolo", y que esté compuesto por los siguientes documentos[1003]:

1. Resumen ejecutivo (RE) del plan de la norma o política a elaborar.
2. Documento marco (DM), que debería contener la siguiente información, expuesta aquí de forma muy sintética[1004]:
   — Evaluación del contexto: antecedentes de hecho, antecedentes de Derecho y competencias ejercidas.
   — Diagnóstico: análisis del problema, análisis de la población objetivo y estudio de las necesidades.
   — Descripción de los objetivos de la política.
3. Cronograma de actuaciones realizadas (CG), como, por ejemplo, las peticiones de informes, investigaciones o dictámenes, que se irán incorporando como Anexos.
4. Diseño de la política (con la exposición de las medidas propuestas y la discusión de las alternativas contempladas para cada una de ellas) y Plan de implementación (identificando las intervenciones a llevar a cabo en relación con los problemas a resolver, la población objetivo y las necesidades) (DI).
5. Análisis de coherencia externa (CH), confrontando la norma o programa en elaboración con otras políticas o intervenciones similares con las que pueda entrar en conflicto.
6. Anexos.

1000 BECERRA MUÑOZ, J.: "Propuestas...", *ob. cit.*, pp. 149-150.

1001 BECERRA MUÑOZ, J.: "Propuestas...", *ob. cit.*, p. 150.

1002 BECERRA MUÑOZ, J.: "Propuestas...", *ob. cit.*, pp. 164-174.

1003 BECERRA MUÑOZ, J.: "Propuestas...", *ob. cit.*, pp. 169 y 166-167.

1004 Más adelante, dentro de este mismo Capítulo, la explicaremos con mayor detalle.

Pues bien, siendo realmente interesantes y sugerentes la mayor parte de estas propuestas, no es el momento todavía de entrar a valorarlas y decantarse, o no, por unas o por otras. Lo haremos cuando, en breve, abordemos las características que debería tener el órgano (u órganos) al que encargar la evaluación de la legislación penal. Antes debemos plantear desde sus cimientos teóricos qué contenidos básicos debería incluir un programa evaluativo que quisiera cumplir seriamente con el cometido de evaluar "ex ante" (evaluación de impacto) y "ex post" (evaluación de implementación) las consecuencias y efectos de las normas penales en nuestro Estado.

2. PLANTEAMIENTO Y CONTENIDO DEL PROGRAMA EVALUATIVO A IMPLEMENTAR

2.1. El modelo teórico evaluativo "Context + Mechanism = Outcome" (CMO)

Como inspiración del programa evaluativo que se debería aplicar, hemos encontrado muy sugerente la propuesta de PAWSON y TILLEY sobre un modelo de "evaluación realista"[1005] en Ciencias Sociales basado en el método científico de experimentación propio de la Física[1006], en el que se tendrían que analizar en todo programa de intervención social tres parámetros básicos sobre la base de la siguiente fórmula: Contexto + Mecanismo = Resultado, de tal forma que se podrá decir que el programa de intervención social de que se trate funciona (tiene resultados satisfactorios) tan sólo en la medida en que introduzca las ideas y oportunidades apropiadas (mecanismos) para los grupos implicados en las condiciones sociales y culturales adecuadas (contextos)[1007].

Como decimos, el modelo evaluativo de estos autores propone una visión muy similar a la de la evaluación experimental, a la vez que contra-

[1005] Si bien los propios autores reconocen que el camino que trazan en su obra desde la investigación hasta la política es indudablemente un "ideal", afirman que son conscientes de que en el proceso de creación de las políticas también juega un papel fundamental el mundo de la "realpolitik", de tal modo que los programas de intervención social "viven o mueren" por una multiplicidad de factores ajenos a las propias decisiones de los evaluadores (PAWSON, R./TILLEY, N.: *Realistic Evaluation*, *ob. cit.*, pp. 211-212). De ahí que su modelo evaluativo sea definido por ellos mismos como "realista".

[1006] PAWSON, R./TILLEY, N.: *Realistic Evaluation*, *ob. cit.*, p. 56.

[1007] PAWSON, R./TILLEY, N.: *Realistic Evaluation*, *ob. cit.*, p. 57.

puesta a lo que ellos denominan la evaluación pragmática. En el primer caso, lo procedente es partir de la estrategia metodológica (configurada sucesivamente por el planteamiento epistemológico, el diseño del método y adaptación a la realidad) y, en una segunda fase, abordar la implementación de la política (a través de su programación primero, de su seguimiento después y, finalmente, del análisis de su utilidad); en el caso de la evaluación pragmática sucede en sentido contrario, de tal manera que la primera gran fase es la implementación de una determinada decisión interventiva para, en una segunda fase, a la luz de la información recabada, realizar el diseño de una estrategia metodológica adecuada para evaluarla[1008]. PAWSON y TILLEY, pues, proponen un esquema de trabajo casi idéntico al de la evaluación experimental con una salvedad: en la primera fase, la de diseño de la estrategia metodológica, tras el planteamiento epistemológico, se comprobará entonces su posible adaptación a su contexto real y, tras ello, será cuando se deberá abordar la parte más técnica del método evaluativo a aplicar.

Así, pues, la aplicación de este modelo implicaría la necesidad de, realizado el planteamiento epistemológico que, en nuestro caso, estaría identificado con los contenidos de racionalidad y legitimidad material que hemos asignado a los criterios de efectividad, eficacia y eficiencia jurídico-penal, pasar a continuación a estudiar el contexto propio de la evaluación legislativa penal a emprender, constituido por los grupos implicados y sus condicionantes sociales y culturales. Así, una vez hecho eso, podremos afrontar a partir de ese momento las fases más técnicas del diseño de una metodología que pueda ser válida a la hora de acometer una evaluación legislativa penal, tanto "ex ante", como "ex post".

2.2. Diseño metodológico de la evaluación

Como cualquier otro proyecto técnico, la evaluación debe ser planificada con suficiente antelación. Sintetizando mucho, la estructura de la planificación vendrá dada por "una serie de preguntas que traduzcan los objetivos de la evaluación en un programa de investigación realista y viable para el que se deben disponer de los medios técnicos internos y si es necesario externos que permitan responder a esas preguntas"[1009].

1008 PAWSON, R./TILLEY, N.: *Realistic Evaluation*, *ob. cit.*, pp. 7 y 15.

1009 CABALLERO SANZ, F.: "La evaluación...", *ob. cit.*, p. 158.

Siendo más exhaustivos en la explicación, la estructura completa del proceso de evaluación al que sea sometida una norma jurídico-penal debería seguir el esquema esbozado por MUÑOZ ARENAS[1010], que sería el siguiente:

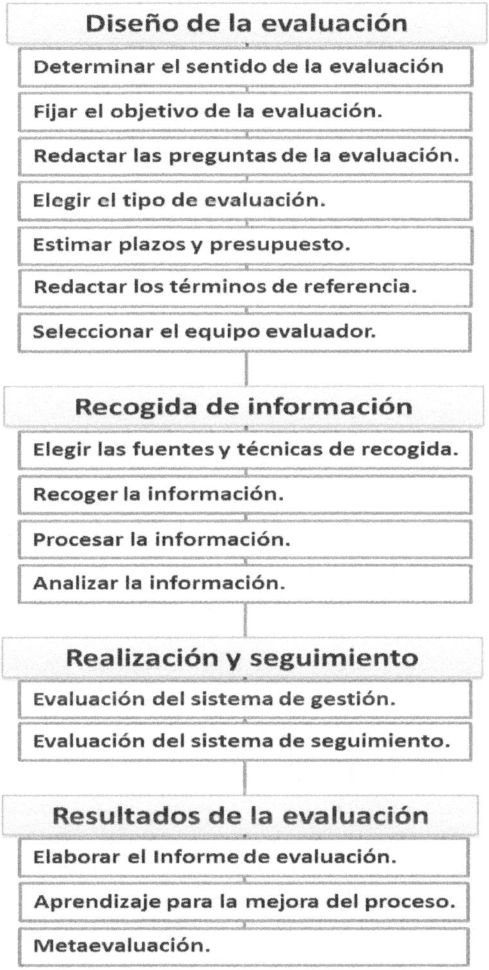

Como se ve, de tal esquema impone en primer lugar "Determinar el sentido de la evaluación", esto es, realizar el planteamiento epis-

1010 MUÑOZ ARENAS, A.: "Aspectos teóricos y…", *ob. cit.*, p. 46.

temológico de la misma, tras lo cual, en nuestro caso, siguiendo el modelo CMO y como habíamos advertido, introduciremos un paso metodológico intermedio no contemplado en dicho esquema, consistente en examinar la adaptación de la evaluación legislativa penal que se emprenda a su contexto aplicativo, constituido por los grupos implicados y sus condicionantes sociales y culturales.

2.2.1. *Epistemología o sentido de la evaluación: los criterios evaluativos de efectividad, eficacia y eficiencia*

Comenzando con el primer paso, de carácter epistemológico, la evaluación de la norma penal, debe examinar tres cuestiones centrales en toda intervención punitiva: efectividad, eficacia y eficiencia, que deben erigirse en los criterios sobre los que pivote el análisis evaluativo y sobre la base de los cuales se expongan posteriormente los resultados obtenidos.

En efecto, como vimos en el Capítulo anterior, desde el punto de vista de la **racionalidad**, actuar bajo los postulados de ésta orientará al creador de la ley sobre cómo lograr que la decisión legislativa sea (siguiendo a ATIENZA), **efectiva** (de tal forma que el comportamiento de los destinatarios se adecúe a lo prescrito en la ley *–racionalidad pragmática–*) y **eficaz** (que los efectos por ella producidos se correspondan con los fines sociales que se perseguían con su creación *–racionalidad teleológica–*), sin renunciar a que la ley así creada cumpla estas dos características a un coste razonable, esto es, que sea **eficiente** (como *dimensión transversal* de la racionalidad), lo que, en este caso, será medido en términos de restricción de libertad.

Hay que apuntar, en cuanto a la efectividad, que la misma será básicamente una condición de la eficacia, en la medida que si una norma no es cumplida por los ciudadanos, difícilmente cumplirá sus objetivos o fines. Así, pues, aunque estamos todavía en el plano de la racionalidad, es obvio que la efectividad de una norma por sí misma no es suficiente, como tampoco lo es en el plano de la legitimidad material.

Precisamente, desde el punto de vista de la **legitimidad material**, esto es, el de la *racionalidad ética*, consideramos que los principios que la componen (necesidad o lesividad, intervención mínima y proporcionalidad, más prevención de comportamientos delictivos) estarán relacionados, igualmente con la eficacia, la efectividad y la eficiencia del Derecho penal.

Concretamente la **eficacia** de una norma vendrá dada por la correspondencia de los efectos de la norma penal con sus fines, es decir, por el cumplimiento de los fines del Derecho penal, expresados en el cumplimiento de los principios de necesidad, intervención mínima y proporcionalidad, en orden al logro, en primer término, de una prevención de los comportamientos delictivos. Y es que entendemos que el Derecho penal tiene como fines la prevención general pero, también, la reducción de la violencia estatal, a través de los principios limitantes de intervención mínima y necesidad del castigo, además del esencial principio de proporcionalidad, siendo necesario exigir el cumplimiento de tales fines. Así, pues, no se podrá entender que una ley es legítima desde el punto de vista material con el mero cumplimiento de los objetivos o fines político-criminales que se hubiera propuesto. No se puede entender que, por el mero hecho de que una ley cumpla con sus fines preventivos, ésta es legítima materialmente. Y ello porque, como decimos, junto a la prevención, el otro fin fundamental del Derecho penal es, paralelamente, la reducción de la violencia estatal y, por tanto, la mínima intervención, ya que estamos hablando, en definitiva, de que el Derecho penal, en tanto es el recurso más drástico con que cuenta el Estado, ha de ser limitado "a lo estrictamente necesario"[1011]. Así, pues, los fines legítimos del Derecho penal en un Estado social y democrático de Derecho (o, en otras palabras, la eficacia del Derecho penal en este marco político), no están identificados sólo con la prevención de comportamientos delictivos sino, también, con la propia reducción o autolimitación de la violencia estatal, tal y como venimos sosteniendo.

Por su parte, la **efectividad** tendrá que ver con, cumplido lo anterior, la constatación del logro de una prevención real de los comportamientos delictivos. Esto es, la efectividad de la norma penal vendrá dada por la constatación de que el comportamiento de los ciudadanos, destinatarios de la norma, se desarrolla conforme a lo establecido por ésta.

Finalmente, la **eficiencia** (en tanto "es necesario analizar si los objetivos se han conseguido a un coste razonable y, si es posible, al mínimo coste posible"[1012]), como dejamos apuntado al final del anterior

---

[1011] MENDOZA BUERGO, B.: *El Derecho penal en…, ob. cit.*, p. 186.
[1012] CABALLERO SANZ, F.: "La evaluación…", *ob. cit.*, p. 158.

Capítulo, estará relacionada con un saldo positivo resultante de la ponderación entre los costes de la intervención en términos de restricción de libertad, y los beneficios traducidos en incrementos reales de seguridad general para la sociedad. Esto es, en tanto la eficiencia es la eficacia al menor coste, vendrá dada por la prevención (reducción), de comportamientos lesivos o peligrosos para los intereses sociales considerados valiosos, buscada a través del más grave medio de intervención que el Estado tiene a su disposición, toda vez que se haya constatado el cumplimiento de los principios que legitiman materialmente tal intervención (lo que significa básicamente que se ha cumplido con los fines de reducción de la violencia estatal) y, en particular, el cumplimiento del principio de intervención mínima, por ser el principio en el que aparecen más íntimamente ligados estos dos criterios de eficacia y de eficiencia: el cumplimiento de ambos significa que se han conseguido los fines de, por un lado, prevención de delitos y, por otro, reducción de la violencia estatal.

Valga realizar el apunte final de que, como vimos más atrás que establecía MIRÓ LLINARES, el coste a evaluar en la eficiencia ha de ser entendido en términos de intromisión en esferas de libertad, pues, "en una sociedad que parte de la libertad y la dignidad de la persona como pilares del sistema democrático, deberá evaluarse el coste en términos de intervención en la libertad de los ciudadanos que supone la implantación de una determinada política pública a través de una norma"[1013].

Creemos que es útil cerrar este subepígrafe haciendo mención final al hecho de que, mientras que en nuestro modelo evaluativo los criterios de eficacia, efectividad y eficiencia operan por igual tanto en el ámbito de la racionalidad como en el de la legitimidad material, MUÑOZ DE MORALES ROMERO estima oportuno que en el suyo, inspirado en el modelo europeo, sólo operen tales criterios evaluativos en el último de los tres niveles que contempla. En concreto, esta autora habla de un primer nivel de **"validez formal o legalidad"**, referido "al procedimiento mismo de adopción de la norma, es decir, a si fue adoptada por una institución competente en virtud de los procedimientos legislativos previstos y a si su contenido no contradice lo predispuesto en normas de rango superior"[1014]; en segundo

---

[1013] MIRÓ LLINARES, F.: *Proyecto…, ob. cit.*, p. 462.

[1014] MUÑOZ DE MORALES ROMERO, M.: "Evaluación legislativa y…", *ob. cit.*, p. 15 y MUÑOZ DE MORALES ROMERO, M.: *El legislador penal europeo…, ob. cit.*, pp. 602-606.

lugar, alude a la **"validez axiológica o legitimidad de la norma"** como aquel nivel en el que se "presta atención a valores metapositivos que pueden ser de naturaleza ética, religiosa, etc.", y, en el ámbito penal en concreto, "la evaluación tendrá que centrarse, por supuesto, en la cuestión del respeto de los derechos fundamentales"[1015]; y, finalmente, en un tercer nivel de **"validez empírica o fáctica"**, en el que se evalúa el "impacto de las leyes en el orden real, esto es, "los efectos producidos por la norma adoptada", es cuando la evaluación "se realiza en atención a criterios de efectividad, eficacia y eficiencia, desempeñando en el mismo, a juicio de la autora "un papel trascendental el principio de proporcionalidad y de autonomía de la voluntad"[1016].

En nuestra opinión, cuestión aparte de que prácticamente nunca, al menos en el ámbito estatal, se plantean problemas respecto a la legitimidad formal del Derecho penal, los criterios evaluativos de eficacia, efectividad y eficiencia deben corresponderse con la totalidad de los fundamentos teóricos o axiomáticos sobre los que se sustentan la racionalidad y la legitimidad material del Derecho penal; es decir, la revisión de la eficacia, la efectividad y la eficiencia es la herramienta a través de la cual es galvanizada en todo momento la idea sobre la que se construye este modelo teórico, que es el logro en el plano empírico o fáctico de unas leyes verdaderamente racionales y legítimas desde el plano axiológico, tratando ambos planos como un todo, como parte de una misma realidad; y, en esa medida, deben estar presentes dichos criterios en todo momento, en ambos ámbitos, guiando todo el proceso, plenamente identificados, para ello, con cada una de las ideas axiomáticas sobre las que se construye la legitimidad material del Derecho penal.

2.2.2. La adaptación de la evaluación al contexto aplicativo de las normas penales

Una vez cimentados los fundamentos epistemológicos que han de inspirar la actividad evaluativa, toca, como hemos anunciado anteriormente, estudiar el contexto propio de dicha actividad, constitui-

---

[1015] Muñoz de Morales Romero, M.: "Evaluación legislativa y…", *ob. cit.*, p. 19 y Muñoz de Morales Romero, M.: *El legislador penal europeo…*, *ob. cit.*, pp. 606-615.

[1016] Muñoz de Morales Romero, M.: "Evaluación legislativa y…", *ob. cit.*, p. 26 y Muñoz de Morales Romero, M.: *El legislador penal europeo…*, *ob. cit.*, pp. 615-623.

do por los condicionantes sociales y culturales, así como por los los grupos implicados.

De condicionantes sociales y culturales en el ámbito de la legislación penal hemos hablado ya con anterioridad en este trabajo. Así, en primer lugar, en el Capítulo I abordamos el contexto sociopolítico de la actividad legislativa penal, en el que tiene mucha importancia la presión mediática y, por tanto, de lo que se trataría es de que quienes tomen la responsabilidad de realizar la correspondiente evaluación, se abstraigan del debate mediático y lego, y ofrezcan un "análisis sosegado" y con "profundidad en los argumentos"[1017].

Además, en segundo lugar, las posibilidades de éxito de la evaluación que se lleve a cabo deberá tomar muy en consideración que, como vimos al comenzar a estudiar el caso español en el Capítulo IV, el papel del Gobierno es muy predominante en lo que a iniciativa legislativa penal se refiere, con lo que el control evaluativo ha de marcar muy de cerca la actividad del Ejecutivo, empeñado además, como también hemos visto, en cumplir de manera muy superficial las obligaciones sobre evaluación legislativa penal que ya rigen en nuestro Ordenamiento.

Y, en cuanto los grupos implicados, aparte de lo que tiene que ver con los medios de comunicación social en ese contexto de presión mediática antes aludido, además de a los grupos políticos y a los grupos de interés), el posible éxito del análisis evaluativo pasa desde luego por tener un conocimiento muy exhaustivo de lo que SUBIRATS llamaba en nuestro Capítulo II, dentro del "Análisis de Políticas Públicas", el "papel de la burocracia", pues se ha de contar con la implicación y colaboración de toda la burocracia que se encarga de aplicar cualquier norma penal, fundamentalmente la Administración de Justicia y las Fuerzas y Cuerpos de Seguridad del Estado, que será de hecho la que suministre la(s) medida(s) de carácter empírico-social que la actividad evaluativa busca. En cuanto a la Administración de Justicia no sólo nos estaríamos refiriendo a la Judicatura, sino también al papel que juegan los componentes de la denominada Oficina judicial (Gestores, Tramitadores, Auxiliares y Agentes), supervisada por el Letrado de la Administración de Justicia (antes llamado Secretario judicial). Y en cuanto a las Fuerzas

---

[1017] BECERRA MUÑOZ, J.: "Propuestas...", *ob. cit.*, p. 145.

y Cuerpos de Seguridad del Estado, no sólo nos estamos refiriendo en sentido estricto al Cuerpo Nacional de Policía y a la Guardia Civil, sino también a, en su caso, las Fuerzas de Seguridad autonómicas y, también, a los Cuerpos de Policía Local o Municipal.

2.2.3. Objetivos "realistas" de la evaluación

Una vez dado el paso de planteamiento epistemológico, y examinados algunos elementos específicos que tienen que ver con el contexto de la labor evaluativa en el ámbito legislativo penal, toca definir los objetivos de la evaluación tomando en consideración la realidad del fenómeno que pretendemos evaluar. Ello implicará en primer lugar la necesidad de definir claramente el problema o problemas que se pretende abordar para, a continuación, determinar cuáles son las metas y objetivos de intervención sobre el mismo.

Así, pues, en primer lugar, como ya destacamos en su momento al explicar el "Análisis de Políticas Públicas", la **definición del problema** en términos de política legislativa penal se correspondería con el "diagnóstico de la situación" que, como vimos en el Capítulo I, propone Del Rosal Blasco como tarea a la que el penalista debería limitar todo su interés y todos sus esfuerzos y que, para nosotros, no deja de ser un primer paso. Para llevarlo a cabo correctamente y lograr filtrar así tan sólo los problemas de relevancia pública real ("issues"), sería muy aconsejable seguir el segundo de los pasos metodológicos que Becerra Muñoz propone a la hora de confeccionar su Documento marco (DM) (lo que vendría a ser el documento de "Términos de Referencia" (TdR) de todo proyecto evaluativo) que vimos unos epígrafes más atrás en este mismo Capítulo: esto es, el titulado "Diagnóstico" y, en el cual, como propone el autor, se deberían tratar las siguientes cuestiones[1018]:

1. Análisis del problema: identificación del problema o problemas y descripción de los mismos explícita (no genérica), conceptualmente clara (sin ambigüedades), rigurosa (reflejando la realidad), exhaustiva (o completa), medible (cuantificada de la forma más precisa que sea posible), así como de sus explicaciones causales (mediante árboles de problemas o diagramas de flujo).

[1018] Becerra Muñoz, J.: "Propuestas...", *ob. cit.*, pp. 166-168.

2. Análisis de la población objetivo, distinguiendo entre beneficiarios directos e indirectos, definiéndola y cuantificándola "con la mayor precisión posible debido a su impacto decisivo, por ejemplo, en la necesidad de recursos económicos del programa".
3. Estudio de las necesidades, a través del cual se pretenden vincular los dos apartados anteriores, de modo que "se justifique la relación de los problemas identificados con la población objetivo y así establecer el grado de desfase entre la situación fáctica y la deseada".

En segundo lugar, la evaluación que se lleve a cabo debe tener un objetivo político concreto[1019], es decir, un propósito realizable, una meta y, de ella, derivar los correspondientes objetivos que sean "válidos para la intervención y evaluación"[1020]. En terminología de BECERRA MUÑOZ, abordando el tercer punto de su Documento marco (DM), habría que delimitar los objetivos evaluativos de la ley o política de que se trate, distinguiendo entre objetivos primarios y objetivos secundarios, tratando de que sean "claros, específicos, mensurables, realistas", así como de que incluyan "un plazo previsto para su realización"[1021].

2.2.4. *Preguntas de la evaluación*

Procede a continuación "Redactar las preguntas de la evaluación", labor antes de la cual será imprescindible, aunque no venga explicitado en el esquema antes reproducido y que nos está sirviendo de guía a la hora de desarrollar este epígrafe, definir cuáles van a ser los indicadores o variables que se vayan a tomar en consideración en el análisis evaluativo a realizar.

En efecto, el diseño de la evaluación ha de contar con la inclusión de una serie de "variables relevantes respecto al fenómeno investigado, es decir, "indicadores del fenómeno"[1022]. Los **indicadores** pueden ser definidos como "medidas objetivas y específicas del grado hasta el cual la actividad está produciendo eficientemente lo que se espera, y logrando [eficaz y] efectivamente sus objetivos" o, más en detalle,

---

1019 CABALLERO SANZ, F.: "La evaluación...", *ob. cit.*, p. 158.
1020 BECERRA MUÑOZ, J.: "Propuestas...", *ob. cit.*, p. 168.
1021 BECERRA MUÑOZ, J.: "Propuestas...", *ob. cit.*, p. 168.
1022 GALIANA SAURA, Á.: *La Ley...*, *ob. cit.*, p. 295.

"el indicador es: a) un área de medición directamente relacionada con, y representativa de los objetivos de desarrollo de una actividad a plazo inmediato y a largo plazo, y b) un método y un métrico para la medición del cambio de aquel estado descrito por el indicador"[1023].

¿Qué indicadores habría que tomar en consideración en una evaluación legislativa, en términos generales? MONTORO CHINER parte de la premisa de que en el Estado social y democrático de Derecho, los indicadores de evaluación de las normas "deben de estar también impregnados del espíritu democrático que es parte esencial de su concepción"[1024]. No obstante, hay que tener claro que mientras que las técnicas o instrumentos de evaluación son aplicables por igual en cada país, los indicadores de evaluación "han de ser extraídos teniendo en cuenta el estándar de los servicios, la orientación cultural y económica de un país, y la propia organización constitucional de sus órganos"[1025].

Serían ejemplos de indicadores de evaluación legislativa, para esta autora, la organización de la Administración (en nuestro caso, la Administración de justicia), los servicios atribuidos a ésta, los informes de control emitidos por órganos constitucionales, la opinión de los destinatarios de las normas, etc.[1026]. Si a estos indicadores les sumáramos otros referidos a factores subjetivos, esto es, factores de psicología individual (valores y motivos personales), o factores psico-sociológicos (comportamiento del grupo), podríamos evaluar la **efectividad** de la norma, esto es, en lo que nos interesa en nuestro concreto ámbito de estudio, el cumplimiento de la norma por parte de sus destinatarios y, en consecuencia, la constatación, o no, del logro de una prevención real de los comportamientos delictivos. Además, unidos a los indicadores propios de las estadísticas sobre delincuencia elaboradas periódicamente por el Ministerio del Interior o, incluso, del Ministerio de Justicia (todos ellos de tipo objetivo)[1027],

---

1023 GRABE, S.: *Evaluation…*, *ob. cit.*, p. 191.

1024 MONTORO CHINER, Mª.J.: *La evaluación de…*, *ob. cit.*, p. 120.

1025 MONTORO CHINER, Mª.J.: *La evaluación de…*, *ob. cit.*, p. 121.

1026 MONTORO CHINER, Mª.J.: *La evaluación de…*, *ob. cit.*, pp. 120-121.

1027 Hay que tener en cuenta que las estadísticas oficiales a nuestro alcance en, por ejemplo, las memorias de los Ministerios de Interior y de Justicia, "sólo informan sobre las cifras de criminalidad, denunciada o no, o, con otras palabras, sobre el número de *fracasos* del Derecho penal: cada delito, cada falta, evidencia, ciertamente, un fracaso singular de aquél, y, en la medida en que existe una respuesta oficial a dicho delito, se patentiza igualmente su aplicación". Sin embargo, queda oculta la efectividad del Derecho penal "en su dimensión estática, esto es, su incidencia en los como decimos, podríamos obtener información suficiente como para que el análisis evaluativo sobre la efectividad de la norma penal alcance sólidas conclusiones al respecto.

Ahora bien, ¿qué indicadores se podrían utilizar para evaluar la **eficacia** y la **eficiencia** del Derecho penal?

Comenzando por el primer criterio, hemos de recordar previamente que la evaluación deberá versar sobre la correspondencia, o no, de los efectos de la norma penal con sus fines (prevención de delitos y reducción de violencia estatal) a través del examen sobre el cumplimiento de los principios de necesidad, intervención mínima y proporcionalidad.

Así, en primer lugar, en tanto ya hemos sostenido que esta labor, respecto al principio de necesidad, requeriría un análisis sociológico para la verificación empírica de la dañosidad social de una forma de conducta, los indicadores concretos tendrán que ver con la susodicha conducta incriminada y sometida a evaluación.

En segundo lugar, para evaluar el cumplimiento del principio de intervención mínima ya vimos que hay que realizar una valoración empírica, de carácter procedimental, de las posibilidades de intervención existentes, con el objeto de poder dictaminar cuál de todas ellas, incluida la penal, resulta más eficaz para la prevención y evitación de comportamientos riesgosos para con los intereses sociales dignos de protección.

Finalmente, en tercer lugar, la evaluación del cumplimiento del principio de proporcionalidad debe centrarse en analizar si la pena

---

comportamientos de los destinatarios de las normas penales, pues no existen indicadores que informen sobre el número de delitos o faltas no cometidos precisamente porque existe el Derecho penal. Y pese a ello, la dimensión estática del Derecho penal es seguramente [...] sino la más evidente, sí la más significativa, pues ya la simple vigencia de una norma que, tipificando como delito o falta una conducta, expresa el grave juicio de desvalor que, por atentar a bienes jurídicos, merece, y asocia a su realización la imposición de una pena, posee un indudable efecto preventivo, evitando una cantidad indefinida de infracciones, con certeza muy superior a la del número de las que se cometieron". Y es que "sólo en la medida en que ello sea efectivamente así estará justificada la presencia del Derecho penal como sistema de control social, como instrumento de tutela de bienes jurídicos" (Ramón Ribas, E.: "La respuesta del Derecho penal moderno al delito: del Derecho penal de doble vía ¿al Derecho penal de cinco vías?", en Faraldo Cabana, P. (Dir.)/Brandariz García, J.Á./Puente Aba, L.Mª. (Coords.): *Nuevos retos..., ob. cit.*, pp. 185-186).

que se previó en su momento es proporcionada, en abstracto, respecto a la gravedad del delito tipificado. Si se afronta este análisis, como ya hemos sugerido, mediante una comparación de la reacción punitiva objeto del estudio evaluativo, con otras reacciones punitivas emprendidas respecto de otros hechos igualmente tipificados, el principal indicador a tener en cuenta sería la pena prevista en sí misma, debiéndose buscar penas de la misma gravedad en el Libro II del Código penal y, acto seguido, establecer una comparativa entre la gravedad de las conductas a las que están anudadas.

Respecto a la eficiencia, ya que la misma pretenderá analizar el saldo resultante de la ponderación entre los costes de la intervención en términos de restricción de libertad, y los beneficios traducidos en incrementos reales de seguridad general para la sociedad, habrá que manejar sobre todo indicadores relacionados con la constatación de esos "incrementos reales de seguridad".

Todos estos indicadores o variables deberían transponerse en un cuestionario de **preguntas evaluativas** del tipo de las "cheklisten", tomando como modelo el completo listado alemán (y descartando por tanto el español existente en la actualidad), pero empleándolo no sólo desde el punto de vista "ex ante" en que está planteado, sino también formulando sus cuestiones, cuando corresponda, desde un enfoque "ex post", que podría quedar de la siguiente manera:

1. **¿Por qué se interviene/intervino?**
   - 1.1. ¿Qué se quiere/quiso lograr con la intervención penal?
   - 1.2. ¿De dónde proceden/procedían las exigencias de intervención? ¿Qué fundamentos se invocan/invocaron?
   - 1.3. ¿Cuál es la situación jurídica y fáctica actual?
   - 1.4. ¿Qué defectos se han encontrado en la misma?
   - 1.5. ¿Qué procesos de índole económica, científica, técnica, jurisprudencial etc., guardan relación especial con el problema?
   - 1.6. ¿Cuál es el número de afectados y de casos resueltos y que hay que resolver?
   - 1.7. ¿Qué sucedería si se crea/deroga/modifica la ley?
2. **¿Qué alternativas existen si se crea/deroga/modifica la ley?**
   - 2.1. ¿Cuál ha sido el resultado del análisis del problema para el que se interviene/intervino? ¿Dónde se encuentran/encontraban las causas del problema? ¿Qué factores pueden influir?
   - 2.2. ¿Con qué otros instrumentos de carácter general puede alcanzarse la meta a la que se aspira/aspiraba con

la intervención propuesta/vigente, sea totalmente, sea aceptablemente?

2.3. ¿Cuáles son los mejores instrumentos de acción desde los siguientes puntos de vista?:

a) Cargas y gravámenes para los ciudadanos, en términos de restricción de libertad.
b) Eficacia real (precisión y grado para cumplir los propósitos).
c) Costes y gastos para el presupuesto público.
d) Incidencias sobre la situación normativa existente y sobre los programas planeados.
e) Efectos laterales, efectos sucesivos.
f) Comprensión y disposición para aceptarlos por los destinatarios y por quienes tienen encomendada su ejecución.

2.4. ¿Con qué actuaciones podría sustituirse la norma evaluada?

3. ¿Hay que actuar/seguir actuando?

3.1. ¿Qué supuestos de hecho y qué relaciones deben ser investigados para decidirlo? ¿Por qué debe intervenir/seguir interviniendo el Derecho penal respecto a esa situación?

3.2. ¿Cabe esperar modificaciones predecibles o nuevas necesidades de intervención respecto a esa situación?

4. ¿Habría que modificar el contenido de la norma penal examinada?

4.1. ¿Están ya regulados de otro modo los mismos casos por otras normas penales?

4.2. ¿Qué otras normas vigentes se ven implicadas?

4.3. ¿Qué aplican los Juzgados y Tribunales?

4.4. ¿Se puede evitar la doble regulación por parte del Ordenamiento extrapenal y el Ordenamiento penal?

5. ¿Podría limitarse la duración de su vigencia?

5.1. ¿Es necesaria la regulación sólo para un lapso de tiempo predecible?

5.2. ¿Es admisible para este caso una regulación temporal, que sea sometida a una nueva evaluación, o no?

6. ¿La norma penal puede ser/es comprensible y próxima a los ciudadanos? ¿Puede ser/Es efectiva desde el punto de vista subjetivo?

6.1. ¿La norma penal se encuentra próxima a la compresión y a la aceptabilidad de los ciudadanos?

6.2. ¿Por qué no se pueden suprimir las limitaciones de la libertad previstas?

6.3. ¿Pueden ser sustituidas por sanciones menores?
6.4. ¿Pueden los afectados entender la norma penal a la vista de las palabras elegidas, de la construcción y extensión de las frases, así como de la sistemática, lógica y abstracción del precepto?

7. **¿Puede ser/Es efectiva la norma desde el punto de vista objetivo?**
7.1. ¿Sería suficiente una intervención extrapenal (por ejemplo, administrativa)?
7.2. ¿Cuántos procedimientos penales se incoarán/han incoado con base en esta norma?
7.3. ¿Cuántos acabarían/han acabado en absolución? ¿Cuántos finalizarían/han finalizado con condena? ¿Cuántas se ejecutarán/han ejecutado?
7.4. ¿Existen medios suficientes en la Administración de justicia para aplicar la norma penal?
7.5. ¿Cuál es la opinión que los Jueces y Magistrados tienen sobre la claridad y finalidad de la norma? ¿Y la de los Fiscales? ¿Y la de los Abogados? (sería necesario en este punto diseñar un cuestionario[1028] para cada operador jurídico).

8. **¿Guardan una adecuada relación la utilidad de la norma para incrementar la seguridad y su coste en privación de libertad de los ciudadanos? ¿Es eficiente la norma?**
8.1. ¿Cuál es la cuantía del coste en privación de libertad que la norma produce a sus destinatarios o a los afectados por ella? (Ante la dificultad de cálculo, describir, al menos en sus rasgos generales, la clase y volumen del coste).
8.2. ¿Se logrará/ha logrado disminuir la realización del tipo de comportamientos que se quieren/querían prevenir con la intervención penal evaluada?

Como se ve, esta identidad entre las preguntas evaluativas "ex ante" y "ex post" facilitaría, precisamente, que, una vez que se cumplimente el análisis evaluativo de impacto, la información que se obtenga como consecuencia del mismo será de gran utilidad para confrontarla con la que suministre el posterior análisis de implementación de la misma norma, como una suerte de auditoría en la que se compruebe si los parámetros que se previeron en su momento se han dado total o parcialmente en la realidad o, incluso, en su caso, no han llegado a acontecer.

[1028] Existen para ello diversos manuales como, por ejemplo, AZOFRA MÁRQUEZ, Mª.J.: *Cuestionarios*, Centro de Investigaciones Sociológicas, Madrid, 2000.

2.2.5. *Tipo de evaluación*

Como se ha visto, pues, el tiempo verbal de la la mayoría de las preguntas evaluativas anteriormente enumeradas dependerá del tipo de evaluación por el que se opte. Así, limitándonos a la distinción en función del momento en que se evalúa, que es el único criterio taxonómico de evaluaciones al que hemos prestado atención en este trabajo[1029], habría que decidir entre abordar una evaluación de impacto o "ex ante" o una evaluación de la implementación o "ex post".

La evaluación "ex ante" de la política legislativa penal ya ha empezado a aplicarse en nuestro Ordenamiento jurídico, como corrobora la elaboración de la correspondiente memoria de análisis impacto normativo que acompañó al proyecto de reforma penal que fue aprobado finalmente por las Cortes Generales en 2015, conforme al Real Decreto 1083/2009, de 3 de julio. Pero, como se ha puesto de manifiesto en este trabajo, de lo que se trata es de que tal evaluación de impacto en prospectiva se realice con seriedad y rigor, con el convencimiento de que realmente el análisis que impone la referida norma, con el fin de sentar las bases que faciliten el posterior análisis de su implementación.

Precisamente, en cuanto a la evaluación "ex post" de la política legislativa penal, advierte NIETO MARTÍN que su finalidad ha de ser, como apuntábamos de alguna forma al finalizar la la exposición del listado de preguntas evaluativas propuestas, la de "comprobar si los presupuestos de la intervención" se corresponden con la descripción que de los mismos se realizado en la evaluación de impacto o "ex ante", a modo de revisión crítica[1030]. Así, pues, se lograrían orientaciones sobre cómo mejorar la ejecución de la política criminal, se podrían también dirimir "responsabilidades en caso de que no se hayan obtenido los resultados esperados" y, finalmente, este tipo de evaluación ayudaría a "comprobar si la teoría en que se basa el programa de intervención es correcta"[1031], pues sirve "para concretar los deberes de argumentación que acompañan la vida de la ley penal", aportando con ello, además, "una información de absoluta relevancia para el control constitucional"[1032], como veremos un poco más adelante.

[1029] Puede consultarse una completa síntesis de los mismos en MUÑOZ ARENAS, A.: "Aspectos teóricos y...", *ob. cit.*, pp. 38-45.

[1030] NIETO MARTÍN, A.: "Un triángulo...", *ob. cit.*, p. 427.

[1031] NIETO MARTÍN, A.: "Un triángulo...", *ob. cit.*, p. 427.

[1032] NIETO MARTÍN, A.: "Un triángulo...", *ob. cit.*, p. 436.

2.2.6. *Estimación de plazos y presupuesto*

Este paso tiene que ver, esencialmente, como apunta KARPEN, con que "la organización de una evaluación legislativa también exige contar con los medios suficientes", esto es, "con instituciones eficaces, personal bien preparado y una asignación presupuestaria adecuada, prestando la debida atención a los marcos temporales que dicho proceso conlleva"[1033].

2.2.7. *Redacción de los términos de referencia*

Este paso metodológico en el esquema de MUÑOZ ARENAS, que nos está guiando a lo largo de este epígrafe, no es más que el consistente en consignar todos estos apartados que estamos distinguiendo (tanto los anteriores como los posteriores) en un documento llamado "Términos de Referencia" (TdR) (que coincide esencialmente con lo que hemos dicho que BECERRA MUÑOZ denomina "Documento Marco" (DM)), con el fin de que todo aquél que esté interesado pueda acceder a la más completa información del proyecto evaluativo con su lectura.

2.2.8. *Selección del equipo u órgano evaluador y sus características*

Llegados a este punto, ¿a quién encargar esta tarea técnica evaluativa? Ante todo, hay que partir de la premisa de que "una característica fundamental de la evaluación es la objetividad y la ausencia de sesgos en el juicio que se emite", pues es crucial que "la evaluación sea creíble"[1034].

En el ámbito de la **evaluación de políticas públicas** la discusión se centra en si encargar la evaluación a expertos internos o a expertos externos a la Administración. Ante esta dicotomía, los autores exponen ventajas e inconvenientes de una u otra opción.

Así, en lo que se refiere a la opción de los evaluadores internos, SUBIRATS apunta que el que "sea el mismo personal del interior de la organización el que asuma la labor evaluadora [...] conlleva induda-

[1033] KARPEN, U.: "La implantación...", *ob. cit.*, p. 63.
[1034] CABALLERO SANZ, F.: "La evaluación...", *ob. cit.*, p. 158.

bles ventajas, ya que los responsables de la evaluación parten de un alto grado de conocimiento del funcionamiento de la organización y de aquellos aspectos del programa no contemplados en el momento de su diseño". Sin embargo, en opinión de este autor, "no podemos afirmar que ese tipo de información pueda sólo conseguirse por esa vía, ya que evaluadores externos pueden alcanzar ese mismo grado de información si tienen acceso a la misma y cuentan con la cooperación del personal de la organización", no obstante lo cual reconoce que "el problema clave es cómo llegar a conocer los reales flujos de información y poder del interior de la organización y ése puede ser un problema tanto para los evaluadores externos como para los internos"[1035].

Una subsiguiente cuestión en el caso de evaluadores internos, apuntada también por SUBIRATS, "es si deben formar parte de una unidad específica destinada al efecto o han de encuadrarse en las estructuras más directamente operativas", ante lo cual afirma que "es mejor esa segunda opción, aunque el problema puede proceder de que en un mismo programa intervengan diferentes organismos"[1036].

Finalmente, si hablamos de los resultados de la evaluación "si ésta ha sido llevada a cabo por miembros de la misma organización, ello puede facilitar la implementación de los cambios o modificaciones que se deriven de los resultados finales de la evaluación, al conocer mejor a la misma organización", aunque, por otro lado, "si estos cambios implican algún tipo de amenaza para la organización en su conjunto o para alguno de sus miembros, el hecho de que los evaluadores procedan del interior de la misma organización puede paralizar esos cambios"[1037].

Por lo que se refiere a la opción de los evaluadores externos, SUBIRATS apunta como ventajas de la misma, para empezar, que "la condición de expertos en el tema que pueden acreditar los responsables de la evaluación puede favorecer su trabajo" y que, relacionado con esto, "su análisis puede ofrecer mayores garantías de fiabilidad y objetividad, y así posibilitar un mayor impacto (objetividad de sus conclusiones)", aunque bien es cierto que "ese último aspecto puede ponerse tanto en duda como en el caso de evaluaciones internas, ya

---

[1035] SUBIRATS I HUMET, J.: *Análisis de políticas públicas..., ob. cit.*, p. 159.
[1036] SUBIRATS I HUMET, J.: *Análisis de políticas públicas..., ob. cit.*, p. 159.
[1037] SUBIRATS I HUMET, J.: *Análisis de políticas públicas..., ob. cit.*, pp. 159-160.

que de hecho ese organismo externo actúa a instancia de parte y ello puede, de alguna manera, predeterminar el resultado", y ello porque "la misma relación mercantil que se establece puede potenciar un cierto 'bias' o 'tendenciosidad' de los resultados para favorecer sucesivos contratos"[1038].

En nuestro caso, en el ámbito de la **evaluación de las leyes**, la discusión parece centrarse en quién debe dictar las directrices conforme a las cuales la técnica y la metódica legislativa deberían guiar la elaboración de la ley; en concreto, se discute si debe ser el poder ejecutivo o, por el contrario, el poder legislativo, quien asuma la iniciativa al respecto. En particular, aunque no hablando directamente de la evaluación (en cuanto integrante de la metódica legislativa), sino de a quién encargar el dictado de directrices de técnica legislativa, aunque empleando argumentos que son válidos a estos efectos, AGUILÓ LUCÍA considera que la competencia al respecto debería atribuirse al Parlamento, y no al Gobierno[1039].

Una primera razón que lleva a este autor a hacer esa consideración es lo que él denomina la "autonomía institucional" del Parlamento "frente a los otros depositarios del poder político dentro de la división horizontal del poder, fundamentalmente frente al poder ejecutivo", ya que "las leyes son leyes del Parlamento y, por tanto, son expresión del ejercicio de una función 'propia' del Parlamento", de tal manera que desde esta institución "deben dictarse las directrices de técnica legislativa"; o, en otra palabras, "el autor de la ley no es el Gobierno, ni la Administración Local a la que se le pueda atribuir la iniciativa legislativa, ni los ciudadanos que al amparo de la legislación correspondiente la han planteado 'ab initio'", sino que lo es "siempre el Parlamento"[1040].

AGUILÓ LUCÍA aduce una segunda razón, y es el propio cumplimiento o eficacia de las directrices a dictar, al considerar "que sólo en última instancia desde el propio Parlamento se puede lograr la aplicabilidad de las directrices que carecerían de virtualidad si el propio Parlamento no las asumiera como un mandato interno"[1041].

[1038] SUBIRATS I HUMET, J.: *Análisis de políticas públicas...*, *ob. cit.*, p. 160.

[1039] AGUILÓ LUCÍA, LL.: "Competencia para dictar directrices de técnica legislativa", en SAINZ MORENO, F./DA SILVA OCHOA, J.C.: *La calidad...*, *ob. cit.*, p. 332.

[1040] AGUILÓ LUCÍA, LL.: "Competencia...", *ob. cit.*, p. 333.

[1041] AGUILÓ LUCÍA, LL.: "Competencia...", *ob. cit.*, pp. 333-334.

En definitiva, para este autor, el procedimiento de fijación de tales directrices debería incardinarse en el Derecho parlamentario y, en concreto, debería llevarse a cabo a través de Resoluciones de Presidencia[1042].

> MONTORO CHINER parece secundar esta idea respecto específicamente a la evaluación legislativa, cuando apunta que los diputados deberían dirigir el proceso de evaluación de las normas, aunque considera que la ejecución material de dicho proceso debería ser llevada cabo por "grupos interdisciplinares especializados"[1043].

Pese a la opinión de AGUILÓ LUCÍA (repetimos, circunscrita a directrices de técnica legislativa, y no de metódica legislativa), como ya vimos (Acuerdos del Consejo de Ministros de 22 de julio de 2005 –directrices de técnica legislativa–, y de 29 de diciembre de 1989 y 26 de enero de 1990 –cuestionario de evaluación–), en nuestro Estado ha sido el poder ejecutivo, y no el legislativo, el que ha tomado la iniciativa de dictar una serie de directrices (más o menos completas) en ambos ámbitos, para uso y cumplimiento de cada uno de los Ministerios que vayan a formular proyectos de ley (lo cual, como también hemos visto, es el caso predominante en la iniciativa legislativa en nuestro Estado).

Si de lo que hablamos ya específicamente es de supervisión del cumplimiento de directrices inspiradas en la Ciencia de la legislación, y en particular, si nos centramos en la evaluación legislativa (en la metódica por tanto), ante la poca práctica existente al respecto en nuestro Estado, nos vemos obligados a repasar la literatura especializada. De ésta, se puede extraer la conclusión mayoritaria de que, independientemente de si las directrices al respecto fueran dictadas por Parlamento o Gobierno, la ejecución, el control de la eficacia, efectividad y eficiencia de las leyes, debería encargarse a un órgano creado "ex novo" y "ad hoc" para la realización de esa función[1044].

1042 AGUILÓ LUCÍA, LL.: "Competencia...", *ob. cit.*, p. 334.

1043 MONTORO CHINER, Mª.J.: *Adecuación al...*, *ob. cit.*, p. 109.

1044 Hay otras propuestas alternativas, como la de GARCÍA-ESCUDERO MÁRQUEZ, que ha sugerido articular en las propias leyes diversas fórmulas evaluativas, tales como las siguientes:

- "establecer la obligación de que el Gobierno remita al Parlamento informes periódicos, aportando datos cuantitativos y estadísticos, así como toda otra información que se considere relevante sobre la aplicación de la ley (por ejemplo, sobre la disminución o no de la violencia doméstica tras la aprobación de determinadas medidas legislativas);

En efecto, ya vimos cómo GALIANA SAURA proponía la creación de un "Instituto o Gabinete de Legística", que tuviera "como principal trabajo establecer un método científico de creación de la ley, y dispensar en esta materia una enseñanza a los 'legistas' que en el Parlamento, en los Gabinetes Ministeriales o en la Administración, toman parte en la redacción de los proyectos de ley o de los reglamentos"[1045]. O también cómo FERNÁNDEZ CARNICERO proponía la creación de un "Observatorio de Técnica y Evaluación Legislativa".

MONTORO CHINER no ha sido tan concreta, y se ha limitado a apuntar que caben tres posibilidades respecto a la composición y autoridad de los evaluadores legislativos[1046]:

- encargar la evaluación a órganos o comités "ad hoc" que se ubiquen en las Cámaras Legislativas;
- que la lleven a cabo órganos o comités "ad hoc" residenciados en los órganos constitucionales (habla específicamente la autora del Tribunal de Cuentas);
- o bien, finalmente, que lleven a término la evaluación legislativa grupos de expertos, con composición interdisciplinar, vinculados a proyectos de investigación universitarios.

Pese a que MONTORO CHINER no llega a proponer concretamente la creación de un órgano "ex novo" que se encargue de la evaluación de las leyes en nuestro Estado, sí ha tratado qué características deberían reunir individualmente las personas que llevaran a cabo un proceso de evaluación legislativa. Así, para ella, los indicadores de la credibilidad y autoridad de los evaluadores deberían ser[1047]: experiencia; reconocimiento externo; independencia respecto a quien encarga la evaluación; y pertenencia a asociaciones representativas de intereses de carácter general.

- establecer que informe periódicamente sobre los efectos de la aplicación de la ley un órgano independiente especializado o la Cámara de Cuentas;

- crear subcomisiones o grupos de trabajo en la comisión legislativa que tramitó la ley, que efectúen el seguimiento de la aplicación de la misma, para lo que podrán solicitar la información necesaria a los órganos encargados de la ejecución, sin perjuicio de que en determinados Parlamentos se cuente con los medios técnicos necesarios para obtener información propia" (GARCÍA-ESCUDERO MÁRQUEZ, P.: *Técnica legislativa…, ob. cit.*, pp. 190-191).

1045 GALIANA SAURA, Á.: *La Ley…, ob. cit.*, p. 73.

1046 MONTORO CHINER, Mª.J.: *La evaluación de…, ob. cit.*, pp. 150-151.

1047 MONTORO CHINER, Mª.J.: *La evaluación de…, ob. cit.*, p. 151.

En esta línea, pero ya en términos orgánicos, FIGUEROA propone "la creación de un órgano de evaluación, por Ley, con características similares, al Tribunal de Cuentas", con "una estructura funcionarial reducida a la mínima expresión", y cuya función sea la de "coordinar los esfuerzos de los equipos pluridisciplinarios que se constituyan para cada caso y presentar el fruto de sus investigaciones a la Cámara". Así, este autor considera que a través de la acción de este órgano se lograría un doble efecto: "por una parte se paliaría el 'déficit' de información del legislador en lo que concierne a un aspecto particular de su actividad, por otro la publicidad de los informes concedería una transparencia al sistema que resulta indispensable en un verdadero debate democrático y en el ejercicio de la función de control"[1048].

Otros autores, como FRICKE (que ha trabajado junto a BÖHRET en Speyer[1049]), se han encargado de esbozar cuáles deberían ser las características a ostentar por el órgano (sea instituto, centro, oficina, etc.) al que se encomendara la evaluación legislativa. Para él, el perfil ideal del órgano de evaluación tendría que ser, a grandes rasgos, el siguiente[1050]:

a) Debería gozar de una gran independencia o autonomía para poder encargar o emprender él mismo los estudios, exento de prejuicios.

b) Debería tener una posición suficientemente fuerte para soportar los conflictos que su actividad fuera susceptible de engendrar.

c) Debería tener la competencia necesaria o ser capaz de servirse del conocimiento de expertos a fin de producir resultados fiables.

d) Debería estar provisto de una actitud crítica, innovadora, tendente a introducir mejoras en materia de legislación.

e) Sería necesario que este órgano pudiese asegurar la toma en consideración de los resultados de su actividad en el marco del proceso legislativo.

[1048] FIGUEROA, A.: "La evaluación...", *ob. cit.*, p. 27.

[1049] Véase el subepígrafe del Capítulo III dedicado a la evaluación legislativa en Alemania.

[1050] FRICKE, P.: *Modelle zur Institutionalisierung einer Gesetzeskontrolle: Darstellung und vergleichende Bewertung*, Peter Lang, Frankfurt a.M./Bern, 1983, citado en FIGUEROA, A.: "La evaluación...", *ob. cit.*, p. 26.

Nosotros creemos que este perfil lo podrían cumplir en líneas generales, y en algunas partes de sus respectivas descripciones (no en todas y, en algunos casos, como se va a ver, no en muchas), los ya citados "Instituto o Gabinete de Legística" de GALIANA SAURA, o el "Observatorio de Técnica y Evaluación Legislativa" de FERNÁNDEZ CARNICERO, incluso esa "especie" de Tribunal de Cuentas de FIGUEROA al que hemos aludido en este mismo subepígrafe por vez primera.

Es decir, dejando de lado la labor de supervisión y mejora de la redacción técnica de las leyes, que no es objeto de la presente investigación (y que, intuitivamente, seguiríamos dejando en manos, al menos por el momento, de Secretarías Generales Técnicas, Letrados de Cortes, Comisión General de Codificación y, en su caso, del Consejo de Estado), estaríamos hablando de la creación de un órgano a nivel estatal, al que denominaríamos **"Comité de Evaluación Legislativa"**, independiente del poder legislativo y del ejecutivo (así como del judicial), y adscrito funcionalmente al Tribunal Constitucional que, provisto de los medios adecuados, analizara "ex ante" y "ex post" la eficacia, efectividad y eficiencia de las leyes realizando investigaciones criminológicas, sociológicas y psicológicas (incluyendo el diseño y análisis de cuestionarios pasados a todos los agentes implicados en el proceso de aplicación de una ley), así como estudiando la jurisprudencia relacionada.

En nuestra opinión, dicho órgano debería estructurarse en seis secciones, esto es, tantas como órdenes jurisdiccionales existen, desdoblando del orden civil una sección para la legislación mercantil, y del orden contencioso-administrativo una sección financiera y tributaria. Para ser miembro de este Comité, y pasar a integrar una de sus secciones (compuesta cada una, a su vez, por seis profesionales), se debería establecer, con el fin de garantizar su independencia, un concurso-oposición en el que, por un lado, se valoraran los méritos académicos de los aspirantes inspirándose en los criterios de la Agencia Nacional de Evaluación de la Calidad y Acreditación (ANECA) para la investigación (a partir del nivel de doctorado) con, por otro lado, un temario de examen que se correspondiera con los seis diferentes perfiles que deberán tener sus componentes: jurista de la rama correspondiente, economista, politólogo, psicólogo, sociólogo y, en el caso de la sección penal, criminólogo. Un poco más adelante vamos a concretar la dinámica de actuación que seguiría este órgano.

2.3. Recogida, procesamiento y análisis de la información

Siguiendo a MUÑOZ ARENAS[1051], en este paso se deberán elegir las técnicas más acordes para recoger la información de acuerdo con los recursos disponibles y el tipo de evaluación de que se trate. En este sentido, BECERRA MUÑOZ propone ejemplificativamente en la materia que nos es propia "hacer entrevistas a informantes clave, organizar foros comunitarios, recoger información de la población que ha sido objeto de intervención igual o similar a la que se está proyectando, atender a los indicadores sociales en la materia, realizar entrevistas, encuestas o estudiar datos de archivo (por ejemplo, denuncias policiales o expedientes judiciales) así como analizar censos o utilizar el método Delphi"[1052] de consulta a expertos. Toda esa información ha de ser tratada, procesada y, finalmente, analizada para configurar "un auténtico sistema de evaluación"[1053].

2.4. Realización de la evaluación y seguimiento

Una vez realizada la evaluación, tiene interés en este punto realizar adicionalmente una doble evaluación, por así decirlo, de carácter interno: una del "sistema de gestión" y otra del "sistema de seguimiento". Siguiendo a MUÑOZ ARENAS[1054], en la primera se trataría de "conocer la racionalidad de los objetivos de gestión, la división de tareas y responsabilidades, la coordinación interna y la suficiencia de medios y recursos"; y, en la segunda, de "conocer el grado de avance y desarrollo de la norma aprobada, identificar los puntos críticos del proceso y garantizar el funcionamiento integral del sistema que está velando por el cumplimiento de la ley en cuestión".

2.5. Resultados de la evaluación: el papel del Tribunal Constitucional

Retomando cuál ha de ser la labor del "Comité de Evaluación Legislativa" al que aludíamos anteriormente, consideramos que sus

---

1051 MUÑOZ ARENAS, A.: "Aspectos teóricos y...", *ob. cit.*, p. 47.
1052 BECERRA MUÑOZ, J.: "Propuestas...", *ob. cit.*, p. 168.
1053 MUÑOZ ARENAS, A.: "Aspectos teóricos y...", *ob. cit.*, p. 47.
1054 MUÑOZ ARENAS, A.: "Aspectos teóricos y...", *ob. cit.*, p. 47.

secciones, una vez finalizadas sus investigaciones, trasladarían en un **informe de evaluación** sus conclusiones o recomendaciones, junto con la documentación completa del estudio realizado, al Gobierno y al Parlamento. Y ello porque se ha señalado en la literatura especializada que es importante que la evaluación legislativa produzca recomendaciones dirigidas a los órganos creadores de las normas, difundiendo a su vez los resultados de la evaluación[1055]. En efecto, para DÍEZ RIPOLLÉS, "realizada la evaluación, es primordial una *formulación contextualizada* de los resultados obtenidos, más allá de la imprescindible referencia a los índices de fiabilidad o validez de los hallazgos" y, además "hay que huir en lo posible de la jerga académica o administrativa; evitar formulaciones política o profesionalmente agresivas que enajenen la atención de sectores decisores influyentes, aunque sin perjuicio, obviamente, de poner de manifiesto las realidades descubiertas; y se han de incluir recomendaciones de acción, con eventual inclusión de alternativas si presuponen determinadas opciones valorativas"[1056]. Además, para este autor debe también garantizarse "una *adecuada difusión* de los resultados, que no deberán circular por circuitos de confidencialidad incluso si lo descubierto es potencialmente alarmante para la sociedad"[1057]. De este modo, finalmente, "los resultados obtenidos se introducen en la arena pública, y quedan sujetos a todo tipo de interpretaciones e instrumentalizaciones por los diferentes agentes sociales, con vistas a la consolidación o no de la opinión de que existe una disfunción social que exige nuevas medidas legislativas, con lo que se cierra el círculo del proceder legislativo"[1058].

Nosotros creemos que se ha de ir un paso más allá y que esta transmisión de resultados, además de pública, debe ser vinculante (al menos de forma indirecta), y para reforzar este efecto, somos partidarios de legitimar a este "Comité de Evaluación Legislativa" (ya adscrito

[1055] CABALLERO SANZ, F.: "La evaluación...", *ob. cit.*, p. 158.

[1056] DÍEZ RIPOLLÉS, J.L.: *La racionalidad...*, *ob. cit.*, pp. 64-65.

[1057] Para él, "lo contrario supone renunciar a una elaboración democrática, que no populista, de las leyes e ignorar que la alarma social se combate con argumentos y medidas lo más efectivas posible, y no con menoscabos al debate público. En la práctica, de todos modos, resultados afectantes a ciertas racionalidades o a ciertos componentes de ellas sólo interesarán a sectores determinados y terminarán difundiéndose predominantemente en circuitos de comunicación expertos" (DÍEZ RIPOLLÉS, J.L.: *La racionalidad...*, *ob. cit.*, p. 65).

[1058] DÍEZ RIPOLLÉS, J.L.: *La racionalidad...*, *ob. cit.*, p. 65.

funcionalmente al Tribunal Constitucional) para interponer el correspondiente recurso de inconstitucionalidad contra aquellas leyes sobre las que hayan formulado recomendaciones de modificación o derogación, y que no hayan sido atendidas en el plazo de seis meses por parte del Gobierno y/o Parlamento desde su presentación en los correspondientes registros.

El plazo máximo para la interposición de tal recurso de inconstitucionalidad en el caso de la evaluación "ex ante" sería de seis meses adicionales. Y, en el caso de la evaluación "ex post", sería de diez años desde que se hubiera aprobado la ley de que se trate, con el objeto de que pase el tiempo necesario para que la ley tenga un tiempo prudencial para tener (o no) efectos, y el órgano evaluador disponga a su vez de margen para realizar las investigaciones oportunas. Dicho plazo encuentra justificación, por ejemplo, en el recurso de casación "por interés casacional" regulado en el art. 477 de la Ley de Enjuiciamiento Civil, que se refiere a "normas que no lleven más de cinco años en vigor". Teniendo en cuenta la duración media de los procesos penales sumando primera y segunda instancia (entre cinco y diez años, lo cual obviamente depende de la clase de delito de que se trate), sería coherente por tanto otorgar, para dar el suficiente margen a toda la casuística posible y a la realización del estudio evaluativo, el doble de ese plazo de referencia para interponer el recurso de inconstitucionalidad al que nos estamos refiriendo.

Que sea el Tribunal Constitucional el que en último término, tras las conclusiones y recomendaciones emitidas en ese sentido del "Comité de Evaluación Legislativa", pueda declarar la inconstitucionalidad de una norma, por demostrarse su ineficacia, inefectividad e ineficiencia y, por tanto, que su irracionalidad e ilegitimidad material, es una consecuencia perfectamente admitida en nuestro Ordenamiento, y que no es extraña si examinamos el proceder en países de nuestro entorno y, en concreto, de Alemania[1059], que en

---

[1059] Así, por ejemplo, KARPEN relata el caso del pleito del Tribunal Constitucional de Karlsruhe, con relación a la ley sobre el aborto: "esta ley se presentó al Tribunal Constitucional y el Tribunal dijo: 'Sí, esta ley es constitucional, en el sentido de que protege los derechos de la madre y los derechos del feto, siempre que, después de un periodo de tiempo, se demuestre al país que este método salva a más bebés de ser sometidos a un aborto'. Y el Tribunal estableció una fecha límite para ello. Así pues, si el legislador no consigue demostrar después de un tiempo determinado que esta ley salva –por así decirlo– más vidas, entonces no me queda ninguna duda, el Tribunal no pocas ocasiones ocasiones ha inspirado a nuestra jurisprudencia constitucional. En particular, como vimos en el Capítulo III, el Tribunal Constitucional alemán ha llegado a interpretar que, del descuido en la tarea de evaluar un norma penal (sobre todo "ex post") por parte del legislador, se puede derivar individualmente para los diputados una suerte de responsabilidad penal por omisión en la vulneración de un derecho fundamental[1060].

Así, por tanto, el procedimiento para sustanciar ese recurso de inconstitucionalidad, interpuesto por el órgano evaluador ante la inacción de Gobierno y/o Parlamento para atender sus recomendaciones, se inspiraría en el propuesto por LOPERA MESA. Es decir, el "Comité de Evaluación Legislativa", a la luz de las conclusiones de su propio análisis "ex ante" o "ex post" sobre las consecuencias de una norma penal (a aprobar o en vigor, según el caso) recomendaría (en principio con carácter no vinculante, para no romper el principio democrático y, por ende, la legitimidad formal en la creación de las leyes), a Gobierno y/o Cortes Generales a modificar o derogar la norma en cuestión y, de no aprobarse tal acto legislativo en el plazo de seis meses, interpondría un recurso de inconstitucionalidad contra la misma adjuntando como prueba documental el análisis evaluativo realizado, basado en premisas empíricas objetivas conforme al conocimiento científico disponible.

Entonces, sería el Tribunal Constitucional el que debería decidir sobre la constitucionalidad o no de la norma penal evaluada a través de este mecanismo, con el que se ejercería un "control estricto o control material intensivo" en este ámbito, aplicando en definitiva la máxima enunciada por este mismo órgano en STC 66/1985, de 23 de mayo, a tenor de la cual "la desproporción entre el fin perseguido y los medios empleados para conseguirlo sólo puede dar lugar a un enjuiciamiento por este Tribunal cuando esa falta de proporción implica un sacrificio excesivo e innecesario de derechos que la Constitución garantiza". Somos conscientes de que, como apunta acertadamente LASCURAÍN SÁNCHEZ, el control de constitucionalidad de las leyes penales entraña dificultades particulares, pues su aplicación se demanda más desde los principios que desde

---

la declarará inconstitucional"(KARPEN, U.: "Coloquio 1", en PARDO FALCÓN, J./PAU I VALL, F. (COORDS.): *La evaluación de las leyes…*, *ob. cit.*, p. 138).

1060 HOYER, A.: "La legislación…", *ob. cit.*, pp. 242-244.

las reglas[1061], lo cual implica que aquellos, "en cuanto mandatos de optimización de determinados valores constitucionales, no sólo no quedan siempre explicitados en la Constitución, sino que cuando lo están no contienen la concreción del contenido mínimo constitucionalmente exigible"[1062]. Precisamente por ello ocurre que el control de constitucionalidad ejercido "desde el parámetro de un principio", como el caso que nos ocupa, "supone un alto de grado de discrecionalidad" a la hora de aplicarlo como regla constitucional "de exclusión" y, por ello, en virtud de la deferencia para con el legislador que viene aplicando el Tribunal Constitucional español, éste sólo aplica el principio como regla de exclusión cuando la norma es inviable o manifiestamente intolerable desde el punto de vista constitucional, sin analizar su "calidad constitucional" o si se trata de la "opción más razonable": tan sólo analiza si la ley en sí como razonable[1063].

Pues bien, nosotros somos partidarios de que los parámetros de ese enjuiciamiento constitucional de las normas penales ha de abordarse, no desde la deferencia hacia el legislador, sino desde un control intensivo. Pero para ayudar al Tribunal Constitucional en ese cambio de enfoque, y no dejarlo sometido a la crítica por discrecionalidad en su labor, en el presente trabajo hemos dado un primer paso a la hora de "operacionalizar" desde la objetividad al máximo los principios de legitimidad material penal para que puedan hacer las veces de reglas de exclusión (aunque sigan sin tener reconocimiento constitucional expreso), traduciéndolos en primer lugar discursivamente en criterios evaluativos que, a su vez, en segundo lugar y de modo complementario, aparecerán traducidos en instrumentos para recabar material empírico sobre el respeto o no de los mismos por parte del legislador. De este modo, según el modelo que proponemos, el Tribunal Constitucional, cuando le sea sometido a su

---

[1061] Sobre esta distinción en profundidad, se recomienda muy encarecidamente ver SÁNCHEZ-OSTIZ GUTIÉRREZ, P.: *Fundamentos de Política criminal…*, *ob. cit.*, pp. 49-86, quien concluye que principio es "un enunciado normativo dotado de máxima pretensión de aplicación", lo cual apunta el autor que "precisamente" da lugar a que sean "difícilmente aplicables por sí mismos"; mientras que regla es "un enunciado normativo derivado de dos o más principios, con pretensiones de aplicación a un grupo de casos, mientras no prevalezca otra solución". De esta forma, "bajo el supuesto de hecho de una regla puede subsumirse un caso, mientras que no es posible bajo un principio" (p. 85).

[1062] LASCURAÍN SÁNCHEZ, J.A.: "El control…", *ob. cit.*, p. 353.

[1063] LASCURAÍN SÁNCHEZ, J.A.: "El control…", *ob. cit.*, p. 354.

enjuiciamiento una determinada norma penal, contará con un estudio empírico, elaborado de forma imparcial y objetiva, que concluye que una determinada esa norma puede restringir o está restringiendo innecesariamente la libertad de los ciudadanos, por no cumplir con los criterios de racionalidad y, por ende, de legitimidad material trazados en esta investigación, de tal manera que el Tribunal Constitucional podría enjuiciar la constitucionalidad de dicha ley y determinar, en su caso, su nulidad (que, en vez de ser inmediata, podría ser diferida, aunque, como recuerda LASCURAÍN SÁNCHEZ, esta posibilidad lamentablemente no la prevé expresamente hasta ahora la Ley Orgánica del Tribunal Constitucional[1064]).

[1064] LASCURAÍN SÁNCHEZ, J.A.: "El control...", *ob. cit.*, p. 374. Quizá no debería descartarse una reforma de dicha Ley Orgánica, sea en ese punto, o en otros, como los sugeridos por NIETO MARTÍN, entre los que se encuentra la posibilidad de realizar pruebas periciales en los procedimientos constitucionales (NIETO MARTÍN, A.: "Un triángulo...", *ob. cit.*, pp. 438-439).

CONCLUSIONES

Primera.- En orden a justificar o legitimar materialmente la intervención penal, de forma general y sin matizaciones, el criterio del bien jurídico-penal protegido se antoja a todas luces insuficiente. Contradiciendo lo anterior, la forma tradicional de analizar la decisión político-criminal de intervenir penalmente frente a las conductas peligrosas para los intereses sociales, vendría dada por los siguientes pasos: en primer lugar, por la definición del bien o bienes jurídicos protegidos que pueden verse afectados; en segundo lugar, por la realización de una valoración de importancia de los mismos, para después ponderarlos en relación con el principio de proporcionalidad; y, finalmente, por la realización de un análisis de los tipos penales correspondientes para comprobar qué conductas son incriminadas por los mismos y con qué sanciones penales y, uniendo todo ello en análisis, valorar si la respuesta legislativo-penal es o no adecuada para la protección de los intereses dignos de tutela.

En efecto, tradicionalmente se viene ligando por parte de la doctrina la cuestión del merecimiento de la intervención penal frente a determinadas conductas con la consideración de que las mismas afectan a, en el sentido de lesionar o poner en peligro, un bien jurídico protegido. Así, parece como si la mera afirmación de que una conducta atente contra un interés categorizable dentro de este concepto de bien jurídico (penalmente) protegido, pueda legitimar la punición penal de tal conducta y que, consecuentemente, únicamente cuando esto sea así podremos fundamentar tal intervención punitiva.

A través del estudio de las funciones que un amplio sector doctrinal le ha venido atribuyendo al bien jurídico-penal, hemos podido corroborar lo anterior. Pero también es cierto que, tras el estudio de las posiciones teóricas actuales sobre el bien jurídico-penal, igualmente hemos podido constatar que el mismo se encuentra en una situación de "crisis". En concreto, dicha crisis tiene un doble origen: por una parte el concepto de bien jurídico-penal se ve puesto en duda por un concreto entendimiento teórico del Derecho penal, el funcionalismo sistémico de JAKOBS, que entiende que este sector del Ordenamiento no protege bienes jurídicos, en el sentido de intereses sociales distintos a lo normado, sino que busca simplemente confirmar la vigencia de las normas para garantizar la identidad normativa, la Constitución y la sociedad. Por otra parte, y aun por la de quienes defienden que el Derecho penal debe proteger bienes jurídicos, se reconoce que tal concepto ya no ejerce la función garantística con la que fue creado, en cuanto que no sirve para limitar la intervención penal, dada la amplitud con la que se interpreta el mismo, que permite entender como tal cualquier interés aun coincidente con el mero propósito incriminador con el que actúa el legislador de turno.

SEGUNDA.- La constatación fáctica de que hoy no existe acuerdo sobre lo que es el bien jurídico-penal, y el que ello se utilice para expandir y no para restringir el uso del Derecho penal, no convierte inmediatamente en inexistente la función de protección de bienes jurídicos como fundamento legitimador del Derecho penal, sino que simplemente ahonda en la necesidad de definir y concretar dicha función.

La negación por parte del funcionalismo, y las teorías sistémicas del Derecho penal más radicales, de la validez del concepto de bien jurídico-penal y su consideración como innecesario en cuanto referente material de legitimidad, puede ser acertada, pero cae en el riesgo, quizá de algún modo directamente buscado, de incurrir en el más absoluto formalismo. En otras palabras, si se destruye el bien jurídico-penal y no se sustituye por ningún criterio distinto, pero con contenido material, ello supondrá, ni más ni menos, la eliminación en el delito de cualquier exigencia de legitimación fuera de la propiamente formal, referida a la construcción normativa, y, por tanto, la eliminación de cualquier posibilidad de juicio crítico, no de carácter meramente técnico-formal, sobre lo sancionado o lo no sancionado.

En nuestra opinión, la exigencia de que el Derecho penal castigue únicamente ataques a bienes jurídicos es, sobre todo, la manifestación de un planteamiento político-criminal que trata de limitar el uso del Derecho penal a cuando sea necesario. El problema es, sin embargo, que el bien jurídico-penal, como criterio descriptor de la existencia de un interés social que puede ser protegido, es completamente insuficiente para definir la necesidad de intervención penal y, por tanto, para, mediante el juicio de si una conducta afecta o no a un bien jurídico, llevar a cabo una valoración político-criminal en términos de racionalidad o, incluso de legitimidad (material), sobre una concreta norma penal. La razón es que la auténtica cuestión política del Derecho penal no es si se protegen bienes o normas, sino qué normas o bienes deben protegerse e, incluso, más allá de ello, frente a qué comportamientos en concreto es legítimo hacerlo por medio del Derecho penal.

Ahora bien, tampoco con lo anterior estamos afirmando que no existan los bienes jurídicos penalmente protegidos, sino que sólo estamos limitando su alcance. La intervención penal deberá llevarse a cabo frente a comportamientos que atenten contra bienes jurídicos, intereses sociales dignos de protección. Lo que sucede es que la mera afirmación de que algo es un bien jurídico no permitirá justificar, sin más, la intervención penal. Pero eso sí, es obvio pretender que la intervención penal deberá serlo para tutelar intereses sociales, e incluso es posible imponer unas exigencias, aunque sea mínimas, a los mismos.

Tercera.- En este sentido, la primera de dichas exigencias, es que esos intereses sociales dignos de protección han de ser constitucionalmente aceptables. Es decir, nos debemos encontrar ante intereses sociales que no choquen contra los derechos, garantías y valores recogidos en el texto constitucional que, como cúspide del Ordenamiento jurídico, condiciona el contenido de todas las normas que lo integran. Y ello, fundamentalmente, porque la utilización del Derecho penal está condicionada por el modelo de Estado en el cual se enmarca y, en nuestro caso, el Derecho penal ha de respetar los límites que impone, en cuanto que supone la consagración de determinados valores y derechos, el Estado social y democrático de Derecho que configura la Constitución.

Cuestión distinta y de diferente calado, es si, como sostiene un sector doctrinal, los bienes jurídicos dignos de protección, para serlo, deben tener como referente algún interés o bien individual.

Creemos que el intento de reconducir todos los bienes jurídicos a la persona individual y a su dignidad como elemento definitorio del Estado democrático de Derecho es tan obvio como, a la vez, poco útil, ya que ello ni limita a bienes individuales la protección penal, ni impide la configuración de cualquier interés social como digno de tutela por vía penal, siempre que se pueda argumentar que el mismo es esencial para la vida colectiva. En otras palabras: el bien jurídico-penal no puede configurarse, en ningún caso, como un catálogo cerrado de bienes o intereses dignos de protección, y ello tampoco en lo relativo a una posible referencia individual de los intereses penalmente protegibles.

El único límite en la consideración por parte del legislador de los intereses sociales dignos de protección es, pues, el que debe tratarse de intereses constitucionalmente aceptables. Nada le impedirá al legislador decidir tutelar penalmente cualquier interés social mientras cumpla las formalidades. Cuestión distinta es si estará legitimado a hacerlo materialmente sea cual sea la forma de intervención y sea cual sea la conducta sancionada y la pena impuesta. Ante tal cuestión la respuesta ha de ser negativa y, además, el bien jurídico-penal no es el elemento adecuado para valorar tal cuestión.

CUARTA.- La decisión de intervenir penalmente no puede ser adoptada por el legislador sin una base jurídica y empírica que la fundamente, ni de forma irracional, y tampoco basta con la afirmación de que existen intereses sociales necesitados de protección o bienes jurídicos protegidos afectados por comportamientos que deben ser castigados sin más, para decidir por la intervención penal, porque el bien jurídico-penal es, como venimos repitiendo, un criterio insuficiente, ya que supone la constatación que un interés es digno de protección, pero no ofrece una explicación (material) de por qué.

Es necesario exigir que el paso de interés social digno de protección, a un interés social protegido penalmente tenga lugar según un proceso que examine la decisión legislativa a adoptar desde concretos y perfilados criterios con fundamento material en los principios del Derecho penal. Así, pues, la decisión sobre la protección de nuevos intereses no protegidos hasta ese momento ha de ser fruto de un concienzudo análisis racional que relacione la intervención a realizar sobre la base de la necesidad de llevarla a cabo, de la inexistencia de otros medios jurídicos (o también no jurídicos) para emprenderla, y de la proporcionalidad de la misma. Concretamente creemos que para legitimar una intervención de ese tipo sería necesario realizar una evaluación empírica (a través de la aplicación del método de investigación en las Ciencias Sociales al ámbito jurídico, como disciplina social que es el Derecho) de la legislación, afrontando una evaluación "ex ante" o "ex post" de las consecuencias de la misma para que, a la luz de las conclusiones alcanzadas, se pueda determinar claramente, sobre la base de datos extraídos de la realidad, si es insuficiente la tutela que se dispensa a los intereses sociales efectivamente protegidos, así como una valoración político-criminal en términos de racionalidad o, incluso de legitimidad (material), sobre las normas penales que llevan a cabo dicha protección, todo lo cual nos diría, en definitiva, si es necesaria realmente la creación de una nueva norma, la derogación de la norma actual, su mantenimiento o su reforma.

Quinta.- Llevar esto a la realidad exige la formulación teórica de un modelo político-criminal, pero, aún antes, requiere el estudio de las características del modelo político-criminal vigente, el denominado del Derecho penal de la postmodernidad, para poder identificar cuáles son sus carencias y debilidades, a los efectos de poder superarlas.

Sexta.- Con ese objetivo hemos estudiado el contexto sociopolítico en el que se encuadra dicho modelo vigente, constatando la existencia de una situación de "crisis" legislativa, provocada, en lo que se refiere al Derecho penal, por una sucesión abrumadora y abusiva de reformas penales, así como por unas insuficiencias de fondo que se vienen intuyendo en el nivel de su aplicación y efectos. En definitiva, lo que supone esta crisis de la legislación es una plausible falta de racionalidad actualmente a la hora de elaborar las normas.

Explicándonos el por qué de esta situación, hemos podido comprobar cómo los postulados de la sociedad del riesgo, formulados en su momento por Beck, siguen vigentes y, por tanto, siguen teniendo influencia sobre la legislación penal. En particular, esta incidencia se ha visto materializada en el proceso de expansión (y administrativización) que experimentó nuestro Derecho penal a finales del siglo

XX, cuyas manifestaciones principales siguen siendo perfectamente identificables en nuestras normas.

SÉPTIMA.- Hemos constatado cómo esta influencia de ese contexto social sobre nuestra legislación punitiva ha dado lugar a un preocupante "proceso de perversión de las normas". En efecto, ha ocurrido que los representantes políticos de la ciudadanía se han visto y se ven continuamente obligados a prometer seguridad inmediata a la opinión pública, pero lo hacen en la mayoría de ocasiones mediante intervenciones normativas claramente cosméticas, demagógicas o, en definitiva, simbólicas. Y ello principalmente porque las sensaciones de inseguridad que surgen en el marco de la sociedad del riesgo, no son transmitidas directamente desde la ciudadanía a sus representantes, sino que en ese proceso de transmisión intervienen los medios de comunicación, que no se limitan, ni mucho menos, a "transmitir". Esto da lugar a que los responsables del proceso legislativo se vean obligados a ocuparse de los temas que marcan como prioritarios los medios de comunicación, y a darles respuesta con la mayor inmediatez posible. En definitiva, hablamos de un "proceso de perversión de las normas" porque esta intervención de los medios de comunicación supone, en consecuencia, 1.- que sólo los temas seleccionados por ellos (en buen número relacionados con la punición de comportamientos que causan "alarma social") pasan a ser prioridades en la agenda legislativa (lo cual no tendría por qué ser "per se" negativo si es ésa fuera la verdadera voluntad de la sociedad, sin intermediarios que la condicionaran), pero, además, supone 2.- que dichos temas, sobre los que los medios sólo tienen conocimientos legos, sean abordados por el legislador, encargado de velar por la calidad normativa y por el cumplimiento de sus objetivos, de forma excesivamente compulsiva, sumaria e inestable (adaptándose así al mensaje transmitido por el intermediario mediático) y, por tanto, de forma inexcusablemente irracional.

Hemos aceptado, por tanto, la hipótesis sociológica contenida en la teoría de la "agenda setting-function", según la cual, por un lado, a mayor énfasis de los medios de comunicación a la hora de tratar algunos temas, éstos adquieren mayor importancia para el público, siendo esta relación directa y causal y, por otro, existe una transferencia de relevancia de los temas presentados en la agenda de los medios hacia la agenda pública y agenda política o legislativa. Esto, en el ámbito del Derecho penal, significa que la presentación que los medios de información hacen de la criminalidad, de su impacto y de sus características tiene un impacto consciente y declarado en la acción política, que como decimos, pasa a intervenir con el Derecho penal según un proceso nada reflexivo que, no en pocas ocasiones, da lugar a normas en las que predominan los efectos simbólicos, y, por ende, probablemente no son aptas para cumplir con los fines del Derecho penal: la prevención de comportamientos delictivos, reduciendo paralelamente la violencia estatal.

Octava.- Además, no sólo se interviene con normas penales simbólicas, sino que, ya entrado el siglo XXI, y en estrecha conexión con todo lo anterior, hemos constatado que se interviene con mayor dureza que antes, en el sentido de que la duración de las sanciones aumenta exponencialmente reforma tras reforma ("nuevo" punitivismo), y que el legislador se emplea con esa mayor dureza para obtener el apoyo de la opinión pública (populismo punitivo), esto es, de esa opinión pública "mediatizada".

Novena.- Retomando la quinta conclusión, podemos decir que en el modelo político-criminal del Derecho penal de la postmodernidad, la satisfacción de la demanda social mediatizada de seguridad es la clave de bóveda, pero el problema es que tal satisfacción se produce sin seguir el procedimiento adecuado, es decir, aquél que cumpla con los fines del Derecho penal, dentro de un Estado social y democrático de Derecho, de prevenir comportamientos delictivos, pero reduciendo a su vez la violencia estatal. Ahí radica el "quid" de la cuestión, pues la legitimidad del modelo político-criminal de la postmodernidad, un modelo "inflacionado" así como "no siempre respetuoso con los principios y garantías fundamentales", no depende "de una planificación entendida como consideración previa de la acción y de sus consecuencias, sino que está condicionada por la interferencia de los diversos discursos sociales involucrados en la comunicación social".

Décima.- De ahí que seamos partidarios de que el papel de la doctrina penal no deba ser meramente diagnosticar la situación descrita, sino participar activa y críticamente en la formulación de modelos político-criminales alternativos que, sobre el fundamento de principios esenciales del Derecho penal, es decir, desde las bases de su legitimidad material, puedan llegar a ser aceptados "por los encargados de diseñar la política criminal oficial e impulsar la elaboración y aprobación de las leyes penales", en la medida que atiendan a las demandas de seguridad, corrigiendo el factor de mediación que ejercen sobre tales demandas los "mass media".

Esto es, consideramos que se ha de enfocar el papel del penalista desde las instituciones de decisión político-criminal, proponiendo la introducción procedimientos que, inspirados en los fundamentos mismos del Derecho penal, lleguen a filtrar los defectos que el contexto sociopolítico puede provocar (o, más bien, provoca) en la normativa penal de nuestro Estado En definitiva, hemos considerado que nuestros esfuerzos se deberían centrar en una importante medida en formular un modelo político-criminal alternativo que impida a los políticos adoptar decisiones legislativas irracionales y, a la vez, les induzca a adoptar decisiones racionales en este ámbito, tomando en consideración los efectos o consecuencias de las mismas.

DÉCIMOPRIMERA.- Puestos a ello, defendemos que ese modelo debería partir de una idea básica: la necesidad de racionalizar la Política criminal. Así, si el Derecho penal tiene como fines la prevención general pero, también la reducción de la violencia estatal, a través del cumplimiento de las exigencias derivadas de los principios limitantes de intervención mínima y necesidad del castigo, además del esencial principio de proporcionalidad, es necesario exigir el cumplimiento de tales fines, para lo cual no basta con diagnosticar la situación, sino que es imprescindible que el penalista asuma la dirección del análisis de las obligaciones empíricas que atañen al Derecho punitivo, y evaluar en términos de eficacia, efectividad y eficiencia las leyes penales (algo que ni siquiera se plantea actualmente el legislador, por los condicionantes, ya expuestos, que impone el modelo político-criminal vigente), para asegurar la racionalidad y la legitimidad material de las mismas.

DECIMOSEGUNDA.- En orden a ello, resulta necesario estudiar y describir el contenido de la Ciencia de la legislación y de la Ciencia de la Administración, entre las cuales existe una conexión evidente cuando de afrontar la evaluación de las leyes se trata. En concreto, dicha conexión se produce entre uno de los campos de la primera, la metódica legislativa, y una de las principales tendencias científicas dentro de la segunda, el análisis de políticas públicas.

En efecto, la metódica legislativa se dedica al estudio del fenómeno del "procedimiento interno de elaboración de las normas", esto es, al estudio del procedimiento de elaboración normativa, desde la reflexión o gestación de la norma en la voluntad política de regular una determinada materia, hasta su redacción, aprobación y puesta en práctica, **evaluación del impacto y de los efectos que produce la norma promulgada**, y logro de objetivos de la misma.

El análisis de políticas públicas, por su parte, se centra en el estudio del proceso de formación e implementación de las políticas públicas, de acuerdo con las siguientes fases: percepción y definición del problema; intereses afectados; grado de organización; acceso a los canales representativos; consecución del estatuto propio de "tema" a incluir en el programa o agenda de actuación de los poderes públicos; formulación de una solución o de una acción de respuesta; establecimiento de objetivos y prioridades; soportes políticos, presupuestarios y administrativos de la solución propuesta; implementación o puesta en práctica de esa política; **evaluación y control de los efectos producidos**; mantenimiento, revisión o terminación de esa política.

Así, pues, se puede afirmar que entre la evaluación de las políticas legislativas propia de la Ciencia de la legislación, y la evaluación de las políticas públicas propia de la Ciencia de la administración, existe una implicación recíproca en tanto se trata de cuestiones íntimamente entroncadas porque no hay una política pública sin una política legislativa en que se sustente, de tal manera que se condicionan mutuamente.

DÉCIMOTERCERA.- Tras un detallado estudio del análisis de políticas públicas, incluida la fase de evaluación de las políticas públicas implementadas, hemos centrado nuestra atención en la evaluación legislativa, definida como el conjunto de técnicas dirigidas al análisis empírico de los efectos de la legislación.

Dicha evaluación legislativa está conformada, principalmente, por dos grandes fases o perspectivas de estudio, la "ex ante" o prospectiva, y la "ex post" o retrospectiva: en la primera, centrada en todo proyecto normativo, será necesario tener en cuenta los problemas de aplicación posibles y los efectos virtuales del mismo; en la segunda, el objetivo es descubrir la acción real de las normas legales que ya se encuentran en vigor en la vida social, tratándose, por ende, de una evaluación orientada a su posible modificación.

También hemos repasado algunos de sus principales métodos y técnicas y, sobre todo, en lo que más nos interesaba, hemos dotado de contenido a sus criterios rectores: efectividad, eficacia y eficiencia: así, por efectividad entendemos el examen acerca de si las normas van a ser y han sido (o no) efectivamente cumplidas por los ciudadanos a los que se dirigen; en segundo lugar, entendemos que una norma es eficaz si se logran los objetivos legítimos por ella pretendidos; finalmente, la eficiencia mide la relación entre el rendimiento y el gasto correspondiente para obtenerlo, teniendo en cuenta las diversas alternativas al regular un problema determinado.

DECIMOCUARTA.- Pese a contar con los cimientos teóricos mínimos para llevarla a cabo, resulta que, desgraciadamente, la evaluación de las leyes, y de sus consecuencias o efectos en particular, no es un instrumento del que se haya hecho excesivo uso en nuestro Ordenamiento en general, por no decir que brilla por su ausencia. Sin embargo, se trata de un instrumento que, como hemos podido constatar (a la luz de la exposición de cómo ha sido puesta en funcionamiento hasta la fecha institucionalmente la evaluación de las normas en perspectiva comparada), sí se encuentra muy desarrollado especialmente tanto en el ámbito anglosajón (Estados Unidos y Reino Unido), como en los países de habla germana (Suiza, Austria y Alemania) y en Escandinavia (Suecia y Finlandia), aunque con caracteres y técnicas diferentes.

La ausencia de una verdadera evaluación de las normas institucionalizada en nuestro Ordenamiento jurídico, tanto "ex ante" como "ex post", ha dado lugar a que se formulen diversas propuestas, por la doctrina más especializada, para subsanarla. En particular, es especialmente evidente esta carencia en el ámbito de la legislación penal, como ha quedado acreditado a través del estudio de los ejemplos de las dos últimas reformas penales de mayor calado en España en los años 2010 y 2015, cuya documentación justificativa aneja no ha contemplado ni el más mínimo análisis en retrospectiva de las posibles carencias de la legislación penal hasta ese momento vigente, ni tampoco un elemental análisis en prospectiva sobre importantes cuestiones relacionadas con ciertas innovaciones legislativas introducidas a partir de esa fecha.

DECIMOQUINTA.- Una vez estudiadas las herramientas concretas a utilizar en nuestro modelo alternativo, y constatado el hecho de que nuestro Ordenamiento carece casi por completo de ellas, llegaba el momento de relacionar dichas herramientas con unos fundamentos teóricos adecuados, con el objeto de que sea posible, a través de la aplicación de las mismas, alcanzar sólidas conclusiones sobre la racionalidad y legitimidad material de una norma penal tras llevar a cabo una evaluación de los efectos o consecuencias de la misma.

Para ello, hemos estudiado previamente los modelos existentes en la actualidad para la creación racional de la ley (penal) (fundamentalmente el de VOGEL y el de DÍEZ RIPOLLÉS, basado en el de ATIENZA), dotando de contenido a los conceptos de "racionalidad" y de "legitimidad (material)" (tras el estudio de las que, para nosotros, son las "bases" de la legitimidad material de toda decisión legislativa en materia penal), con el objetivo de que puedan guiar, como criterios rectores, un proceso de evaluación de las consecuencias o efectos de las leyes que garantice la creación de una norma penal de acuerdo con las exigencias de un Estado social y democrático de Derecho.

DECIMOSEXTA.- Así, en primer lugar, hemos podido concluir que, desde el punto de vista de la **racionalidad**, actuar bajo los postulados de ésta orientará al creador de la ley sobre cómo lograr que la decisión legislativa sea (siguiendo a ATIENZA), **efectiva** (de tal forma que el comportamiento de los destinatarios se adecúe a lo prescrito en la ley –*racionalidad pragmática*–) y **eficaz** (que los efectos por ella producidos se correspondan con los fines sociales que se perseguían con su creación –*racionalidad teleológica*–), sin renunciar a que la ley así creada cumpla estas dos características a un coste razonable, esto es, que sea **eficiente** (como *dimensión transversal* de la racionalidad), lo que, en este caso, será medido en términos de restricción de libertad.

DECIMOSÉPTIMA.- Complementariamente, desde el punto de vista de la **legitimidad material**, esto es, el de la *racionalidad ética*, consideramos que los principios que, en nuestra opinión, la componen (el de necesidad o lesividad, el de intervención mínima y el de proporcionalidad, más prevención de comportamientos delictivos) estarán relacionados, igualmente con la eficacia, la efectividad y la eficiencia del Derecho penal.

Concretamente la **eficacia** de una norma vendrá dada por la correspondencia de los efectos de la norma penal con sus fines, es decir, por el cumplimiento de los fines del Derecho penal, expresados en el cumplimiento de los principios de necesidad, intervención mínima y proporcionalidad, en orden al logro, en primer término, de una prevención de los comportamientos delictivos. Y es que entendemos que el Derecho penal tiene como fines la prevención general pero, también, la reducción de la violencia estatal, a través de los principios limitantes de intervención mínima y necesidad del castigo, además del esencial principio de proporcionalidad, siendo necesario exigir el cumplimiento de tales fines. Así, pues, no se podrá entender que una ley es legítima desde el punto de vista material con el mero cumplimiento de los objetivos o fines político-criminales que se hubiera propuesto. No se puede entender que, por el mero hecho de que una ley cumpla con sus fines preventivos, ésta es legítima materialmente. Y ello porque, como decimos, junto a la prevención, el otro fin fundamental del Derecho penal es, paralelamente, la reducción de la violencia estatal y, por tanto, la mínima intervención, ya que estamos hablando, en definitiva, de que el Derecho penal, en tanto es el recurso más drástico con que cuenta el Estado, ha de ser limitado "a lo estrictamente necesario". Así, pues, los fines legítimos del Derecho penal en un Estado social y democrático de Derecho (o, en otras palabras, la eficacia del Derecho penal en este marco político), no están identificados sólo con la prevención de comportamientos delictivos sino, también, con la propia reducción o autolimitación de la violencia estatal.

Por su parte, la **efectividad** tendrá que ver con, cumplido lo anterior, la constatación del logro de una prevención real de los comportamientos delictivos. Esto es, la efectividad de la norma penal vendrá dada por la constatación de que el comportamiento de los ciudadanos, destinatarios de la norma, se desarrolla conforme a lo establecido por ésta.

Finalmente, la **eficiencia** (en tanto "es necesario analizar si los objetivos se han conseguido a un coste razonable y, si es posible, al mínimo coste posible"), estará relacionada con un saldo positivo resultante de la ponderación entre los costes de la intervención en términos de restricción de libertad, y los beneficios traducidos en incrementos reales de seguridad general para la sociedad. Esto es, en tanto la eficiencia es la eficacia al menor coste, vendrá dada por la prevención (reducción), de comportamientos lesivos o peligrosos para los intereses sociales considerados valiosos, buscada a través del más grave medio de intervención que el Estado tiene a su disposición, toda vez que se haya constatado el cumplimiento de los principios que legitiman materialmente tal intervención (lo que significa básicamente que se ha cumplido con los fines de reducción de la violencia estatal) y, en particular, el cumplimiento del principio de intervención mínima, por ser el principio en el que aparecen más íntimamente ligados estos dos criterios de eficacia y de eficiencia: el cumplimiento de ambos significa que se han conseguido los fines de, por un lado, prevención de delitos y, por otro, reducción de la violencia estatal.

Finalmente, el coste a evaluar en la eficiencia ha de ser entendido en términos de intromisión en esferas de libertad, pues, "en una sociedad que parte de la libertad y la dignidad de la persona como pilares del sistema democrático, deberá evaluarse el coste en términos de intervención en la libertad de los ciudadanos que supone la implantación de una determinada política pública a través de una norma".

DECIMOCTAVA.- Pero, ¿quién y cómo ha de aplicar estos fundamentos de racionalidad y legitimidad material sobre las leyes penales vigentes, a través de la evaluación de sus efectos o consecuencias, en orden a poder decidir sobre su posible reforma?

Nosotros proponemos la creación de un órgano a nivel estatal, al que denominaríamos **"Comité de Evaluación Legislativa"**, independiente del poder legislativo y del ejecutivo (así como del judicial), y adscrito funcionalmente al Tribunal Constitucional que, provisto de los medios adecuados, analizara permanentemente "ex ante" y "ex post" la eficacia, efectividad y eficiencia de las leyes realizando investigaciones criminológicas, sociológicas y psicológicas (incluyendo el diseño y análisis de cuestionarios pasados a todos los agentes implicados en el proceso de aplicación de una ley).

Una vez finalizadas sus investigaciones, este órgano trasladaría sus conclusiones o recomendaciones, junto con la documentación completa del estudio realizado, al Gobierno y al Parlamento. Con el objeto de reforzar a este órgano en su labor, somos partidarios de legitimarlo para interponer el correspondiente recurso de inconstitucionalidad contra aquellas leyes sobre las que haya formulado recomendaciones de modificación o derogación, y que no hayan sido atendidas en el plazo de seis meses por parte del Gobierno y/o Parlamento desde su presentación en los correspondientes registros. El plazo máximo para la interposición de tal recurso de inconstitucionalidad en el caso de la evaluación "ex ante" sería de seis meses adicionales. Y, en el caso de la evaluación "ex post", sería de diez años desde que se hubiera aprobado la ley de que se trate, con el objeto de que pase el tiempo necesario para que la ley tenga un tiempo prudencial para tener (o no) efectos, y el órgano evaluador disponga a su vez de margen para realizar las investigaciones oportunas.

En otras palabras, el "Comité de Evaluación Legislativa", a la luz de las conclusiones de su propio análisis "ex ante" o "ex post" sobre las consecuencias de una norma penal analizada, recomendaría (en principio con carácter no vinculante, para no romper el principio democrático y, por ende, la legitimidad formal en la creación de las leyes), a Gobierno y/o Cortes Generales a modificar o derogar la norma en cuestión y, de no aprobarse tal acto legislativo en el plazo de seis meses, interpondría un recurso de inconstitucionalidad contra la misma en los plazos antes referidos adjuntando como prueba documental el análisis "ex ante" o "ex post" realizado, basado en premisas empíricas objetivas conforme al conocimiento científico disponible.

Entonces, sería el Tribunal Constitucional el que debería decidir sobre la constitucionalidad o no de la norma penal evaluada a través de este mecanismo, con el que se ejercería un "control estricto o control material intensivo" en este ámbito. Así, pues, si nos encontramos ante un estudio evaluativo empírico, elaborado de forma imparcial y objetiva, que concluye que una determinada ley penal pude restringir o está restringiendo innecesariamente la libertad de los ciudadanos, por no cumplir con los criterios de racionalidad y, por ende, de legitimidad material trazados en esta investigación, el Tribunal Constitucional podrá enjuiciar la constitucionalidad de dicha ley y determinar, en su caso, su nulidad.

DECIMONOVENA.- Para finalizar el presente trabajo, hemos formulado una propuesta sobre el diseño metodológico que debería seguirse y el contenido que debería otorgarse al programa evaluativo a implementar, tanto "ex ante" como "ex post", por parte del "Comité de Evaluación Legislativa", guiados por el modelo teórico de evaluación social realista CMO (Context + Mechanism = Output), pasando por la insoslayable definición de sus bases epistemológicas, coincidentes con los criterios de eficacia, efectividad y eficiencia antes referidos, y por la definición de sus objetivos de forma clara y precisa, materializados en una serie de preguntas evaluativas que permitan obtener al órgano evaluador toda la información necesaria para realizar su análisis y poder elaborar el correspondiente informe de recomendaciones que, en su caso, pueda dar lugar al proceso de enjuiciamiento de constitucionalidad de la norma de que se trate, si las mismas no son atentidas por los legisladores.

BIBLIOGRAFÍA CONSULTADA POR ORDEN ALFABÉTICO

AGENCIA ESTATAL DE EVALUACIÓN DE LAS POLÍTICAS PÚBLICAS Y LA CALIDAD EN LOS SERVICIOS: *Fundamentos de evaluación de políticas públicas*, Ministerio de Política Territorial y Administración Pública, Madrid, 2010.

AGUADO CORREA, T.: *El principio de proporcionalidad en Derecho penal*, Edersa, Madrid, 1999.

AGUILÓ LUCÍA, LL.: "Competencia para dictar directrices de técnica legislativa", en SAINZ MORENO, F./DA SILVA OCHOA, J.C.: *La calidad de las leyes*, Parlamento Vasco, Vitoria-Gasteiz, 1989.

ALBRECHT, P.A.: "El Derecho penal en la intervención de la política populista" (traducido por Ricardo ROBLES PLANAS), en INSTITUTO DE CIENCIAS CRIMINALES DE FRANKFURT (ED.)/ÁREA DE DERECHO PENAL DE LA UNIVERSIDAD POMPEU FABRA (ED. española): *La insostenible situación del Derecho penal*, Comares, Granada, 2000.

ALCÁCER GUIRAO, R.: "Los fines del Derecho penal. Una aproximación desde la Filosofía política", en *Anuario de Derecho Penal y Ciencias Penales*, t. LI, 1998.

ALCÁCER GUIRAO, R.: "Facticidad y normatividad. Notas sobre la relación entre Ciencias sociales y Derecho penal", en *Anuario de Derecho Penal y Ciencias Penales*, t. LII, 1999.

ALCÁCER GUIRAO, R.: "Prevención y garantías: conflicto y síntesis", en *Doxa. Cuadernos de Filosofía del Derecho*, núm. 25, 2002.

ALCÁCER GUIRAO, R.: "La protección del futuro y los daños cumulativos", en *Revista Electrónica de Ciencia Penal y Criminología*, núm. 4, 2002.

ALCÁCER GUIRAO, R.: "El derecho a la legalidad penal y los límites de actuación del Tribunal Constitucional", en MIR PUIG, S./QUERALT JIMÉNEZ, J.J. (DIRS.); FERNÁNDEZ BAUTISTA, S. (COORD.), *Constitución y principios del Derecho penal: algunas bases constitucionales*, Tirant lo Blanch, Valencia, 2010.

ÁLVAREZ GARCÍA, F.J.: "Bien jurídico y Constitución", en *Cuadernos de Política Criminal*, núm. 43, 1991.

ÁLVAREZ GARCÍA, F.J.: *Introducción a la Teoría jurídica del delito,* Tirant lo Blanch, Valencia, 1999.

AMELUNG, K.: *Rechtsgüterschutz und Schutz der Gesellschaft (Untersuchungen zum Inhalt und zum Anwendungsbereich eines Strafrechtsprinzips auf dogmengeschichtlicher Grundlage: Zugleich ein Beitrag zur Lehre von der "Sozialschädlichkeit" des Verbrechens),* Athenäum, Frankfurt am Main, 1972.

AMELUNG, K.: "Strafrechtswissenschaft und Strafgesetzgebung", en *Zeitschrift für die gesamte Strafrechtswissenschaft,* núm. 91, 1980.

ANASTASOPOULOU, I.: *Deliktstypen zum Schutz kollektiver Rechtsgüter,* C.H. Beck, München, 2005.

ANDER-EGG, E.: *Introducción a la planificación,* Siglo Veintiuno Editores de España, Madrid, 1991 (13ª edición).

ANGIONI, F.: *Contenuto e funzioni del concetto di bene giuridico,* Giuffrè, Milano, 1983.

ARIAS EIBE, M.J.: "Bases sociológicas del funcionalismo penal contemporáneo", en *www.unifr.ch/ddp1/derechopenal/articulos/a_20080521_18.pdf.*

ARNOLD, T.: *The Symbols of Government,* Brace and World, New York, 1962.

AROCENA, G.: "La racionalidad de la actividad legislativa penal como mecanismo de contención del poder punitivo estatal", en *Política criminal,* núm. 6, 2008.

AROMAA, K.: "National Research Institute of Legal Policy, Helsinki, Finland", en *European Journal on Criminal Policy and Research,* vol. 4 (3), 1996.

ATIENZA RODRÍGUEZ, M.: *Contribución a una teoría de la legislación,* Civitas, Madrid, 1997.

ATIENZA RODRÍGUEZ, M.: "Sociología jurídica y Ciencia de la legislación", en BERGALLI, R. (COORD.): *El Derecho y sus realidades: investigación y enseñanza de la Sociología jurídica. Jornadas sobre la investigación y la enseñanza de la Sociología jurídica (Barcelona, 7-9 abril de 1988). Homenaje a Renato Treves,* Promociones y Publicaciones Universitarias, Barcelona, 1989.

ATIENZA RODRÍGUEZ, M.: "Argumentación y legislación", en MENÉNDEZ MENÉNDEZ, A./PAU PEDRÓN, A. (DIRS.): *La proliferación legislativa: un desafío para el Estado de Derecho,* Civitas, Madrid, 2004.

AUBY, J.B./PERROUD, T. (EDS): *La evaluación de impacto regulatorio,* Global Law Press, Sevilla, 2013.

AZOFRA MÁRQUEZ, Mª.J.: *Cuestionarios,* Centro de Investigaciones Sociológicas, Madrid, 2000.

BACIGALUPO SAGGESE, S./CANCIO MELIÁ, M. (COORDS.): *Derecho penal y política transnacional,* Atelier, Barcelona, 2005.

BACIGALUPO ZAPATER, E.: "Sobre el Derecho penal y su racionalidad", en GÓMEZ-JARA DÍEZ, C. (ED.): *Teoría de sistemas y Derecho penal. Fundamentos y posibilidades de aplicación,* Comares, Granada, 2005.

BACIGALUPO ZAPATER, E.: *Hacia el nuevo Derecho penal*, Hammurabi, Buenos Aires, 2006.

BAENA DE ALCÁZAR, M.: *Curso de Ciencia de la Administración*, vol. I, Tecnos, Madrid, 2000 (4ª edición).

BALLART, X.: *¿Cómo evaluar programas y servicios públicos?: Aproximación sistemática y estudios del caso*, Instituto Nacional de Administración Pública, Madrid, 1992.

BALLART, X.: "Evaluación de políticas. Marco conceptual y organización institucional", en *Revista de Estudios Políticos*, núm. 80, 1993.

BARATTA, A.: "Principien des minimalen Strafrechts. Eine Theorie der Menschenrechte als Schutzobjekte und Grenze des Strafrechts", en KAISER, G./KURY, H./ALBRECHT, H.J. (COORDS.): *Kriminologische Forschung in den 80er Jahren. Projektberichte aus der Bundesrepublik Deutschland*, vol. 2, Max-Planck-Institut für ausländisches und internationales Strafrecht, Freiburg, 1988.

BARBERET HAVICAN, R.: "La prevención general y especial", en *Cuadernos de Derecho Judicial*, núm. 15, 1997.

BARBERET HAVICAN, R.: "La investigación criminológica y la política criminal", en *Revista de Derecho Penal y Criminología*, núm. 5, 2000.

BARBERET HAVICAN, R.: "Evaluación de reformas penales y planes de prevención", en DÍEZ RIPOLLÉS, J.L./CEREZO DOMÍNGUEZ, A.I. (EDS.): *Los problemas de la investigación empírica en criminología: la situación española*, Tirant lo Blanch, Valencia, 2001.

BARDACH, E.: *The Implementation Game*, MIT Press, Cambridge, 1977.

BATES, T.S.J.N.: "Estimating the cost of legislation", en VV.AA.: *Evaluation of legislation. Proceedings of the Council of Europe's legal co-operation and assistance activities (2000-2001)*, Council of Europe Publising, Strasbourg, 2001.

BATES, T.S.J.N.: "The Evaluation of Legislation", en KARPEN, U. (ED.): *Evaluation of legislation. Proceedings of the Fourth Congress of the European. Association of Legislation (EAL) in Warsaw (Poland), June 15th-16th, 2000*, Nomos, Baden-Baden, 2002.

BAUCELLS LLADÓS, J./PERES-NETO, L.: "Discurso televisivo sobre el crimen: los programas especializados en sucesos", en GARCÍA ARÁN, M./BOTELLA CORRAL, J. (DIRS.): *Malas noticias. Medios de comunicación, política criminal y garantías penales en España*, Tirant lo Blanch, Valencia, 2009.

BAUMAN, Z.: *Liquid modernity*, Polity Press, Cambridge, 2000.

BAKER, D.J.: *The right not to be criminalized. Demarcating Criminal Law's authority*, Routledge, London, 2011.

BAÑÓN I MARTÍNEZ, R. (COMP.): *La evaluación de la acción y de las políticas públicas*, Díaz de Santos, Madrid, 2003.

BAUTISTA ORTUÑO, R./MIRÓ LLINARES, F.: "¿Por qué algunos siempre incumplen? Infractores y multi-infractores en seguridad vial", en *Indret. Revista para el análisis del Derecho*, núm. 4, 2015.

BECERRA MUÑOZ, J.: *La toma de decisiones en Política criminal. Bases para un análisis multidisciplinar*, Tirant lo Blanch, Valencia, 2013.

BECERRA MUÑOZ, J.: "Propuestas de rediseño institucional para la elaboración y evaluación de la política criminal por parte del Gobierno", en NIETO MARTÍN, A./MUÑOZ DE MORALES ROMERO, M./BECERRA MUÑOZ, J. (DIRS.): *Hacia una evaluación racional de las leyes penales*, Marcial Pons, Madrid, 2016.

BECK, U.: *La sociedad de riesgo. Hacia una nueva modernidad* (traducido por Jorge NAVARRO, Daniel JIMÉNEZ y María Rosa BORRÁS), Paidós, Barcelona, 2001.

BECK, U.: *La sociedad del riesgo global* (traducido por Jesús ALBORES REY), Siglo XXI, Madrid, 2002.

BECK, U.: *La sociedad de riesgo mundial. En busca de la seguridad perdida* (traducido por Roc FILELLA MONFORT), Paidós, Barcelona, 2008.

BENÍTEZ ORTÚZAR, I.F./MORILLAS CUEVA, L./PERIS RIERA, J.M. (COORDS.): *Estudios jurídico-penales sobre genética y biomedicina. Libro-homenaje al Prof. Dr. D. Ferrando Mantovani*, Dykinson, Madrid, 2005.

BENNETT, R.W.: "Evaluation of Legislation for the United States Congress", en KARPEN, U. (ED.): *Evaluation of legislation. Proceedings of the Fourth Congress of the European. Association of Legislation (EAL) in Warsaw (Poland), June 15th-16th, 2000*, Nomos, Baden-Baden, 2002.

BERGALLI, R. (COORD.): *Sistema penal y problemas sociales*, Tirant lo Blanch, Valencia, 2003.

BERGERON, R.C.: "Cost-reduction through management of law – One trap to avoid: Sunset Legislation", en KARPEN, U. (ED.): *Evaluation of legislation. Proceedings of the Fourth Congress of the European. Association of Legislation (EAL) in Warsaw (Poland), June 15th-16th, 2000*, Nomos, Baden-Baden, 2002.

BETTINI, R.: *Il Circolo Vizioso Legislativo*, Franco Angeli, Milano, 1984.

BICHACHI, D.S.: "El uso de las listas de chequeo (chek-list) como herramienta para controlar la calidad de las Leyes", en *http://www.salvador.edu.ar/vrid/iiefgs/trchecklist.pdf*.

BINDING, K.: *Lehrbuch des Gemeinen Deutschen Strafrechts. Besonderer Teil*, vol. 1, Wilhelm Engelmann, Leipzig, 1902 (2ª edición).

BINDING, K.: *Die Normen und ihre Übertretung. Eine Untersuchung über die rechtsmässige Handlung und die arten des Delikts. Band I. Normen und Strafgesetze*, Meiner, Leipzig, 1922 (4ª edición).

BIRNBAUM, J.M.F.: "Über das Erforderniß einer Rechtsverletzung zum Begriffe des Verbrechens, mit besonderer Rücksicht auf den Begriff der Ehrenkränkung", en *Archiv des Criminalrechts*, t. 15, 1834.

BOTTOMS, A.: "The philosophy and politics of punishment and sentencing", en CLARKSON, C./MORGAN, R. (EDS.): *The politics of sentencing reform*, Clarendon Press, Oxford, 1995.

BLACK, R.W.: "El Parlamento escocés y la auditoría pública en Escocia", en PARDO FALCÓN, J./PAU I VALL, F. (COORDS.): La evaluación de las leyes: XII Jornadas de la Asociación Española de Letrados de Parlamentos, Tecnos, Madrid, 2006.

BÖHRET, C.: "Gesetzesfolgenabschätzung: Soll sie institutionalisiert werden?", en GRUPP, K./RONELLENFITSCH, M. (COORDS.): *Planung – Recht – Rechtsschutz. Festschrift für Willi Blümel zum 70. Geburtstag am 6. Januar 1999*, Duncker & Humblot, Berlin, 1999.

BÖHRET, C.: "Gesetzesfolgenabschätzung (GFA): Modisch oder hilfreich?", en SCHRECKENBERGER, W./MERTEN, D. (COORDS.): *Grundfragen der Gesetzgebungslehre. Aktualisierte Vortrage eines Seminars zur Gesetzgebungslehre (1996) an der Deutschen Hochschule für Verwaltungswissenschaften Speyer*, Duncker & Humblot, Berlin, 2000.

BÖHRET, C.: *Handbuch Gesetzesfolgenabschätzung (GFA). Gesetze, Verordnungen, Verwaltungsvorschriften*, Nomos, Baden-Baden, 2001.

BORJA JIMÉNEZ, E.: *Curso de Política Criminal*, Tirant lo Blanch, Valencia, 2003.

BOTELLA CORRAL, J.: "Introducción", en GARCÍA ARÁN, M./BOTELLA CORRAL, J. (DIRS.): *Malas noticias. Medios de comunicación, política criminal y garantías penales en España*, Tirant lo Blanch, Valencia, 2009.

BOTELLA CORRAL, L./PERES-NETO, L.: "La formación de la opinión pública y la construcción de discursos sobre la realidad criminal en España", en GARCÍA ARÁN, M./BOTELLA CORRAL, J. (DIRS.): *Malas noticias. Medios de comunicación, política criminal y garantías penales en España*, Tirant lo Blanch, Valencia, 2009.

BOTTKE, W.: "La actual discusión sobre las finalidades de la pena" (traducido por Guillem BENLLOCH PETIT), en SILVA SÁNCHEZ, J.Mª. (ED.): *Política criminal y nuevo Derecho penal. Libro Homenaje a Claus Roxin*, Bosch, Barcelona, 1997.

BRANDARIZ GARCÍA, J.Á.: "Itinerarios de evolución del sistema penal como mecanismo de control social en las sociedades contemporáneas", en FARALDO CABANA, P. (DIR.)/BRANDARIZ GARCÍA, J.Á./PUENTE ABA, L.Mª. (COORDS.): *Nuevos retos del Derecho penal en la era de la globalización*, Tirant lo Blanch, Valencia, 2004.

BRANDARIZ GARCÍA, J.Á.: *El gobierno de la penalidad: la complejidad de la política criminal contemporánea*, Dykinson, Madrid, 2014.

BRICOLA, F.: "Teoria generale del reato", en AZARA, A./EULA, E. (DIRS.): *Novissimo Digesto Italiano, XIX*, Unione Tipografico-Editrice Torinese, Torino, 1973.

BRICOLA, F.: "Carattere 'sussidiario' del diritto penale e oggetto della tutela", en DEL MISMO: *Politica criminale e scienza del diritto penale*, Società editricie il Mulino, Bologna, 1997.

BRONFMAN VARGAS, A.: "El sentido de la evaluación legislativa en los sistemas políticos democráticos", en PARDO FALCÓN, J./PAU I VALL, F. (COORDS.): *La evaluación de las leyes: XII Jornadas de la Asociación Española de Letrados de Parlamentos*, Tecnos, Madrid, 2006.

BUSSMANN, W.: "The emergence of evaluation in Switzerland", en *Evaluation*, núm. 14, 2008.

BUSTELO RUESTA, C.: "¿Qué tiene de específico la metodología de evaluación?", en BAÑÓN I MARTÍNEZ, R. (COMP.): *La evaluación de la acción y de las políticas públicas*, Díaz de Santos, Madrid, 2003.

BUSTOS RAMÍREZ, J.J./HORMAZÁBAL MALARÉE, H.: *Nuevo sistema de Derecho penal*, Trotta, Madrid, 2004.

CABALLERO SANZ, F.: "La evaluación en la Unión Europea", en PARDO FALCÓN, J./PAU I VALL, F. (COORDS.): *La evaluación de las leyes: XII Jornadas de la Asociación Española de Letrados de Parlamentos*, Tecnos, Madrid, 2006.

CALSAMIGLIA, A.: "Justicia, eficiencia y optimización de la legislación", en *Documentación Administrativa*, núms. 218-219, 1989.

CANCIO MELIÁ, M.: "Dogmática y Política criminal en una teoría funcional del delito", en MONTEALEGRE LYNETT, E. (COORD.): *Libro homenaje al profesor Günther Jakobs. El funcionalismo en el Derecho penal*, t. I, Universidad Externado de Colombia, Bogotá, 2003.

CANCIO MELIÁ, M.: "Derecho penal del enemigo y delitos de terrorismo. Algunas consideraciones sobre la regulación de las infracciones en materia de terrorismo en el Código Penal español después de la LO 7/2000" en *Jueces para la Democracia*, núm. 44, 2002.

CANCIO MELIÁ, M.: "De nuevo: ¿'Derecho penal' del enemigo?", en JAKOBS, G./ CANCIO MELIÁ, M.: *Derecho penal del enemigo*, Civitas, Madrid, 2006 (2ª edición).

CANCIO MELIÁ, M./GÓMEZ-JARA DÍEZ, C. (COORDS.): *Derecho penal del enemigo. El discurso penal de la exclusión*, 2 vols., Edisofer/BdeF, Madrid/ Montevideo-Buenos Aires, 2006.

CAPO GIOL, J.: *La legislación estatal en la España democrática. Una aproximación politológica*, Centro de Estudios Constitucionales, Madrid, 1990.

CARBONELL, M./PEDROZA DE LA LLAVE, S.T.: *Elementos de técnica legislativa*, Universidad Nacional Autónoma de México, México D.F., 2000.

CARBONELL MATEU, J.C.: *Derecho penal: concepto y principios constitucionales*, Tirant lo Blanch, Valencia, 1999 (3ª edición).

CARBONELL MATEU, J.C./DEL ROSAL BLASCO, B./MORILLAS CUEVA, L./ORTS BERENGUER, E./QUINTANAR DÍEZ, M. (COORDS.): *Estudios penales en Homenaje al Profesor Cobo del Rosal*, Dykinson, Madrid, 2005.

CARBONELL MATEU, J.C./GONZÁLEZ CUSSAC, J.L./ORTS BERENGUER, E./CUERDA ARNAU, Mª.L. (COORDS.): *Constitución, derechos fundamentales y sistema penal (semblanzas y estudios con motivo del setenta aniversario del profesor Tomás Salvador Vives Antón)*, vols. I y II, Tirant lo Blanch, Valencia, 2009.

CARBONELL SÁNCHEZ, M./PEDROZA DE LA LLAVE, S.T. (COORDS.): *Elementos de técnica legislativa*, Universidad Nacional Autónoma de México, México D.F., 2000.

CARBONNIER, J.: *Sociologie juridique*, Librairie Armand Colin, Paris, 1972.

CAREY, J.W.: "The mass media and democracy", en *Journal of International Affaires*, vol. 47, núm. 1, 1993.

CARNELUTTI, F.: "La crisi della legge", en *Rivista di Diritto pubblico*, 1930.

CARNELUTTI, F.: "La crisi del Diritto", en *Giurisprudenza Italiana*, t. IV, 1946.

CASTELLS, M.: *La era de la información. Vol 1. La sociedad red*, Alianza Editorial, Madrid, 2000 (2ª edición).

CAZORLA PRIETO, L.Mª.: "La participación del Parlamento en la creación del Derecho", en MENÉNDEZ MENÉNDEZ, A./PAU PEDRÓN, A. (DIRS.): *La proliferación legislativa: un desafío para el Estado de Derecho*, Civitas, Madrid, 2004.

CEREZO MIR, J.: *Curso de derecho penal español. Parte general. 1. Introducción: Teoría jurídica del delito. 1*, Tecnos, Madrid, 1985 (3ª edición).

CEREZO MIR, J./SUÁREZ MONTES, R.F./BERISTAIN IPIÑA, A./ROMEO CASABONA, C.Mª. (EDS.): *El nuevo Código Penal: presupuestos y fundamentos. Libro Homenaje al Profesor Doctor Don Ángel Torío López*, Comares, Granada, 1999.

CEREZO MIR, J.: *Curso de Derecho penal español. Introducción*, I, Tecnos, Madrid, 2002.

CHELIMSKY, E.: "The Need for Better Data to Support Crime Control Policy", en *Evaluation Review*, núm. 1, 1977.

CHELIMSKY, E.: "Old Patterns and New Directions in Program Evaluation", en *Program Evaluation: Patterns and Directions*, ASPA, Washington D.C., 1985.

COBO DEL ROSAL, M./BOIX REIG, J.: "Garantías constitucionales del Derecho sancionador", en COBO DEL ROSAL, M. (Dir.): *Comentarios a la legislación penal. Tomo I. Derecho penal y Constitución*, Edersa, Madrid, 1982.

COBO DEL ROSAL, M./VIVES ANTÓN, T.S.: *Derecho penal. Parte general*, Tirant lo Blanch, Valencia, 1999 (5ª edición).

CORCOY BIDASOLO, Mª.L.: *Delitos de peligro y protección de bienes jurídico-penales supraindividuales*, Tirant lo Blanch, Valencia, 1999.

COTTERRELL, R.: *Introducción a la Sociología del Derecho* (traducido por Carlos PÉREZ DEL VALLE), Ariel, Barcelona, 1990.

CUELLO CONTRERAS, J.: *El Derecho penal español. Parte general. Nociones introductorias. Teoría del delito*, Dykinson, Madrid, 2002.

CUERDA ARNAU, Mª.L.: "Aproximación al principio de proporcionalidad en Derecho penal", en ORTS BERENGUER, E. (ED.): *Estudios jurídicos: Libro Homenaje al Profesor José Ramón Casabó Ruiz. Volumen I*, Servicio de Publicaciones de la Universidad de Valencia, Valencia, 1997.

CUERDA RIEZU, A.: "Proporcionalidad, efecto desaliento y algunos silencios en la Sentencia del Tribunal Constitucional 136/1999, que otorgó el amparo a los dirigentes de Herri Batasuna", en DÍEZ RIPOLLÉS, J.L./ ROMEO CASABONA, C.Mª./GRACIA MARTÍN, L./HIGUERA GUIMERÁ, J.F. (EDS.): *La ciencia del Derecho penal ante el nuevo siglo: libro homenaje al Profesor Doctor Don José Cerezo Mir*, Tecnos, Madrid, 2003.

DAHM, G.: *Gemeinschaft und Strafrecht*, Hanseatische Verlagsanstalt, Hamburg, 1935.

DA AGRA, C./DOMÍNGUEZ, J.L./GARCÍA AMADO, J.A./HEBBERECHT, P./RECASENS I BRUNET, A. (EDS.): *La seguridad en la sociedad del riesgo: un debate abierto*, Atelier, Barcelona, 2003.

DE BENITO, J.L./PASTOR PRIETO, S.: "La estadística como instrumento de la Política Judicial", en DÍEZ RIPOLLÉS, J.L./CEREZO DOMÍNGUEZ, A.I. (EDS.): *Los problemas de la investigación empírica en criminología: la situación española*, Tirant lo Blanch, Valencia, 2001.

DE LA MATA BARRANCO, N.J.: *El principio de proporcionalidad penal*, Tirant lo Blanch, Valencia, 2007.

DEL ROSAL BLASCO, B.: "La 'privatización' de las prisiones: una huida hacia la pena de privación de libertad", en *Eguzkilore. Cuaderno del Instituto Vasco de Criminología*, núm. 12 (extraordinario), 1998.

DEL ROSAL BLASCO, B.: "El homicidio y sus formas en el Código penal de 1995", en CEREZO MIR, J./SUÁREZ MONTES, R.F./BERISTAIN IPIÑA, A./ ROMEO CASABONA, C.Mª. (EDS.): *El nuevo Código Penal: presupuestos y fundamentos. Libro Homenaje al Profesor Doctor Don Ángel Torío López*, Comares, Granada, 1999.

DEL ROSAL BLASCO, B.: "La regulación legal de los actos preparatorios en el Código penal de 1995", en JORGE BARREIRO, A./BAJO FERNÁNDEZ, M./SUÁREZ GONZÁLEZ, C.J. (COORDS.): *Homenaje al Profesor Dr. Gonzalo Rodríguez Mourullo*, Civitas, Cizur Menor, 2005.

DEL ROSAL BLASCO, B.: "La Política criminal contra la violencia doméstica: ¿Alguien da más?", en CARBONELL MATEU, J.C./DEL ROSAL BLASCO, B./MORILLAS CUEVA, L./ORTS BERENGUER, E./QUINTANAR DÍEZ, M. (COORDS.): *Estudios penales en Homenaje al Profesor Cobo del Rosal*, Dykinson, Madrid, 2005.

DEL ROSAL BLASCO, B.: "¿Hacia el Derecho penal de la postmodernidad?", en *Revista Electrónica de Ciencia Penal y Criminología*, núm. 11, 2009.

DEL ROSAL BLASCO, B.: "La estrategia actuarial de control del riesgo en la Política criminal y en el Derecho", en CARBONELL MATEU, J.C./GONZÁLEZ CUSSAC, J.L./ORTS BERENGUER, E./CUERDA ARNAU, Mª.L. (COORDS.): *Constitución, derechos fundamentales y sistema penal (semblanzas y estudios con motivo del setenta aniversario del profesor Tomás Salvador Vives Antón)*, vol. I, Tirant lo Blanch, Valencia, 2009.

DENNINGER, E.: "Der Präventions-Staat", en *Kritische Justiz*, vol. XXI, núm.1, 1988.

DÍAZ-MAROTO Y VILLAREJO, J. (COORD.): *Derecho y justicia penal en el siglo XXI: liber amicorum en homenaje al profesor Antonio González-Cuellar García*, Colex, Madrid, 2006.

DÍEZ RIPOLLÉS, J.L.: "Exigencias sociales y política criminal", en *Claves de Razón Práctica*, núm. 85, 1998.

DÍEZ RIPOLLÉS, J.L.: "El Derecho penal simbólico y los efectos de la pena", en CEREZO MIR, J. (COORD.): *Modernas tendencias en la Ciencia del Derecho penal y en la Criminología*, Universidad Nacional de Educación a Distancia, Madrid, 2001.

DÍEZ RIPOLLÉS, J.L.: "Presupuestos de un modelo racional de legislación penal", en *Doxa. Cuadernos de Filosofía del Derecho*, núm. 24, 2001.

DÍEZ RIPOLLÉS, J.L./ROMEO CASABONA, C.Mª./GRACIA MARTÍN, L./HIGUERA GUIMERÁ, J.F. (EDS.): *La ciencia del Derecho penal ante el nuevo siglo: libro homenaje al Profesor Doctor Don José Cerezo Mir*, Tecnos, Madrid, 2003.

DÍEZ RIPOLLÉS, J.L.: "Un modelo dinámico de legislación penal", en DÍEZ RIPOLLÉS, J.L./ROMEO CASABONA, C.Mª./GRACIA MARTÍN, L./HIGUERA GUIMERÁ, J.F. (EDS.): *La ciencia del Derecho penal ante el nuevo siglo: libro homenaje al Profesor Doctor Don José Cerezo Mir*, Tecnos, Madrid, 2003.

DÍEZ RIPOLLÉS, J.L.: *La racionalidad de las leyes penales*, Trotta, Madrid, 2003 y 2013 (2ª edición).

DÍEZ RIPOLLÉS, J.L.: "El nuevo modelo penal de seguridad ciudadana", en *Revista Electrónica de Ciencia Penal y Criminología*, núm. 6, 2004.

DÍEZ RIPOLLÉS, J.L.: "De la sociedad del riesgo a la seguridad ciudadana: un debate desenfocado", en *Revista Electrónica de Ciencia Penal y Criminología*, núm. 7, 2005.

DÍEZ RIPOLLÉS, J.L.: "El control de constitucionalidad de las leyes penales", en *Revista Española de Derecho Constitucional*, núm. 75, 2005.

DÍEZ RIPOLLÉS, J.L.: "La racionalidad legislativa penal: contenidos e instrumentos de control", en DÍEZ RIPOLLÉS, J.L./PRIETO DEL PINO, A.Mª./SOTO NAVARRO, S.: *La política legislativa penal en Occidente. Una perspectiva comparada*, Tirant lo Blanch, Valencia, 2005.

DÍEZ RIPOLLÉS, J.L./BECERRA MUÑOZ, J.: *Recomendaciones de reforma del Ministerio de Justicia para una mejor elaboración de las políticas penales*, Instituto Andaluz Interuniversitario de Criminología, Málaga, 2013.

DÍEZ RIPOLLÉS, J.L./PRIETO DEL PINO, A.Mª./SOTO NAVARRO, S.: *La política legislativa penal en Occidente. Una perspectiva comparada,* Tirant lo Blanch, Valencia, 2005.

DORBECK-JUNG, B.: "Evaluation of Draft Legislation by the Dutch Council of the State", en KARPEN, U. (ED.): *Evaluation of legislation. Proceedings of the Fourth Congress of the European. Association of Legislation (EAL) in Warsaw (Poland), June 15th-16th, 2000,* Nomos, Baden-Baden, 2002.

DUBBER, M.D.: "Legitimating penal law", en *Cardozo Law Review,* vol. 28, 2007.

DUNN, W.: *Public policy analysis,* Prentice Hall, New Jersey, 1981.

EDELMAN, M.: *The symbolic uses of politics,* University of Illinois Press, Urbana, 1986.

ERVASTI, K./TALA, J.: *The drafting of legislation and an Assessment of its impact in Finland,* Ministry of Finance, Helsinki, 1997.

EZQUIAGA GANUZAS, J.: "Concepto, valor normativo y función interpretativa de las exposiciones de motivos y de los preámbulos", en *Revista Vasca de Administración Pública,* núm. 20, 1988.

FARALDO CABANA, P. (DIR.)/BRANDARIZ GARCÍA, J.Á./PUENTE ABA, L.Mª. (COORDS.): *Nuevos retos del Derecho penal en la era de la globalización,* Tirant lo Blanch, Valencia, 2004.

FEIJOO SÁNCHEZ, B.J.: *El injusto penal y su prevención ante el nuevo Código penal de 1995,* Colex, Madrid, 1997.

FEIJOO SÁNCHEZ, B.J.: "La normativización del Derecho penal: ¿Hacia una teoría sistémica o hacia una teoría intersubjetiva de la comunicación?", en GÓMEZ-JARA DÍEZ, C. (ED.).: *Teoría de sistemas y Derecho penal. Fundamentos y posibilidades de aplicación,* Comares, Granada, 2005.

FEIJOO SÁNCHEZ, B.J.: "Sobre la 'administrativización' del Derecho en la 'sociedad del riesgo'. Un apunte sobre la política criminal a principios del siglo XXI", en DÍAZ-MAROTO Y VILLAREJO, J. (COORD.): *Derecho y justicia penal en el siglo XXI: liber amicorum en homenaje al profesor Antonio González-Cuellar García,* Colex, Madrid, 2006.

FEIJOO SÁNCHEZ, B.J.: *Retribución y prevención general. Un estudio sobre la teoría de la pena y las funciones del Derecho penal,* BdeF/Edisofer, Montevideo/ Buenos Aires/Madrid, 2007.

FEIJOO SÁNCHEZ, B.J.: "Funcionalismo y teoría del bien jurídico", en MIR PUIG, S./QUERALT JIMÉNEZ, J.J. (DIRS.); FERNÁNDEZ BAUTISTA, S. (COORD.), *Constitución y principios del Derecho penal: algunas bases constitucionales,* Tirant lo Blanch, Valencia, 2010.

FEINBERG, J.: *The Moral Limits of the Criminal Law. Vol. 1, Harm to Others,* Oxford University Press, New York, 1984; *Vol. 2, Offense to Others,* Oxford University Press, New York, 1985; *Vol. 3, Harm to Self,* Oxford University Press, New York, 1986; *Vol. 4, Harmless Wrongdoing,* Oxford University Press, New York, 1988.

FERNÁNDEZ, G.D: *Bien jurídico y sistema del delito*, Bdef, Montevideo/Buenos Aires, 2004.

FERNÁNDEZ CARNICERO, C.J.: "La evaluación legislativa en España: posibilidades de articulación y límites constitucionales o estatutarios", en PARDO FALCÓN, J./PAU I VALL, F. (COORDS.): *La evaluación de las leyes: XII Jornadas de la Asociación Española de Letrados de Parlamentos*, Tecnos, Madrid, 2006.

FERNÁNDEZ CRUZ, J.Á.: "La legitimación social de las leyes penales: límites y ámbito de su aplicación", en *Revista de Derecho de la Pontificia Universidad Católica de Valparaíso*, núm. XXXIII, 2009.

FERRAJOLI, L.: *Derecho y razón. Teoría del garantismo penal*, Trotta, Madrid, 2001 (5ª edición).

FEUERBACH, P.J.A.R.v.: *Tratado de Derecho penal común vigente en Alemania*, (traducido de la 14ª edición alemana por Eugenio Raúl ZAFFARONI e Irma HAGEMEIER), Hammurabi, Buenos Aires, 1989.

FIANDACA, G.: "Il «bene giuridico» come problema teorico e come criterio di politica criminale", en *Rivista Italiana di Diritto e Procedura Penale*, 1982.

FIGUEROA, A.: "La evaluación del Derecho", en FIGUEROA, A. (COORD.): *Los procesos de implementación de las normas jurídicas*", Instituto Vasco de Administración Pública, Bilbao, 1995.

FIGUEROA, A. (COORD.): *Los procesos de implementación de las normas jurídicas*, Instituto Vasco de Administración Pública, Bilbao, 1995.

FLOERECKE, P.: *Anatomie der Strafgesetzgebung. Eine vergleichende soziologische Analyse der Normsetzungsprozesse zur Führungsaufsicht und zum Demonstrationsstrafrecht Forschung*, Centaurus, Pfapffenweiler, 1992.

FOSTER, H. (ED.): *La posmodernidad*, Kairós, Barcelona, 2002 (5ª edición).

FRICKE, P.: *Modelle zur Institutionalisierung einer Gesetzeskontrolle: Darstellung und vergleichende Bewertung*, Peter Lang, Frankfurt a.M./Bern, 1983.

FROSINI, V.: *La letra y el espíritu de la ley* (traducido por Carlos ALARCÓN CABRERA y Fernando LLANO ALONSO), Ariel, Barcelona, 1995.

GALIANA SAURA, Á.: *La legislación en el Estado de Derecho*, Dykinson, Madrid, 2003.

GALIANA SAURA, Á.: *La Ley: entre la razón y la experimentación*, Tirant lo Blanch, Valencia, 2008.

GALLAS, T.: "Evaluation of legislation in European Institutions", en KARPEN, U. (ED.): *Evaluation of legislation. Proceedings of the Fourth Congress of the European. Association of Legislation (EAL) in Warsaw (Poland), June 15th-16th, 2000*, Nomos, Baden-Baden, 2002.

GARCÍA ALBERO, R.: "La relación entre ilícito penal e ilícito administrativo: texto y contexto de las teorías sobre la distinción de ilícitos", en QUINTERO OLIVARES, G./MORALES PRATS, F. (COORDS.): *El Nuevo Derecho Penal Español. Estudios Penales en Memoria del Profesor José Manuel Valle Muñiz*, Aranzadi, Elcano, 2001.

García Arán, M./Botella Corral, J. (Dirs.): *Malas noticias. Medios de comunicación, política criminal y garantías penales en España*, Tirant lo Blanch, Valencia, 2009.

García Arán, M./Peres-Neto, L.: "Discursos mediáticos y reformas penales de 2003", en García Arán, M./Botella Corral, J. (Dirs.): *Malas noticias. Medios de comunicación, política criminal y garantías penales en España*, Tirant lo Blanch, Valencia, 2009.

García Arán, M.: "El Derecho penal simbólico (a propósito del nuevo delito de dopaje en el deporte y su tratamiento mediático)", en García Arán, M./Botella Corral, J. (Dirs.): *Malas noticias. Medios de comunicación, política criminal y garantías penales en España*, Tirant lo Blanch, Valencia, 2009.

García Ferrando, M. (Coord.): *Pensar nuestra sociedad. Fundamentos de Sociología*, Tirant lo Blanch, Valencia, 1999 (4ª edición).

García Rivas, N.: *El poder punitivo en el Estado democrático*, Ediciones de la Universidad de Castilla-La Mancha, Cuenca, 1996.

García-Escudero Márquez, P.: *Técnica legislativa y seguridad jurídica: ¿hacia el control constitucional de la calidad de las leyes?*, Civitas/Thomson Reuters, Cizur Menor, 2010.

García-Escudero Márquez, P.: *Manual de técnica legislativa*, Civitas/Thomson Reuters, Cizur Menor, 2011.

García-Pablos de Molina, A.: *Derecho penal. Introducción*, Servicio de Publicaciones de la Facultad de Derecho de la Universidad Complutense de Madrid, Madrid, 2000 (2ª edición).

Garland, D.: *La cultura del control. Crimen y orden social en la sociedad contemporánea* (traducido por Máximo Sozzo), Gedisa, Barcelona, 2005.

Gil Gil, A.: "Prevención general positiva y función ético-social del Derecho penal", en Díez Ripollés, J.L./Romeo Casabona, C.Mª./Gracia Martín, L./Higuera Guimerá, J.F. (Eds.): *La ciencia del Derecho penal ante el nuevo siglo: libro homenaje al Profesor Doctor Don José Cerezo Mir*, Tecnos, Madrid, 2003.

Gómez Benítez, J.M.: "Sobre la teoría del 'bien jurídico' (aproximación al ilícito penal)", en *Revista de la Facultad de Derecho de la Universidad Complutense de Madrid*, núm. 69, 1983.

Gómez Tomillo, M.: "Consideraciones en torno al campo límite entre el Derecho administrativo sancionador y el Derecho penal", en *Actualidad Penal*, núm. 4, 2000.

Gómez-Jara Díez, C. (Ed.).: *Teoría de sistemas y Derecho penal. Fundamentos y posibilidades de aplicación*, Comares, Granada, 2005.

Gómez-Jara Díez, C.: "Aspectos sustantivos relativos a la responsabilidad penal de las personas jurídicas", en Banaloche Palao, J./Zarzalejos Nieto, J./Gómez-Jara Díez, C.: *Responsabilidad penal de las personas jurídicas. Aspectos sustantivos y procesales,* La Ley/Wolters Kluwer, Madrid, 2011.

GONZÁLEZ AMUCHÁSTEGUI, J.: "El análisis económico del Derecho: algunas cuestiones sobre su justificación", en *Doxa. Cuadernos de Filosofía del Derecho,* núms. 15-16, 1994.

GONZÁLEZ CUSSAC, J.L.: "La contrarreforma penal de 2003: nueva y vieja política criminal", en *Revista Xurídica Galega,* núm. 38, 2003.

GONZÁLEZ HURTADO, J.A.: *Aproximación a la fase prelegislativa en la elaboración de normas penales. La Comisión General de Codificación y el Derecho penal en la actualidad,* Dykinson, Madrid, 2013.

GONZÁLEZ RUS, J.J. (COORD.): *Estudios penales y jurídicos: homenaje al Prof. Dr. Enrique Casas Barquero,* Secretariado de Publicaciones de la Universidad Córdoba, Córdoba, 1996.

GRABE, S.: *Evaluation Manual,* UNESCO, Paris, 1983.

GRACIA MARTÍN, L.: *Prolegómenos para la lucha por la modernización y expansión del Derecho penal y para la crítica del discurso de resistencia,* Tirant lo Blanch, Valencia, 2003.

GRACIA MARTÍN, L.: "El trazado histórico iusfilosófico y teórico-político del Derecho penal del enemigo", en JORGE BARREIRO, A./BAJO FERNÁNDEZ, M./SUÁREZ GONZÁLEZ, C.J. (COORDS.): *Homenaje al Profesor Dr. Gonzalo Rodríguez Mourullo,* Civitas, Cizur Menor, 2005.

GRUPO DE ESTUDIOS DE TÉCNICA LEGISLATIVA (GRETEL): *La forma de las leyes: diez estudios de técnica legislativa,* Bosch, Barcelona, 1986.

GRUPO DE ESTUDIOS DE TÉCNICA LEGISLATIVA (GRETEL): *Curso de técnica legislativa,* Centro de Estudios Constitucionales, Madrid, 1989.

GURDIEL SIERRA, M./OCTAVIO DE TOLEDO Y UBIETO, E./CORTÉS BECHIARELLI, E. (COORDS.): *Estudios penales en recuerdo del Profesor Ruiz Antón,* Tirant lo Blanch, Valencia, 2003

HABERMAS, J.: *Facticidad y validez. Sobre el Derecho y el Estado democrático de Derecho en términos de teoría del discurso* (traducido por Manuel JIMÉNEZ REDONDO), Trotta, Madrid, 1998.

HASSEMER, W./LÜDERSSEN, K. (EDS.): *Sozialwissenschaften im Studium des Rechts. Vol. III: Strafrecht,* Beck, München, 1978.

HASSEMER, W./STEINERT, H./TREIBER, H.: "Strafgesetzgebung. Soziale Reaktion auf abweichung und Kriminalisierung durch den Gesetzgeber", en HASSEMER, W./LÜDERSSEN, K. (EDS.): *Sozialwissenschaften im Studium des Rechts. Vol. III: Strafrecht,* Beck, München, 1978.

HASSEMER, W.: "Grundlinien einer personalen Rechtsgutslehre", en PHILIPPS, L./SOLLEN, H. (HRSG.): *Jenseits des Funktionalismus, Arthur Kaufmann zum 65. Geburtstag,* Decker/Müller, Heidelberg, 1989.

HASSEMER, W.: "Lineamientos de una teoría personal del bien jurídico" (traducido por Patricia S. ZIFFER), en *Doctrina Penal,* núms. 46-47, 1989.

Hassemer, W.: "Symbolisches Strafrecht und Rechtsgüterschutz", en *Neue Zeitschrift für Strafrecht*, 1989.

Hassemer, W.: "Derecho penal simbólico y protección de bienes jurídicos" (traducido por Elena Larrauri Pijoan), en *Pena y Estado*, núm. 1, 1991.

Hassemer, W.: "Crisis y características del moderno Derecho penal", en *Actualidad Penal*, núm. 43, 1993.

Hefendehl, R.: "¿Debe ocuparse el Derecho penal de riesgos futuros? Bienes jurídicos colectivos y delitos de peligro abstracto" (traducido por Eduardo Salazar Ortuño), en *Revista Electrónica de Ciencia Penal y Criminología*, núm. 4, 2002.

Hefendehl, R. (Ed. alemana); Alcácer Guirao, R./Martín Lorenzo, M./ Ortiz de Urbina Gimeno, Í. (Ed. española): *La teoría del bien jurídico. ¿Fundamento de legitimación del Derecho penal o juego de abalorios dogmático?*, Marcial Pons, Madrid/Barcelona, 2007.

Herzog, F.: *Gesellschaftliche Unsicherheit und strafrechtliche Daseinsvorsorge*, v. Decker, Heidelberg, 1991.

Hierro Sánchez-Pescador, L.L.: "Igualdad, generalidad, razonabilidad y crisis de la ley", en *Doxa. Cuadernos de Filosofía del Derecho*, núm. 2003.

Hirsch, A. v.: *Censurar y castigar*, (traducido por Elena Larrauri Pijoan), Trotta, Madrid, 1998.

Honig, R.: *Die Einwilligung des Verletzten. Teil I: Die Geschichte des Einwilligungsproblems um die Methodenfragen*, J. Bensheimer, Mannheim/Berlin/Leipzig, 1919.

Hormazábal Malarée, H.: *Bien jurídico y Estado social y democrático de Derecho (el objeto protegido por la norma penal)*, Promociones y Publicaciones Universitarias, Barcelona, 1991.

Horst, P. (et al.): "Program Management and the Federal Evaluator", en *Program Evaluation: Patterns and Directions*, ASPA, Washington D.C., 1985.

Hoyer, A.: "La legislación penal en Alemania" (traducido por Fernando Guanarteme Sánchez Lázaro), en Nieto Martín, A./Muñoz de Morales Romero, M./Becerra Muñoz, J. (Dirs.): *Hacia una evaluación racional de las leyes penales*, Marcial Pons, Madrid, 2016.

Husak, D.: *Sobrecriminalización. Los límites del Derecho penal* (traducido por Rocío Lorca Ferreccio), Marcial Pons, Madrid, 2013.

Instituto de Ciencias Criminales de Frankfurt (Ed.)/Área de Derecho Penal de la Universidad Pompeu Fabra (Ed. española): *La insostenible situación del Derecho penal*, Comares, Granada, 2000.

Jakobs, G.: *Sociedad, norma y persona en una teoría de un Derecho penal funcional*, Civitas, Madrid, 1996.

Jakobs, G.: *Derecho penal. Parte general. Fundamentos y teoría de la imputación* (traducido de la 2ª edición alemana por Joaquín Cuello Contreras y José Luis Serrano González de Murillo), Marcial Pons, Madrid, 1997.

JAKOBS, G.: *Estudios de Derecho Penal* (traducido por Enrique PEÑARANDA RAMOS, Carlos J. SUÁREZ GONZÁLEZ y Manuel CANCIO MELIA), Civitas, Madrid, 1997.

JAKOBS, G.: "Criminalización en el estadio previo a la lesión de un bien jurídico" (traducido por Enrique PEÑARANDA RAMOS), en JAKOBS, G.: *Estudios de Derecho penal,* Civitas, Madrid, 1997.

JAKOBS, G./CANCIO MELIÁ, M.: *Derecho penal del enemigo,* Civitas, Madrid, 2003 (1ª edición); 2006 (2ª edición).

JAKOBS, G.: "Derecho penal del ciudadano y Derecho penal del enemigo" (traducido por Manuel CANCIO MELIÁ), en JAKOBS, G./CANCIO MELIÁ, M.: *Derecho penal del enemigo,* Civitas, Madrid, 2003 (1ª edición).

JAKOBS, G.: "Bürgerstrafrecht und Feindstrafrecht", en HSU, F-H. (ED.): *Foundations and Limits of Criminal Law and Criminal Procedure: an anthology in memory of professor Fu-Tseng Hung,* Taipei, 2003.

JAKOBS, G.: "Bürgerstrafrecht und Feindstrafrecht", en *HRR-Strafrecht,* núm. 3, 2004.

JAKOBS, G.: "¿Terroristas como personas en Derecho?" (traducido por Manuel CANCIO MELIÁ), en JAKOBS, G./CANCIO MELIÁ, M.: *Derecho penal del enemigo,* Civitas, Madrid, 2006 (2ª edición).

JIMÉNEZ APARICIO, E.: "El procedimiento de elaboración de los Anteproyectos de ley: la fase gubernamental", en MENÉNDEZ MENÉNDEZ, A./PAU PEDRÓN, A. (DIRS.): *La proliferación legislativa: un desafío para el Estado de Derecho,* Civitas, Madrid, 2004.

JONAS, H.: *El principio de responsabilidad: ensayo de una ética para la civilización tecnológica* (traducido por Javier Mª. FERNÁNDEZ RETANA), Herder, Barcelona, 1995.

JORGE BARREIRO, A./BAJO FERNÁNDEZ, M./SUÁREZ GONZÁLEZ, C.J. (COORDS.): *Homenaje al Profesor Dr. Gonzalo Rodríguez Mourullo,* Civitas, Cizur Menor, 2005.

KARPEN, U.: "Zum gegenwärtigen Stand der Gesetzgebungslehre in der Bundesrepublik Deutschland", en *Zeitschrift für Gesetzgebung,* núm. 1, 1986.

KARPEN, U. (ED.): *Evaluation of legislation. Proceedings of the Fourth Congress of the European. Association of Legislation (EAL) in Warsaw (Poland), June 15th-16th, 2000,* Nomos, Baden-Baden, 2002.

KARPEN, U.: "Evaluation of laws in the Federal Republic of Germany", en KARPEN, U. (ED.): *Evaluation of legislation. Proceedings of the Fourth Congress of the European. Association of Legislation (EAL) in Warsaw (Poland), June 15th-16th, 2000,* Nomos, Baden-Baden, 2002.

KARPEN, U.: "La evaluación de las consecuencias de las leyes", en *Anuario Iberoamericano de Justicia Constitucional,* núm. 8, 2004.

KARPEN, U.: "Coloquio 1", en PARDO FALCÓN, J./PAU I VALL, F. (COORDS.): La evaluación de las leyes: XII Jornadas de la Asociación Española de Letrados de Parlamentos, Tecnos, Madrid, 2006.

KARPEN, U.: "La implantación de la evaluación legislativa en Europa: modelos y tendencias actuales", en PARDO FALCÓN, J./PAU I VALL, F. (COORDS.): *La evaluación de las leyes: XII Jornadas de la Asociación Española de Letrados de Parlamentos,* Tecnos, Madrid, 2006.

KAUFMANN, ARTH.: "Subsidiaritätprinzip und Strafrecht", en ROXIN, C./ BRUNS, H.J./JÄGER, H. (COORDS.): *Grundfragen der gesamten Strafrechtswissenschaft. Festschrift für Heinrich Henkel zum 70. Geburtstag,* Walter de Gruyter, Berlin, 1974.

KELLERMANN, A.E./CIAVARINI AZZI, G./JACOBS, S.H./DEIGHTON-SMITH, R. (EDS.): *Improving the quality of legislation in Europe,* Kluwer Law Internacional, The Hague/Boston/London, 1998.

KINDERMANN, H.: *Rechtstheorie,* Duncker & Humblot, Berlin, 1976 (2ª edición).

KUHN, T.S.: *La estructura de las revoluciones científicas* (traducido por Agustín CONTÍN), Fondo de Cultura Económica, México D.F./Madrid, 1995 (11ª reimpresión).

LANE, F.S.: *Current issues in Public Administration,* S. Martin Press, New York, 1986.

LAPORTA SAN MIGUEL, F.J.: "Materiales para una reflexión sobre racionalidad y crisis de la ley", en *Doxa. Cuadernos de Filosofía del Derecho,* núm. 22, 1999.

LAPORTA SAN MIGUEL, F.J.: "Teoría y realidad de la legislación: una introducción", en MENÉNDEZ MENÉNDEZ, A./PAU PEDRÓN, A. (DIRS.): *La proliferación legislativa: un desafío para el Estado de Derecho,* Civitas, Madrid, 2004.

LAPPI-SEPPÄLÄ, T.: "Trust, Welfare and Political Economy. Cross-comparative perspectives in penal severity", en TRÄSKMAN, P.O. (ED.): *Rationality and emotion in European penal policy. Nordic perspectives,* DJOF Publishing, Copenhagen, 2007.

LAPPI-SEPPÄLÄ, T.: "Trust, Welfare and Political Culture. Explaining differences in national penal policies", en TONRY, M. (ED.): *Crime and Justice: a review of research. Vol. 37,* Chicago University Press, Chicago, 2008.

LARRAURI PIJOAN, E.: "Aportación de las ciencias sociales a la elaboración de reformas en la legislación penal", en DÍEZ RIPOLLÉS, J.L./CEREZO DOMÍNGUEZ, A.I. (EDS.): *Los problemas de la investigación empírica en criminología: la situación española,* Tirant lo Blanch, Valencia, 2001.

LARRAURI PIJOAN, E.: "Populismo punitivo y penas alternativas a la prisión", en BACIGALUPO SAGGESE, S./CANCIO MELIÁ, M. (COORDS.): *Derecho penal y política transnacional,* Atelier, Barcelona, 2005.

LARRAURI PIJOAN, E.: "El populismo punitivo y cómo resistirlo", en *Jueces para la Democracia,* núm. 55, 2006.

LARRAURI PIJOAN, E.: "La economía política del castigo", en *Revista Electrónica de Ciencia Penal y Criminología,* núm. 11, 2009.

LASCURAÍN SÁNCHEZ, J.A.: "La proporcionalidad de la norma penal", en *Cuadernos de Derecho Público*, núm. 5, 1998.

LASCURAÍN SÁNCHEZ, J.A.: "¿Restrictivo o deferente? El control de la ley penal por parte del Tribunal Constitucional", en *Indret. Revista para el análisis del Derecho*, núm. 3, 2012.

LASCURAÍN SÁNCHEZ, J.A.: "El control constitucional de las leyes penales", en NIETO MARTÍN, A./MUÑOZ DE MORALES ROMERO, M./BECERRA MUÑOZ, J. (DIRS.): *Hacia una evaluación racional de las leyes penales*, Marcial Pons, Madrid, 2016.

LERCHE, P.: *Übermaß und Verfassungsrecht. Bindung des Gesetzgebers an die Grundsätze der Verhältnismässigkeit und der Erforderlichheit*, Carl Heymanns, Köln, 1961.

LINDBLOM, Ch.E.: "The Science of Muddling Through", en *Public Administration Review*, vol. 19, 1959.

LINDBLOM, Ch.E.: *The intelligence of democracy: decision making through mutual adjustment*, Free Press, New York, 1965.

LINDBLOM, Ch.E.: "Still Muddling. Not yet through", en *Public Administration Review*, vol. 37, 1979.

LIPPMANN, W.: *La opinión pública* (traducido por Blanca GUINEA ZUBIMENDI), Cuadernos de Langre, Madrid, 2003.

LISZT, F.v.: "Der Begriff des Rechtsguts im Strafrecht und in der Enzyklopädie der Rechtswissenschaft", en *Zeitschrift für die gesamte Strafrechtswissenschaft*, núm. 8, 1888.

LOPERA MESA, G.P.: *Principio de proporcionalidad y ley penal*, Centro de Estudios Políticos y Constitucionales, Madrid, 2006.

LOPERA MESA, G.P.: "Posibilidades y límites del principio de proporcionalidad como instrumento de control del legislador penal", en MIR PUIG, S./QUERALT JIMÉNEZ, J.J. (DIRS.); FERNÁNDEZ BAUTISTA, S. (COORD.): *Constitución y principios del Derecho penal: algunas bases constitucionales*, Tirant lo Blanch, Valencia, 2010.

LÓPEZ AGUILAR, J.F.: "La democracia mediática: la legislación parlamentaria y los medios de comunicación", en MENÉNDEZ MENÉNDEZ, A./PAU PEDRÓN, A. (DIRS.): *La proliferación legislativa: un desafío para el Estado de Derecho*, Civitas, Madrid, 2004.

LÓPEZ BARJA DE QUIROGA, J.: "El moderno Derecho penal para una sociedad del riesgo", en *Poder Judicial*, núm. 48, 1997.

LOSANO, M.G.: "Las técnicas legislativas, de la 'prudentia legislatoria' a la informática", en MENÉNDEZ MENÉNDEZ, A./PAU PEDRÓN, A. (DIRS.): *La proliferación legislativa: un desafío para el Estado de Derecho*, Civitas, Madrid, 2004.

LUHMANN, N.: "Öffentliche Meinung", en *Politische Vierteljahresschrift*, núm. 11, 1970.

LUZÓN PEÑA, D.M.: *Curso de Derecho penal. Parte general I*, Universitas, Madrid, 1996.

MACIONIS, J.J./PLUMMER, K.: *Sociología* (editado por Isabel CAPELLA), Prentice Hall, Madrid, 1999.

MADER, L.: "La Législation: objet d'une Science en devenir?", en VV.AA.: La *Science de la Législation. Travaux du Centre de Philosophie du Droit*, Presses Universitaires de France, Paris, 1988.

MADER, L.: *L'evaluation législative. Pour une analyse empirique des effects de la législation*, Payot, Lausanne, 1995.

MADER, L.: "Evaluating the effects. The quality of legislation", en *Statute Law Review*, vol. 22, núm. 2, 2001.

MADER, L.: "Evaluation of legislation – Swiss experience", en VV.AA.: *Evaluation of legislation. Proceedings of the Council of Europe's legal co-operation and assistance activities (2000-2001)*, Council of Europe Publising, Strasbourg, 2001.

MADER, L.: "El artículo 170 de la Constitución Suiza: ¿Qué se ha logrado y qué queda por hacer?", en *Biolex. Revista Jurídica del Departamento de Derecho*, núm. 13, 2015.

MAGNUSSON, S.: "Evaluation of legislation – Swedish experience", en VV.AA.: *Evaluation of legislation. Proceedings of the Council of Europe's legal co-operation and assistance activities (2000-2001)*, Council of Europe Publising, Strasbourg, 2001.

MAIWALD, M.: "Zum fragmentarischen Charakter des Strafrechts", en SCHROEDER, F.C./ ZIPF, H. (COORDS.): *Festschrift für Reinhart Maurach zum 70. Geburtstag*, CF Müller, Karlsruhe, 1972.

MANTOVANI, F.: "Sobre la perenne necesidad de la codificación" (traducido por Jesús MARTÍNEZ RUIZ), en *Revista Electrónica de Ciencia Penal y Criminología*, núm. 1, 1999.

MANTOVANI, F.: *Diritto penale. Parte generale*, Cedam, Padova, 2001 (4ª edición).

MARCILLA CÓRDOBA, G.: "Sobre la necesidad de una nueva Ciencia de la legislación", en CARBONELL, M./PEDROZA DE LA LLAVE, S.T.: *Elementos de técnica legislativa*, Universidad Nacional Autónoma de México, México D.F., 2000.

MARCILLA CÓRDOBA, G.: "Desregulación, Estado social y proceso de globalización", en *Doxa. Cuadernos de Filosofía del Derecho*, núm. 28, 2005.

MARCILLA CÓRDOBA, G.: *Racionalidad legislativa. Crisis de la ley y nueva ciencia de la legislación*, Centro de Estudios Políticos y Constitucionales, Madrid, 2005.

MARINUCCI, G.: "Costituzione e politica dei beni giuridici", en *Rivista Italiana di Diritto e Procedura Penale*, 1994.

MAROTO CALATAYUD, M.: "Evaluación y racionalidad político-criminal en los procedimientos legislativos: el ejemplo de Suecia", en NIETO MARTÍN, A./MUÑOZ DE MORALES ROMERO, M./BECERRA MUÑOZ, J. (DIRS.): *Hacia una evaluación racional de las leyes penales*, Marcial Pons, Madrid, 2016.

MARTÍN CASALS, M.: "La estructura básica de un manual español de técnica legislativa", en MENÉNDEZ MENÉNDEZ, A./PAU PEDRÓN, A. (DIRS.): *La proliferación legislativa: un desafío para el Estado de Derecho*, Civitas, Madrid, 2004.

MARTÍNEZ-BUJÁN PÉREZ, C.: "Algunas reflexiones sobre la moderna teoría del *Big Crunch* en la selección de bienes jurídico-penales (especial referencia al ámbito económico)", en DÍEZ RIPOLLÉS, J.L./ROMEO CASABONA, C.Mª./GRACIA MARTÍN, L./HIGUERA GUIMERÁ, J.F. (EDS.): *La ciencia del Derecho penal ante el nuevo siglo: libro homenaje al Profesor Doctor Don José Cerezo Mir*, Tecnos, Madrid, 2003.

MARTOS NÚÑEZ, J.A.: "Principios penales en el Estado social y democrático de Derecho", en *Revista de Derecho Penal y Criminología*, núm. 1, 1991.

MCCOMBS, M.E./SHAW, D.L.: "The agenda-setting function of the mass media", en *Public Opinion Quarterly*, vol. 36, 1972.

MEDINA ARIZA, J.J.: *Políticas de prevención del delito e inseguridad ciudadana*, BdeF, Buenos Aires, 2011.

MENDOZA BUERGO, B.: *El Derecho penal en la sociedad del riesgo*, Civitas, Madrid, 2001.

MENÉNDEZ MENÉNDEZ, A./PAU PEDRÓN, A. (DIRS.): *La proliferación legislativa: un desafío para el Estado de Derecho*, Civitas, Madrid, 2004.

MENÉNDEZ MENÉNDEZ, A.: "Introducción", en MENÉNDEZ MENÉNDEZ, A./PAU PEDRÓN, A. (DIRS.): *La proliferación legislativa: un desafío para el Estado de Derecho*, Civitas, Madrid, 2004.

MERCADO PACHECO, P.: *El análisis económico del Derecho. Una reconstrucción teórica*, Centro de Estudios Constitucionales, Madrid, 1994.

MEZGER, E.: *Tratado de Derecho penal. Tomo I* (traducido por José Arturo RODRÍGUEZ MUÑOZ), Revista de Derecho Privado, Madrid, 1955.

MILL, J.S.: *On liberty*, The Walter Scott Publishing, London, 1859.

MIR PUIG, S.: "Bien jurídico y bien jurídico-penal como límites del *Ius puniendi*", en *Estudios Penales y Criminológicos*, núm. XIV, 1989/90.

MIR PUIG, S.: *El Derecho penal en el Estado social y democrático de Derecho*, Ariel, Barcelona, 1994.

MIR PUIG, S.: *Introducción a las bases del Derecho penal*, Bdef, Montevideo/Buenos Aires, 2002 (2ª edición).

MIR PUIG, S.: *Derecho penal. Parte general*, Reppertor, Barcelona, 2004 (7ª edición).

MIR PUIG, S.: "Límites del normativismo en Derecho penal", en *Revista Electrónica de Ciencia Penal y Criminología*, núm. 7, 2005.

MIR PUIG, S.: "El principio de proporcionalidad como fundamento constitucional de límites materiales del Derecho penal", en MIR PUIG, S./QUERALT JIMÉNEZ, J.J. (DIRS.); FERNÁNDEZ BAUTISTA, S. (COORD.): *Constitución y principios del Derecho penal: algunas bases constitucionales*, Tirant lo Blanch, Valencia, 2010.

MIR PUIG, S./CORCOY BIDASOLO, Mª.L. (DIRS.); GÓMEZ MARTÍN, V. (COORD.): *La política criminal en Europa*, Atelier, Barcelona, 2004.

MIR PUIG, S./QUERALT JIMÉNEZ, J.J. (DIRS.); FERNÁNDEZ BAUTISTA, S. (COORD.): *Constitución y principios del Derecho penal: algunas bases constitucionales*, Tirant lo Blanch, Valencia, 2010.

MIRÓ LLINARES, F.: *La protección penal de la propiedad intelectual en la sociedad de la información*, Dykinson, Madrid, 2003.

MIRÓ LLINARES, F.: "Democracias en crisis y Derecho penal del enemigo. Política criminal frente al terrorismo en los Estados democráticos antes y después del 11 de septiembre de 2001", en *Cuadernos de Política Criminal*, núm. 87, 2005.

MIRÓ LLINARES, F.: "Persona o enemigo; vigencia real o postulada de las normas; Estado de derecho perfecto u óptimo en la práctica. Al hilo de la segunda edición del libro *Derecho penal del enemigo* de Günther Jakobs y Manuel Cancio Meliá", en *Revista Electrónica de la Facultad de Ciencias Sociales y Jurídicas de la UMH*, núm. 1, 2006.

MIRÓ LLINARES, F.: "Reflexiones sobre el principio *societas delinquere non potest* y el artículo 129 del Código penal (al hilo de su décimo aniversario y de su escasa aplicación jurisprudencial)", en *Estudios de Derecho Judicial*, núm. 91, 2006.

MIRÓ LLINARES, F.: "¿Por qué y cómo deben evaluarse las normas jurídicas?", ponencia presentada en el *Curso de Derecho parlamentario "Técnica normativa y calidad de las leyes"*, Orihuela, 2009.

MIRÓ LLINARES, F.: *Proyecto docente e investigador*, Elche, 2009.

MIRÓ LLINARES, F.: "El 'moderno' Derecho penal vial y la penalización de la conducción sin permiso", en *Indret. Revista para el análisis del Derecho*, núm. 3, 2009.

MIRÓ LLINARES, F.: "La criminalización de conductas 'ofensivas'. A propósito del debate anglosajón sobre los 'límites morales' del Derecho penal", en *Revista Electrónica de Ciencia Penal y Criminología*, núm. 17, 2015.

MIRÓ LLINARES, F./BAUTISTA ORTUÑO, R.: "¿Por qué cumplimos las normas penales? Sobre la disuasión en materia de seguridad vial", en *Indret. Revista para el análisis del Derecho*, núm. 4, 2013.

MIRÓ LLINARES, F./GARCÍA MORENO, E.: "Artículo 384", en COBO DEL ROSAL, M. (DIR.): *Comentarios al Código penal*, t.XI, CESEJ, Madrid, 2008.

MONTEALEGRE LYNETT, E. (COORD.): *Libro homenaje al profesor Günther Jakobs. El funcionalismo en el Derecho penal*, t. I, Universidad Externado de Colombia, Bogotá, 2003.

MONTORO CHINER, Mª.J.: *Adecuación al ordenamiento y factibilidad: presupuestos de calidad de las normas*, Centro de Estudios Constitucionales, Madrid, 1989.

MONTORO CHINER, Mª.J.: "Técnica legislativa y evaluación de las normas", en *Anuario Jurídico de La Rioja*, núms. 6-7, 2000-2001.

MONTORO CHINER, Mª.J.: *La evaluación de las normas: racionalidad y eficiencia*, Atelier, Barcelona, 2001.

MORALES PRATS, F.: "Funciones del Derecho penal y sociedad civil", en *Revista de Derecho y Proceso Penal*, núm. 1, 1999.

MORILLAS CUEVA, L.: *Metodología y Ciencia penal*, Servicio de Publicaciones de la Universidad de Granada, Granada, 1990.

MORILLAS CUEVA, L.: "Reflexiones sobre el Derecho penal del futuro", en *Revista Electrónica de Ciencia Penal y Criminología*, núm. 4, 2002.

MORILLAS CUEVA, L.: "Valoración político-criminal sobre el sistema de penas en el Código penal español", en *Cuadernos de Derecho Judicial*, núm. XVII, 2003.

MORILLAS CUEVA, L.: "El Derecho penal mínimo o la expansión del Derecho penal", en *Revista Cubana de Derecho*, núm. 25, 2005.

MORILLAS CUEVA, L.: *Derecho penal. Parte general. Fundamentos conceptuales y metodológicos del Derecho penal. La Ley penal*, Dykinson, Madrid, 2005 (1ª edición); *Sistema de Derecho penal. Parte general. Fundamentos conceptuales y metodológicos del Derecho penal. La Ley penal*, Dykinson, Madrid, 2016 (3ª edición).

MORILLAS FERNÁNDEZ, D.L.: "Origen y delimitación conceptual y científica de la Criminología", en *Cuadernos de Política Criminal*, núm. 101, 2010.

MOSER, I.: "Evaluation of Draft Legislation: the case of Austria", en VV.AA.: *Legal and Regulatory Impact Assesment of Legislation. Proceedings of ECPRD seminar (Tallinn, 21-22 may, 2001)*, European Centre for Parliamentary Research adn Documentation, Brussels, 2001.

MUÑOZ ARENAS, A.: "Aspectos teóricos y procedimentales de la evaluación de políticas públicas", en NIETO MARTÍN, A./MUÑOZ DE MORALES ROMERO, M./BECERRA MUÑOZ, J. (DIRS.): *Hacia una evaluación racional de las leyes penales*, Marcial Pons, Madrid, 2016.

MUÑOZ CONDE, F.: *Introducción al Derecho penal*, Bosch, Barcelona, 1975.

MUÑOZ CONDE, F.: "Prólogo", en HORMAZÁBAL MALARÉE, H.: *Bien jurídico y Estado social y democrático de Derecho (el objeto protegido por la norma penal)*, Promociones y Publicaciones Universitarias, Barcelona, 1991.

MUÑOZ CONDE, F.: "Protección de bienes jurídicos como límite constitucional del Derecho penal", en QUINTERO OLIVARES, G./MORALES PRATS, F. (COORDS.): *El Nuevo Derecho Penal Español. Estudios Penales en Memoria del Profesor José Manuel Valle Muñiz*, Aranzadi, Elcano, 2001.

MUÑOZ CONDE, F./GARCÍA ARÁN, M.: *Derecho penal. Parte General,* Tirant lo Blanch, Valencia, 2004 (6ª edición).

MUÑOZ CONDE, F. (DIR.): *Problemas actuales del Derecho penal y de la Criminología. Estudios penales en memoria de la Profesora Dra. María del Mar Díaz Pita,* Tirant lo Blanch, Valencia, 2008.

MUÑOZ DE MORALES ROMERO, M.: "Evaluación legislativa y racionalidad en el ámbito penal europeo (y nacional)", en *Revista General de Derecho Penal,* núm. 14, 2010.

MUÑOZ DE MORALES ROMERO, M.: *El legislador penal europeo: legitimidad y racionalidad,* Civitas/Thomson Reuters, Madrid, 2011.

MUÑOZ DE MORALES ROMERO, M.: "Codificación y técnica legislativa en Estados Unidos de América", en NIETO MARTÍN, A./MUÑOZ DE MORALES ROMERO, M./BECERRA MUÑOZ, J. (DIRS.): *Hacia una evaluación racional de las leyes penales,* Marcial Pons, Madrid, 2016.

MUÑOZ MACHADO, S.: "Las deformaciones del ordenamiento jurídico y la aplicación de las Leyes en el nuevo sistema constitucional", en *Documentación Administrativa,* núm. 200, 1984.

MÜSSIG, B.: "Desmaterialización del bien jurídico y de la Política criminal. Sobre las perspectivas y los fundamentos de una teoría del bien jurídico crítica hacia el sistema", en *Revista de Derecho Penal y Criminología,* núm. 9, 2002.

MYERS, R.E.: "Responding to the time-based failures of the Criminal Law through a Criminal Sunset Amendment", en *Buffalo Criminal Law Review,* núm. 49, 2008.

NIETO MARTÍN, A./ MUÑOZ DE MORALES ROMERO, M.: "Presentación", en NIETO MARTÍN, A./MUÑOZ DE MORALES ROMERO, M./BECERRA MUÑOZ, J. (DIRS.): *Hacia una evaluación racional de las leyes penales,* Marcial Pons, Madrid, 2016.

NIETO MARTÍN, A.: "Un triángulo necesario: Ciencia de la legislación, control constitucional de las leyes penales y legislación experimental", en NIETO MARTÍN, A./MUÑOZ DE MORALES ROMERO, M./BECERRA MUÑOZ, J. (DIRS.): *Hacia una evaluación racional de las leyes penales,* Marcial Pons, Madrid, 2016.

NINO, C.S.: *Introducción al análisis del Derecho,* Ariel, Barcelona, 1991 (4ª edición).

NOLL, P.: *Gesetzgebungslehre,* Rowohlt, Reinbek bei Hamburg, 1973.

NOLL, P.: "Strafrechtswissenschaft und Strafgesetzgebung", en *Zeitschrift für die gesamte Strafrechtswissenschaft,* núm. 91, 1980.

OCTAVIO DE TOLEDO Y UBIETO, E.: *Sobre el concepto de Derecho penal,* Servicio de Publicaciones de la Facultad de Derecho de la Universidad Complutense de Madrid, Madrid, 1981.

OELCKERS CAMUS, O./BRONFMAN VARGAS, A. (EDS.): *La evaluación de las leyes,* Ediciones Universitarias de Valparaíso, Valparaíso, 2002.

ORTIZ DE URBINA GIMENO, Í.: "La referencia político-criminal en el Derecho penal contemporáneo (¿Es el Derecho penal la barrera infranqueable de la política criminal, o se orienta por ella?)" en GURDIEL SIERRA, M./OCTAVIO DE TOLEDO Y UBIETO, E./CORTÉS BECHIARELLI, E. (COORDS.): *Estudios penales en recuerdo del Profesor Ruiz Antón,* Tirant lo Blanch, Valencia, 2003.

ORTIZ DE URBINA GIMENO, Í.: "Análisis económico del Derecho y Política criminal", en *Revista de Derecho Penal y Criminología,* núm. 2 extraordinario, 2004.

ORTIZ DE URBINA GIMENO, Í.: "Técnica legislativa en Alemania", en MENÉNDEZ MENÉNDEZ, A./PAU PEDRÓN, A. (DIRS.): *La proliferación legislativa: un desafío para el Estado de Derecho,* Civitas, Madrid, 2004.

ORTIZ DE URBINA GIMENO, Í.: "El análisis económico del Derecho: ¿método útil o ideología nefasta?", en COURTIS, C. (ED.): *Observar la ley. Ensayos sobre metodología de la investigación jurídica,* Trotta, Madrid, 2006.

ORTIZ DE URBINA GIMENO, Í.: *La excusa del positivismo. La presunta superación del "positivismo" y el "formalismo" por la dogmática penal contemporánea,* Thomson-Civitas, Madrid, 2007.

ORTIZ DE URBINA GIMENO, Í.: "La metódica de la legislación y la oportunidad de aprobar una nueva disposición. El caso del Código penal de 1995" (Material de lectura de la asignatura "Teoría de la legislación: racionalidad, técnica y metódica legislativa", impartida en la Universitat Pompeu Fabra), 2009.

ORTIZ DE URBINA GIMENO, Í.: "La Economía como herramienta en la evaluación legislativa: Análisis de Costes, Coste-Eficacia y Coste-Beneficio", en NIETO MARTÍN, A./MUÑOZ DE MORALES ROMERO, M./BECERRA MUÑOZ, J. (DIRS.): *Hacia una evaluación racional de las leyes penales,* Marcial Pons, Madrid, 2016.

ORTS BERENGUER, E. (ED.): *Estudios jurídicos: Libro Homenaje al Profesor José Ramón Casabó Ruiz. Volumen I,* Servicio de Publicaciones de la Universidad de Valencia, Valencia, 1997.

OSÉS ABANDO, J.: "La evaluación normativa en el Derecho comparado", en FIGUEROA, A. (COORD.): *Los procesos de implementación de las normas jurídicas*", Instituto Vasco de Administración Pública, Bilbao, 1995.

PALANZA, A.: "Evaluation of Legislation in Italy. Methods and Procedures in the Camera dei Deputati", en KARPEN, U. (ED.): *Evaluation of legislation. Proceedings of the Fourth Congress of the European. Association of Legislation (EAL) in Warsaw (Poland), June 15th-16th, 2000,* Nomos, Baden-Baden, 2002.

PALAZZO, F.: "Scienza penale e produzione legislativa: paradossi e contraddizioni di un rapporto problemático", en *Rivista italiana di diritto e procedura penale,* fasc. 3, 1997.

PALFREY, C./THOMAS, P.: "Politics and policy evaluation", en *Public Policy and Administration*, 1999.

PALIERO, C.E.: "La 'doble función' del bien jurídico en el ordenamiento constitucional italiano", en MIR PUIG, S./QUERALT JIMÉNEZ, J.J. (DIRS.); FERNÁNDEZ BAUTISTA, S. (COORD.), *Constitución y principios del Derecho penal: algunas bases constitucionales*, Tirant lo Blanch, Valencia, 2010.

PARDO FALCÓN, J./PAU I VALL, F. (COORDS.): *La evaluación de las leyes: XII Jornadas de la Asociación Española de Letrados de Parlamentos*, Tecnos, Madrid, 2006.

PAREDES CASTAÑÓN, J.M.: "¿'Al otro lado del discurso jurídico penal'? Sobre las bases político-criminales de la 'modernización' del Derecho penal", en *Revista de Derecho penal y Criminología*, núm. 17, 2006.

PAREDES CASTAÑÓN, J.M.: *La justificación de las leyes penales*, Tirant lo Blanch, Valencia, 2013.

PARSONS, W.: *Políticas públicas: una introducción a la teoría y a la práctica del análisis de políticas públicas* (traducido por Atenea ACEVEDO AGUILAR), Flacso, México D.F., 2007.

PASTOR PRIETO, S.: *Sistema jurídico y economía. Una introducción al análisis económico del Derecho*, Tecnos, Madrid, 1989.

PAWSON, R./TILLEY, N.: *Realistic Evaluation*, Sage, London, 1997.

PEDRAZ PENALVA, E./ORTEGA BENITO, V.: "El principio de proporcionalidad y su configuración en la jurisprudencia del Tribunal Constitucional y literatura especializada alemanas", en *Poder Judicial*, núm. 17, 1990.

PÉREZ CEPEDA, A.I.: *La seguridad como fundamento de la deriva del Derecho penal postmoderno*, Iustel, Madrid, 2007.

PÉREZ CEPEDA, A.: "Estadísticas sobre criminalidad en la Unión Europea", en NIETO MARTÍN, A./MUÑOZ DE MORALES ROMERO, M./BECERRA MUÑOZ, J. (DIRS.): *Hacia una evaluación racional de las leyes penales*, Marcial Pons, Madrid, 2016.

PÉREZ DEL VALLE, C.J.: "Sociedad del riesgo y reforma penal", en *Poder Judicial*, núms. 43-44, 1996.

PÉREZ LLEDÓ, J.A.: "La enseñanza del Derecho en Estados Unidos", en *Cuadernos de Filosofía del Derecho*, núm. 12, 1992.

PÉREZ ZABALETA, A.: "El análisis coste-beneficio de los trasvases en el Plan Hidrológico Nacional", en AGUILERA KLINK, F./ARROJO AGUDO, P. (COORDS.): *El agua en España. Propuestas de futuro*, Ediciones del Oriente y del Mediterráneo, Madrid, 2004.

PERIS RIERA, J.M.: *El proceso despenalizador*, Universidad de Valencia, Valencia, 1983.

PERIS RIERA, J.M.: "Delitos de peligro y sociedad de riesgo: una constante discusión en la Dogmática penal de la última década", en CARBONELL

MATEU, J.C./DEL ROSAL BLASCO, B./MORILLAS CUEVA, L./ORTS BERENGUER, E./QUINTANAR DÍEZ, M. (COORDS.): *Estudios penales en Homenaje al Profesor Cobo del Rosal*, Dykinson, Madrid, 2005.

PERIS RIERA, J.M./CUESTA PASTOR, P.J.: "Comentario a la Sentencia del Tribunal Constitucional 136/1999, de 20 de julio (proporcionalidad de los sacrificios en la aplicación de las penas)", en en *Diario jurídico La Ley*, núm. 4970, 2000.

PERIS RIERA, J.M./GARCÍA GONZÁLEZ, J.: "El control penal de las manipulaciones genéticas y la función simbólica del Derecho penal", en BENÍTEZ ORTÚZAR, I.F./MORILLAS CUEVA, L./PERIS RIERA, J.M. (COORDS.): *Estudios jurídico-penales sobre genética y biomedicina. Libro-homenaje al Prof. Dr. D. Ferrando Mantovani*, Dykinson, Madrid, 2005.

POLAINO NAVARRETE, M.: *El bien jurídico en el Derecho penal*, Universidad de Sevilla, Sevilla, 1974.

POLAINO NAVARRETE, M.: "Derecho penal y Derecho sancionador. Cuestiones jurídicas de delimitación constitucional", en MORENO CATENA, V. (COORD.): *Problemas actuales de la Justicia. Homenaje al Prof. Gutiérrez-Alviz y Armario*, Tirant lo Blanch, Valencia, 1988.

POLAINO-ORTS, M.: *Derecho penal del enemigo. Desmitificación de un concepto*, Grijley, Lima, 2006.

POLAINO-ORTS, M.: *Derecho penal del enemigo: fundamentos, potencial de sentido y límites de vigencia*, Bosch, Barcelona, 2009.

PORTILLA CONTRERAS, G.: "Principio de intervención mínima y bienes jurídicos colectivos", en *Cuadernos de Política Criminal*, núm. 39, 1989.

PORTILLA CONTRERAS, G.: "La supuesta crisis de la teoría del bien jurídico: la tensión entre el iuspositivismo y positivismo, entre la necesidad de referencias externas y la inmanencia del Derecho: especial atención a la legitimidad de ciertos bienes colectivos", en GURDIEL SIERRA, M./OCTAVIO DE TOLEDO Y UBIETO, E./CORTÉS BECHIARELLI, E. (COORDS.): *Estudios penales en recuerdo del Profesor Ruiz Antón*, Tirant lo Blanch, Valencia, 2003.

PORTILLA CONTRERAS, G.: "El Derecho penal y procesal del "enemigo": las viejas y nuevas políticas de seguridad frente a los peligros internos-externos", en LÓPEZ BARJA DE QUIROGA, J./ZUGALDÍA ESPINAR, J.M. (COORDS.): *Dogmática y ley penal: libro homenaje a Enrique Bacigalupo*, vol. I, Marcial Pons, Madrid, 2004.

POSNER, R.A.: *Economic Analysis of Law*, Aspen Law & Business, New York, 2007 (7ª edición).

POSNER, R.A.: *El análisis económico del Derecho* (traducido por Eduardo L. SUÁREZ), Fondo de Cultura Económica, México D.F., 2007 (2ª edición).

POZUELO PÉREZ, L.: *La política criminal mediática. Génesis, desarrollo y costes*, Marcial Pons, Madrid, 2013.

PRESSMAN, J.I./WILDAVSKY, A.: *Implementation*, University of California Press, Berkeley, 1973.

PRIETO DEL PINO, A.Mª.: *El Derecho penal ante el uso de información privilegiada en el Mercado de Valores*, Aranzadi, Cizur Menor, 2004.

PRIETO DEL PINO, A.Mª.: "Los contenidos de racionalidad del principio de proporcionalidad en sentido amplio: el principio de subsidiariedad", en NIETO MARTÍN, A./MUÑOZ DE MORALES ROMERO, M./BECERRA MUÑOZ, J. (DIRS.): *Hacia una evaluación racional de las leyes penales*, Marcial Pons, Madrid, 2016.

PRITTWITZ, C.: *Strafrecht und Risiko. Untersuchungen zur Krise von Strafrecht und Kriminalpolitik in der Risikogesellschaft*, Vittorio Klostermann. Frankfurt am Main, 1993.

PRITTWITZ, C.: "El Derecho penal alemán: ¿fragmentario? ¿subsidiario? ¿*ultima ratio*? Reflexiones sobre la razón y límites de los principios limitadores del Derecho penal" (traducido por María Teresa CASTIÑEIRA PALOU), en INSTITUTO DE CIENCIAS CRIMINALES DE FRANKFURT (ED.)/ ÁREA DE DERECHO PENAL DE LA UNIVERSIDAD POMPEU FABRA (ED. española): *La insostenible situación del Derecho penal*, Comares, Granada, 2000.

PRITTWITZ, C.: "Derecho penal del enemigo: ¿Análisis crítico o programa del Derecho penal?", en MIR PUIG, S./CORCOY BIDASOLO, M. (DIRS.); GÓMEZ MARTÍN, V. (COORD.): *La política criminal en Europa*, Atelier, Barcelona, 2004.

PROSS, A.P.: *Group Politics and Public Policy*, Oxford University Press, Toronto, 1986.

PULITANÓ, D.: "Politica criminale", en MARINUCCI, G./DOLCINI, E. (EDS.): *Diritto penale in transformazione*, Giuffrè, Milano, 1985.

QUINTERO OLIVARES, G.: *Adonde va el Derecho penal. Reflexiones sobre las Leyes penales y los penalistas españoles*, Civitas, Madrid, 2004.

QUINTERO OLIVARES, G. (MORALES PRATS, F. (COLAB.)): *Parte general del Derecho penal*, Aranzadi, Cizur Menor, 2005 (1ª edición).

RAMÓN RIBAS, E.: "La respuesta del Derecho penal moderno al delito: del Derecho penal de doble vía ¿al Derecho penal de cinco vías?", en FARALDO CABANA, P. (DIR.)/BRANDARIZ GARCÍA, J.Á./PUENTE ABA, L.Mª. (COORDS.): *Nuevos retos del Derecho penal en la era de la globalización*, Tirant lo Blanch, Valencia, 2004.

RANDO CASERMEIRO, P.: "El modelo penal de la seguridad ciudadana en el Derecho administrativo sancionador", en *Indret. Revista para el análisis del Derecho*, núm. 1, 2010.

RANDO CASERMEIRO, P.: *La distinción entre el Derecho penal y el Derecho administrativo sancionador. Un análisis de política jurídica*, Tirant lo Blanch, Valencia, 2010.

REBOLLO VARGAS, R.: "Oleadas informativas y respuesta político-criminal (a propósito de los robos en residencias)", en GARCÍA ARÁN, M./ BOTELLA CORRAL, J. (DIRS.): *Malas noticias. Medios de comunicación, política criminal y garantías penales en España,* Tirant lo Blanch, Valencia, 2009.

RECHEA ALBEROLA, C./FERNÁNDEZ MOLINA, E./BENÍTEZ JIMÉNEZ, Mª.J.: "Tendencias sociales y delincuencia", en *www.uclm.es/criminologia/ pdf/11-2004.pdf,* núm. 11, 2004.

RECHEA ALBEROLA, C./FERNÁNDEZ MOLINA, E.: "Los dicursos sobre seguridad ciudadana y lucha contra la delincuencia española en la prensa española", en *http://www.uclm.es/criminologia/pdf/13_2006.pdf,* núm. 13, 2006.

REDONDO ILLESCAS, S./GARRIDO GENOVÉS, V.: *Principios de Criminología,* Tirant lo Blanch, Valencia, 2013 (4ª edición).

RESCHER, N.: *La racionalidad* (traducido por Susana NUCCETELLI), Tecnos, Madrid, 1993.

RESCIGNO, G.U.: "Problema politico-constituzionali di una disciplina delle techniche di redazione e del controllo di fattibilità delle leggi", en *Le Regioni,* núms. 2-3, 1985.

RIVERA BEIGAS, I. (COORD.): *El populismo punitivo. Análisis de las reformas y contrarreformas del sistema penal en España (1995-2005),* Observatori del Sistema Penal i els Drets Humans, Barcelona, 2005.

ROBINSON, P.H.: *Principios distributivos del Derecho penal. A quién debe sancionarse y en qué medida* (traducido por Manuel CANCIO MELIÁ e Íñigo ORTIZ DE URBINA GIMENO), Marcial Pons, Madrid, 2012.

ROBLES MORCHÓN, G.: *Sociología del Derecho,* Civitas, Madrid, 1997 (2ª edición).

RODRÍGUEZ, R.: "El proceso de producción legislativa. Un procedimiento de diseño institucional", en *Isonomía: Revista de Teoría y Filosofía del Derecho,* núm. 13, 2000.

RODRÍGUEZ DEVESA, J.Mª.: *Derecho penal español. Parte general,* Dykinson, Madrid, 1990 (13ª edición).

RODRÍGUEZ FERRÁNDEZ, S.: "El ámbito de aplicación del actual art. 510 CP en retrospectiva y en prospectiva tras la reforma penal de 2015", en *Revista de Derecho Penal y Criminología,* núm. 12, 2014.

RODRÍGUEZ FERRÁNDEZ, S.: "Defraudaciones patrimoniales", en MORILLAS CUEVA, L. (DIR.): *Estudios sobre el Código Penal reformado (Leyes Orgánicas 1/2015 y 2/2015),* Dykinson, Madrid, 2015.

RODRÍGUEZ MOURULLO, G.: *Derecho penal. Parte general,* Civitas, Madrid, 1978.

ROEMER, A.: *Introducción al análisis económico del Derecho,* Fondo de Cultura Económica, México D.F., 1994.

ROSS, A.: "El concepto de derecho subjetivo", en DEL MISMO: *Sobre el Derecho y la Justicia* (traducido por Genaro R. CARRIÓ), Eudeba, Buenos Aires, 1994 (5ª edición).

ROSSI, P.H./FREEMAN, H.E.: *Evaluation. A systematic approach*, Sage, London, 1985.

ROXIN, C.: *La evolución de la Política criminal, el Derecho penal y el proceso penal* (traducido por María del Carmen GÓMEZ RIVERO y María del Carmen GARCÍA CANTIZANO), Tirant lo Blanch, Valencia, 2000.

ROXIN, C.: "Problemas básicos del sistema de Derecho penal", en DEL MISMO: *La evolución de la Política criminal, el Derecho penal y el proceso penal* (traducido por María del Carmen GÓMEZ RIVERO y María del Carmen GARCÍA CANTIZANO), Tirant lo Blanch, Valencia, 2000.

ROXIN, C.: *Derecho penal. Parte general. Tomo I. Fundamentos. La estructura de la teoría del delito* (traducido y anotado de la 2ª edición alemana por Diego-Manuel LUZÓN PEÑA, Miguel DÍAZ Y GARCÍA CONLLEDO y Javier DE VICENTE REMESAL), Civitas, Madrid, 2001.

ROXIN, C.: "Rechtsgüterschutz als Aufgabe des Strafrechts?", en HEFENDEHL, R. (HRSG.): *Empirische Erkenntnisse, dogmatische Fundamente und kriminalpolitischer Impetus. Symposium für Bernd Schünemann zum 60. Geburtstag*, Carl Heymanns, Köln, 2005.

RUBIO, M.: "La evaluación de las leyes: lecciones de la Criminología, en *Revista de Economía Institucional*, vol. 10, núm. 19, 2008.

RUDOLPHI, H.J.: "Los diferentes aspectos del concepto de bien jurídico" (traducido por Enrique BACIGALUPO ZAPATER), en *Nuevo Pensamiento Penal*, 1975.

RUIZ VÁSQUEZ, J.C.: "Política exitosa, política indolente: nuevas tendencias en seguridad ciudadana", en *http://www.flacso.org.ec/docs/ruiz.pdf*.

SAINZ MORENO, F./DA SILVA OCHOA, J.C.: *La calidad de las leyes*, Parlamento Vasco, Vitoria-Gasteiz, 1989.

SAINZ MORENO, F.: "Antecedentes necesarios para pronunciarse sobre un proyecto de ley (Art. 88 CE)", en SAINZ MORENO, F./DA SILVA OCHOA, J.C.: *La calidad de las leyes*, Parlamento Vasco, Vitoria-Gasteiz, 1989.

SAINZ MORENO, F.: "Evaluación de las políticas públicas y evaluación legislativa", en PARDO FALCÓN, J./PAU I VALL, F. (COORDS.): *La evaluación de las leyes: XII Jornadas de la Asociación Española de Letrados de Parlamentos*, Tecnos, Madrid, 2006.

SÁNCHEZ GARCÍA DE PAZ, Mª.I.: *El moderno Derecho penal y la anticipación de la tutela penal*, Universidad de Valladolid, Valladolid, 1999.

SÁNCHEZ LÁZARO, F.G.: *Política criminal y técnica legislativa. Prolegómenos a una dogmática de lege ferenda*, Comares, Granada, 2007.

SÁNCHEZ LÁZARO, F.G.: "Evaluación y Derecho penal europeo: sobre el modelo de evaluación de la Comisión Europea", en NIETO MARTÍN, A./

MUÑOZ DE MORALES ROMERO, M./BECERRA MUÑOZ, J. (DIRS.): *Hacia una evaluación racional de las leyes penales*, Marcial Pons, Madrid, 2016.

SÁNCHEZ-OSTIZ GUTIÉRREZ, P.: *Fundamentos de Política criminal. Un retorno a los principios*, Marcial Pons, Madrid, 2012.

SANTANA VEGA, D.Mª.: "Las obligaciones constitucionales de castigar penalmente", en QUINTERO OLIVARES, G./MORALES PRATS, F. (COORDS.): *El Nuevo Derecho Penal Español. Estudios Penales en Memoria del Profesor José Manuel Valle Muñiz*, Aranzadi, Elcano, 2001.

SAPERAS LAPIEDRA, E.: *Los efectos cognitivos de la comunicación de masas*, Ariel, Barcelona, 1987.

SCHÄFFER, H.: "Evaluation and asessments of legal procedures effects", en *Statute Law Review*, vol. 22, núm. 2, 2001.

SCHÄFFER, H.: "Towards a more rational and responsible lawmaking process (Evaluation and assessment of legal effects procedures)", en KARPEN, U. (ED.): *Evaluation of legislation. Proceedings of the Fourth Congress of the European. Association of Legislation (EAL) in Warsaw (Poland), June 15th-16th, 2000*, Nomos, Baden-Baden, 2002.

SCHAFFSTEIN, F.: *Politische Strafrechtswissenschaft*, Hanseatische Verlagsanstalt, Hamburg, 1934.

SCHUDSON, M.: *The News media in the Democratic Process*, Aspen Institute, New York, 1983.

SCHÜNEMANN, B.: "Consideraciones críticas sobre la situación espiritual de la ciencia jurídico-penal alemana" (traducido por Manuel CANCIO MELIÁ), en *Anuario de Derecho Penal y Ciencias Penales*, t. XLIX, 1996.

SCHÜNEMANN, B.: "La relación entre ontologismo y normativismo en la dogmática jurídico-penal" (traducido por Mariana SACHER), en CEREZO MIR, J. (COORD.): *Modernas tendencias en la Ciencia del Derecho penal y en la Criminología*, Universidad Nacional de Educación a Distancia, Madrid, 2001.

SCHÜNEMANN, B.: *Temas actuales y permanentes del Derecho penal después del milenio*, Tecnos, Madrid, 2002.

SCHÜNEMANN, B.: "Del Derecho penal de la clase baja al Derecho penal de la clase alta. ¿Un cambio de paradigma como exigencia moral", en DEL MISMO: *Temas actuales y permanentes del Derecho penal después del milenio*, Tecnos, Madrid, 2002.

SCHWINGE, E.: *Teleologische Begriffsbildung im Strafrecht. Ein Beitrag zur Strafrechtlichen Methodenlehre*, L. Rohrscheid, Bonn, 1930.

SERRANO GÓMEZ, A.: "Legislación líquida. Una nota sobre el Proyecto de Ley de 2009 de Reforma del Código penal", en *Revista Electrónica de Ciencia Penal y Criminología*, núm. 12, 2010.

SERRANO MAÍLLO, A.: "La punitividad bajo una nueva perspectiva: simbolismo, campo burocrático y mecanismos", en *Revista de Estudios Sociales,* núm. 15, 2011.

SILVA SÁNCHEZ, J.Mª.: "Eficiencia y Derecho penal", en *Anuario de Derecho Penal y Ciencias Penales,* t. XLIX, 1996.

SILVA SÁNCHEZ, J.Mª.: *Aproximación al Derecho penal contemporáneo,* Bosch, Barcelona, 1992.

SILVA SÁNCHEZ, J.Mª.: "Prólogo", en INSTITUTO DE CIENCIAS CRIMINALES DE FRANKFURT (ED.)/ÁREA DE DERECHO PENAL DE LA UNIVERSIDAD POMPEU FABRA (ED. española): *La insostenible situación del Derecho penal,* Comares, Granada, 2000.

SILVA SÁNCHEZ, J.Mª.: *La expansión del Derecho penal: aspectos de política criminal en las sociedades postindustriales,* Civitas, Madrid, 2001 (2ª edición).

SILVA SÁNCHEZ, J.Mª.: "Retos científicos y retos políticos de la Ciencia del Derecho penal", en *Revista de Derecho Penal y Criminología,* núm. 9, 2002.

SILVA SÁNCHEZ, J.Mª.: "El principio de proporcionalidad penal", ponencia presentada en el *I Seminario sobre Teoría jurídica del delito, Universidad Miguel Hernández de Elche,* Elche, 2006.

SILVA SÁNCHEZ, J.Mª.: "El populismo punitivo", en *Escritura Pública,* núm. 55, 2009.

SILVA SÁNCHEZ, J.Mª.: *Tiempos de Derecho penal,* BdeF/Edisofer, Montevideo/ Buenos Aires/Madrid, 2009.

SNOW, R.P.: *Creating media culture,* Sage, Beverly Hills, 1983.

SOTO NAVARRO, S.: *La protección penal de los bienes jurídicos colectivos en la sociedad moderna,* Comares, Granada, 2003.

SOTO NAVARRO, S.: "La influencia de los medios de comunicación en la percepción social de la delincuencia", en *Revista Electrónica de Ciencia Penal y Criminología,* núm. 7, 2005.

STARLING, G.: *Strategies for Policy Making,* Dorsey Press, Chicago, 1988.

SUBIRATS I HUMET, J.: *Análisis de políticas públicas y eficacia de la administración,* Instituto Nacional de Administración Pública, Madrid, 1989.

SUBIRATS I HUMET, J.: "El análisis empírico de los efectos de la legislación", en FIGUEROA, A. (COORD.): *Los procesos de implementación de las normas jurídicas*", Instituto Vasco de Administración Pública, Bilbao, 1995.

TAMARIT SUMALLA, J.Mª.: "Política criminal con bases empíricas en España", en *Política Criminal,* núm. 3, 2007.

TERRADILLOS BASOCO, J.Mª.: "La satisfacción de necesidades como criterio de determinación del objeto de tutela jurídico-penal", en *Revista de la Facultad de Derecho la Universidad Complutense de Madrid,* 1981.

TERRADILLOS BASOCO, J.Mª.: "Función simbólica y objeto de protección del Derecho penal", en *Pena y Estado,* núm. 1, 1991.

TICHENOR, P.J./DONOHUE, G.A./OLIEN, C.N.: "Mass media flow and differential growth in knowledge", en *Public Opinion Quarterly*, vol. 34, 1970.

TICHENOR, P.J./DONOHUE, G.A./OLIEN, C.N.: *Community conflict and the press*, Sage, Beverly Hills, 1980.

TORÍO LÓPEZ, Á.: "Los delitos de peligro hipotético (Contribución al estudio diferencial de los delitos de peligro abstracto)", en *Anuario de Derecho Penal y Ciencias Penales*, t. XXXIV, 1981.

TORRES LÓPEZ, J.: *Análisis económico del Derecho. Panorama doctrinal*, Tecnos, Madrid, 1987.

TYLER, T.R.: *Why people obey the law*, Princeton University Press, Princeton/ Oxford, 2006.

VALLET DE GOYTISOLO, J.B.: *Metodología de las Leyes*, Edersa, Madrid, 1991.

VAN DE KERCHOVE, M.: "Les lois pénales sont-elles faites pour éter apliquées? Réflexions sur les phénomènes de dissociation entre la validité formelle et l'effectivité des normes juridiques", en OST, F./VAN DE KERCHOVE, M.: *Jalons pour una théorie critique du Droit*, Facultés Universitaires Saint-Louis, Bruxelles, 1987.

VAN DER VELDEN, W.: "Methodologies of legislation", en AARNIO, A./VAN HOECKE, M. (EDS.): *On the utility of legal theory*, A-Tieto Oy, Tampere, 1985.

VÁSQUEZ ROCCA, A.: "Zygmunt Bauman: modernidad líquida y fragilidad humana", en *Revista Crítica de Ciencias Sociales y Jurídicas*, núm. 19, 2008.

VÉLEZ RODRÍGUEZ, L.A.: "El control de constitucionalidad de las leyes penales ante el embate irracionalista de la política criminal", en NIETO MARTÍN, A./MUÑOZ DE MORALES ROMERO, M./BECERRA MUÑOZ, J. (DIRS.): *Hacia una evaluación racional de las leyes penales*, Marcial Pons, Madrid, 2016.

VÉLEZ RODRÍGUEZ, L.A.: *Política criminal y Justicia Constitucional*, Tirant lo Blanch, Valencia, 2016.

VERNENGO, R.J.: "Legalidad y legitimidad: los fundamentos morales del Derecho", en *Revista de Estudios Políticos*, núm. 77, 1992.

VILLORIA MENDIETA, M.: *La modernización de la Administración como instrumento al servicio de la democracia*, Instituto Nacional de Administración Pública, Madrid, 1996.

VIVES ANTÓN, T.S.: *Fundamentos del sistema penal*, Tirant lo Blanch, Valencia, 1996 y 2010 (2ª edición).

VIVES ANTÓN, T.S.: "Constitución, sistema democrático y concepciones del bien jurídico protegido", en *Revista Jurídica de la Comunidad Valenciana*, núm. 26, 2005.

VOGEL, J.: "Legislación penal y Ciencia del Derecho penal (Reflexiones sobre una doctrina teórico-discursiva de la legislación penal)", en *Revista de Derecho penal y Criminología*, núm. 11, 2003.

VOGEL, J.: "Evaluación de los sistemas penales: contribución a una política criminal racional", en DÍEZ RIPOLLÉS, J.L./PRIETO DEL PINO, A.Mª./ SOTO NAVARRO, S.: *La política legislativa penal en Occidente. Una perspectiva comparada*, Tirant lo Blanch, Valencia, 2005.

VON HIRSCH, A.: "El concepto de bien jurídico y el *principio del daño*" (traducido por Rafael ALCÁCER GUIRAO), en HEFENDEHL, R. (ED. alemana); ALCÁCER GUIRAO, R./MARTÍN LORENZO, M./ORTIZ DE URBINA GIMENO, Í. (ED. española): *La teoría del bien jurídico. ¿Fundamento de legitimación del Derecho penal o juego de abalorios dogmático?*, Marcial Pons, Madrid/Barcelona, 2007.

VON HIRSCH, A./SEELMANN, K./WOHLERS, W. (ED. alemana); ROBLES PLANAS, R. (ED. española): *Límites al Derecho penal. Principios operativos en la fundamentación del castigo*, Atelier, Barcelona, 2012.

VOSS, M.: *Symbolische Gesetzgebung. Fragen zur Rationalität von Strafgesetzgebungsakten*, Rolf Gremer, Ebelsbach, 1989.

VV.AA.: *Evaluation of legislation. Proceedings of the Council of Europe's legal co-operation and assistance activities (2000-2001)*, Council of Europe Publising, Strasbourg, 2001.

WACQUANT, L.: *Prisons of poverty*, University of Minnesota Press, Minneapolis, 2009.

WACQUANT, L.: "The global firestorm of law and order: on punishment and neoliberalism", en *Thesis Eleven*, vol. 122 (1), 2014.

WELZEL, H.: *Derecho penal alemán* (traducido por Juan BUSTOS RAMÍREZ y Sergio YÁÑEZ PÉREZ), Editorial Jurídica de Chile, Santiago, 1976 (2ª edición).

WILSON, J.Q./KELLING, G.L.: "Ventanas rotas: la policía y la seguridad en los barrios" (traducido por Daniel FRIDMAN), en *Delito y Sociedad. Revista de Ciencias Sociales*, núms. 15-16, 2001.

WINTGENS, L.J.: "Legisprudencia como una nueva teoría de la legislación" (traducido por Félix MORALES LUNA), en *Doxa. Cuadernos de Filosofía del Derecho*, núm. 26, 2003.

WINTGENS, L.J. (ED.): *Legislation in context: essays in Legisprudence*, Aldershot, Ashgate, 2007.

WINTGENS, L.J.: *Legisprudence: practical reason in legislation*, Routledge, London, 2012.

WITTIG, P.: *Der rationale Verbrecher. Der ökonomische Ansatz zur Erklärung kriminellen Verhaltens*, Duncker & Humblot, Berlin, 1993.

WOLF, E.: *Strafrechtliche Schuldlehre. Teil I: Die gegenwärtige Lage, die theoretischen Voraussetzungen und die methodische Struktur der strafrechtlichen Schuldlehre*, J. Bensheimer, Mannheim/Berlin/Leipzig, 1928.

WROBLEWSKI, J.:"A model of racional law-making", en *Archiv für Rechts- und Sozialphilosophie*, t. LXV/2, 1979.

WRONKOWSKA-JASKIEWICZ, S.: "Criteria of Evaluation of Law", en KARPEN, U. (ED.): *Evaluation of legislation. Proceedings of the Fourth Congress of the European. Association of Legislation (EAL) in Warsaw (Poland), June 15th-16th, 2000*, Nomos, Baden-Baden, 2002.

XAMBÓ OLMOS, R.: "Los medios de comunicación social", en GARCÍA FERRANDO, M. (COORD.): *Pensar nuestra sociedad. Fundamentos de Sociología*, Tirant lo Blanch, Valencia, 1999 (4ª edición).

ZIPF, H.: *Introducción a la Política criminal* (traducido por Miguel IZQUIERDO MACÍAS-PICAVEA), Edersa, Madrid, 1979.

ZULOAGA LOJO, L.: *El espejismo de la seguridad ciudadana. Claves de su presencia en la agenda política*, Catarata, Madrid, 2014.

Made in United States
Cleveland, OH
05 November 2026

47659908R00230